前 言

党的二十大报告指出："培养造就大批德才兼备的高素质人才，是国家和民族长远发展大计。"教材是教学内容的重要载体，是教学的重要依据、培养人才的重要保障。本次教材编写旨在贯彻党的二十大精神和党的教育方针，落实立德树人根本任务，坚持为党育人、为国育才。

本教材在上一版教材的基础上，重点从以下5个方面进行了修订：①设置医者仁心模块，落实立德树人根本任务。弘扬敬佑生命、救死扶伤、甘于奉献、大爱无疆的职业精神，培养爱国主义精神，培养职业荣誉感等。②结合最新国家护士执业资格考试大纲，全面优化、更新了自测题；对接岗位需求，并结合上一版教材的编写经验和教学实践体会，把握与相关学科的有机联系和内容的协调统一，调整优化了部分章节的内容，定位于中等职业教育教材，贯彻职业教育是面向人人的终身教育、面向市场的就业教育、面向能力的实践教育、面向社会的跨界教育理念。③为了进一步提升教材的质量，紧跟图谱化形态学教材的发展趋势，更换了大部分图片，有助于学生理解教材内容并激发学生兴趣。④以纸质教材为核心，不断更新解剖图片、课件、3D模型等数字化资源，高质量建设新形态教材。⑤适当增加了与临床护理的新技术、新工艺、新规范密切相关的内容，适度增加了细胞衰老、细胞凋亡等前沿知识；更换了部分案例，更加紧密联系临床，让学生了解专业发展趋势，体现先进职业教育理念。

由于编者水平有限，书中若存在不足之处，敬请广大读者批评指正！

编　者

2024年1月

配 套 资 源

欢迎登录“中科云教育”平台，免费数字化课程等你来！

本教材配有图片、视频、音频、动画、题库、PPT 课件等数字化资源，持续更新，欢迎选用！

“中科云教育”平台数字化课程登录路径

电脑端

- 第一步：打开网址 http://www.coursegate.cn/short/MNG0T.action
- 第二步：注册、登录
- 第三步：点击上方导航栏“课程”，在右侧搜索栏搜索对应课程，开始学习

手机端

- 第一步：打开微信“扫一扫”，扫描下方二维码
- 第二步：注册、登录
- 第三步：用微信扫描上方二维码，进入课程，开始学习

PPT 课件：请在数字化课程各章节里下载！

“十四五”职业教育国家规划教材

供中等职业教育护理专业等医学相关专业使用

解剖学基础

（第 2 版）

主　编　万爱军
副主编　赖　伟　杨　鹏　高　洋　李金媛
编　者（按姓氏汉语拼音排序）
冯燕娟（湛江中医学校）
高　洋（牡丹江市卫生学校）
韩　磊（山东省青岛卫生学校）
赖　伟（四川省宜宾卫生学校）
李金媛（山东省青岛第二卫生学校）
任茂华（广元市利州中等专业学校）
时健华（菏泽家政职业学院）
万爱军（镇江市高等专科学校）
王　超（镇江市高等专科学校）
邬仁才岑（巴州卫生学校）
杨　鹏（南宁市卫生学校）
赵董后（沈阳市中医药学校）

科学出版社
北　京

内 容 简 介

本教材主要包括系统解剖学、组织学、胚胎学等内容，除绪论外，分设11章，系统介绍了细胞与基本组织、运动系统、消化系统、呼吸系统、泌尿系统、生殖系统、脉管系统、感觉器、神经系统、内分泌系统、胚胎学概要等基本知识。本教材紧扣护士执业资格考试大纲及护理岗位能力培养的需要，内容精炼，重点突出，图文并茂。本教材正文中设置案例、链接、考点、歌诀助记、医者仁心等模块，强化教材育人功能，践行价值观塑造、知识传授与能力培养“三位一体”教育理念，是一本为党育人、为国育才、彰显职业教育特色的新形态教材。

本教材可供中等职业教育护理专业等医学相关专业学生使用。

图书在版编目（CIP）数据

解剖学基础 / 万爱军主编 . —2 版 . —北京：科学出版社，2024.4

“十四五”职业教育国家规划教材

ISBN 978-7-03-078442-1

Ⅰ . ①解…　Ⅱ . ①万…　Ⅲ . ①人体解剖学 – 中等专业学校 – 教材
Ⅳ . ① R322

中国国家版本馆 CIP 数据核字（2024）第 083229 号

责任编辑：池　静 / 责任校对：周思梦
责任印制：霍　兵 / 封面设计：涿州锦晖

科学出版社 出版
北京东黄城根北街 16 号
邮政编码：100717
http://www.sciencep.com
北京汇瑞嘉合文化发展有限公司印刷
科学出版社发行　各地新华书店经销
*
2018年 7 月第　一　版　开本：850×1168　1/16
2024年 4 月第　二　版　印张：16 1/4
2025年 7 月第十一次印刷　字数：380 000

定价：89.80元

（如有印装质量问题，我社负责调换）

目　录

绪　论

案例绪-1

患者，男，17岁。5日前因剧烈呕吐就医，左侧臀部肌内注射药物氯丙嗪，随后左大腿后侧出现放射性麻木疼痛，左下肢行走困难。初步诊断：医源性坐骨神经损伤。

问题：1. 简述发生医源性坐骨神经损伤的原因。

2. 如何避免发生类似的事件？

一、解剖学基础的定义与地位

解剖学基础是研究正常人体形态结构及其发生发育规律的科学，属于生物学科中形态学范畴，主要包括人体解剖学、组织学和胚胎学等内容。人体解剖学主要是用手术器械解剖和肉眼观察的方法，研究正常人体的形态结构，通常可分为系统解剖学和局部解剖学。随着科学技术的发展及解剖学的应用研究，人体解剖学又可分为临床解剖学、护理应用解剖学、表面解剖学、断层解剖学、数字解剖学等门类。组织学主要是借助切片技术和显微镜观察的方法，研究正常人体的细胞、组织和器官的微细结构。随着电子显微镜、组织化学技术和放射自显影技术等的应用，人体微细结构的研究已经发展到亚细胞和分子水平。胚胎学主要是研究人体胚胎的发生发育规律，包括受精、胚胎发育、胚胎与母体的关系、先天畸形等内容。

解剖学基础是一门重要的医学基础课程。只有认识并掌握正常人体形态结构，才能正确理解人体的生理功能与病理变化，才能正确判断人体的正常与异常，从而对疾病进行正确的诊断、治疗、护理及预防。只有学好解剖学基础，才能为学习后续的医学基础课程和临床护理课程奠定基础，才能为将来履行好护理岗位职责奠定基础。因此，每一位医学生都必须学好解剖学基础。

二、学习解剖学的基本观点和方法

学习解剖学要树立进化发展与环境相统一的观点、形态与功能相联系的观点、局部与整体相统一的观点、理论联系实际的观点，努力把人体外形与内部结构相联系、平面结构与立体形象相联系（图绪-1，图绪-2）、静态结构与动态演变相联系、典型结构与变异畸形相联系，全面、科学地认识并理解人体的形态结构和功能。

解剖学是一门实践性很强的形态学科。在学习中既要重视解剖基本理论的学习，又要充分利用解剖模型、挂图、图谱、标本、尸体、活体（自身或他人）、组织切片等实物，动眼观察，动口请教，动脑思考，动手操作（多摸、多画、多写），联系临床护理应用，加深对理论知识的理解和记忆。在学习中可采用口诀法、对比法、组块法、迁移法等多种记忆方法促进记忆，并根据记忆遗忘曲线先快后慢的特点及解剖课程特点，遵循记忆规律，增强记忆效果，提高学习效率。在移动互联网时代，还要充分利用网络资源进行个性化学习，利用解剖图片、音频、视频、3D 模型、课件等数字化学习资源，养成独立思考、勤奋钻研、主动涉猎知识的良好习惯。参与合作学习和研究性学习，能利用所学解剖学基础知识解释生活现象和临床护理问题，达到学以致用，为今后顺利走上工作岗位或升学至高职院校进一步学习打下坚实的基础。

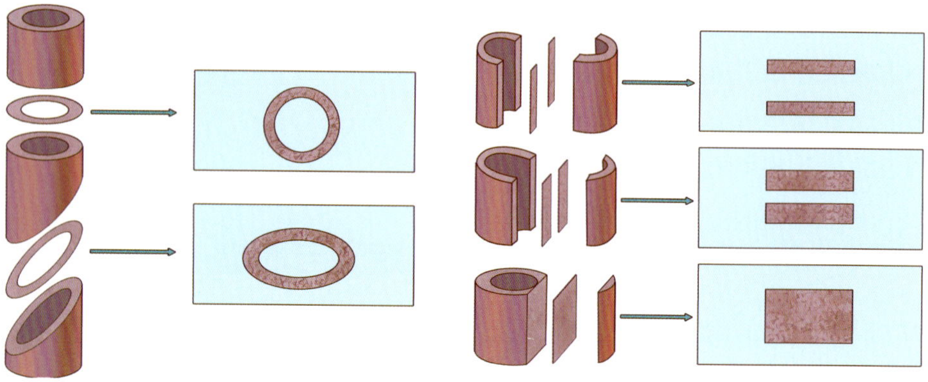

图绪 -1　单管不同切面模式图

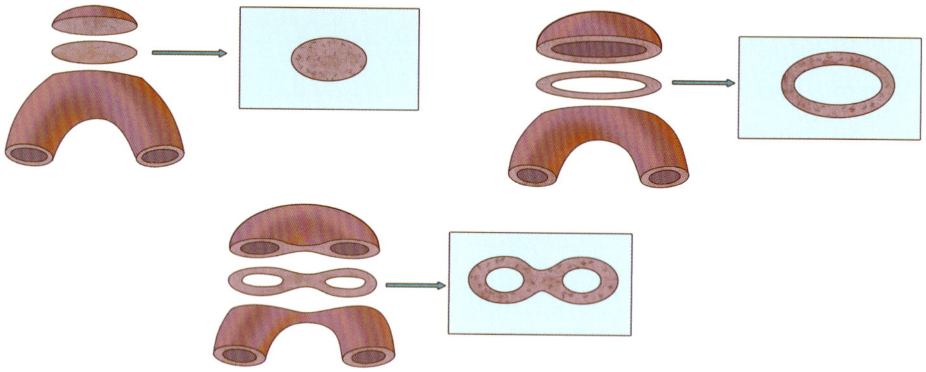

图绪 -2　弯管不同切面模式图

医者仁心

致敬遗体捐献者

2006 年，她在家人的陪同下完成了遗体捐献的报名公证。2021 年，她的儿女们在她去世后强忍悲痛，完成了她身故后捐献遗体的心愿。生前，她用自己精湛的技术拯救患者脱离病痛的侵扰，让温暖的烛火照亮人间；故后，她又捐献遗体，让博爱之音久久传颂！她就是第 36 届南丁格尔奖章获得者关小瑛。

三、人体的组成和分部

（一）人体的组成

细胞是人体结构和功能的基本单位。许多形态相似、功能相近的细胞借细胞外基质结合在一起，构成组织。人体的基本组织包括上皮组织、结缔组织、肌组织和神经组织。几种不同的组织有机地组合，构成具有一定形态、能完成特定功能的结构，称器官，如心、肝、脑、肺、肾等。若干个功能相关的器官组合起来，共同完成某方面的功能，形成系统。人体有运动系统、消化系统、呼吸系统、泌尿系统、生殖系统、脉管系统、感觉器、神经系统和内分泌系统。解剖学上，将位于胸腔、腹腔和盆腔内的消化、呼吸、泌尿、生殖系统的器官，称内脏。免疫系统在维持人体内环境的稳态中具有举足轻重的作用，神经 - 内分泌 - 免疫调节网络在全面调节人体各种功能活动中发挥既互相制约又互相协调的调控作用，将人体各器官系统有机整合起来，组成一个整体，进行正常的生命活动。

考点 人体的组成概况

（二）人体的分部

通常把人体分为头、颈、躯干、四肢 4 部分（图绪 -3）。头的前部称面。颈的后部称项。躯干包括背部、胸部、腹部和盆会阴部。四肢包括上肢和下肢，上肢分为肩、臂、前臂和手；下肢分为臀、大腿、小腿和足。

四、常用的解剖学术语

（一）解剖学姿势

解剖学姿势是身体直立，两眼平视正前方，上肢下垂于躯干两侧，手掌向前，下肢并拢，足尖向前的姿势（图绪 -3）。在描述人体各部结构的相互位置关系时，不管被描述的对象处于何种位置，都必须以解剖学姿势为依据。

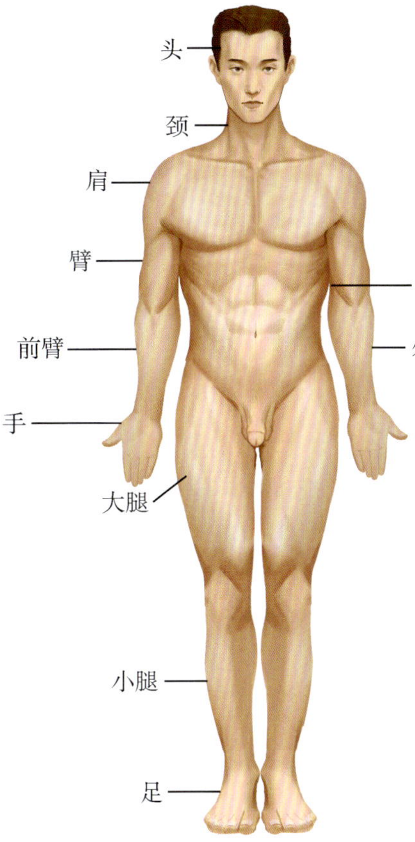

图绪 -3　人体的分部及解剖学姿势

（二）轴

轴是假想的线。在解剖学姿势下，人体可设置互相垂直的 3 种轴（图绪 -4）。

1. 垂直轴　为上下方向的轴，与地平面垂直且与人体的长轴平行。

2. 矢状轴　为前后方向的轴，与地平面平行且与人体的长轴垂直。

3. 冠状轴　为左右方向的轴，又称额状轴，与地平面平行且与人体的长轴垂直。

（三）面

在解剖学姿势下，人体可设置互相垂直的 3 种切面（图绪 -4）。

1. 矢状面　是沿前后方向将人体垂直纵切为左、右两部分的切面。经过人体正中的矢状面，称正中矢状面。

2. 冠状面　是沿左右方向将人体垂直纵切为前、后两部分的切面，又称额状面。

3. 水平面　是沿水平方向将人体横切为上、下两部的切面，又称横切面。

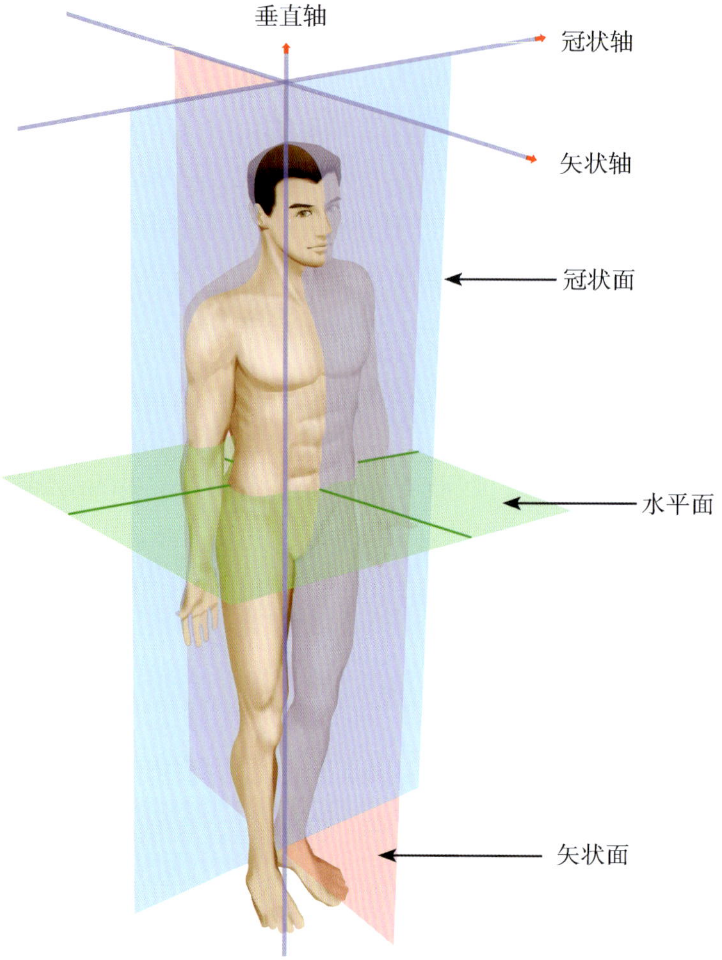

图绪 -4　人体的轴和面

歌诀助记 | 切面歌

矢状面，分左右；冠状面，分前后；
水平切面分上下，互相垂直记清楚。

在描述器官的切面时，通常以器官自身的长轴为标准，与其长轴平行的切面称纵切面，与其长轴垂直的切面称横切面。

（四）常用的方位术语

按解剖学姿势，常用的方位术语如下。

1. 上和下　近头顶者为上，近足底者为下。

2. 前和后　近腹面者为前，近背面者为后。前、后也可分别称腹侧和背侧。

3. 浅和深　以体表或器官表面为准，距其近者为浅，距其远者为深。

4. 近侧和远侧　在四肢，以躯体附着点为准，距其近者为近侧，距其远者为远侧。

5. 内侧和外侧　描述人体各部位与正中矢状面相对位置关系时，以正中矢状面为准，距其近者为内侧，距其远者为外侧。在前臂，常将内侧称尺侧，外侧称桡侧。在小腿，常将内侧称胫侧，外侧称腓侧。

6. 内和外　描述与空腔器官的相互位置关系时，在腔内或近腔者为内，在腔外或远离腔者为外。

考点 解剖学姿势和常用的方位术语

五、常用的解剖学研究技术

随着社会的进步和科学技术的发展，许多新技术、新方法被广泛应用到解剖学研究中来，拓展了解剖学研究内容，提高了解剖学研究水平。从用刀直接剖割尸体，到研究普通标本、铸型标本、透明标本、塑化标本，从用肉眼观察到用光学显微镜、电子显微镜观察，从影像技术、内窥技术到显微外科技术，从组织化学技术、免疫细胞化学技术、原位杂交技术、细胞化学计量技术到放射自显影技术，从体外培养技术到组织工程技术，从试管婴儿技术到体细胞克隆猴技术，从数字可视人到数字物理人、数字生理人、数字智能人的研究与展望，解剖学研究日新月异。下面简单介绍普通光学显微镜技术和电子显微镜技术。

（一）普通光学显微镜技术

普通光学显微镜，简称光镜。光镜是以可见光为照明光源，利用光学原理，把人眼所不能分辨的微细结构放大成像，便于观察。光镜下显示的结构称光镜结构或微细结构。通常人眼的分辨率为 0.2mm，光镜的分辨率为 0.2μm。

通过光镜观察微细结构，必须要先把所观察的标本材料制作成组织切片。根据观察要求和标本材料性状等因素，可制作石蜡切片、冷冻切片、涂片、铺片、磨片等。石蜡切片是通过取材、固定、脱水、石蜡包埋、切片、脱蜡、染色、封固等步骤制成的。组织学中最常用的染色是苏木精 - 伊红染色，简称 HE 染色。苏木精为碱性染料，能将细胞核染成蓝紫色；伊红为酸性染料，能将细胞质染成红色。对碱性染料亲和力强者称嗜碱性，对酸性染料亲和力强者称嗜酸性，对碱性染料和酸性染料的亲和力均不强者称中性。

（二）电子显微镜技术

电子显微镜，简称电镜。与光镜相比，电镜是用电子发射器代替光源，用电子束代替可见光，用电磁透镜代替光学透镜，让肉眼不可见的电子束投射到荧光屏上成像，便于观察。电镜下显示的结构称电镜结构或超微结构。常用的电镜有透射电镜和扫描电镜。透射电镜主要用于观察细胞内部和细胞外基质的超微结构，其分辨率可达 0.2nm；扫描电镜主要用于观察组织细胞表面的立体结构，其分辨率为 2nm。

自 测 题

一、单项选择题

A_1 型题

1. 人体基本组织不包括（　　）
   A. 淋巴组织　　B. 上皮组织
   C. 神经组织　　D. 肌组织
   E. 结缔组织
2. 关于解剖学姿势的描述，错误的是（　　）
   A. 两足并立，足趾向前
   B. 手掌向内侧
   C. 两眼向前平视
   D. 上肢下垂于躯干两侧
   E. 人体直立
3. 用于描述各部位与人体正中矢状面相对位置的方位术语是（　　）
   A. 前、后　　B. 内侧、外侧
   C. 浅、深　　D. 内、外
   E. 上、下
4. 以体表为准的解剖学方位术语是（　　）

A. 前、后　　B. 内、外
C. 近侧、远侧　　D. 上、下
E. 深、浅

5. 光学显微镜的分辨率可达（　　）
A. 0.2nm　　B. 2μm
C. 0.2mm　　D. 2nm
E. 0.2μm

A_2 型题

6. 患者，男，16 岁。因右侧面部出现疖肿数日就诊。该疖肿位于右鼻翼外侧。若用方位术语来描述该疖肿与鼻根的相互位置关系，正确的是（　　）
A. 深、浅　　B. 内、外
C. 上、下　　D. 近侧、远侧
E. 前、后

二、填空题

1. 在解剖学方位术语中，近头顶者为________，近足底者为________。
2. 在四肢，以躯体附着点为准，距其近者为________，距其远者为________。
3. 描述空腔器官的相互位置关系时，在腔内或近腔者为________，在腔外或远离腔者为________。

三、名词解释

1. 组织
2. 器官
3. 解剖学姿势

四、简答题

1. 简述人体的分部。
2. 简述常用的方位术语。

（赖　伟　高　洋）

第 1 章 细胞与基本组织

第 1 节 细　　胞

细胞是生命的载体，是生命活动的基本单位。

一、细胞的形态

人体的细胞，种类繁多，形态各异，功能多样。细胞的形态与其所处部位、功能状态等密切相关。如呈细长纤维状的肌细胞具有收缩功能；呈球形的白细胞便于在血液中流动。

二、细胞的基本结构

人体细胞的基本结构一般包括细胞膜、细胞质和细胞核 3 部分。

（一）细胞膜

细胞膜是包围在细胞质表面的一层薄膜。电镜下，细胞膜的横断面呈现出暗 - 明 - 暗 3 层结构。具有两暗夹一明形态结构的膜称单位膜。细胞膜主要由脂质、蛋白质和糖类组成。目前通常用液态镶嵌模型（图 1-1）学说来阐述细胞膜的结构。该学说认为液态脂质双层构成细胞膜的基架，不同结构和功能的蛋白质镶嵌其中，糖类分子与脂质、蛋白质结合后附着在膜的外表面。

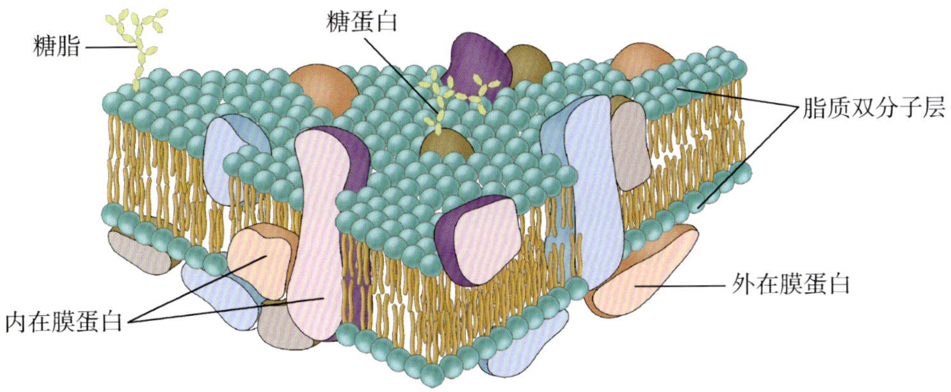

图 1-1　细胞膜液态镶嵌模型

细胞膜具有维持细胞形态、保护细胞内容物、物质转运、信号传递、细胞识别等多种复杂功能。细胞膜的改变与多种遗传病、神经退行性变性疾病、恶性肿瘤等发生相关。

（二）细胞质

细胞质是细胞膜与细胞核之间的部分，包括细胞器、内含物和细胞基质（图 1-2）。

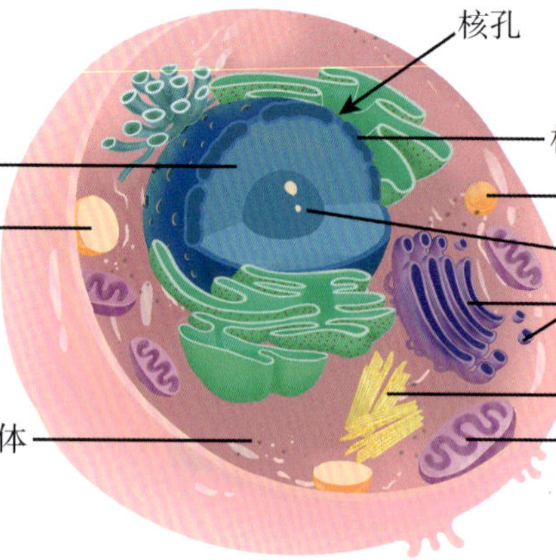

图 1-2 细胞结构模式图

1. 细胞器 是细胞质内具有一定形态结构和生理功能的有形成分，包括线粒体、核糖体、内质网、高尔基复合体、溶酶体、过氧化物酶体、中心体、细胞骨架等（表 1-1）。

表 1-1 细胞器的形态结构和主要功能

细胞器	形态结构	主要功能
线粒体	呈粒状、杆状或线状。电镜下为两层单位膜套叠而成的囊状结构，外层光滑，内层折叠成嵴。含有多种酶	是细胞进行氧化磷酸化并产生 ATP 的主要场所，被称为细胞的“动力工厂”
核糖体	非膜性结构，由核糖体 RNA（rRNA）和蛋白质构成。包括大亚基和小亚基	蛋白质合成的场所
内质网	由单位膜围成的小管、小泡或扁囊，彼此互相连通 粗面内质网（有核糖体附着） 滑面内质网（无核糖体附着）	进行蛋白质的合成、加工修饰、分选及转运 参与脂质物质合成、糖原代谢、解毒等
高尔基复合体	由单位膜围成的潴泡、小泡和液泡构成	是细胞内蛋白质运输分泌的中转站，是细胞内物质合成、加工的重要场所
溶酶体	由单位膜围成的含多种酸性水解酶的囊球状结构小体	是细胞内大分子降解的主要场所，有“细胞内消化器”之称。能分解细胞内的外来物质，以及清除衰老、残损的细胞器等功能
过氧化物酶体	由单位膜围成的膜性球囊状小体，内含氧化酶、过氧化氢酶和过氧化物酶等	能有效地清除细胞代谢过程中产生的过氧化氢及其他毒性物质；能避免细胞遭受高浓度氧的损害，对细胞起保护作用
中心体	由一对中心粒和中心粒周物质组成	参与细胞的分裂活动
细胞骨架	由微管、微丝和中间纤维等组成的蛋白质纤维网架体系	对细胞的形状、细胞的运动、细胞的分裂、细胞内物质的运输等具有重要作用

2. 内含物 是散在于细胞质中的异体物质或滞留于细胞质内具有一定形态的代谢产物、储存物的总称，如糖原、脂滴、分泌颗粒、吞噬体等。

3. 细胞基质 是细胞质内填充于细胞器与内含物之间的无定形半透明胶状物质，为细胞器的功能活动提供适宜的环境。

（三）细胞核

细胞核由核膜、核仁、染色质（染色体）和核基质组成。细胞核是细胞内遗传信息储存、复制和转录的场所，是细胞功能，以及代谢、生长、增殖、分化的控制中心。细胞核的形态多为圆形或椭圆形。通常一个细胞只有一个核，也有少数细胞具有双核或多核，但成熟的红细胞没有细胞核。

1. 核膜　是包围细胞核的双层膜结构，是细胞核与细胞质之间的界膜。外层膜表面有核糖体附着，并与内质网膜相延续。核膜上有许多小孔，称核孔，是细胞核和细胞质之间进行大分子物质交换的通道。

2. 核仁　是细胞分裂间期出现的结构，而在细胞分裂期表现出周期性的消失和重建。核仁是由核仁组织区脱氧核糖核酸（DNA）、核糖核酸（RNA）和蛋白质等成分组成的球形致密结构，外无被膜。核仁是核糖体合成的场所。

3. 染色质与染色体　在细胞分裂间期，细胞核内易于被碱性染料所染色的物质称染色质。在细胞分裂期，染色质高度螺旋、折叠而缩短变粗，凝集形成条状结构，称染色体。染色质与染色体是同一种物质在细胞不同时期的不同表现形式。染色质（染色体）的化学成分主要是 DNA 和组蛋白。DNA 是遗传信息的载体。

人的体细胞有 46 条（23 对）染色体，其中 44 条（22 对）为常染色体，2 条（1 对）为性染色体（男性为 XY，女性为 XX）。

4. 核基质　通常所说的核基质是细胞核内除核仁和染色质以外的物质，包括核骨架和核液。核骨架为蛋白质纤维网架结构，主要与染色质的复制、转录和 RNA 加工有关。核液是指细胞核内的液体部分，为细胞核的功能活动提供适宜环境。

考点　染色质与染色体的概念

三、细胞增殖

细胞增殖是通过细胞分裂增加细胞数量的过程，是生物繁殖的基础，也是维持细胞数量平衡和机体正常功能所必需。人体的生长发育、正常的组织细胞更替、创伤的修复，以及组织再生等均有赖于细胞增殖。细胞分裂方式有 3 种，即无丝分裂、有丝分裂和减数分裂。人体的体细胞以有丝分裂为主要增殖方式。

（一）细胞周期的概念

细胞周期通常是连续分裂的细胞从上一次有丝分裂结束到下一次有丝分裂完成所经历的整个过程，包括间期和分裂期两个阶段（图 1-3）。

考点　细胞周期的概念

（二）细胞周期的特点

1. 间期　此期依次又分为 DNA 合成前期（G_1 期）、DNA 合成期（S 期）、DNA 合成后期（G_2 期）3 个阶段（图 1-3）。分裂后的子细胞进入 G_1 期后有 3 个去向：①增殖细胞，保持旺盛的分裂能力，如表皮基底细胞；②暂不增殖细胞，进入休止期，在有需要时才继续增殖，如肝细胞；③不增殖细胞，失去分裂能力，通过分化成熟，行使细胞功能，直至衰老死亡，如成熟的红细胞、高度分化的神经细胞。

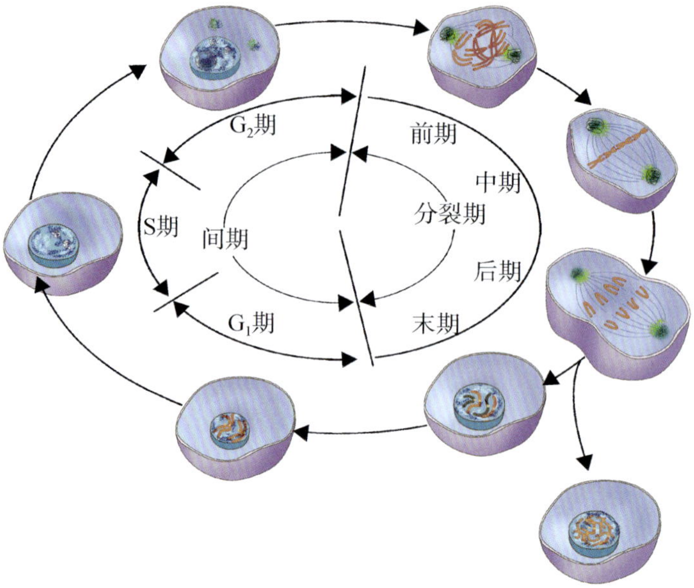

图 1-3 细胞周期

（1）G_1 期 是从上一次细胞分裂结束到 DNA 开始复制的时期，是细胞生长的主要阶段。此期物质代谢活跃，产生大量 RNA 和蛋白质，细胞体积显著增大。G_1 期的主要意义在于为下阶段 DNA 的复制做好物质准备。G_1 期的时间长短变化最大，不同类型的细胞其细胞周期长短的差异也主要在于此期。

（2）S 期 主要是进行 DNA 的复制，使细胞内 DNA 的含量增倍，组蛋白和非组蛋白也有合成。DNA 的复制是细胞增殖的关键，一旦 DNA 开始复制，细胞增殖就会进行下去，直至完成细胞分裂。

（3）G_2 期 主要是为分裂期做多种结构及功能准备，细胞合成少量 RNA 和与有丝分裂有关的特殊蛋白质，同时染色质螺旋化，产生凝集。

2. 分裂期（M 期） 即细胞有丝分裂期。此期在细胞周期中持续时间最短，但形态变化最大，细胞分裂成两个相同的子细胞，复制后的染色体被精确均等地分配给两个子细胞核，使分裂后的细胞保持遗传上的一致性。染色体分配过程中会有纺锤丝出现，故称有丝分裂。根据细胞核的形态变化，此期又可分为前期、中期、后期、末期 4 个阶段（图 1-3）。

（1）前期 染色质进一步凝集，缩短变粗，形成具有明显形态结构的染色体；复制好的两对中心粒向细胞两极移动，中间连以纺锤丝，形成梭形的纺锤体；细胞核膨大，核膜崩解，核仁消失。

（2）中期 染色体达到最大限度的凝集，每条染色体分裂为两条完全相同的染色单体，借着丝粒相连；中心粒已到达细胞两极，纺锤丝与每条染色体的着丝粒相连，在纺锤丝的牵引下，所有染色体排列在细胞赤道面上，形成赤道板。

（3）后期　每条染色体的着丝粒分裂，两条染色单体分开，各成为一条独立的染色体。随后两条染色体分别移向细胞两极，靠近中心粒，最终移到两极的所有染色体各自合并成团。

（4）末期　染色体到达两极后解螺旋逐渐恢复为染色质，纺锤丝消失，核仁与核膜出现，形成两个新的细胞核；细胞膜在中部向内凹陷，形成与原来纺锤体方向垂直的分裂沟，分裂沟逐渐加深，并最终断裂，将细胞质均分为两份，两个子细胞形成。

四、细胞衰老与细胞死亡

在生命过程中，人体生长发育达到成熟期以后，随着年龄的增长在形态结构和生理功能方面出现的一系列慢性、进行性、退化性的变化，导致人体适应能力、储备能力日趋下降的过程，称衰老。细胞衰老指人体发育成熟后，正常细胞随着时间推移出现功能减退，内环境稳定性下降，趋向死亡的不可逆的现象。细胞衰老是人体衰老和老年病发病的基础。

细胞死亡是细胞生命活动的结束，通常可分为意外性细胞死亡和调节性细胞死亡。意外性细胞死亡，是不受控制的、非程序性的细胞死亡，如坏死。在缺氧、生物因素等极端刺激下，细胞出现不可逆损伤等病理过程，细胞坏死，细胞被动死亡。调节性细胞死亡，是程序性细胞死亡，如细胞凋亡、细胞焦亡等。细胞凋亡指人体在生理或病理条件下，为了维持自身内环境的稳态，通过基因调控而产生的主动、有序的细胞死亡；细胞焦亡是指细胞在炎症情况下伴有抗菌反应的一种细胞程序性死亡。

考点　细胞衰老的概念

第 2 节　上 皮 组 织

案例 1-1

患者，女，10 岁。因呼吸困难 1 小时就诊。患者 1 小时前在参加学校组织的春游活动时，先出现鼻、眼睑发痒，流清涕，打喷嚏，后出现气喘、胸闷、烦躁不安。查体：双肺可闻及广泛哮鸣音，呼气末更明显。血常规检查：嗜酸性粒细胞比例增高（12%）。临床诊断：支气管哮喘。

问题： 1. 简述支气管黏膜上皮的类型及特点。

2. 简述被覆上皮的分类。

上皮组织由大量紧密排列的上皮细胞和极少量的细胞外基质构成。上皮组织细胞数量多，排列紧密，细胞外基质极少。上皮细胞具有明显的极性，一面朝向体腔、有腔器官的腔面或人体表面，称游离面；与其相对的另一面朝向深部组织，称基底面。上皮组织内一般没有血管和淋巴管，但常有丰富的神经末梢。

上皮组织主要具有保护、吸收、分泌、感觉等功能。根据结构和功能的不同，上皮组织分为被覆上皮和腺上皮两大类。一般所说的上皮，通常是指被覆上皮。

一、被 覆 上 皮

被覆上皮呈薄膜状分布，覆盖于人体表面或衬贴于体腔、有腔器官腔面。根据细胞排列层次和形态特点不同，被覆上皮的分类，见表 1-2。

表 1-2 被覆上皮的分类及主要分布

细胞层数	上皮类型	主要分布
单层上皮	单层扁平上皮	内皮：心、血管、淋巴管
		间皮：胸膜、腹膜、心包膜
		其他：肺泡、肾小囊壁层等
	单层立方上皮	肾小管等
	单层柱状上皮	胃、小肠、大肠、胆囊、输卵管、子宫等
	假复层纤毛柱状上皮	气管、支气管等
复层上皮	复层扁平上皮	未角化的：口腔、食管、阴道等
		角化的：皮肤表皮
	变移上皮	肾小盏、肾大盏、肾盂、输尿管、膀胱

考点 被覆上皮的分类及主要分布

（一）单层上皮

单层上皮是仅由一层细胞构成的上皮，所有细胞的基底面都附着在基膜上。

1. 单层扁平上皮　由一层扁平细胞紧密排列组成（图 1-4）。从表面观察，细胞呈不规则多边形，边缘呈锯齿状，相互嵌合，核扁圆形，位于细胞中央；在垂直切面上，细胞核扁椭圆形，居中，胞质很薄，仅含核部分略厚。分布于心、血管和淋巴管内表面的单层扁平上皮称内皮，其表面光滑，有利于血液、淋巴的流动，也有利于内皮细胞进行物质交换。分布于胸膜、腹膜、心包膜表面的单层扁平上皮称间皮，其表面湿润光滑，可减少器官活动的摩擦。单层扁平上皮在肺泡、肾小囊壁层也有分布。

2. 单层立方上皮　由一层立方形的细胞紧密排列组成（图 1-5）。从表面观察，细胞呈六角形或多边形；在垂直切面上，细胞近似正方形。细胞核圆形，位于细胞中央。单层立方上皮主要分布于肾小管等处，有吸收和分泌功能。

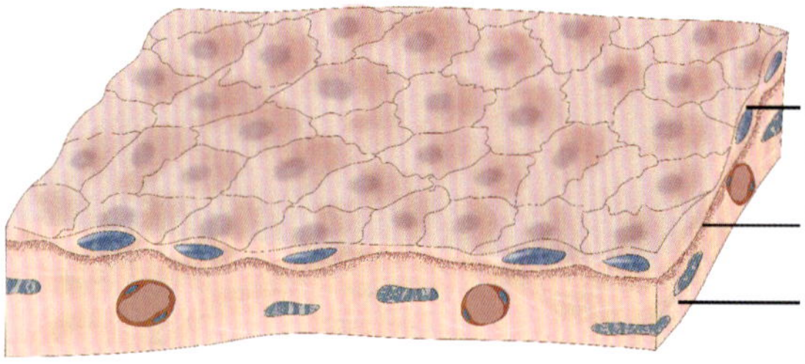

图 1-4　单层扁平上皮模式图

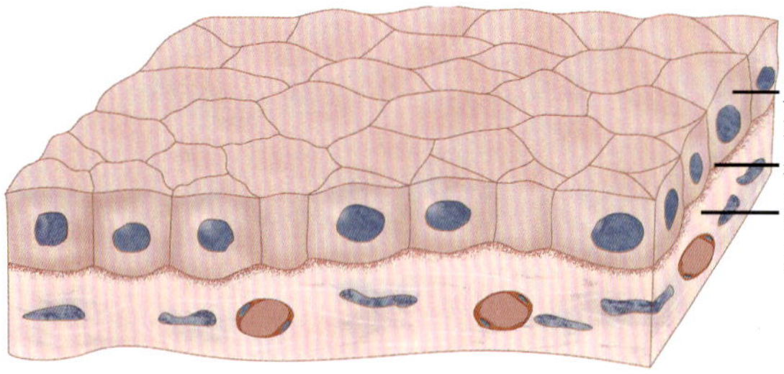

图 1-5　单层立方上皮模式图

3. 单层柱状上皮　由一层高棱柱状细胞紧密排列组成（图 1-6）。从表面观察，细胞呈六角形或多边形；在垂直切面上，细胞呈长方形。细胞核椭圆形，靠近细胞基底部，核长轴与细胞长轴相一致。有些单层柱状上皮还夹杂有形似高脚杯的杯状细胞，能分泌黏液，起润滑、保护作用。单层柱状上皮主要分布于胃、小肠、大肠、胆囊、输卵管、子宫等器官腔面，具有保护、吸收和分泌功能。

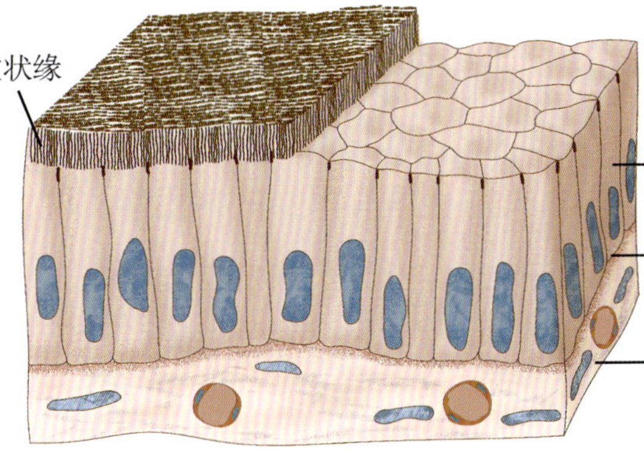

图 1-6　单层柱状上皮模式图

4. 假复层纤毛柱状上皮　由一层高矮不等、形态不同的细胞紧密排列组成（图 1-7）。以柱状细胞为主，夹杂有锥形细胞、梭形细胞、杯状细胞。从侧面看，细胞核高低错落，貌似多层，但所有细胞的基底面都附着于基膜，实为一层，而柱状细胞游离面有纤毛，故称假复层纤毛柱状上皮。该上皮主要分布于气管、支气管等呼吸道表面，具有保护功能。

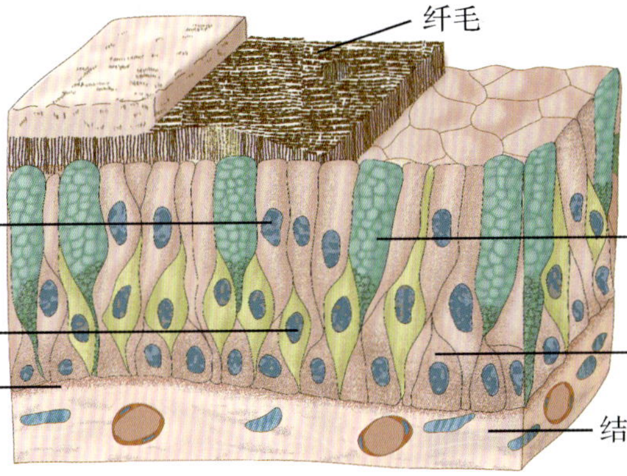

图 1-7　假复层纤毛柱状上皮模式图

链　接

吸烟与呼吸道上皮损伤

呼吸道假复层纤毛柱状上皮中，杯状细胞产生的黏液可黏附随吸气进入呼吸道的灰尘颗粒、细菌等异物，柱状细胞纤毛的定向摆动则可将含异物的黏液团向喉部推送，通过咳嗽反射等将其排出体外，从而起到清洁呼吸道的作用。长期吸烟时，烟雾颗粒的物理刺激会使上皮杯状细胞增生，其化学性损伤又会使纤毛退化脱落，造成黏液生成过多而排出能力减弱，同时，有害物质难以排出，在呼吸道内滞留，则引起上皮进一步损伤。

（二）复层上皮

复层上皮是由多层细胞构成的上皮，各层细胞形态功能不同，只有最深层的细胞基底面附着于基膜，其他细胞依次层叠排列。

1. 复层扁平上皮　由多层细胞组成，因表层细胞呈扁平鳞片状，又称复层鳞状上皮（图 1-8）。在垂直切面上，细胞形状不一，靠近表层的为几层扁平细胞，中间为数层多边形细胞，紧靠基膜的是一层矮柱状的基底细胞。基底细胞是具有增殖分化能力的干细胞，其产生的部分子细胞逐渐向浅层移动，以补充表层不断脱落的细胞。复层扁平上皮包括分布于皮肤表皮角化的复层扁平上皮，以及分布于口腔、食管、阴道等处腔面未角化的复层扁平上皮。其具有耐摩擦和阻止异物侵入等作用，受损伤后有很强的再生修复能力。

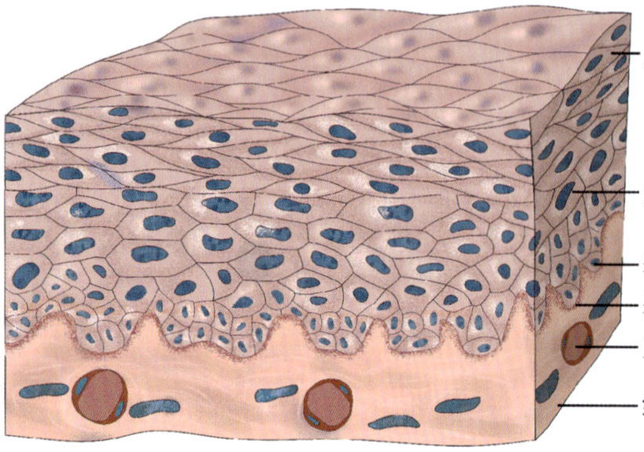

图 1-8　复层扁平上皮模式图

2. 变移上皮　由多层细胞组成，主要分布于肾小盏、肾大盏、肾盂、输尿管、膀胱等处。变移上皮的特点是细胞大小、形态及层次会随所在器官的舒缩状态而发生明显改变。当器官空虚收缩时，细胞体积较大，形态饱满，层数较多，上皮较厚；当器官充盈扩张时，细胞体积较小，表层细胞形态趋于扁平，层数较少，上皮较薄（图 1-9）。

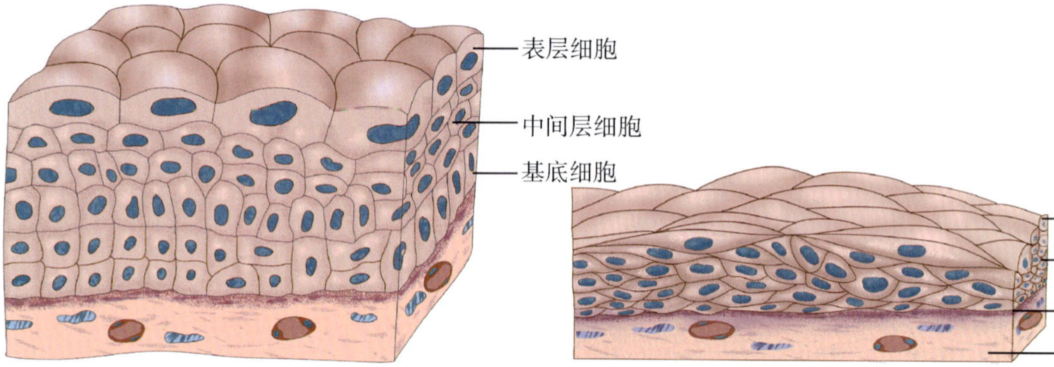

图 1-9　变移上皮模式图

二、腺上皮和腺

腺上皮是由腺细胞组成的以分泌功能为主的上皮。腺是以腺上皮为主要成分的器官或结构。腺细胞的分泌物有激素、黏液、酶类等。

有的腺没有导管，分泌物（为激素）一般释放入血液，称内分泌腺，如肾上腺、甲状腺等（详见内分泌系统）。有的腺有导管，分泌物经导管排至器官腔内或体表，称外分泌腺，如唾液腺、汗腺等。外分泌腺一般由导管和产生分泌物的分泌部两部分组成。根据分泌物的性质，外分泌腺可分为浆液性腺、黏液性腺和混合性腺。

三、上皮细胞表面的特化结构

上皮细胞形态各异，为适应其所在部位的功能需求，加之上皮细胞具有明显极性，其两极往往处在不同环境中。有些上皮细胞，为进一步适应功能的需要，在游离面、侧面、基底面常形成一些特化结构。

（一）上皮细胞游离面的特化结构

1. 微绒毛　是细胞向游离面伸出的微细指状突起。电镜下方能辨认其结构，外为细胞膜，内为细胞质，含微丝。微绒毛扩大了细胞游离面的表面积，有利于吸收。吸收功能越活跃的细胞，微绒毛越发达。整齐排列的微绒毛在高倍光镜下显现为纵纹状的细胞边缘，称纹状缘或刷状缘。

2. 纤毛　是细胞向游离面伸出的较粗长的突起。与微绒毛相似，外为细胞膜，内为细胞质，但比微绒毛粗长，且内含微管。纤毛有节律性定向摆动的能力，可协助上皮表面某些物质的输送。如输卵管上皮的纤毛摆动可协助卵巢排出的卵向子宫腔方向移动；呼吸道黏膜表面的纤毛摆动可把被吸入的灰尘颗粒、细菌等排出。

（二）上皮细胞侧面的特化结构

上皮细胞的侧面分化形成了加强细胞间的机械联系、维持上皮组织结构完整性和协调性的多种细胞连接，如紧密连接、黏着小带、桥粒、缝隙连接等（图 1-10）。这 4 种细胞连接，只要有两种或两种以上紧邻存在，则称连接复合体。

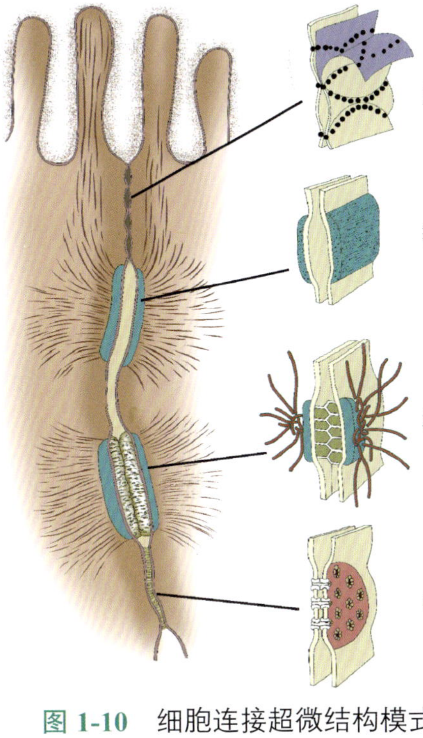

图 1-10　细胞连接超微结构模式图

（三）上皮细胞基底面的特化结构

1. 基膜　是上皮细胞基底面与深部结缔组织之间共同形成的薄膜（图 1-9）。基膜除具有连接、支持、固着作用外，还是一种半透膜，有利于上皮细胞与深部结缔组织之间进行物质交换。

2. 质膜内褶　是上皮细胞基底面的细胞膜折向细胞质所形成的皱褶。质膜内褶主要见于肾小管，扩大了细胞基底面的表面积，有利于水、电解质等物质的转运。

第 3 节　结缔组织

案例 1-2

患者，男，7 岁。两周前有上呼吸道感染史，近日出现畏寒、发热，全身皮肤、黏膜出血，并有大片瘀斑，实验室检查血小板计数 $18×10^9$/L，出血时间延长。拟补充供给血小板。

问题： 1. 该患者血小板计数是否正常？

2. 简述血细胞的分类及计数的正常值。

结缔组织由细胞外基质和散在其中的细胞构成。细胞种类多，无极性。细胞外基质包含纤维、基质，以及不断循环更新的组织液。结缔组织具有支持、连接、保护、储存营养、物质运输等功能。结缔组织分布广泛，形态多样，包括纤维性的固有结缔组织、液态的血液、固态的软骨组织和骨组织等。一般所讲的结缔组织是指固有结缔组织。

一、固有结缔组织

固有结缔组织包括疏松结缔组织、致密结缔组织、脂肪组织、网状组织等。

（一）疏松结缔组织

疏松结缔组织，又称蜂窝组织（图 1-11），广泛分布于器官之间、组织之间，具有连接、支持、防御、修复等功能。

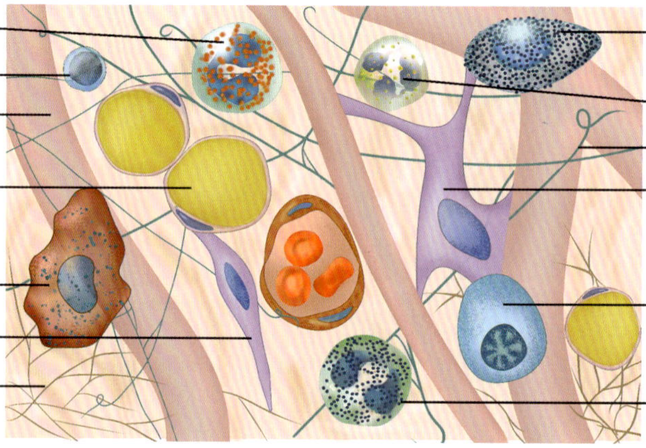

图 1-11 疏松结缔组织模式图

1. 细胞

（1）成纤维细胞　是疏松结缔组织中数目最多、最主要的细胞，常附着在胶原纤维上。成纤维细胞较大，多突起，细胞核大，呈卵圆形，细胞质呈弱嗜碱性，电镜下可见丰富的粗面内质网和发达的高尔基复合体。成纤维细胞能合成、分泌胶原蛋白和弹性蛋白，能形成无定形基质，还可分泌多种生长因子，调节各种细胞的增殖与功能。成纤维细胞处于功能静止状态的时候，细胞变形为长梭状，细胞核缩小，染色深，此时称纤维细胞。

（2）巨噬细胞　形态多样，随功能状态而改变。功能活跃时会伸出较长伪足而形态不规则。细胞核较小，圆形或肾形，着色深，细胞质丰富，多呈嗜酸性，内含大量溶酶体、吞噬体和吞饮小泡等结构。巨噬细胞来源于血液中的单核细胞，具有趋化性和变形运动的能力，可吞噬外来异物和衰老的自体细胞，还具有抗原呈递作用、分泌功能等，参与免疫应答。

（3）浆细胞　又称效应 B 淋巴细胞，由 B 淋巴细胞在抗原刺激下转化而来，可合成和分泌免疫球蛋白（抗体），参与体液免疫。浆细胞主要分布于脾、淋巴结，以及消化管、呼吸道黏膜的结缔组织或淋巴组织内。浆细胞呈卵圆形或圆形，细胞质呈嗜碱性，细胞核圆形或卵圆形，多偏于细胞一侧，核内异染色质常呈粗条块状，从核中心向核膜呈辐射状分布。

（4）肥大细胞　常分布在小血管和淋巴管周围，在皮肤真皮、呼吸道和消化管的黏膜结缔组织内较多。细胞体积较大，呈圆形或卵圆形，细胞核小而圆，细胞质内充满粗大的嗜碱性颗粒。颗粒内含肝素，肝素具有抗凝血作用。颗粒内还含有组胺、中性粒细胞趋化因子及嗜酸性粒细胞趋化因子等物质，可启动针对病原体的炎症反应，参与过敏反应等。

（5）脂肪细胞　体积较大，常呈球形或多边形，单个或成群分布。细胞质内含一个大脂滴，将其余的细胞质和细胞核挤到细胞周缘，细胞核被挤压成弯月形，位于细胞一侧。在 HE 染色标本中，脂滴被溶解，细胞呈空泡状。脂肪细胞可合成、储存脂肪，参与能量代谢。

2. 细胞外基质

（1）纤维　有胶原纤维、弹性纤维和网状纤维 3 种。

1）胶原纤维：在 3 种纤维中，胶原纤维数量最多，新鲜时呈白色，又称白纤维。在 HE 染色切片中，胶原纤维呈淡红色，粗细不等，呈波浪形，有分支并交织成网。胶原纤维常成束存在，其化学成分为Ⅰ型胶原蛋白。胶原纤维韧性大，抗拉力强。

2）弹性纤维：含量较胶原纤维少，但分布很广，新鲜时呈黄色，又称黄纤维。在 HE 染色切片中，弹性纤维着色淡红，不易与胶原纤维区分。弹性纤维较细，可有分支，交织成网。其化学成分主要为弹性蛋白，富有弹性。随着年龄的增长，弹性纤维的弹性会逐渐减弱。

3）网状纤维：纤维细且分支多，交织成网。网状纤维主要由Ⅲ型胶原蛋白构成，表面被覆糖蛋白，在 HE 染色切片中与胶原纤维一样呈淡红色，难分辨，若用银染法处理则呈黑色，又称嗜银纤维。网状纤维主要分布于网状组织，也可分布于基膜、腺泡、毛细血管周围等处。

（2）基质　主要是由蛋白聚糖、纤连蛋白等生物大分子构成的无定形胶状物，无色透明，填充于细胞与纤维之间。蛋白聚糖为基质的主要成分，是由氨基聚糖与蛋白质以共价键结合而成的聚合体。透明质酸、硫酸软骨素等属于氨基聚糖。大量蛋白聚糖聚合体形成有许多微小孔隙的大分子结构，称分子筛。分子筛可限制大分子物质（如细菌、肿瘤细胞等）通过，成为限制细菌等有害物质扩散的防御屏障。溶血性链球菌、癌细胞、蛇毒等可产生透明质酸酶，破坏基质结构，导致扩散或转移。

（3）组织液　血液中小分子血浆成分从毛细血管动脉端渗入到基质内的液体，称组织液。大部分的组织液在毛细血管静脉端又回流到血液中，小部分的组织液进入毛细淋巴管成为淋巴，最后也回流到血液。组织液动态更新，有利于血液与组织细胞进行物质交换。

考点 疏松结缔组织的组成及结构特点

（二）致密结缔组织

致密结缔组织细胞较少，主要成分为排列致密的粗大纤维，主要有支持、连接、保护等功能。胶原纤维排列较规则者，见于肌腱、腱膜及大部分的韧带。胶原纤维排列不规则，互相交织而致密者，见于真皮、硬脑膜及多数器官的被膜。以弹性纤维为主的致密结缔组织见于黄韧带和项韧带。

（三）脂肪组织

脂肪组织主要由大量群集的脂肪细胞构成，被疏松结缔组织分隔成许多脂肪小叶。脂肪组织可分为黄色脂肪组织和棕色脂肪组织 2 类。黄色脂肪组织即通常所说的脂肪组织，主要分布于皮下、网膜、肠系膜、黄骨髓等处，是体内最大的储能库，具有维持体温、缓冲、充填、保护等作用。在寒冷刺激下，棕色脂肪细胞内的脂类分解，产生大量热能。成人的棕色脂肪组织极少；新生儿的棕色脂肪组织较多，主要分布在肩胛间区、腋窝及项部。

（四）网状组织

网状组织由网状细胞和网状纤维构成。网状组织构成造血组织和淋巴组织的支架，为血细胞的发生和淋巴细胞的发育提供适宜的微环境。

二、血　液

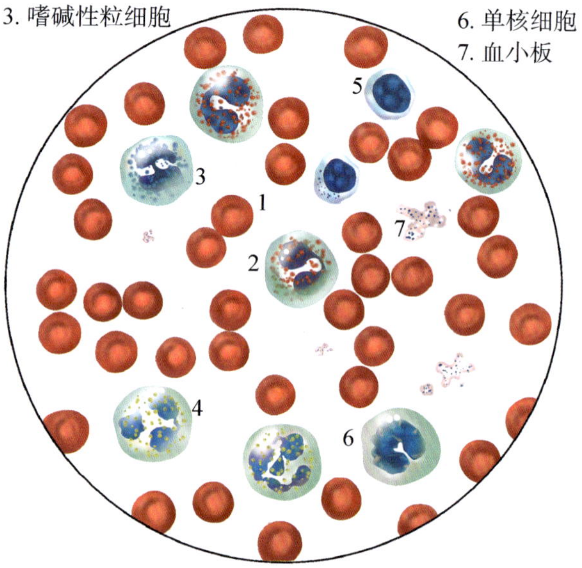

图 1-12　血细胞模式图

1. 红细胞；2. 嗜酸性粒细胞；3. 嗜碱性粒细胞；4. 中性粒细胞；5. 淋巴细胞；6. 单核细胞；7. 血小板

血液循环流动于心血管内，由血浆和血细胞组成。正常成人的血液总量相当于体重的 7% ～ 8%。因此，体重为 60kg 的人，血量为 4.2 ～ 4.8L。

（一）血浆

血浆相当于细胞外基质，主要成分是水，占 90%，其余为血浆蛋白（白蛋白、球蛋白、纤维蛋白原等）、酶、激素、糖、脂质、维生素、无机盐、代谢产物等。血液凝固后析出的淡黄色透亮液体称血清。

（二）血细胞

血细胞包括红细胞、白细胞和血小板（图 1-12）。血细胞分类和计数的正常值，见表 1-3。

表 1-3　血细胞分类和正常值

血细胞	正常值
红细胞	男：（4.0 ～ 5.5）×10^{12}/L；女：（3.5 ～ 5.0）×10^{12}/L
白细胞	（4.0 ～ 10.0）×10^{9}/L
中性粒细胞	50% ～ 70%
嗜碱性粒细胞	0 ～ 1%
嗜酸性粒细胞	0.5% ～ 3%
单核细胞	3% ～ 8%
淋巴细胞	25% ～ 30%
血小板	（100 ～ 300）×10^{9}/L

1. 红细胞　是数量最多的血细胞，在扫描电镜下呈双凹圆盘状，直径约 7.5μm，中央较薄，周缘较厚。成熟红细胞无细胞核，无细胞器，胞质内充满了血红蛋白（Hb），使红细胞呈红色。正常成人血液中血红蛋白的含量，男性为 120 ～ 150g/L，女性为 110 ～ 140g/L。血红蛋白是一种含铁的蛋白质，具有结合、运输 O_2 和 CO_2 的功能。

正常人的外周血液中还含有少量的未完全成熟的红细胞，称网织红细胞。其胞质内残留部分未完全退化的核糖体。网织红细胞占红细胞总数的 0.5% ～ 1.5%，新生儿可达 3% ～ 6%。网织红细胞的比值可在一定意义上反映骨髓造血能力的强弱。

2. 白细胞　是有核的球形细胞，可通过变形运动的方式穿过毛细血管壁进入组织中发挥防御和免疫功能。虽白细胞数量比红细胞少，但种类较多（图 1-12）。根据白细胞胞质内有无特殊颗粒，可将其分为有粒白细胞（简称粒细胞）和无粒白细胞 2 类。根据特殊颗粒的染色性，有粒白细胞可分为中性粒细胞、嗜酸性粒细胞、嗜碱性粒细胞 3 种。无粒白细胞包括单核细胞和淋巴细胞 2 种，均含细小的嗜天青颗粒。

（1）中性粒细胞　是数量最多的白细胞，直径 10 ～ 12μm，核呈弯曲杆状或分叶状，分叶核一般为 2 ～ 5 叶，叶间有纤细的缩窄部相连。核的叶数目与细胞的衰老程度呈正相关。胞质呈极浅的粉红色，内含许多细小的颗粒，包括嗜天青颗粒和特殊颗粒 2 种。嗜天青颗粒是一种溶酶体，而特殊颗粒内含溶菌酶和吞噬素等。中性粒细胞具有吞噬和杀灭细菌的能力。中性粒细胞在吞噬大量细菌后，自身也死亡成为脓细胞。

（2）嗜碱性粒细胞　数量最少，直径 10 ～ 12μm，核分叶，呈 S 形或不规则形，染色浅。胞质内含有大小不等、分布不均的嗜碱性颗粒，染成蓝紫色，可将核遮盖，颗粒内含肝素、组胺、中性粒细胞趋化因子、嗜酸性粒细胞趋化因子等。嗜碱性粒细胞与肥大细胞功能相似。

（3）嗜酸性粒细胞　直径 10 ～ 15μm，核多为 2 叶，胞质充满粗大的鲜红色嗜酸性颗粒。嗜酸性颗粒是一种特殊的溶酶体，还含有阳离子蛋白、组胺酶、芳基硫酸酯酶等。嗜酸性粒细胞具有减轻过敏反应及杀灭寄生虫等作用。

（4）单核细胞　是体积最大的白细胞，直径 14 ～ 20μm，核呈肾形、马蹄形或扭曲折叠的不规则形。胞质丰富，呈弱嗜碱性而呈灰蓝色，内含许多细小的嗜天青颗粒，即溶酶体。单核细胞在血液中停留 12 ～ 48 小时，然后进入结缔组织或其他组织，转化为巨噬细胞等具有吞噬功能的细胞。

（5）淋巴细胞　血液中的淋巴细胞大部分为直径 6 ～ 8μm 的小淋巴细胞，小部分为直径 9 ～ 12μm 的中淋巴细胞。在淋巴组织中还有直径 13 ～ 20μm 的大淋巴细胞。核多为圆形，一侧常有浅凹，染色质呈块状，着色深。胞质嗜碱性，呈蔚蓝色，多在核周形成很薄的一圈。

淋巴细胞产生于淋巴组织和骨髓等淋巴器官。根据淋巴细胞的发生来源、形态特点和免疫功能等方面的不同，可分为 B 淋巴细胞（简称 B 细胞，又称骨髓依赖性淋巴细胞）、T 淋巴细胞（简称 T 细胞，又称胸腺依赖性淋巴细胞）和自然杀伤细胞（简称 NK 细胞）。B 细胞参与体液免疫，T 细胞参与细胞免疫，NK 细胞无须预先接触抗原即可直接杀伤靶细胞。

3. 血小板　是从骨髓巨核细胞脱落下来的胞质小块，不是严格意义上的细胞。血小板呈双面略凸的圆盘状，直径 2 ～ 4μm，受机械或化学刺激时常伸出突起，呈不规则形。在血涂片上，血小板常聚集成群。血小板在止血与凝血过程中有重要作用。

考点　血细胞的分类及正常值

链接

造血干细胞

造血干细胞是生成各种血细胞的原始细胞。胚胎时期的卵黄囊、肝、脾、胸腺和骨髓均能造血；出生后红骨髓成为终生造血的主要器官。出生后造血干细胞主要存在于红骨髓。

据中国造血干细胞捐献者资料库（简称“中华骨髓库”）管理中心介绍，一般造血干细胞来源于骨髓造血干细胞、外周血造血干细胞、脐带血造血干细胞3个渠道。中华骨髓库目前主要开展外周血造血干细胞采集。许多造血干细胞捐献者，发扬人道主义精神，用奉献为患者点亮“生命之光”。

三、软骨组织与软骨

软骨由软骨组织及其周围的软骨膜构成。软骨组织由软骨细胞和软骨基质构成。软骨膜是除关节软骨外软骨表面被覆的薄层致密结缔组织，内有骨祖细胞、血管、神经和淋巴管等。

（一）软骨组织

1. 软骨细胞　包埋在软骨基质中，所在的腔隙称软骨陷窝。分布于软骨膜附近的软骨细胞为幼稚软骨细胞，体积较小，扁圆形，单独占据一个软骨陷窝，越靠近软骨中央区域的软骨细胞越成熟，体积渐大，圆形或椭圆形，常2～8个聚集在一个软骨陷窝中，它们由同一个软骨细胞增殖而来，称同源细胞群。

2. 软骨基质　即软骨组织的细胞外基质，由基质和纤维组成。基质呈凝胶状，主要成分是蛋白聚糖和水，大量蛋白聚糖聚合体也可形成有许多微小孔隙的分子筛。纤维成分包埋于基质中，其种类和数量的不同使软骨组织具有不同的特性，同时也决定了软骨的类型。

（二）软骨的类型

根据细胞外基质中纤维种类和数量的不同，软骨可分为透明软骨、弹性软骨、纤维软骨3种。

1. 透明软骨　新鲜时呈半透明状。基质中包埋有少量细小的胶原纤维。透明软骨具有较强的抗压性，有一定的弹性和韧性，主要分布于肋软骨、关节软骨、呼吸道软骨等处。

2. 弹性软骨　新鲜时呈黄色。基质中包埋有大量的弹性纤维。弹性软骨有很好的弹性，主要分布于耳郭、会厌等处。

3. 纤维软骨　呈不透明的乳白色。基质中包埋有大量粗大的胶原纤维。纤维软骨韧性强，主要分布于椎间盘、关节盘及耻骨联合等处。

四、骨组织与骨

骨是由骨组织、骨膜和骨髓等构成的坚硬器官。骨组织主要由骨细胞和骨基质构成，是骨的结构主体。

（一）骨组织

1. 骨基质　简称骨质，即骨组织中钙化的细胞外基质，由有机质与无机质构成。有机质主要为大量胶原纤维和少量无定形基质，使骨具有韧性。无机质主要是羟基磷灰石结晶，又称骨盐，使骨坚硬。骨盐沉积于呈板层状排列的胶原纤维上，构成既坚硬又有韧性的板状结构，称骨板（图 1-13，图 1-14）。同一骨板内的胶原纤维互相平行，相邻骨板的胶原纤维则互相垂直，这种排列方式如同多层木质胶合板，可有效增加骨的强度。骨板间和骨板内有许多小腔，称骨陷窝（图 1-14）。骨陷窝周围放射状分布的小管称骨小管。相邻骨陷窝之间的骨小管可以相通。

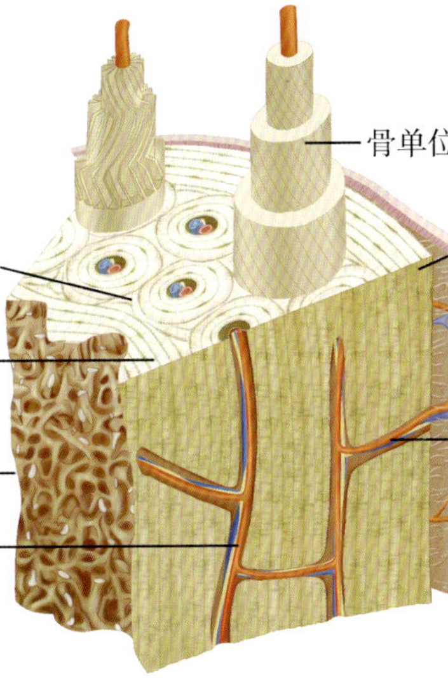

图 1-13　长骨骨干立体结构模式图

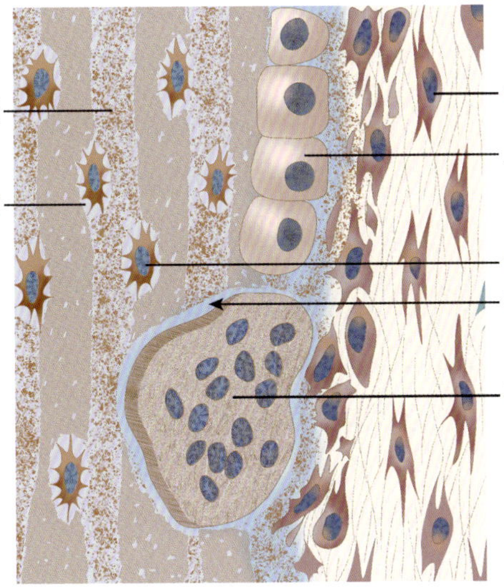

图 1-14　骨组织的骨板和各种细胞结构模式图

2. 骨组织的细胞　有 4 种（图 1-14），即骨祖细胞、成骨细胞、骨细胞和破骨细胞。骨细胞数量多，位于骨组织内部，其余 3 种细胞数量少，位于骨组织表面。骨细胞胞体位于骨陷窝内，骨细胞的多个细长突起，伸入骨小管中。骨细胞参与调节钙、磷平衡。

（二）骨松质和骨密质

根据形态结构等不同，骨质可分为骨松质和骨密质 2 类。

1. 骨松质　由大量针状或片状的骨小梁构成。骨小梁由数层排列不甚规则的骨板构成。骨小梁相互连接，形成肉眼可见的多孔隙立体网格样结构，网眼中充填红骨髓。

2. 骨密质　主要由排列有序、结合紧密的骨板构成，肉眼下难见明显的孔隙。按骨板排列方式可分为环骨板、骨单位和间骨板 3 种形式（图 1-13）。

（1）环骨板　环绕长骨骨干内、外表面的骨板，分别称内环骨板和外环骨板。外环骨板较厚，由数层骨板组成，较整齐地环绕骨干排列。内环骨板较薄，仅由数层骨板组成，且不如外环骨板平整。

（2）骨单位　又称哈弗斯系统，位于内外环骨板之间，数量多，是长骨中起支持作用的主要结构。骨单位呈长筒状，可有分支，排列方向与长骨长轴基本一致。每个骨单位由 4 ～ 20 层呈同心圆状排列的骨板构成，横断面形似树木的年轮。骨单位中央有一条纵行的管道，称中央管；不同骨单位之间有横向通连的管道，称穿通管，穿通管也存在于环骨板内。穿通管与中央管相互通连。

（3）间骨板　为大小、形状皆不甚规则的骨板聚集体，位于骨单位之间或骨单位与环骨板之间，是骨生长和改建过程中较早期的骨单位或环骨板的残留部分。

第 4 节　肌　组　织

肌组织主要由肌细胞组成。肌细胞之间有少量结缔组织、血管、神经和淋巴管。肌细胞形态细长呈纤维状，故又称肌纤维。肌纤维的细胞膜称肌膜，细胞质称肌质，特化的滑面内质网称肌质网。肌质内含大量与肌纤维长轴相平行且排列成束的肌丝。肌丝是肌纤维舒缩功能的主要物质基础。

根据形态结构和功能特点的不同，肌组织可分为骨骼肌、心肌、平滑肌 3 种。骨骼肌纤维和心肌纤维表面均有横纹，故又称横纹肌。骨骼肌受躯体神经支配，属随意肌；心肌和平滑肌受内脏神经支配，为不随意肌。

考点 肌组织的分类

一、骨　骼　肌

骨骼肌分布于人体的头、颈、躯干和四肢，大多借肌腱附着于骨骼，其收缩迅速有力，主要成分为骨骼肌纤维。整块骨骼肌外包有结缔组织形成的被膜，称肌外膜（图 1-15）。肌外膜伸入肌内，分支形成肌束膜分隔包围出大小不等的肌束。每条肌纤维外包绕有少量结缔组织形成的肌内膜。

（一）骨骼肌纤维的光镜结构

骨骼肌纤维呈细长圆柱形，通常无分支，直径 10 ～ 100μm，长度不等，一般为 1 ～ 40mm，长者可达 100mm 以上。骨骼肌纤维细胞核呈扁椭圆形，数量多，一条肌纤维可有几十个甚至几百个核，紧贴于肌膜内侧。肌质内含有许多与肌纤维长轴相平行的肌原纤维，每条肌原纤维上都有明暗相间的带，各条肌原纤维的明带和暗带都准确地排列在同一平面上，因而构成了骨骼肌纤维明暗相间的周期性横纹（图 1-16）。

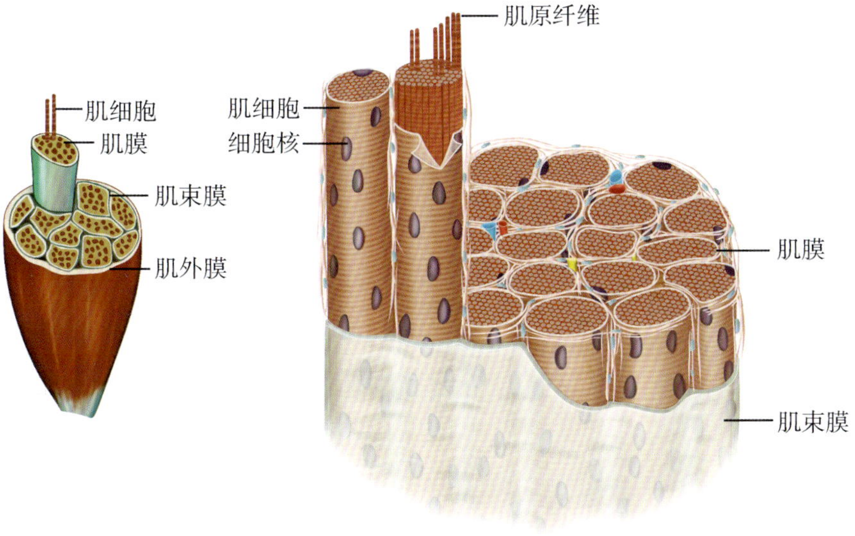

图 1-15　骨骼肌与肌膜模式图

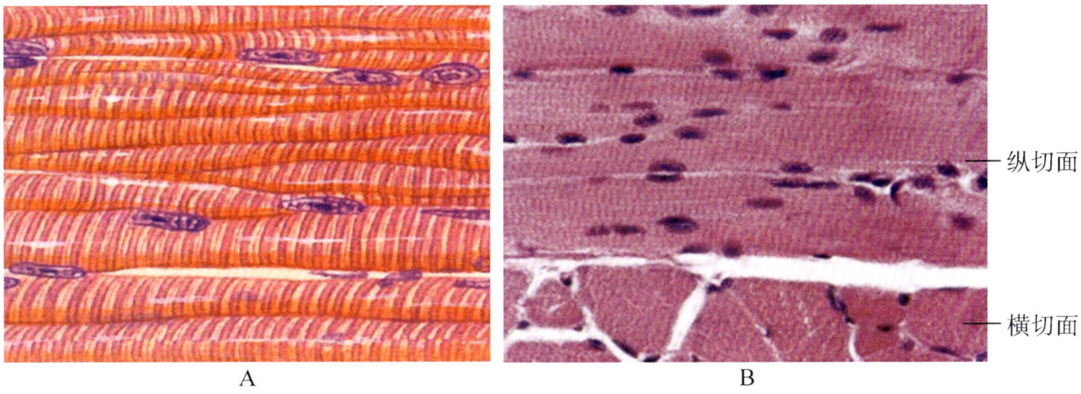

图 1-16　骨骼肌纤维光镜结构像

A. 骨骼肌纤维纵切面光镜结构像模式图；B. 骨骼肌纤维纵、横切面光镜结构像

明带又称I带，其中央有一条深色的Z线。暗带又称A带，其中央有一条浅色窄带，称H带，H带中央有一条深色的M线。相邻两条Z线之间的一段肌原纤维称肌节（图 1-17）。每个肌节由1/2明带+1个暗带+1/2明带组成。肌节递次排列构成肌原纤维，是骨骼肌纤维结构和功能的基本单位。

（二）骨骼肌纤维的超微结构

1. 肌原纤维　由大量的粗肌丝和细肌丝有规律地平行排列构成。粗肌丝位于暗带，其中央固定于M线，两端游离；细肌丝则一端固定于Z线，另一端游离，插入粗肌丝之间，终止于H带的边缘（图 1-17）。因此，暗带中央的H带是只有粗肌丝的区域；H带两侧

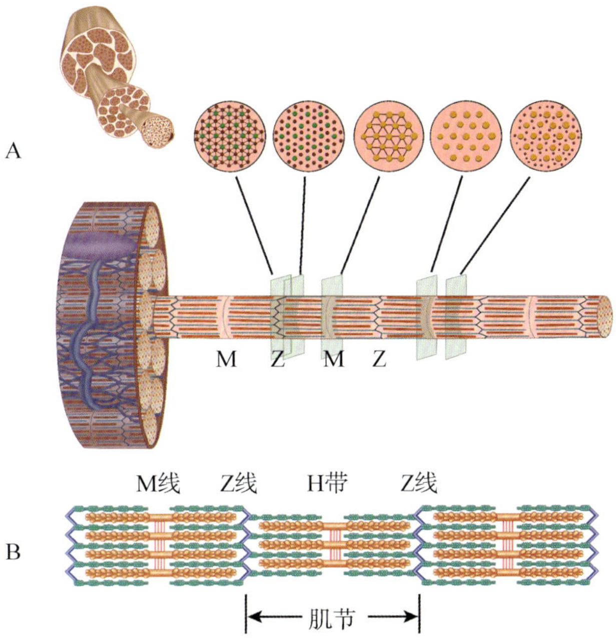

图 1-17　骨骼肌肌原纤维超微结构模式图

A. 肌丝不同部位的横切面；B. 肌节的纵切面

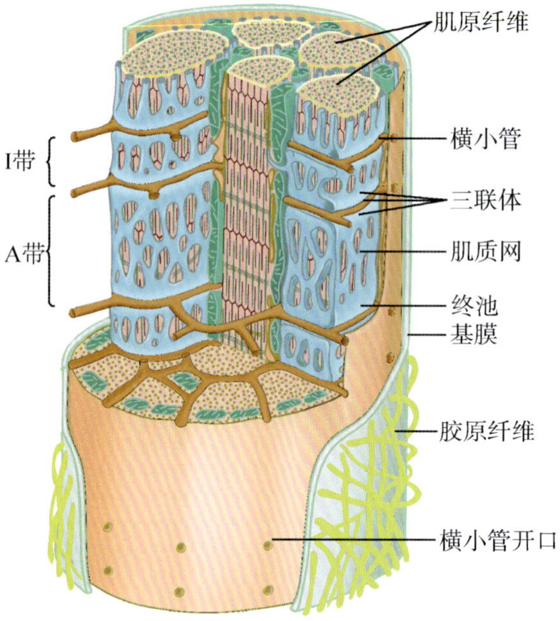

图 1-18　骨骼肌纤维超微结构立体模式图

的暗带是粗细肌丝重叠的区域；明带则是只有细肌丝的区域。

2. 横小管　由肌膜向肌质内凹陷形成的小管，与肌纤维的长轴相垂直。骨骼肌纤维的横小管位于明带与暗带的交界处（图 1-18）。同一平面的横小管彼此分支吻合成网，环绕于每条肌原纤维周围，肌原纤维从其网眼中穿过。横小管的管壁即肌膜向肌质内的延伸，它可将肌膜的兴奋迅速传至每个肌节。

3. 肌质网　又称肌浆网，是肌纤维中特化的滑面内质网，位于相邻的横小管之间，包绕于肌原纤维周围（图 1-18）。其中部呈纵行排列，称纵小管；两端膨大称终池，内含大量钙离子。每个横小管与两侧的终池组成三联体，但三联体内的横小管和终池各自独立，并不相通。

考点 肌节、三联体的概念

二、心　肌

心肌分布在心和邻近心的大血管根部，主要由心肌纤维构成。心肌收缩持久且不易疲劳。

（一）心肌纤维的光镜结构

心肌纤维呈不规则的短圆柱状，有分支，互连成网，连接处染色较深，称闰盘。多数心肌纤维有一个细胞核，少数有两个核，核呈卵圆形，位于细胞中央（图 1-19）。心肌纤维也呈明暗相间的周期性横纹。

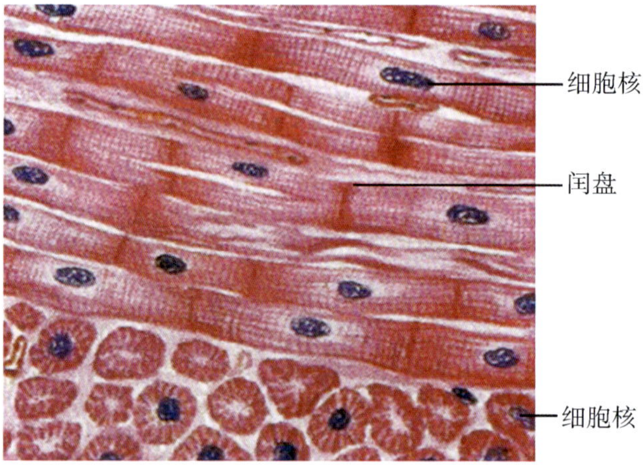

图 1-19　心肌纤维光镜结构像

（二）心肌纤维的超微结构

心肌纤维与骨骼肌纤维在超微结构上有许多相似的地方，如心肌纤维也有粗、细两种肌丝；肌丝在肌节内的排列与骨骼肌纤维相同；也有横小管和肌质网等结构。但心肌纤维尚具有与骨骼肌纤维不同的一些特点（表 1-4）。

表 1-4　骨骼肌纤维与心肌纤维的比较

项目	骨骼肌纤维	心肌纤维
形态	细长圆柱形，无分支	短圆柱形，有分支，互连成网
横纹	有	有，不明显

续表

项目	骨骼肌纤维	心肌纤维
细胞核	多个，扁椭圆形，紧贴肌膜，位于肌膜下	多数 1 个，少数 2 个，卵圆形，位于细胞中央
闰盘	无	有
横小管	位于明、暗带交界处	较粗，位于 Z 线水平
肌质网	发达，终池与横小管常形成三联体	不发达，终池扁小，多与横小管形成二联体

1. 肌原纤维　不明显。大量肌丝被稀疏的肌质网和纵列的线粒体分隔成粗细不等的肌丝束而没有形成明显的肌原纤维。

2. 横小管　较粗，位于 Z 线水平（图 1-20）。

3. 肌质网　不发达。纵小管稀疏，终池少而小，且常在横小管的一侧，与横小管形成二联体。

4. 闰盘　闰盘处有黏着小带与桥粒，使心肌纤维间的连接牢固；闰盘处有缝隙连接，便于心肌纤维间化学信息的交流和电冲动传导。

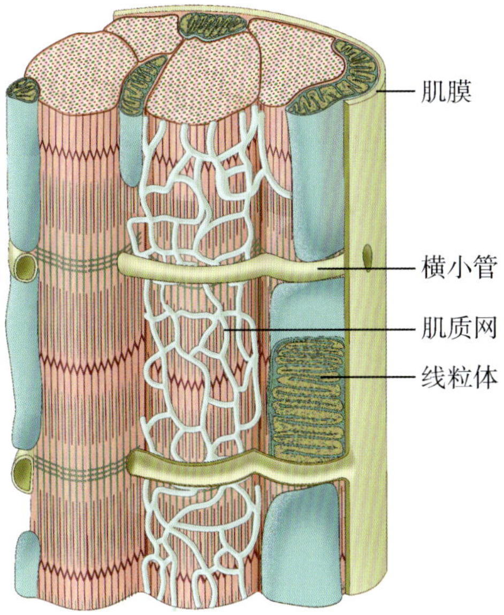

图 1-20　心肌纤维超微结构立体模式图

三、平　滑　肌

平滑肌广泛分布于血管壁和内脏器官，主要由平滑肌纤维构成。平滑肌纤维有较强的伸展性，其收缩缓慢而持久。

平滑肌纤维呈长梭形，无横纹，中间含核的部位较粗，两端尖细。平滑肌纤维只有一个细胞核，核呈长椭圆形或杆状，位于细胞中央（图 1-21）。平滑肌纤维多成层或成束排列，同一层内，肌纤维彼此平行，粗细交替，聚集排列，一条肌纤维中部较粗的部分往往与相邻肌纤维两端纤细的部分相嵌合。这种排列形式使肌纤维之间排列紧密且有利于收缩力的传导。相邻肌层的肌纤维走向往往不同。肌层之间有结缔组织分布，其内有血管、神经和淋巴管。平滑肌纤维内也有粗、细肌丝，但其排列形式与骨骼肌纤维和心肌纤维显著不同，没有形成明暗交替的横纹。

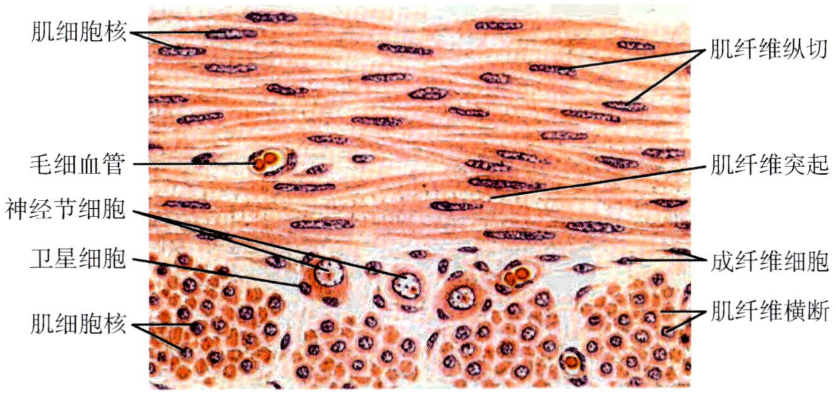

图 1-21　平滑肌纤维光镜结构像

第 5 节 神经组织

案例 1-3

患者，男，19 岁。近 3 个月来出现右眼睑下垂，右眼复视，感觉说话费力，近 1 周出现下肢无力，抬腿困难。初步诊断：重症肌无力（由突触传递功能障碍所引起的自身免疫病）。

问题：1. 简述突触的概念。

2. 简述化学突触的结构。

神经组织是神经系统的主要成分，由神经细胞和神经胶质细胞组成。神经细胞又称神经元，是神经系统结构和功能的基本单位，具有接受刺激、整合信息、传导神经冲动的功能。神经胶质细胞简称神经胶质，对神经元起支持、营养、保护和绝缘的作用。

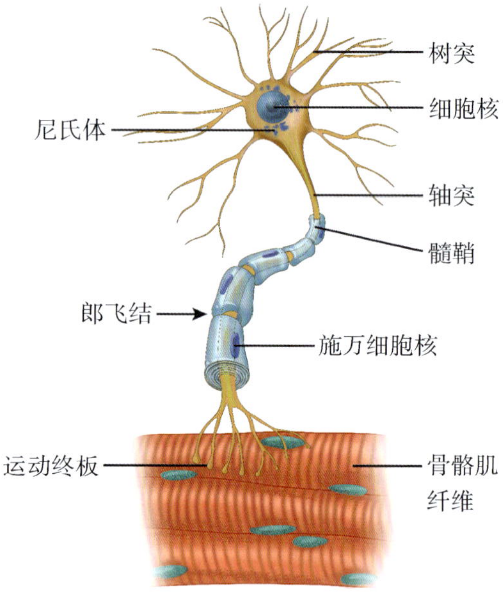

图 1-22 运动神经元模式图

一、神 经 元

（一）神经元的形态结构

神经元形态多样，但有一个共同特征就是均具有突起，因此神经元都可分为胞体和突起两部分（图 1-22）。

1. 胞体　是神经元的营养和代谢的中心，主要位于大脑皮质、小脑皮质、脑干和脊髓的灰质及神经节内。胞体的形态可呈圆形、梭形、锥形和星形等。胞体由细胞膜、细胞质、细胞核构成。细胞膜包被于胞体表面，可接受刺激、处理信息、产生和传导冲动；细胞核位于胞体中央，大而圆；细胞质内含多种细胞器，在光镜下，其特征性结构为尼氏体和神经原纤维（图 1-23）。

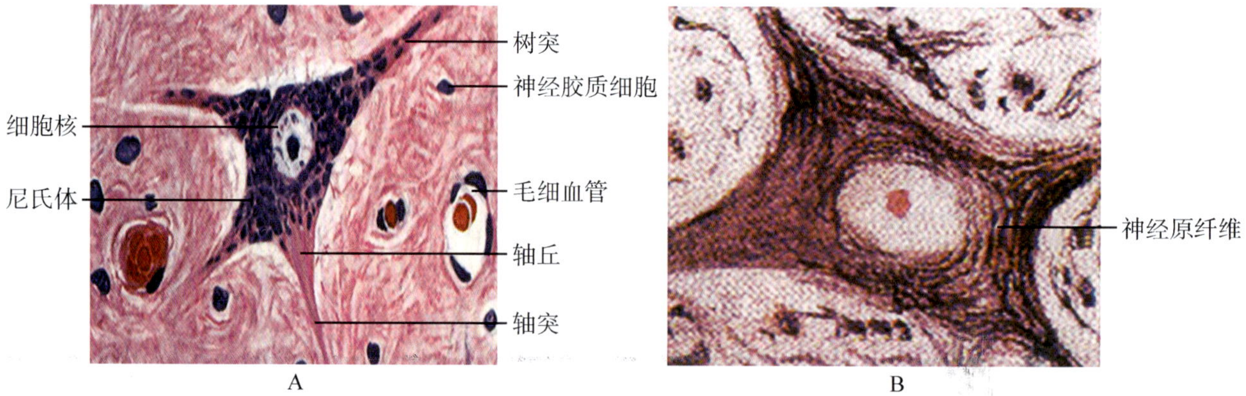

图 1-23 神经元光镜结构像

A. 尼氏体；B. 神经原纤维

（1）尼氏体　光镜下呈嗜碱性颗粒状或小块状结构，又称嗜染质。电镜下可见尼氏体是由发达的粗面内质网和游离核糖体构成的，主要功能是合成蛋白质和神经递质。

（2）神经原纤维　在 HE 染色的切片上不着色，用银染法则显现为棕黑色的细丝状结构，相互交织成网，并伸入突起内。电镜下可见神经原纤维由微管和神经丝构成，形成了神经元的骨架，另外也与神经递质的输送相关。

2. 突起　由神经元的细胞膜与细胞质向胞体表面突出形成突起，根据形态结构和功能的不同可分为树突和轴突两种（表 1-5）。

表 1-5　树突与轴突的比较

项目	树突	轴突
数量	一个或多个	只有一个
形态	树状分支，分支表面有棘状突起	表面光滑，可有侧支，终末分支呈树状
结构	与胞体相似，有尼氏体和神经原纤维	只有神经原纤维，没有尼氏体
功能	将神经冲动传向胞体	将神经冲动传离胞体

（1）树突　每个神经元可有一个至多个树突。树突分支呈树枝状，表面粗糙，可见棘状突起，称树突棘。树突的内部结构与胞体相似，尼氏体和神经原纤维在树突内均可见到，但树突内的神经原纤维不像胞体内交织排列，而是顺着突起的走行平行排列。树突的功能是接受刺激并将神经冲动传向胞体。

（2）轴突　每个神经元只有一个轴突。轴突形态细长，表面光滑无突起，可有侧支，末端分支呈爪状，形成轴突终末。轴突内有神经原纤维而无尼氏体。轴突的功能是将胞体的神经冲动传给其他神经元或效应器。

（二）神经元的分类

1. 根据神经元突起数目分类（图 1-24）

（1）多极神经元　有一个轴突和多个树突。

（2）双极神经元　有轴突和树突各一个。

（3）假单极神经元　从胞体直接发出的突起只有一个，但该突起离开胞体不远即分为两支，一支进入中枢神经系统，称中枢突；另一支分布到周围组织，称周围突（图 1-25）。

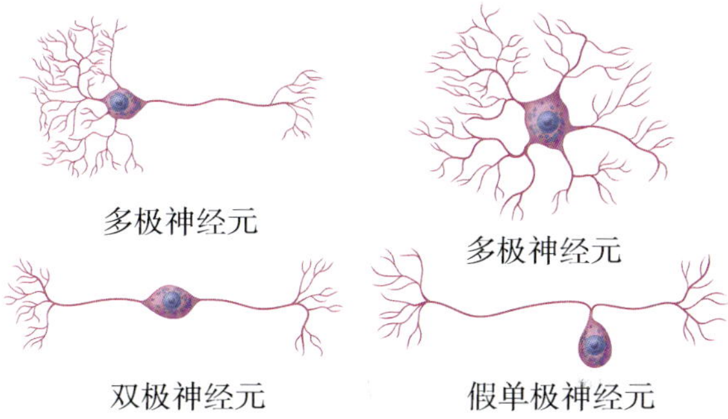

图 1-24　神经元的主要形态模式图

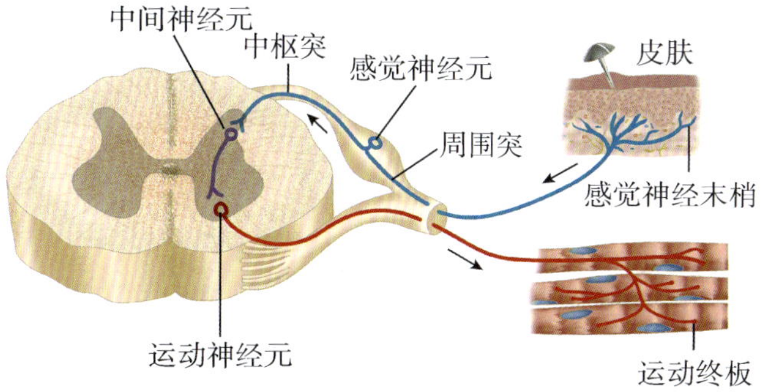

图 1-25　脊髓和脊神经模式图

2. 根据神经元功能分类（图 1-25）

（1）感觉神经元　又称传入神经元，感受体内外各种刺激，并将信息传向中枢。

（2）运动神经元　又称传出神经元，将神经冲动传出至肌或腺。

（3）中间神经元　又称联络神经元，位于感觉神经元和运动神经元之间，起信息加工、整合和传递作用。

考点 神经元的分类

二、突　触

突触是神经元与神经元之间或神经元与效应细胞之间的一种特化的细胞连接结构，通过它实现细胞与细胞之间的信息传递。突触可分为电突触和化学突触两类。电突触实际是缝隙连接，是以生物电流作为通信媒介的突触。化学突触是以神经递质作为通信媒介的突触。在神经元之间的化学突触中，比较常见的是一个神经元的轴突终末与另一个神经元的胞体、树突或树突棘相连接，分别形成轴 - 体突触、轴 - 树突触或轴 - 棘突触（图 1-26）。

通常所说的突触是化学突触，在电镜下由突触前成分、突触间隙和突触后成分构成（图 1-27）。突触前、后成分彼此相对的细胞膜，分别称突触前膜和突触后膜，两者之间有 15 ～ 30nm 的突触间隙。突触前成分一般是神经元的轴突终末，呈球状膨大，其内含有许多突触小泡和线粒体等。突触小泡内含神经递质或神经调质。突触后膜中有特异性的神经递质或神经调质的受体及离子通道。

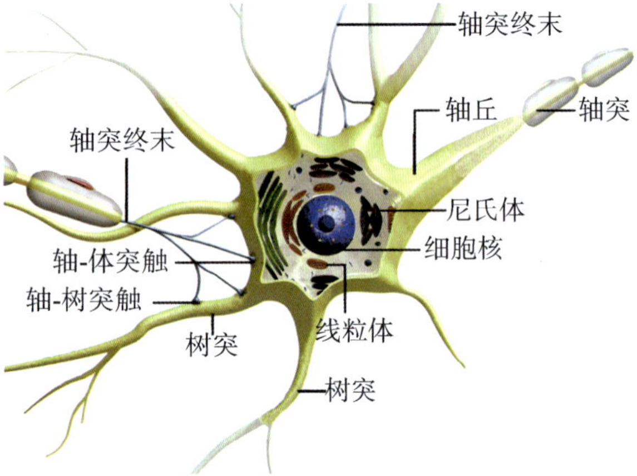

图 1-26　多级神经元及其突触结构模式图

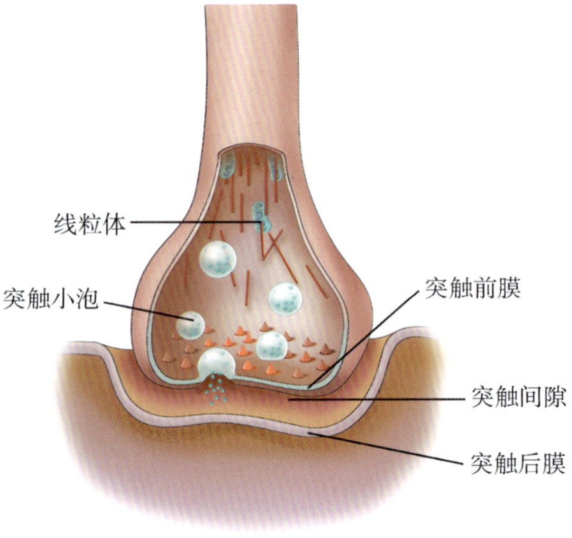

图 1-27　化学突触超微结构模式图

当神经冲动沿轴突传导到突触前成分时，突触前成分内的突触小泡向突触前膜移动，并与突触前膜融合，通过出胞作用将突触小泡的内容物释放入突触间隙。突触后膜中的受体与特异性神经递质结合后，突触后膜内离子通道开放，改变突触后膜两侧的离子分布，引起膜上产生相应电位改变。化学突触的结构基础和传导机制决定了神经冲动的传导只能是由突触前成分向突触后成分单向传导。

考点 突触的概念

三、神经胶质细胞

神经胶质细胞广泛分布于神经元之间，均有突起，但其突起无树突、轴突之分，不具有传导神经冲动的功能。神经元被神经胶质细胞分隔，只在突触部位接触。神经胶质细胞除对神经元具有支持、营养作用外，还起到保护、绝缘作用，以保证神经冲动传导过程中的专一性。神经胶质细胞在中枢神经系统和周围神经系统中分布的种类不同。

（一）中枢神经系统的神经胶质细胞

1. 星形胶质细胞　是最大的一种神经胶质细胞，胞体呈星形（图 1-28）。星形胶质细胞的突起填充在神经元的胞体及其突起之间，对神经元起支持、绝缘等作用。星形胶质细胞的某些突起末端扩展形成脚板，可在脑和脊髓表面形成胶质界膜，也可贴附在毛细血管壁上，参与血 - 脑屏障的构成（图 1-29）。星形胶质细胞能分泌神经营养因子和多种生长因子，对神经元的分化、功能的维持，以及创伤后神经元的可塑性变化，有重要影响。

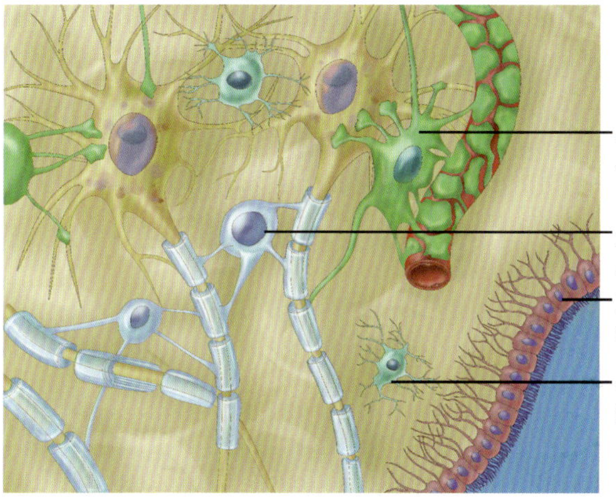

图 1-28　中枢神经系统神经胶质细胞模式图

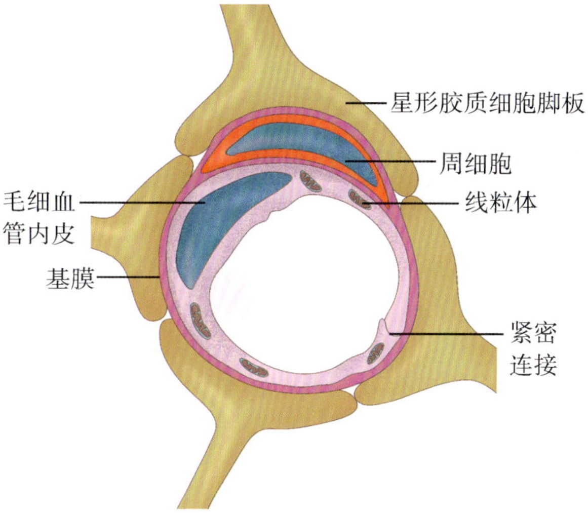

图 1-29　血 - 脑屏障超微结构模式图

2. 少突胶质细胞　分布于神经元附近及轴突周围，突起较少，突起末端常扩展成扁平薄膜（图 1-28）。少突胶质细胞的突起是形成中枢神经系统有髓神经纤维髓鞘结构的主要成分。

3. 小胶质细胞　是最小的神经胶质细胞（图 1-28）。小胶质细胞由血液单核细胞演化而成，当神经系统损伤时，可转变为巨噬细胞，具有吞噬功能。

4. 室管膜细胞　呈立方形或柱状，分布在脑室和脊髓中央管的腔面，形成单层上皮样的室管膜（图 1-28）。在脉络丛的室管膜细胞可分泌脑脊液。

（二）周围神经系统的神经胶质细胞

1. 施万细胞　又称神经膜细胞，胞体扁平，突起呈指状贴于胞体表面，胞质少。沿神经元发出的突起成串分布，包卷在神经元的突起周围，与之共同形成周围神经纤维。

2. 卫星细胞　神经节内包裹在神经元胞体周围的一层扁平型或立方形细胞，又称被囊细胞，对神经元具有支持和保护作用。

四、神经纤维

神经元的长突起及包绕在其周围的神经胶质细胞共同构成神经纤维。根据神经胶质细胞是否形成完整髓鞘结构，可将其分为有髓神经纤维和无髓神经纤维两类。

（一）有髓神经纤维

1. 周围神经系统的有髓神经纤维　神经元的长突起（轴突或长树突）构成神经纤维的中轴，称轴索，施万细胞在轴索外呈卷筒状一个接一个包裹在轴索周围形成髓鞘（图 1-30）。相邻施万细胞并不完全连接，有一缩窄部，称郎飞结。相邻两个郎飞结之间的一段神经纤维称结间体。一个结间体的外围部分即为一个施万细胞。

2. 中枢神经系统的有髓神经纤维　中枢神经系统的有髓神经纤维结构与周围神经系统的有髓神经纤维结构基本相同，只是其髓鞘由少突胶质细胞的突起形成。少突胶质细胞的多个突起末端的扁平薄膜可包卷多个轴突。

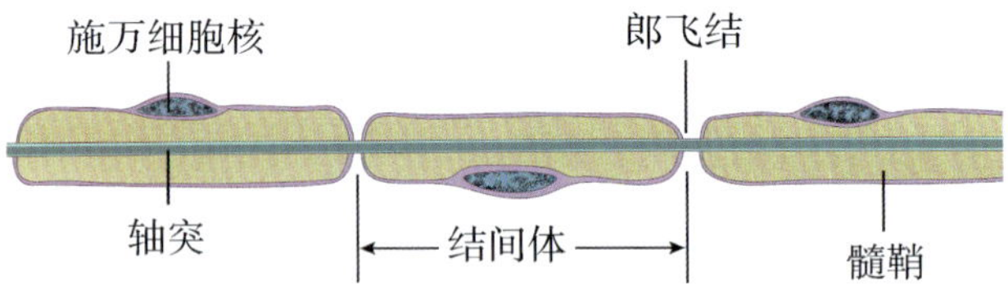

图 1-30　有髓神经纤维结构模式图

有髓神经纤维的神经冲动可沿郎飞结呈跳跃式传导，传导速度快。

（二）无髓神经纤维

1. 周围神经系统的无髓神经纤维　施万细胞呈不规则长柱状，表面有数条纵行凹沟，纵沟内有较细的轴突，施万细胞的膜不形成髓鞘包裹它们（图 1-31）。一条无髓神经纤维可含多条轴突。相邻施万细胞连接紧密，无郎飞结。

2. 中枢神经系统的无髓神经纤维　轴突外无任何特殊结构包裹，裸露的轴突直接走行在有髓神经纤维或神经胶质细胞之间。

无髓神经纤维无髓鞘和郎飞结，神经冲动只能沿轴膜连续传导，传导速度慢。

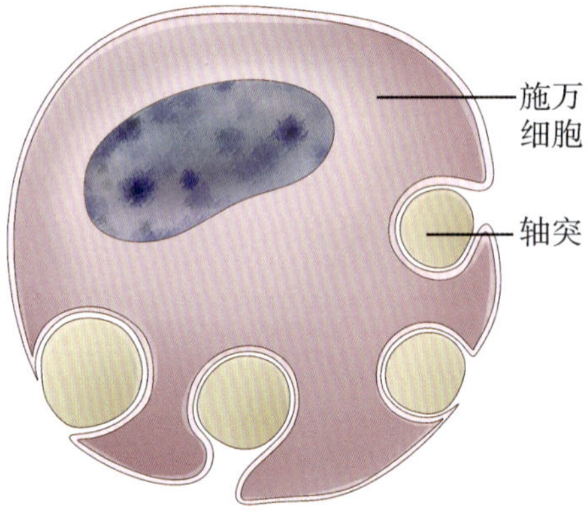

图 1-31　无髓神经纤维结构模式图

五、神经末梢

神经末梢是周围神经纤维的终末部分，按功能不同可区分为感觉神经末梢和运动神经末梢两大类。

（一）感觉神经末梢

感觉神经末梢是感觉神经元（假单极神经元）周围突的终末部分。感觉神经末梢通常与周围的其他组织共同构成感受器，能感受刺激，并将刺激转化为神经冲动，传向中枢。

1. 游离神经末梢　由感觉神经纤维的终末部分反复分支而成（图 1-32）。其细支裸露，分布于角膜、表皮、毛囊的上皮细胞之间，或分布在真皮、筋膜、肌腱、韧带、关节囊、骨膜、血管外膜、脑膜、牙髓等处的结缔组织内，感受温度、应力等刺激，参与产生冷、热、痛等感觉。

2. 触觉小体　分布于皮肤真皮乳头内，尤以手指、足趾掌侧为多。触觉小体呈卵圆形，长轴与皮肤表面垂直，其外包结缔组织被囊（图 1-33）。触觉小体感受应力刺激，参与产生触觉。

3. 环层小体　广泛分布于皮下组织、腹膜、肠系膜、关节囊、韧带等处。环层小体呈圆形或卵圆形，中央有一条均质状的圆柱体，周围有许多呈同心圆排列的扁平细胞（图 1-34）。环层小体感受较强的应力，参与产生振动觉和压觉。

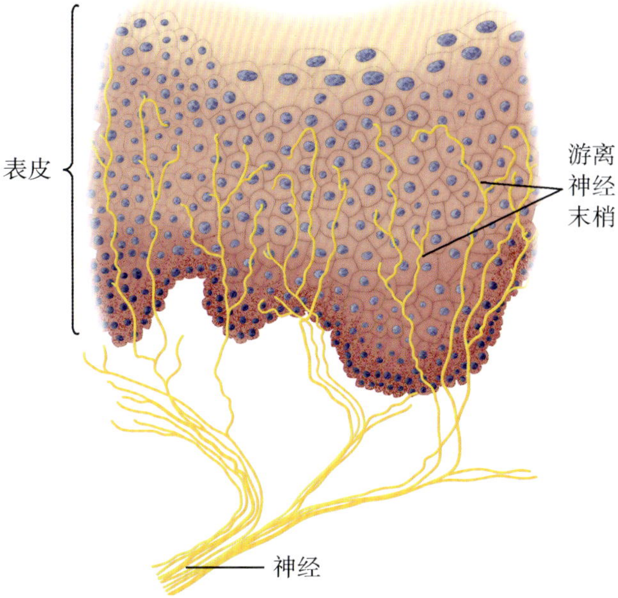

图 1-32　表皮的游离神经末梢模式图

4. 肌梭　分布于骨骼肌内的梭形结构（图 1-35）。肌梭表面有结缔组织被囊，内含数条较细的骨骼肌纤维，称梭内肌纤维。感觉神经纤维进入肌梭前失去髓鞘，其轴突分成多支，分别呈环状包绕梭内肌纤维的中段，或呈花枝样附着在其近中段处。肌梭是一种本体感受器，在调控骨骼肌的活动中起重要作用。

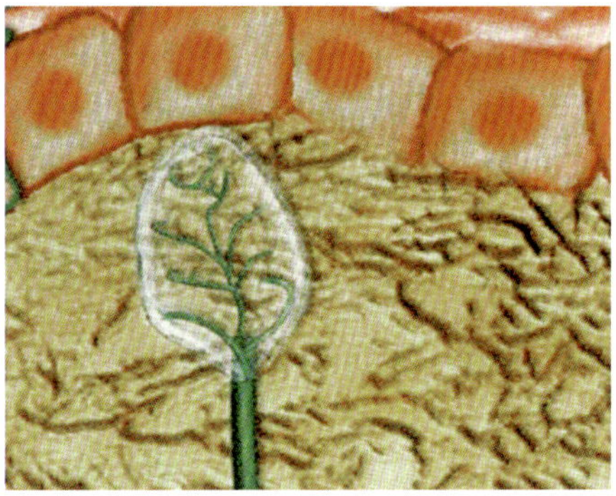
图 1-33　触觉小体模式图

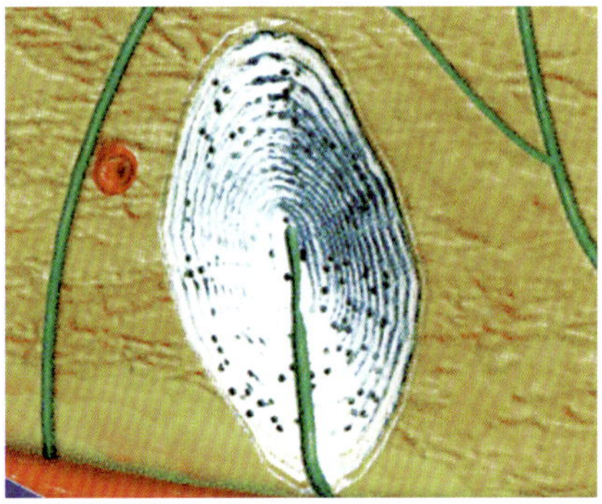
图 1-34　环层小体模式图

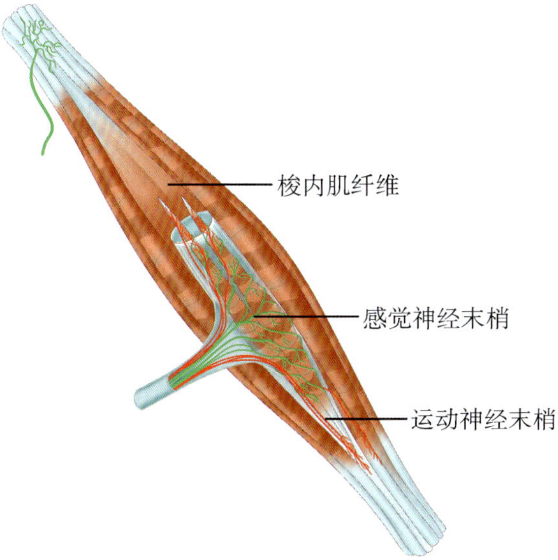

图 1-35　肌梭模式图

（二）运动神经末梢

运动神经末梢是运动神经元的轴突在肌组织和腺体内的终末部分。运动神经末梢通常与周围的其他组织共同构成效应器，支配肌纤维的收缩，调节腺细胞的分泌。运动神经末梢可分为躯体运动神经末梢和内脏运动神经末梢两类。

1. 躯体运动神经末梢　运动神经元轴突抵达骨骼肌时反复分支，每一分支形成葡萄状终末，并与一条骨骼肌纤维建立突触连接，连接区域呈椭圆形板状隆起，故称运动终板（图 1-22，图 1-36）。支配骨骼肌的运动。

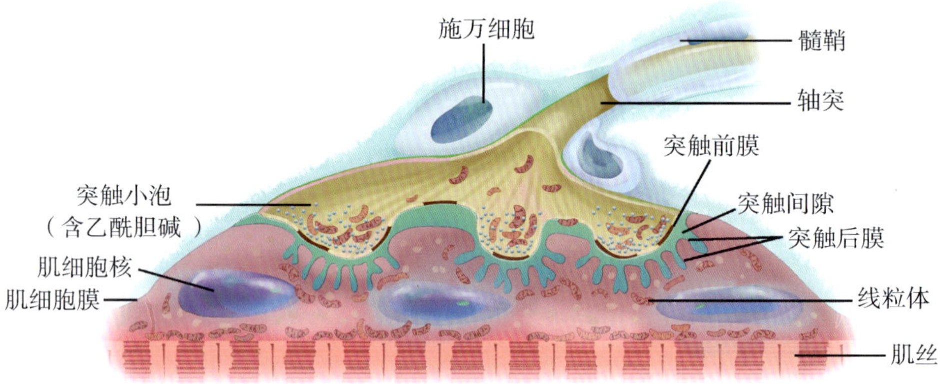

图 1-36　运动终板超微结构模式图

2. 内脏运动神经末梢　分布于内脏及血管的平滑肌、心肌和腺体等处，其神经纤维较细，无髓鞘，分支末段呈串珠样膨体贴附于肌纤维表面或穿行于腺细胞之间。支配平滑肌、心肌的运动和腺体的分泌。

自 测 题

一、单项选择题

A_1 型题

1. 下列哪种结构不属于细胞器（　　）
   A. 溶酶体　B. 染色体
   C. 高尔基复合体　D. 线粒体
   E. 粗面内质网
2. 能释放肝素的细胞是（　　）
   A. 浆细胞　B. 巨噬细胞
   C. 肥大细胞　D. 脂肪细胞
   E. 成纤维细胞
3. 电镜下，构成神经元尼氏体的是（　　）
   A. 粗面内质网和游离的核糖体
   B. 溶酶体
   C. 高尔基复合体和游离的核糖体
   D. 线粒体
   E. 滑面内质网
4. 被覆假复层纤毛柱状上皮的是（　　）
   A. 食管　B. 心血管
   C. 淋巴管　D. 肾小管
   E. 气管

A_2 型题

5. 患者，女，46 岁。因牙龈出血 1 月余、全身瘀斑 1 周就诊。下列结构中，在止血和凝血过程中起重要作用的是（　　）
   A. 红细胞　B. 中性粒细胞
   C. 嗜酸性粒细胞　D. 血小板

E. 淋巴细胞

二、填空题

1. 人的体细胞有________条染色体，其中________条为常染色体，________条为性染色体（男性为________，女性为________）。
2. 衬于心血管和淋巴管腔面的单层扁平上皮称________，覆盖于胸膜、腹膜和心包膜表面的单层扁平上皮称________。
3. 根据结构和功能特点，肌组织可分为________、________和________3 种。

三、名词解释

1. 细胞周期
2. 肌节
3. 突触

四、简答题

1. 简述疏松结缔组织中细胞和纤维的主要形态特点及功能。
2. 简述神经元的结构和分类。

（王　超　万爱军）

第2章 运动系统

运动系统由骨、骨连结和骨骼肌组成。全身各骨借骨连结组成骨骼，构成人体的支架，骨骼肌附于骨骼上。在神经系统支配下，骨骼肌收缩牵拉其所附着的骨，以骨连结为枢纽，产生杠杆运动。骨和骨连结是运动系统的被动部分，骨骼肌是运动系统的主动部分。运动系统具有支持、保护和运动等功能。

在人体表面，常有骨或骨骼肌的某些部分形成隆起或凹陷，可看到或摸到，称体表标志。临床上常利用这些标志作为确定深部器官的位置、判定血管和神经的走向，以及针灸取穴的依据。

第1节 概 述

案例 2-1

患者，女，56岁。近3年时常出现双膝关节疼痛，伴有肿胀感，有时行走困难。X线检查提示双膝关节退行性变。临床诊断：骨性关节炎。

问题： 1. 简述关节的基本结构。

2. 简述膝关节的组成、结构特点和运动形式。

一、骨

骨是坚硬而有弹性的器官。成人有206块骨。

（一）骨的分类

骨按部位可分为躯干骨、颅骨和四肢骨（图2-1），前二者合称中轴骨，后者又分为上肢骨和下肢骨。骨按形态可分为长骨、短骨、扁骨和不规则骨（图2-2）。

1. 长骨　呈中空的长管状，多分布于四肢，如指骨和胫骨。长骨包括一体两端，体又称骨干，内有髓腔，容纳骨髓；两端膨大称骺，具有光滑的关节面，关节面上有关节软骨覆盖。

2. 短骨　形似立方形，多成群分布，如腕骨和跗骨。

3. 扁骨　呈板状，如颅盖骨和肋骨。

4. 不规则骨　形状不规则，如椎骨和上颌骨。

考点 骨的分类

（二）骨的构造

骨由骨膜、骨质和骨髓等构成（图2-3）。

1. 骨膜　是除关节面外骨表面被覆的致密结缔组织，是骨外膜的通称，内有骨祖细胞、血管、神经和淋巴管等，对骨的营养、生长及损伤后的修复具有重要作用，临床上可利用骨膜移植治疗骨折和骨缺损。

2. 骨质　由骨组织构成，分骨密质和骨松质（图 2-4）。骨密质结构致密，抗压抗扭曲性强，分布于骨的表层，如长骨骨干和骨骺的外侧面；骨松质呈海绵状，由相互交织的骨小梁排列而成，分布于骨的内部，如长骨骨干的内侧面和骨骺内部。短骨由周边薄层的骨密质和中间大量的骨松质构成。扁骨的骨密质分布于表层，称内板和外板，骨松质分布于中间，称板障。

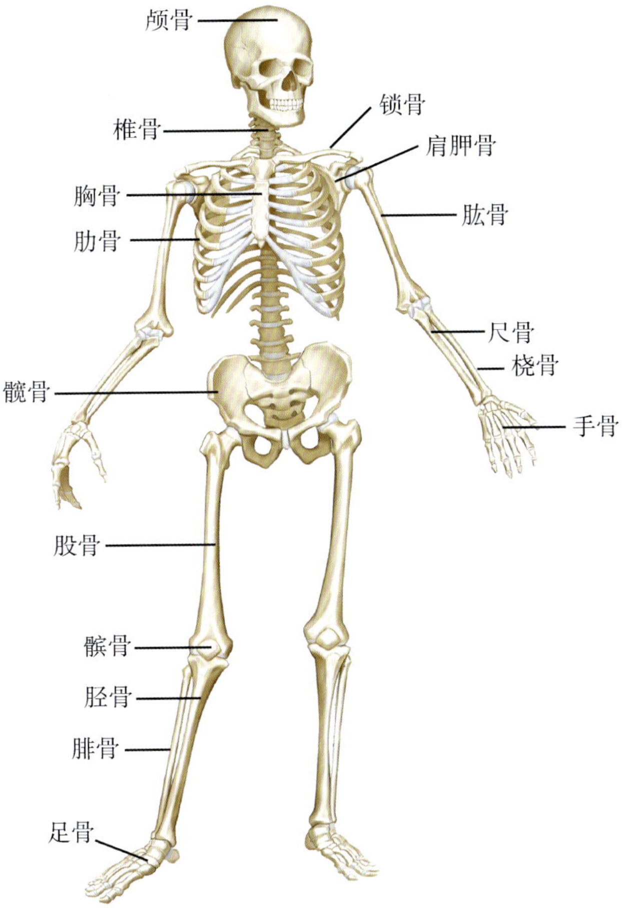

图 2-1　全身骨骼

3. 骨髓　充填在骨髓腔及骨松质的间隙内，质地柔软，富有血管，分为红骨髓和黄骨髓。胎儿和婴儿的骨髓全是红骨髓，具有造血功能。5 岁以后，长骨骨干内的红骨髓逐渐被脂肪组织所取代，转化成为黄骨髓，失去造血功能，但它保持造血潜力。当大量失血或重度贫血时，黄骨髓可转化为红骨髓从而恢复造血功能。髂骨、椎骨、胸骨、肋骨等处的骨松质内终生存在红骨髓。临床常选髂前上棘或髂后上棘等部位进行骨髓穿刺，检查骨髓象。

考点 骨的构造

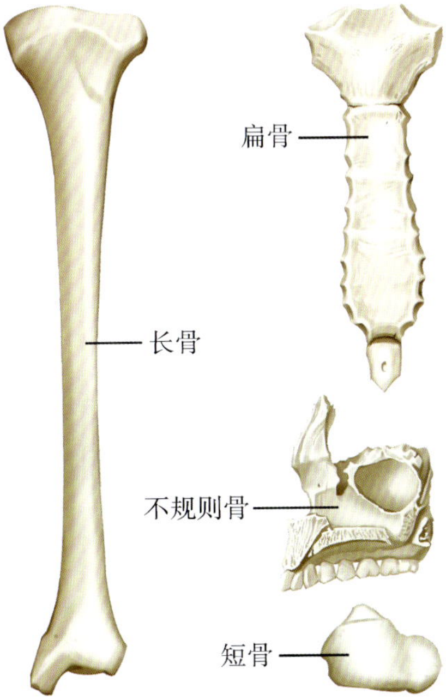

图 2-2　骨的形态

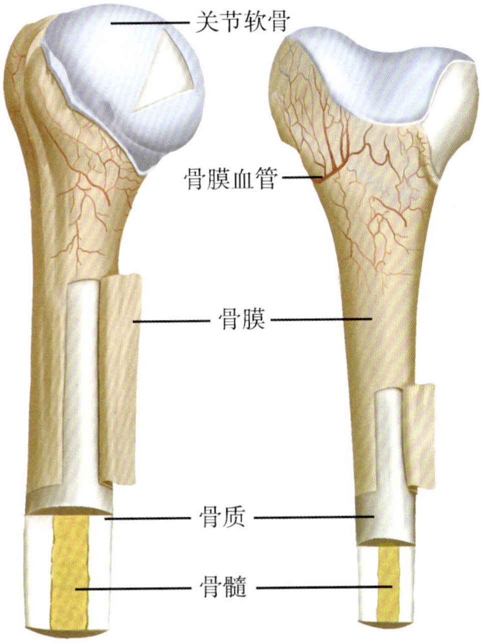

图 2-3　长骨的构造

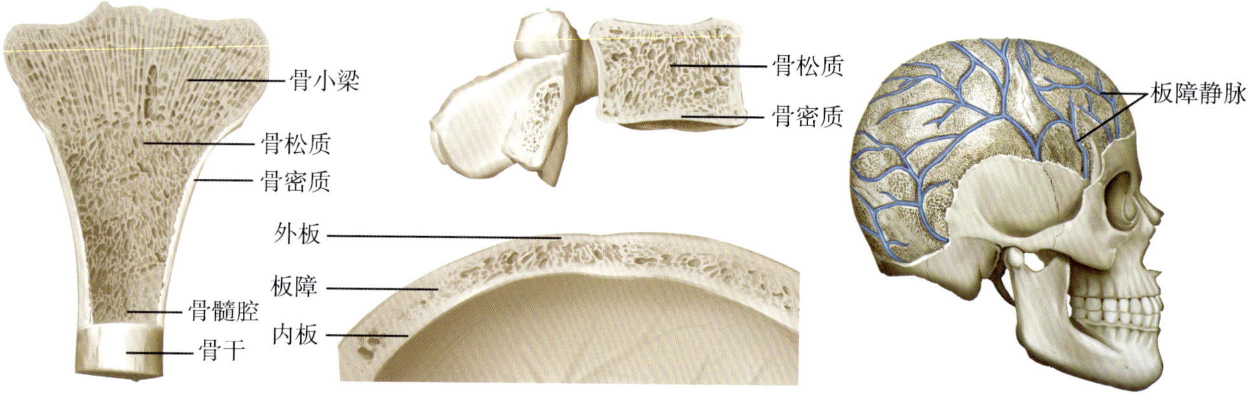

图 2-4　骨的内部构造

（三）骨的化学成分和物理特性

骨由有机质和无机质构成。有机质构成骨的支架，使骨具有弹性和韧性。无机质使骨坚硬挺实。脱钙骨（去除无机质）仍具原骨形状，但柔软有弹性；煅烧骨（去除有机质）虽形状不变，但脆而易碎。幼儿骨的有机质和无机质大致各占一半，骨弹性较大，易变形，在外力作用下不易骨折或折而不断，称青枝骨折。成年人骨有机质和无机质的比例约为 3 ∶ 7，使骨具有较大的硬度和一定的弹性。

链 接

关爱老年人骨的变化

随着年龄增长，老年人骨的结构发生进行性退化，骨质逐渐萎缩，骨中有机质含量逐渐减少，无机质所占比例逐渐增高，但因激素水平下降，影响钙、磷的吸收和沉积，骨组织总量减少，骨小梁减少、变细引起骨质密度减少而导致骨质疏松，可出现脊柱弯曲、变短，身高下降，且易发生骨折。老年人骨膜中成骨细胞数量下降，骨髓造血功能下降，骨新陈代谢缓慢，骨的修复与再生能力逐渐减退，发生骨折后，骨折愈合时间较长。

关爱老年人，倡导“三减三健”（减盐、减油、减糖，健康口腔、健康体重、健康骨骼）等生活方式，为“健康中国”建设贡献力量。

二、骨　连　结

骨与骨之间借结缔组织、软骨或骨相连，形成骨连结。根据构造形式，骨连结分为直接连结和间接连结两大类。

（一）直接连结

直接连结较牢固，不活动或少许活动，可分为纤维连结、软骨连结和骨性结合 3 类（图 2-5）。如椎骨棘突之间的棘间韧带、椎骨椎体之间的椎间盘，以及骶椎椎骨之间的骨性结合等。

（二）间接连结

间接连结，又称关节或滑膜关节。间接连结的相对骨面之间互相分离，有充有滑液的腔隙，并借其周围的结缔组织相连结，一般具有较大的活动性。

1. 关节的基本结构　包括关节面、关节囊和关节腔 3 部分（图 2-6）。

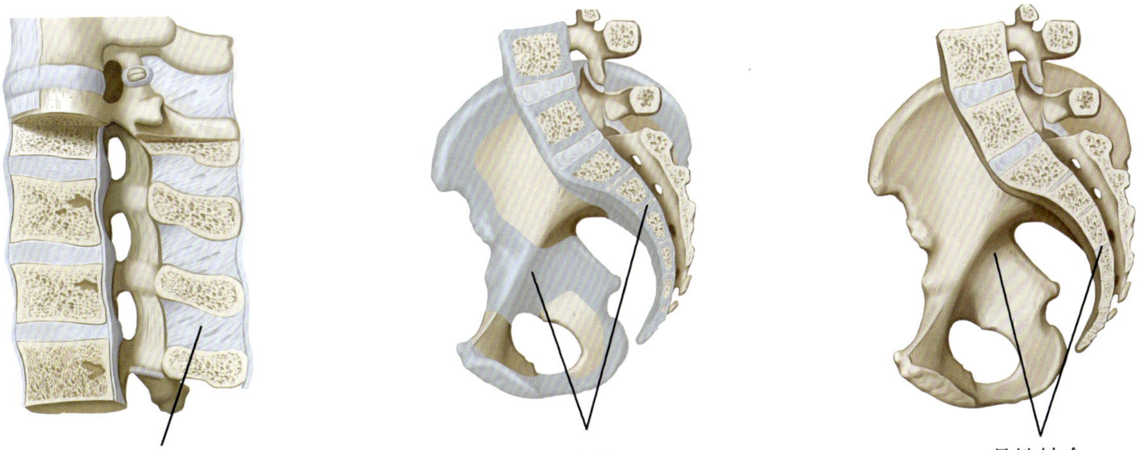

图 2-5 直接连结的分类

（1）关节面 是构成关节各骨的邻接面，并由一层光滑的关节软骨覆盖。关节软骨具有减少摩擦和缓冲外力冲击的作用。

（2）关节囊 是包在关节周围的结缔组织囊，分内外两层。外层称纤维膜，厚而坚韧，对关节有稳固和保护作用；内层称滑膜，能分泌少量滑液，具有营养和润滑作用。

（3）关节腔 是关节囊的滑膜与关节软骨之间密闭的腔隙，内有少量滑液，关节腔内呈负压，对维持关节的稳固性起一定作用。

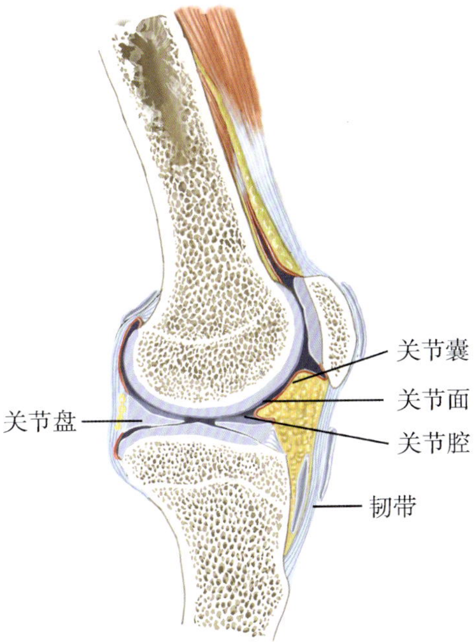

图 2-6 关节的基本结构

考点 关节的基本结构

2. 关节的辅助结构 包括韧带、关节盘和关节唇等。

（1）韧带 由致密结缔组织构成，一般连于相邻两骨之间，多位于关节囊周围或关节囊内，有增强关节稳固性和限制关节运动幅度的作用。

（2）关节盘 是位于两骨的关节面之间的纤维软骨板，可使相对的关节面形态更相适应，能增加关节的稳固性，减少外力对关节的冲击和震荡，还可增加关节运动的形式和扩大其运动幅度。关节盘多呈圆盘状，有的关节盘呈半月形，称关节半月板。

（3）关节唇 是附着于关节窝周缘的纤维软骨环，可加深关节窝，增大关节面，增强关节的稳固性。

3. 关节的运动 主要有以下几种。

（1）屈和伸 是骨绕关节冠状轴进行的运动。两骨之间角度变小的动作为屈，角度变大的动作为伸。

（2）内收和外展 是骨绕关节矢状轴进行的运动。骨向正中矢状面靠拢的动作称内收；远离正中矢状面的动作称外展。

（3）旋转　是骨绕关节垂直轴进行的运动。骨的前面转向内侧的动作称旋内；转向外侧的动作称旋外。

（4）环转　屈、外展、伸和内收 4 种动作的连续运动，称环转。运动时，骨的近侧端在原位转动，远侧端做圆周运动。

三、骨　骼　肌

运动系统的肌均为骨骼肌（图 2-7）。每块骨骼肌都可视为一个器官，都具有一定的形态结构，有血管、神经和淋巴管分布，执行一定的功能。

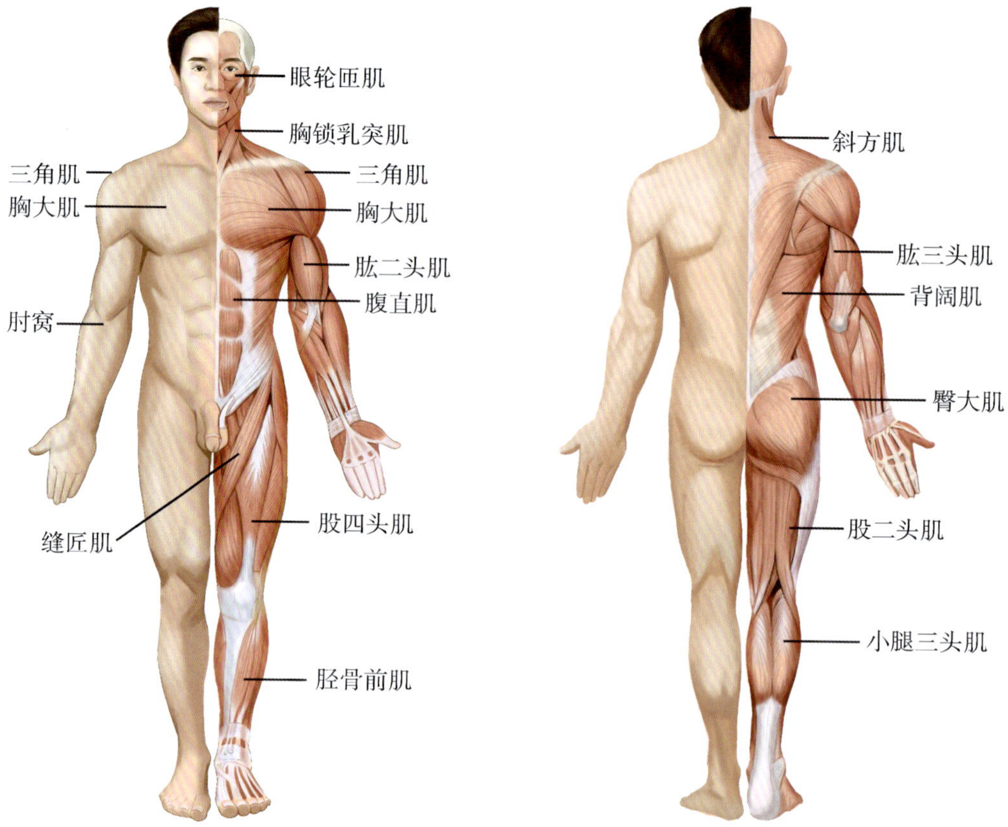

图 2-7　骨骼肌

（一）骨骼肌的形态分类

根据外形，肌可分为长肌、短肌、扁肌和轮匝肌（图 2-8）。长肌呈梭形或带状，主要分布于四肢，收缩时可产生较大幅度的运动。短肌短小，主要分布于躯干部深层，收缩时运动幅度较小。扁肌扁薄宽阔，多分布于胸、腹壁，收缩时除运动躯干外，还对内脏起保护作用。轮匝肌呈环形，位于孔、裂的周围，收缩时可关闭孔、裂。

（二）骨骼肌的大体构造

骨骼肌由肌腹和肌腱两部分构成（图 2-8）。肌腹主要由肌纤维构成，多位于肌的中部，是肌的收缩部分。肌腱主要由平行的胶原纤维束构成，位于肌的两端并附着于骨，色白，强韧而无收缩功能，只起力的传递作用。长肌的腱多呈条索状，扁肌的腱呈薄膜状称腱膜。骨骼肌多借肌腱附着于骨骼。

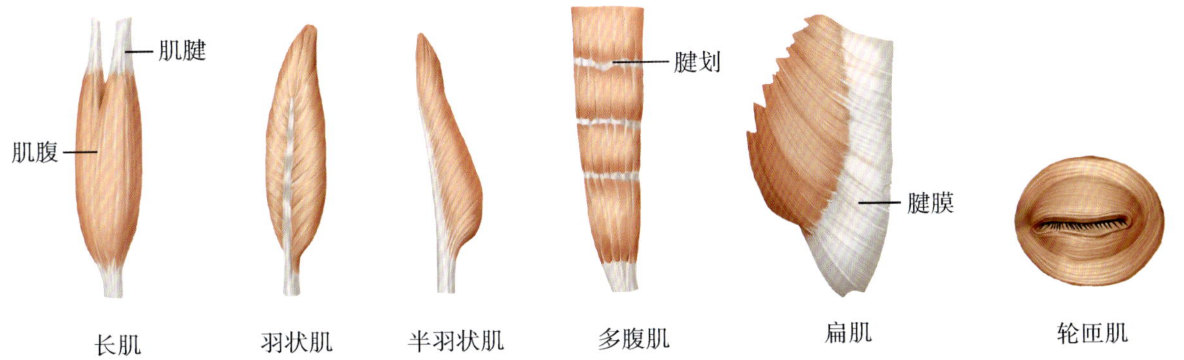

图 2-8　肌的形态和构造

（三）骨骼肌的起止点

骨骼肌一般以两端附着于骨面上，中间越过一个或几个关节。肌收缩时，一骨的位置相对固定，另一骨受肌的牵引而发生位置的移动。肌在固定骨上的附着点称起点，在移动骨上的附着点称止点。通常把接近身体正中矢状面或四肢近侧端的附着点看作是起点，把远离身体正中矢状面或四肢远侧端的附着点看作是止点（图 2-9）。肌收缩时，一般是止点向起点靠拢而产生运动。

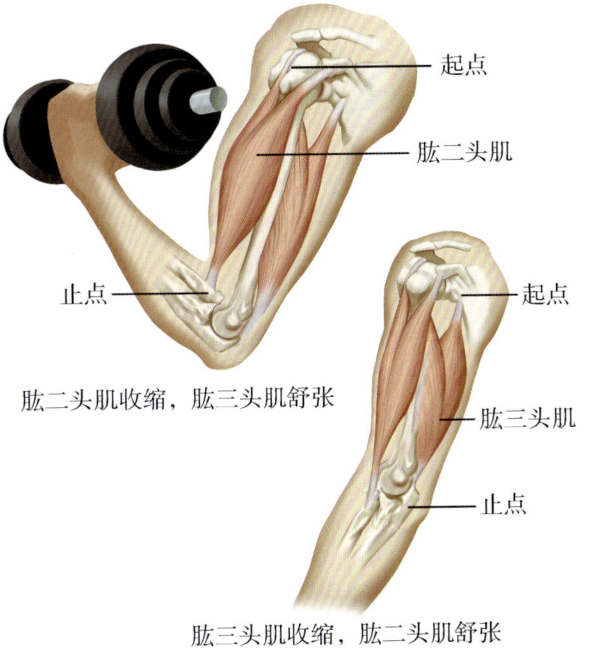

图 2-9　肌的起止点

（四）骨骼肌的分布

大多数骨骼肌都成群分布在关节的周围，其分布形式与关节的运动轴密切相关，即在每一个运动轴的两侧，都分布有作用相反的两群肌。分布在运动轴的同一侧，完成同一动作的肌或肌群，称协同肌；分布在运动轴两侧、作用完全相反的肌或肌群，互称拮抗肌（图 2-9）。拮抗肌、协同肌在神经系统的统一调节下互相协调、互相配合，完成各种动作。

（五）骨骼肌的辅助结构

骨骼肌的辅助结构有筋膜、滑膜囊和腱鞘等（图 2-10，图 2-11），有保护和辅助肌活动的作用。

1. 筋膜　分浅筋膜和深筋膜（图 2-10）。

（1）浅筋膜　位于皮下，又称皮下筋膜，由疏松结缔组织构成。浅筋膜内含脂肪、血管和神经等。脂肪的多少因身体部位、性别和营养状况而不同。

（2）深筋膜　位于浅筋膜深面，又称固有筋膜，由致密结缔组织构成。深筋膜呈鞘状包裹肌、血管和神经，可形成肌间隔、血管神经鞘等结构。

2. 滑膜囊　为封闭的结缔组织囊，内有少量滑液，多位于肌或肌腱与骨面相接触处，以减少相邻结构之间的摩擦。

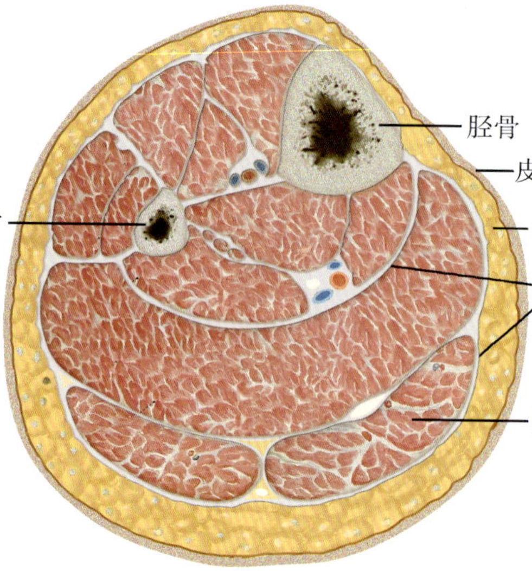

图 2-10　左小腿中部水平切面（示筋膜）

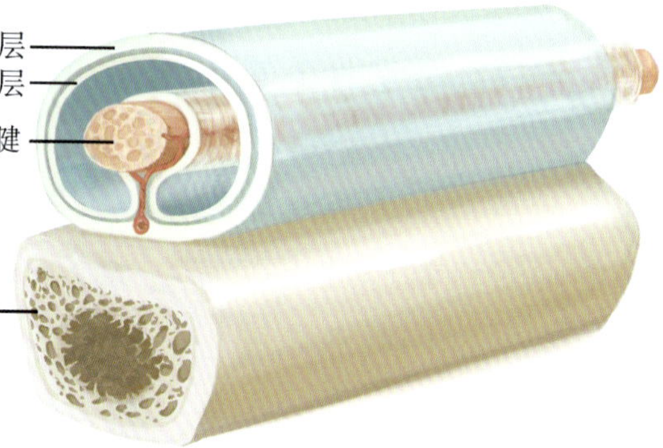

图 2-11　腱鞘示意图

3. 腱鞘　为包裹在长肌腱外面的鞘状结构，多位于腕、踝、手指、足趾等活动性较大的部位。腱鞘分为纤维层和滑膜层两部分（图 2-11）。纤维层又称腱纤维鞘，位于腱鞘外层，由致密结缔组织构成，固定于骨面。滑膜层又称腱滑膜鞘，由包裹于腱表面的脏层和贴于纤维层内面的壁层构成，脏、壁两层相互移行围成密闭的滑膜腔，内含少量滑液。腱鞘对肌腱起固定作用，并减少肌腱活动时与骨面之间的摩擦。

第 2 节　躯干骨及其连结

案例 2-2

患者，女，47 岁。因腰痛 3 个月，大小便失禁 6 小时入院。入院后磁共振成像（MRI）检查显示腰椎间盘突出症并马尾神经损伤。

问题： 1. 简述腰椎的形态特点。

2. 简述椎间盘的位置和组成。

一、躯　干　骨

躯干骨包括椎骨、胸骨和肋，借骨连结构成脊柱和胸廓。

（一）椎骨

椎骨包括颈椎 7 块、胸椎 12 块、腰椎 5 块、骶骨 1 块、尾骨 1 块。

1. 椎骨的一般形态　椎骨分椎体和椎弓两部分（图 2-12）。椎体在前呈短圆柱状，是椎骨负重的主要部分，主要由骨松质构成，表面为极薄的骨密质。椎弓位于椎体的后方，呈半环形，其前部较细称椎弓根，后部较宽大称椎弓板。椎体与椎弓共同围成椎孔。所有椎骨的椎孔连结成椎管，管内容纳脊髓等。椎弓根上、下缘各有一切迹。上位椎弓根的椎下切迹与下位椎弓根的椎上切迹共同围成椎间孔，有脊神经和血管通过。椎弓上伸出 7 个突起，向后伸出一个棘突，向两侧伸出一对横突，向上、下各伸出一对上关节突和下关节突。

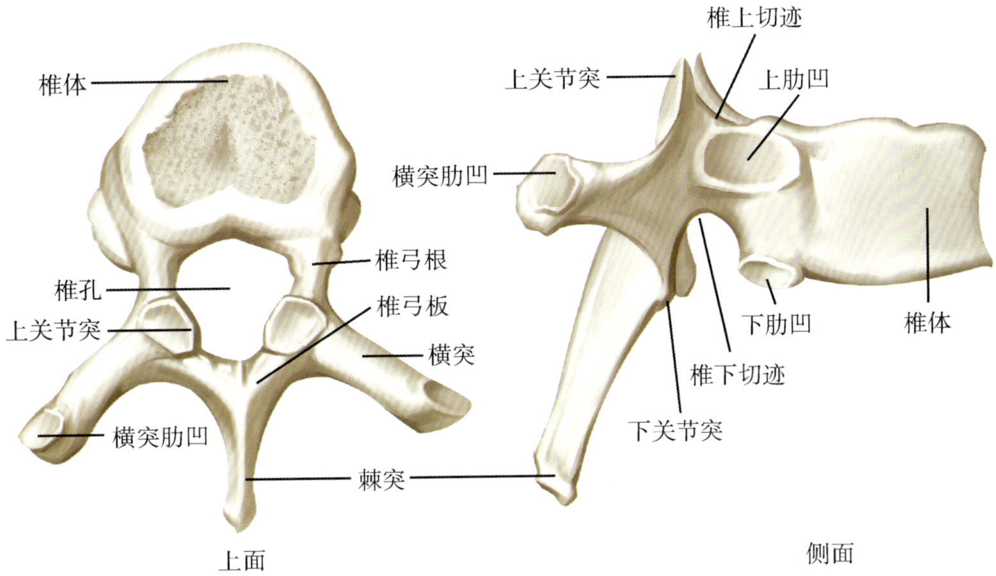

图 2-12　胸椎

2. 各部椎骨的特点

（1）颈椎　椎体较小，横突根部有横突孔，第 2 ～ 6 颈椎棘突末端分叉（图 2-13）。第 1 颈椎又称寰椎（图 2-14），呈环形，无椎体，由前弓、后弓和两个侧块构成。第 2 颈椎又称枢椎（图 2-15），椎体有一个突向上方的齿突。第 7 颈椎又称隆椎（图 2-16），棘突长，

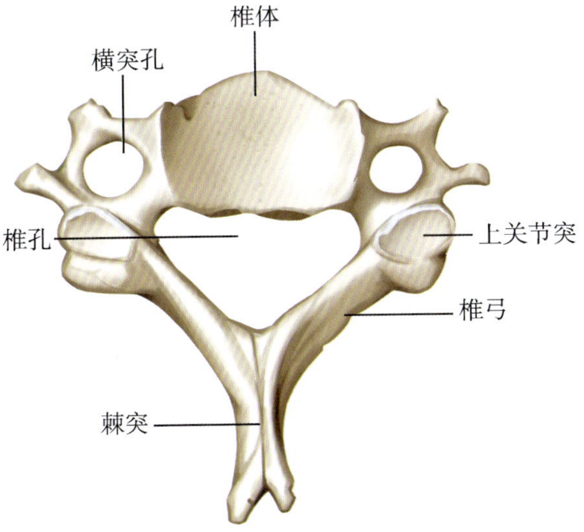

图 2-13　颈椎（上面）

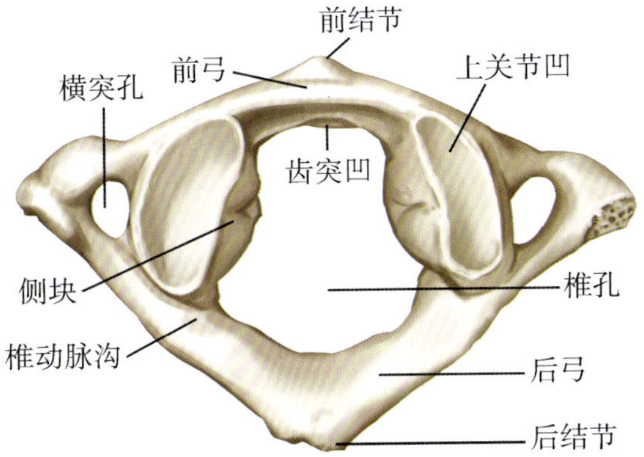

图 2-14　寰椎（上面）

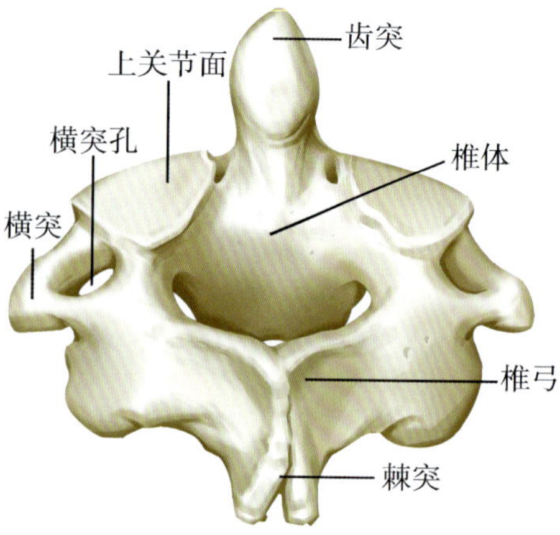

图 2-15 枢椎（上面）

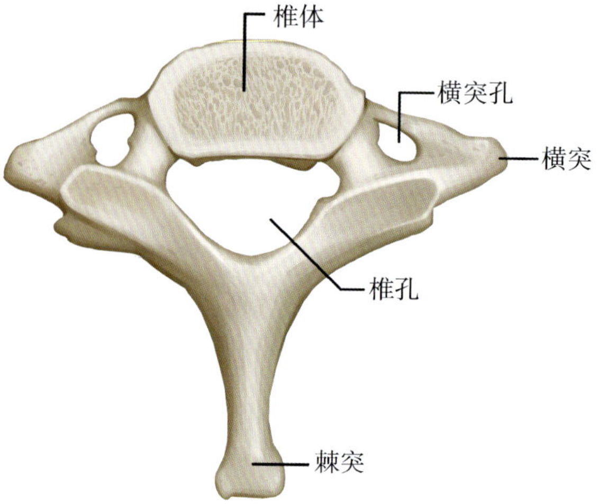

图 2-16 隆椎（上面）

末端不分叉，活体易触及，常作为计数椎骨序数和针灸取穴的标志。

（2）胸椎 在椎体侧面的后份上、下缘各有一浅凹，称肋凹，横突末端多有横突肋凹（图 2-12），与肋骨相关节。胸椎的棘突较长，斜向后下方，呈叠瓦状排列。

（3）腰椎 椎体大，棘突宽而短，呈板状水平后伸（图 2-17），棘突之间的间隙较宽，临床上常在第 3、4 或第 4、5 腰椎棘突间隙处行腰椎穿刺。

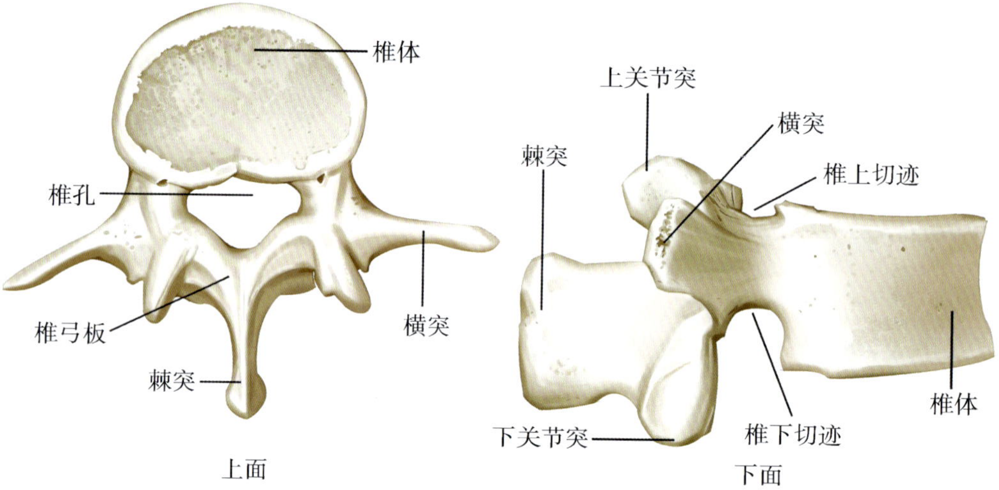

图 2-17 腰椎

（4）骶骨 由 5 块骶椎融合而成，呈三角形，底朝上，尖向下，可分前、后面和两侧部（图 2-18）。底的前缘中部向前突出，称岬。骶骨前面光滑凹陷，有 4 对骶前孔；后面粗糙微凸，有 4 对骶后孔；两侧上部各有一关节面，称耳状面，与髋骨相关节。骶骨内有纵贯全长的骶管，上端与椎管相连，两侧与骶前、后孔相通，骶管末端开放形成三角形的骶管裂孔，其两侧向下的突起称骶角，在体表易触摸，是骶管麻醉的定位标志。

（5）尾骨 由 3～4 块退化的尾椎融合而成，上接骶骨，末端游离为尾骨尖（图 2-19）。

考点 椎骨的形态特征

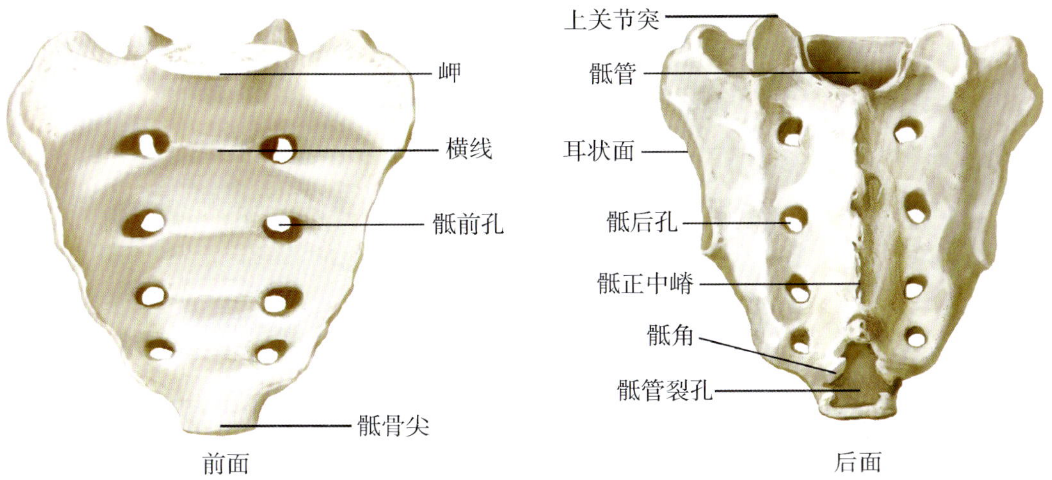

图 2-18　骶骨

（二）胸骨

胸骨是位于胸前壁正中的扁骨，自上而下分为胸骨柄、胸骨体、剑突 3 部分（图 2-20）。胸骨柄上缘中部微凹，称颈静脉切迹。胸骨柄和胸骨体连接处微向前突，称胸骨角，可在体表扪及，两侧平对第 2 肋，是计数肋的重要标志。剑突窄而薄，末端游离。

考点 胸骨角的位置及其临床意义

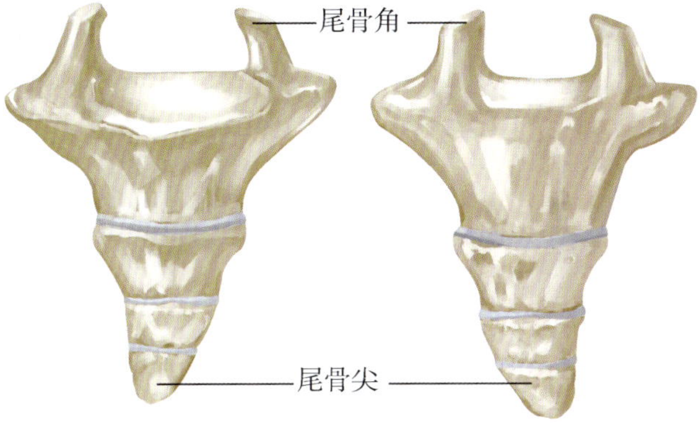

图 2-19　尾骨

（三）肋

肋由肋骨和肋软骨组成，共 12 对。肋骨后端稍膨大称肋头，与胸椎相关节；前端稍宽，接肋软骨。在肋骨内面近下缘处有肋沟，沟内有肋间血管和神经通过（图 2-21）。

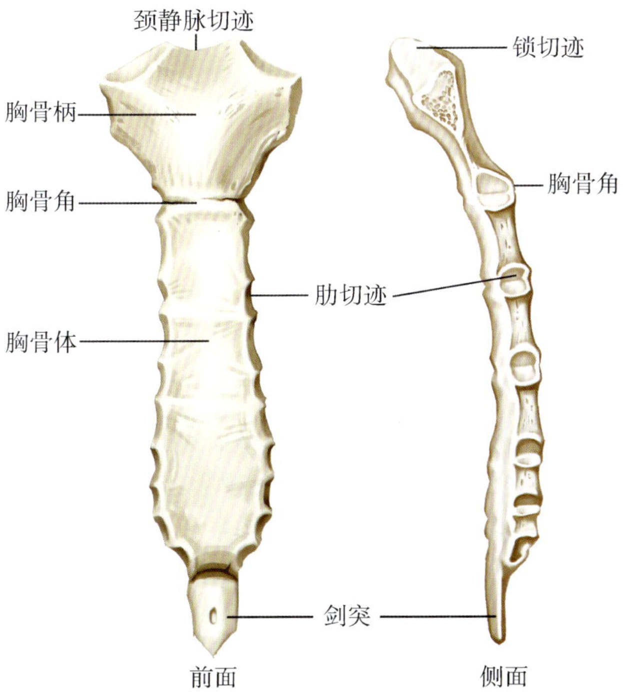

图 2-20　胸骨

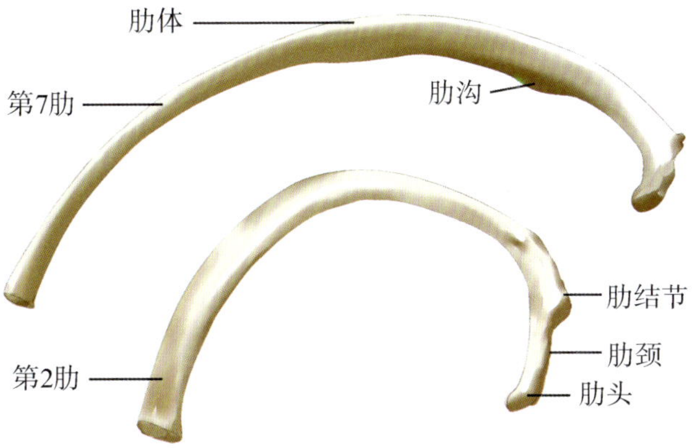

图 2-21　肋骨

二、躯干骨的连结

躯干骨借骨连结构成脊柱和胸廓。

（一）脊柱

脊柱位于身体背部正中，由24块椎骨、1块骶骨和1块尾骨借椎间盘、韧带和关节连结而成。脊柱是躯干的中轴，具有支持体重、传递重力、缓冲震荡、保护脊髓和内脏器官及运动等功能。

1. 椎骨间的连结　椎骨之间借椎间盘、韧带和关节等相连。

（1）椎间盘　是连接相邻两个椎体的纤维软骨盘（第1、2颈椎之间除外），由髓核和纤维环构成（图2-22）。髓核位于中央部，是柔软而富有弹性的胶状物质。纤维环位于周围部，由多层纤维软骨环按同心圆排列组成。椎间盘既能牢固连结椎体，承受压力，又有缓冲震荡的作用，同时还可增加脊柱的运动幅度。

成人有23个椎间盘，其厚薄各不相同，中胸部较薄，颈部较厚，腰部最厚，故颈、腰椎的活动度较大。

考点 椎间盘的构成及其临床意义

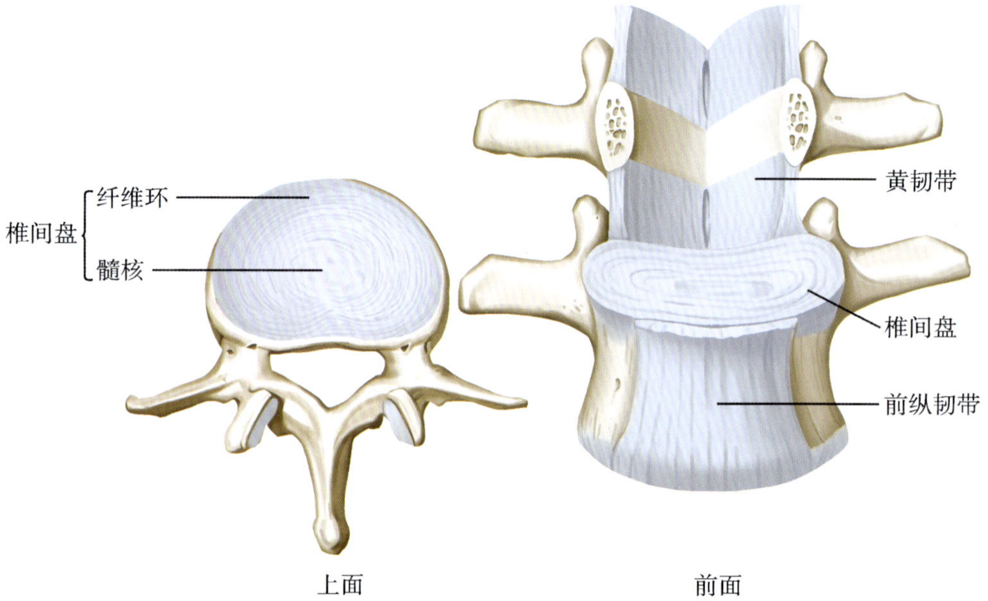

图2-22　椎间盘

链　接

椎间盘突出症与腰腿痛

正常椎间盘的弹性好，能抵抗巨大压力而不会破裂。随着年龄的增长，以及经常受挤压、扭转等外力的作用，逐渐发生退行性变，失去弹性。如脊柱用力过度或猛然屈转可能引起纤维环破裂，髓核膨出，称椎间盘突出症。纤维环前厚后薄，故髓核容易向后外脱出，突入椎管和椎间孔，产生压迫神经的症状。由于腰部的活动度较大，故此病多发生于腰部，出现腰腿痛。

（2）韧带　连结椎骨的韧带有长、短两类（图2-23）。长韧带有3条：前纵韧带位于椎体和椎间盘的前面；后纵韧带位于椎体和椎间盘的后面，对连结椎体和椎间盘有重要作用，同时还有限制脊柱过度伸、屈的作用；棘上韧带连于各棘突的尖端，在第 7 颈椎以上扩展成膜状的项韧带。短韧带连结于相邻的两个椎骨之间，在棘突之间有棘间韧带，在椎弓板之间有黄韧带，它由弹性纤维构成，坚韧而富有弹性，与椎弓板共同围成椎管的后壁。

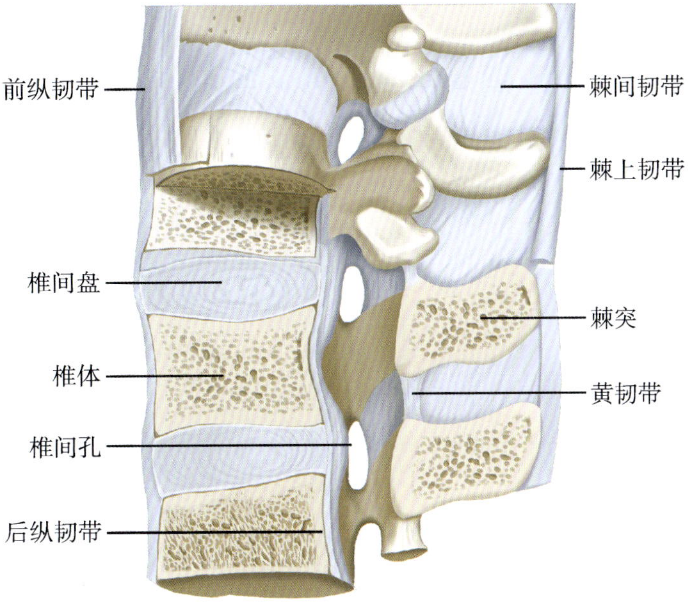

图 2-23　椎弓间连结

腰椎穿刺时，穿刺针由浅入深依次经过棘上韧带、棘间韧带和黄韧带。

（3）关节　连结椎骨的关节有关节突关节和寰枢关节。关节突关节由相邻两椎骨的下、上关节突构成，运动幅度很小。寰枢关节由寰椎和枢椎组成，以齿突为轴做旋转运动。此外，在脊柱与颅之间有由寰椎和枕骨构成的寰枕关节，可使头做前俯、后仰和侧屈运动。

2. 脊柱的整体观（图 2-24）

（1）前面观　可见椎体由上而下逐渐增大，直到骶骨上部，而后椎体急剧变小。这种变化与椎体负重的逐渐增加和骤减有关。

（2）后面观　棘突纵行排列成一条直线。颈椎的棘突近水平伸向后方；胸椎的棘突斜向后下方，呈叠瓦状排列，棘突间隙窄；腰椎棘突呈板状，水平向后伸，棘突间隙较宽。

（3）侧面观　可见有 4 个生理弯曲，即颈曲、胸曲、腰曲和骶曲。其中颈曲、腰曲凸向前，胸曲、骶曲凸向后。这些弯曲增大了脊柱的弹性，运动时可减轻对脑和内脏器官的冲击与震荡，并有利于维持身体的平衡。

3. 脊柱的运动　脊柱能做前屈、后伸、侧屈、旋转和环转等运动。其运动幅度以下颈部和下腰部最大，故此二处损伤较多见。

（二）胸廓

胸廓由 12 块胸椎、12 对肋和 1 块胸骨相连而成（图 2-25）。具有支持、保护胸腹腔内脏器和参与呼吸运动等功能。

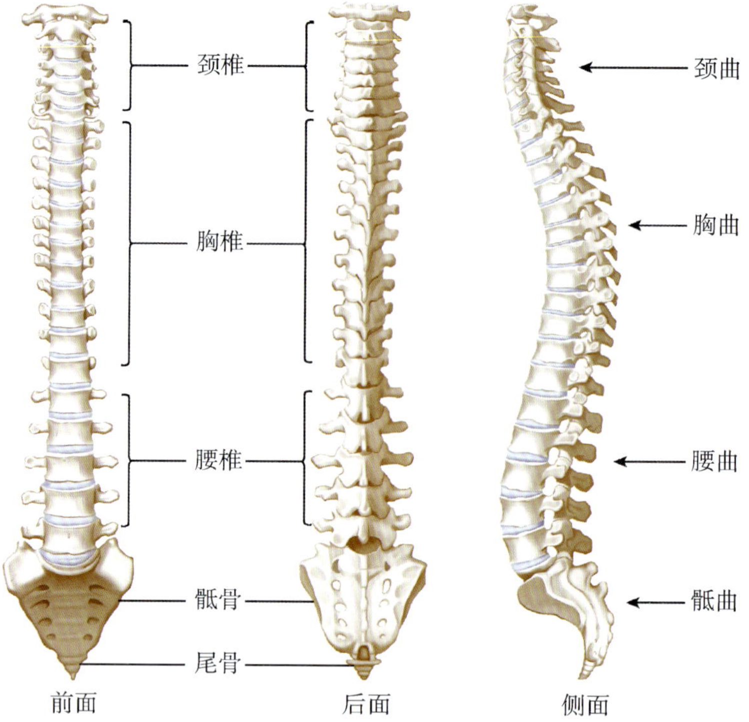

图 2-24 脊柱的整体观

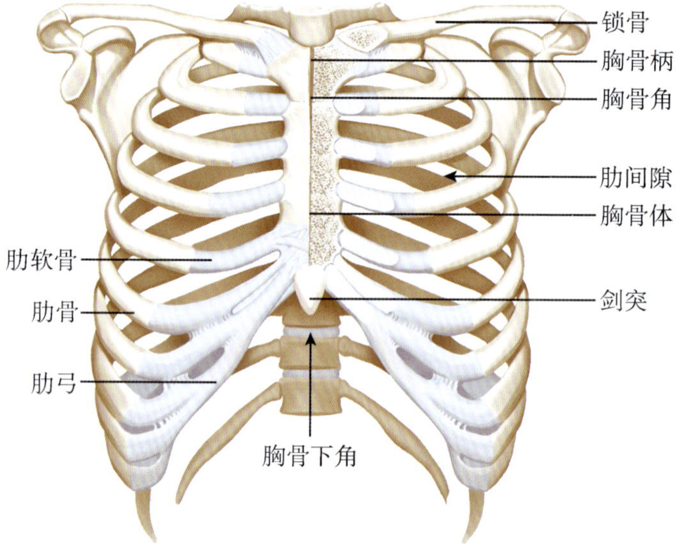

图 2-25 胸廓（前面）

1. 肋的连结　肋的后端与胸椎构成关节。肋的前端连结形式各有不同：第 1 ～ 7 肋的前端借肋软骨与胸骨相连；第 8 ～ 10 肋软骨依次连于上位肋软骨的下缘，形成肋弓（图 2-25）；第 11、12 肋前端游离。

2. 胸廓的形态　成人胸廓呈前后略扁、上窄下宽的圆锥形，有上、下两口。胸廓上口较小，由胸骨柄上缘、第 1 肋和第 1 胸椎体围成，是颈部与胸腔的通道。胸廓下口宽而不整，由第 12 胸椎、第 12 肋、第 11 肋、肋弓及剑突围成。相邻两肋之间的间隙，称肋间隙。两侧肋弓之间的夹角称胸骨下角。

3. 胸廓的运动　主要参与呼吸运动。吸气时，在呼吸肌作用下使肋上举，胸腔容积扩大；

呼气时则相反。

第 3 节　颅骨及其连结

一、颅　　骨

颅骨有 23 块（中耳的 3 对听小骨未计入）。按所在位置，颅骨可分为脑颅骨和面颅骨。

（一）脑颅骨

脑颅骨 8 块，位于颅的后上部，共同围成颅腔，容纳脑（图 2-26，图 2-27）。包括成对的顶骨和颞骨；不成对的额骨、枕骨、蝶骨和筛骨。其中顶骨位于颅顶中线的两侧。顶骨的前、后分别是额骨和枕骨。颞骨位居颅的两侧。颅底中部为蝶骨，其前方可见筛骨的一部分。

（二）面颅骨

面颅骨 15 块，位于颅的前下部，构成颜面部分（图 2-26，图 2-27）。成对的面颅骨有上颌骨、鼻骨、泪骨、颧骨、腭骨和下鼻甲；不成对的有下颌骨、犁骨和舌骨。

下颌骨呈马蹄形，分一体两支（图 2-26，图 2-28）。下颌体与下颌支相交处构成下颌角，可在体表触及。下颌支向上伸出两个突起，前方的称冠突，后方的称髁突，髁突上端膨大称下颌头。在下颌支内面中央有下颌孔，经下颌骨内的下颌管与颏孔相通。

二、颅的整体观

（一）颅顶面观

颅顶面可见 3 条缝，在额骨与两顶骨的连结处有冠状缝（图 2-27）；两顶骨间的连结处有矢状缝；顶骨与枕骨连结处有人字缝。

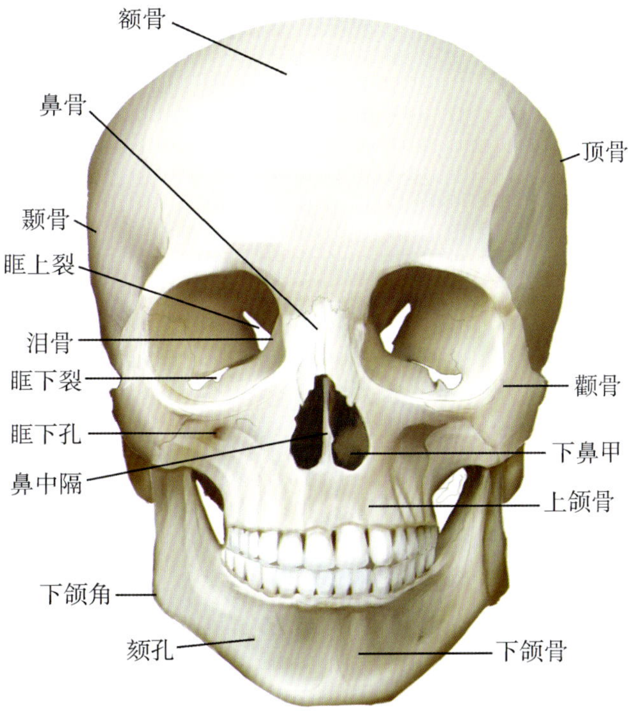

图 2-26　颅的前面观

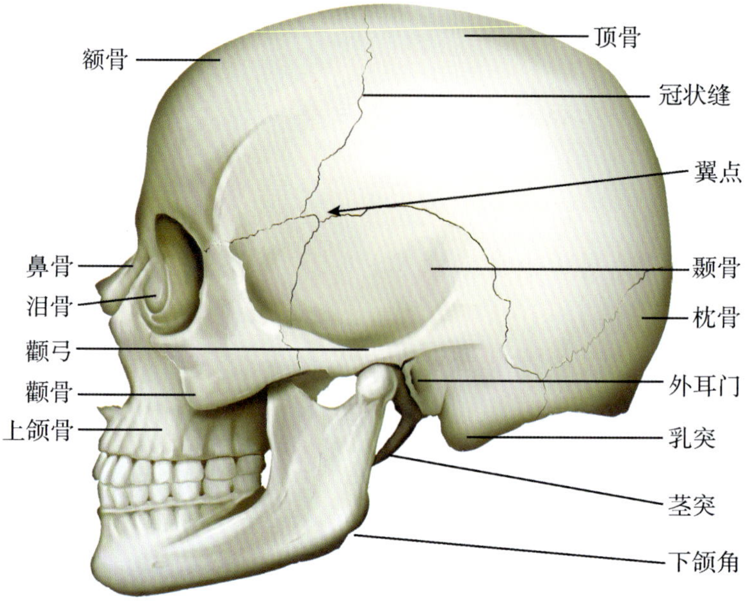

图 2-27 颅的侧面观

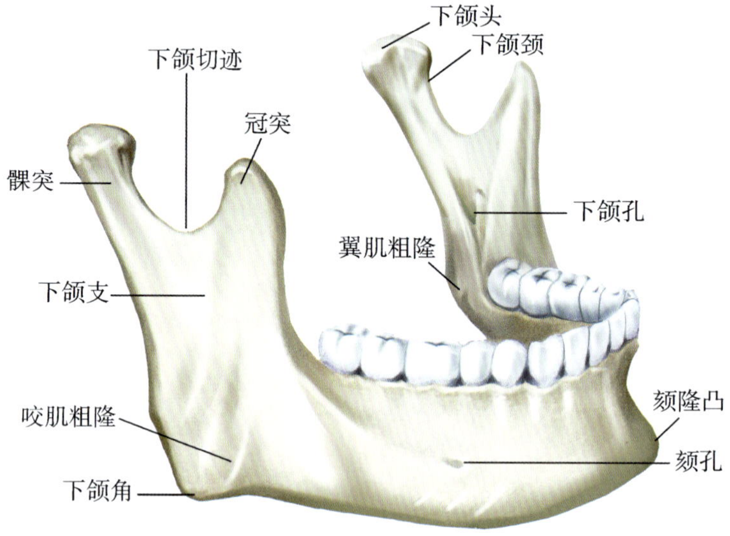

图 2-28 下颌骨

（二）颅侧面观

颅侧面中部有外耳门，其后方为乳突，前方为颧弓，二者在体表易于触及。颧弓上方的凹陷称颞窝。在颞窝内，额骨、顶骨、颞骨和蝶骨相接处常构成H形的缝，称翼点(图2-27)。翼点的骨质较薄弱，其内面有脑膜中动脉的前支通过，骨折时易损伤该血管，形成硬膜外血肿。

考点 翼点的位置及其临床意义

（三）颅前面观

颅前面可见眶、骨性鼻腔和鼻旁窦等（图2-26）。

1. 眶　容纳眼球及附属结构，为尖向后内、底朝前外的四棱锥形腔隙。眶有上、下、内侧、外侧4个壁。眶尖有视神经管通颅中窝。眶底上、下缘分别称眶上缘与眶下缘。眶上缘的中、内1/3交界处有眶上孔或眶上切迹，眶下缘中点下方有眶下孔。眶内侧壁的前下部有泪囊窝，向下经鼻泪管通鼻腔。眶外侧壁与上、下壁交界处的后部，分别有眶上裂和眶下裂，均有血管和神经通过。

2. 骨性鼻腔　位于面部的中央，被骨性鼻中隔分成左、右鼻腔。鼻腔外侧壁附着有 3 片卷曲的骨片，分别称上鼻甲、中鼻甲和下鼻甲（图 2-29）。每个鼻甲下方的空间，相应的称上鼻道、中鼻道和下鼻道。

3. 鼻旁窦　是额骨、上颌骨、筛骨和蝶骨内的骨腔（图 2-29），位于鼻腔周围并开口于鼻腔，包括额窦、上颌窦、筛窦和蝶窦 4 对。鼻旁窦具有发音共鸣等作用。

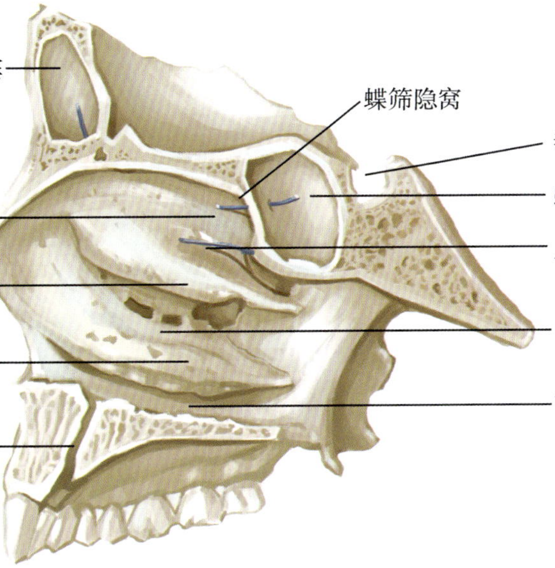

图 2-29　骨性鼻腔外侧壁

（四）颅底内面观

颅底内面凹凸不平，由前向后呈阶梯状排列着 3 个窝，分别为颅前窝、颅中窝和颅后窝，窝内有很多孔裂，有血管、神经通过（图 2-30）。

1. 颅前窝　最浅。正中凹陷处有筛孔，与鼻腔相通。

2. 颅中窝　中部隆起，两侧凹陷。中部由蝶骨体构成，体上面的凹窝为垂体窝，容纳垂体。垂体窝的前外侧有视神经管，管的外侧有眶上裂，两者均通眶。蝶骨体两侧由前向后有圆孔、卵圆孔和棘孔。

3. 颅后窝　最深。中央是枕骨大孔，向下与椎管相续。枕骨大孔的外侧有颈静脉孔，颈静脉孔和枕骨大孔之间有舌下神经管。颞骨岩部后面中央处有一较大的孔，称内耳门，通入内耳道。

（五）颅底外面观

颅底外面高低不平（图 2-31）。前部可见牙槽弓，以及由上颌骨腭突与腭骨水平板构成的骨腭。骨腭后上方，可见鼻后孔。后部正中有枕骨大孔，其后上方有一粗糙隆起，称枕外隆凸。枕骨大孔两侧隆起的椭圆形关节面称枕髁。枕髁的外侧有不规则的颈静脉孔，孔的前方有颈动脉管外口。在乳突前内侧有一伸向下方的细长突起，称茎突。茎突根部与乳突之间有茎乳孔。茎突前外侧的深窝称下颌窝，其前缘的隆起称关节结节。

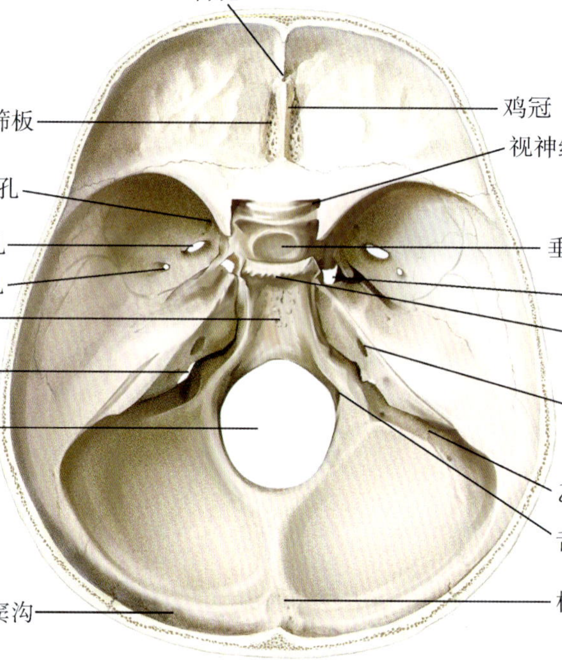

图 2-30 颅底内面观

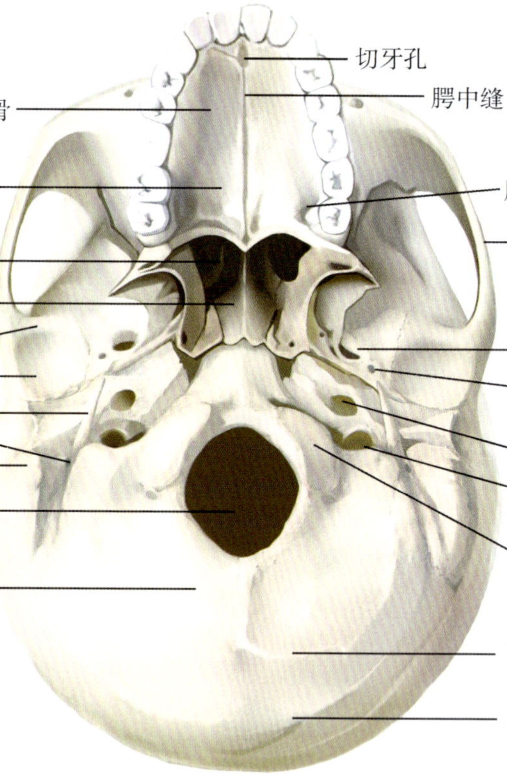

图 2-31 颅底外面观

三、新生儿颅的特征

新生儿面颅占全颅的 1/8，而成人为 1/4。新生儿颅顶各骨尚未完全发育，骨缝间有结缔组织膜，在多骨交接处，间隙的结缔组织膜较大，称颅囟（图 2-32）。前囟最大，呈菱形，位于矢状缝与冠状缝相接处；后囟呈三角形，位于矢状缝与人字缝会合处。前囟在幼儿 1 ～ 2 岁时闭合，后囟在生后不久闭合。

临床上观察和触摸前囟的状态，对判断新生儿、婴儿的发育情况和颅内压的变化具有参考价值。前囟迟闭或过大可见于佝偻病或脑积水等；前囟饱满见于各种颅内压增高者，如脑膜炎、脑炎患儿；前囟凹陷常见于脱水或极度消瘦的患儿。

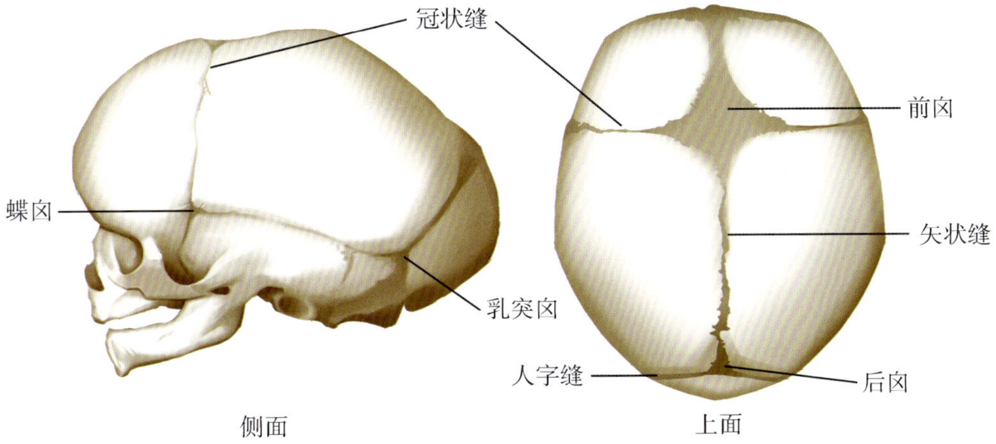

图 2-32　新生儿颅

四、颅骨的连结

颅骨之间多数以缝或软骨连结，不能运动，只有下颌骨与颞骨之间形成能活动的颞下颌关节。

颞下颌关节由颞骨的下颌窝、关节结节和下颌骨的下颌头连结而成（图 2-33）。关节囊较松弛，囊内有关节盘，将关节腔分隔为上、下两部。两侧颞下颌关节联合运动时，下颌骨可上提（闭口）、下降（张口）、前移、后退及侧方运动。由于关节囊的前壁薄弱，在极度张口时，下颌头连同关节盘一起滑到关节结节前方，造成颞下颌关节脱位。

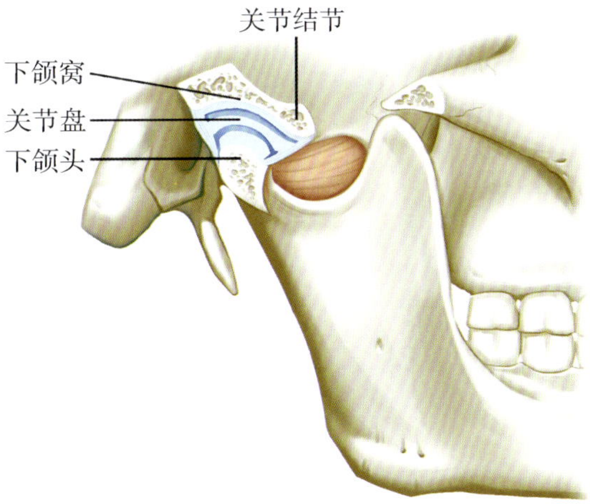

图 2-33　颞下颌关节

第 4 节　四肢骨及其连结

案例 2-3

患儿，男，3 岁。因右上肢疼痛 1 小时就诊。1 小时前被家长用力牵拉右手横穿公路后，哭闹不止，右上肢不肯举动，用零食、玩具引诱右前臂抬举和屈肘均遭拒绝。查体：桡骨头部位有明显压痛，但无骨突扪及。X 线检查：右肘部无骨折。临床诊断：桡骨头半脱位。

问题： 1. 幼儿为什么容易发生桡骨头半脱位？

2. 简述肘关节的组成、结构特点及运动形式。

四肢骨包括上肢骨和下肢骨。上肢骨较细小，每侧 32 块，骨连结灵活；下肢骨较粗大，每侧 31 块，骨连结稳固。

一、上肢骨及其连结

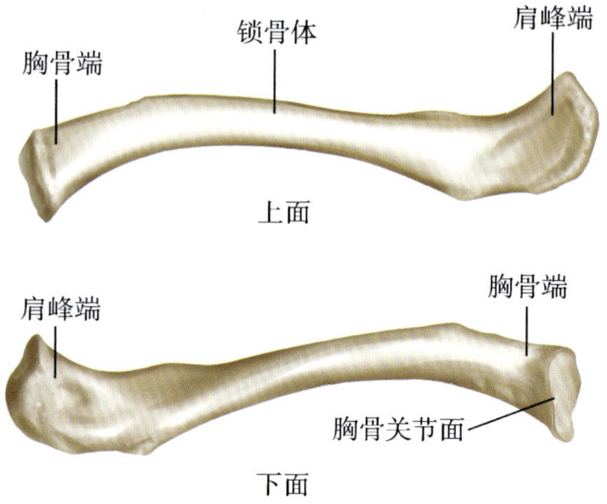

图 2-34 锁骨

（一）上肢骨

1. 锁骨　呈～形弯曲，全长在体表均可摸到。内侧端粗大称胸骨端，与胸骨柄相关节；外侧端扁平称肩峰端，与肩峰相关节（图 2-34）。锁骨内侧 2/3 段凸向前，外侧 1/3 段凸向后，两者交界处较薄弱，易发生骨折。

2. 肩胛骨　是三角形扁骨，位于背部的外上方。肩胛骨前面微凹，称肩胛下窝；后面有一向外上方向的高嵴，称肩胛冈，其外侧端称肩峰，是肩部的最高点（图 2-35）。肩胛骨上角平对第 2 肋；下角平对第 7 肋或第 7 肋间隙；外侧角肥厚，上有微凹的关节盂，与肱骨头相关节。

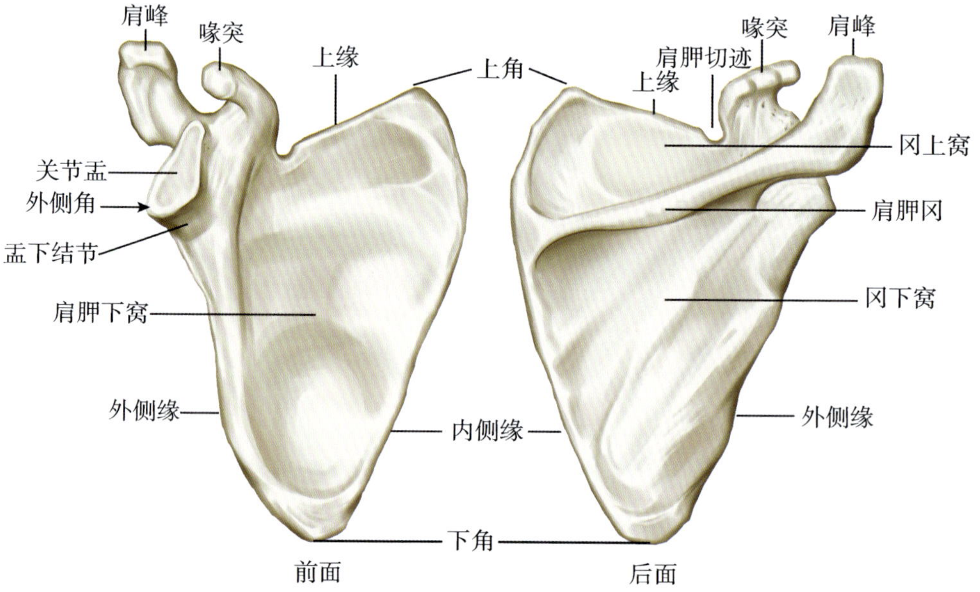

图 2-35 肩胛骨

3. 肱骨　位于臂部，是典型的长骨。肱骨上端膨大，有半球形的肱骨头（图 2-36），与肩胛骨的关节盂相关节。肱骨头上端向外侧的突起称大结节，向前的突起称小结节。肱骨上端与体交界处稍细，称外科颈，是骨折的好发部位。肱骨体中部外侧面有三角肌粗隆，其后下方有桡神经沟，在此处桡神经紧贴骨面经过，肱骨中段骨折易损伤桡神经。肱骨下端前后略扁，外侧部前面有半球状的肱骨小头，内侧部有滑车状的肱骨滑车。肱骨下端后面的深窝称鹰嘴窝，其内、外两侧的突起，分别称内上髁和外上髁。内上髁后下方的浅沟称尺神经沟，有尺神经通过。

4. 尺骨和桡骨　两骨并列位于前臂，尺骨在内侧，桡骨在外侧。

（1）尺骨　尺骨上端前面有一半月形关节面，称滑车切迹（图 2-37），与肱骨滑车相关节。滑车切迹的后上方和前下方各有一个突起，分别称鹰嘴和冠突。冠突外侧面的浅凹称桡切迹。尺骨下端称尺骨头，其周缘的环状关节面与桡骨的尺切迹相关节。尺骨头的后内侧面有向下的突起称尺骨茎突。

（2）桡骨　桡骨上端有呈圆柱形的桡骨头（图 2-38），其上面的关节凹与肱骨小头相关节，其周缘的环状关节面与尺骨上端相关节。桡骨下端内侧面有尺切迹，下面有腕关节面。桡骨下端外侧部有向下的突起称桡骨茎突。在桡骨茎突前内侧可触摸到桡动脉的搏动。

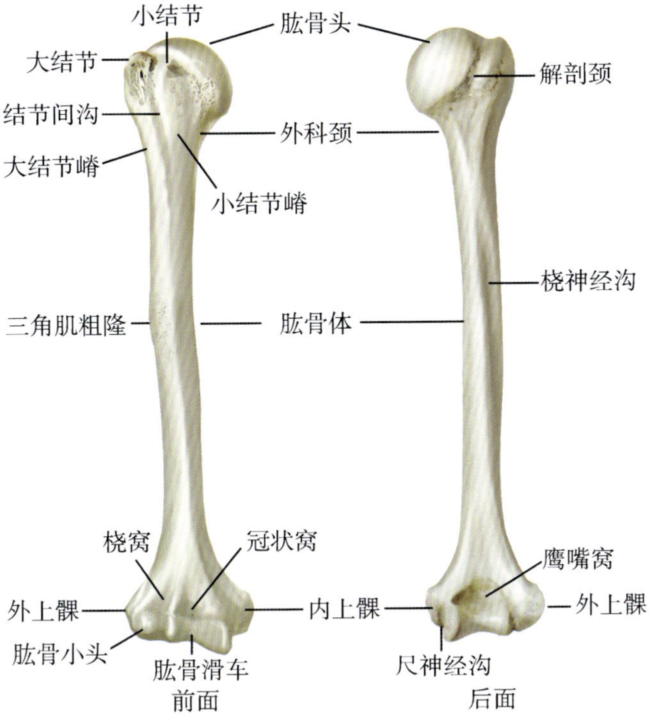

图 2-36　肱骨

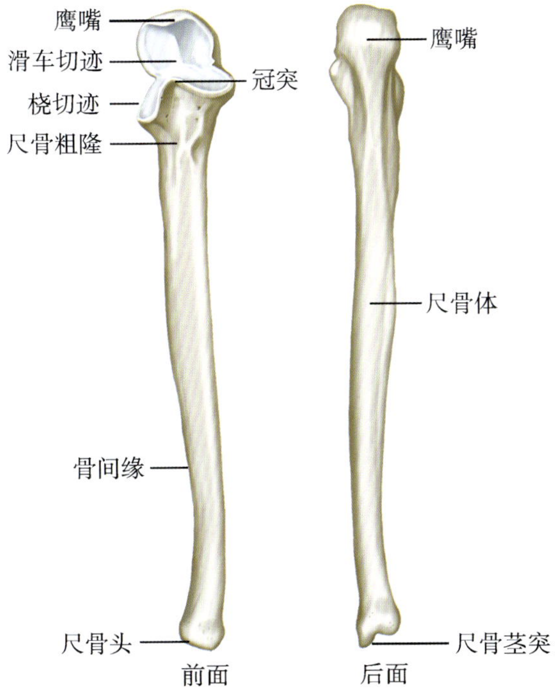

图 2-37　尺骨

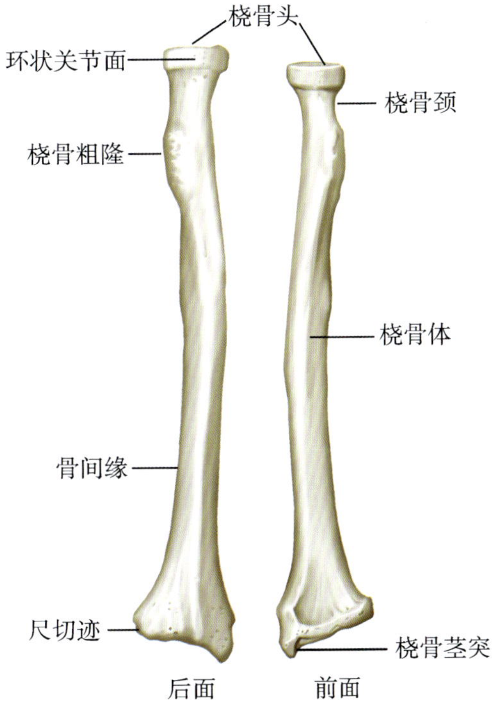

图 2-38　桡骨

5. 手骨　包括8块腕骨、5块掌骨和14块指骨（图2-39）。腕骨排列成近、远侧两列。近侧列由桡侧到尺侧依次是手舟骨、月骨、三角骨和豌豆骨，远侧列依次是大多角骨、小多角骨、头状骨和钩骨。掌骨从外侧向内侧依次为第1～5掌骨。指骨中除拇指为2节指骨，其余各指均为3节，分别为近节指骨、中节指骨和远节指骨。

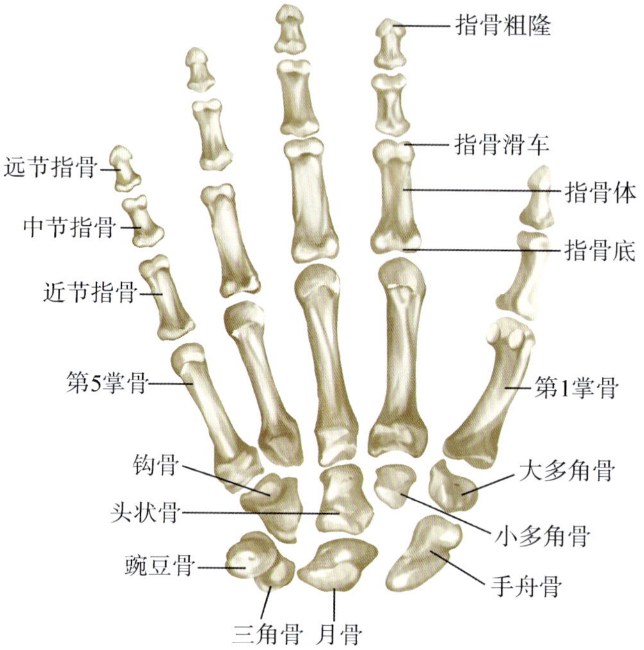

图 2-39　手骨

歌诀助记 | 腕骨的名称

近侧舟月三角豆，远侧大小头状钩。

（二）上肢骨的连结

1. 胸锁关节与肩锁关节　胸锁关节由胸骨柄与锁骨内侧端构成（图2-40），是上肢骨与躯干骨的唯一关节，使上肢骨与躯干骨连在一起。肩锁关节由肩胛骨的肩峰与锁骨外侧端构成，属微动关节。

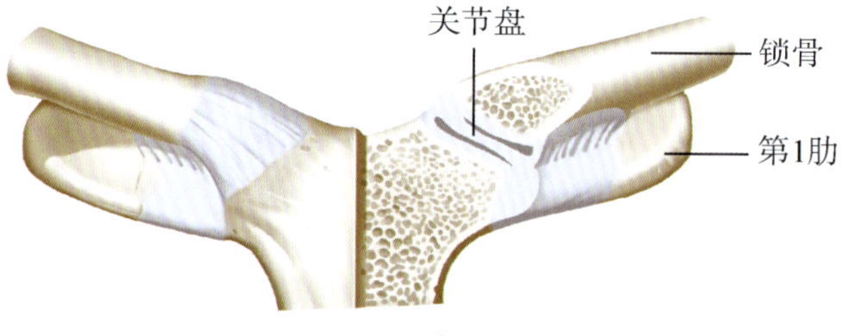

图 2-40　胸锁关节

2. 肩关节　由肱骨头与肩胛骨的关节盂组成（图2-41）。肱骨头大，关节盂小，关节囊薄而松弛，囊内有肱二头肌长头腱通过。关节囊前、后、上壁有肌肉和韧带加强，但下壁较薄弱，肱骨头易向前下方脱位。肩关节是人体活动幅度最大、运动最灵活的关节，能做屈、伸、内收、外展、旋转和环转运动。

考点　肩关节的组成、结构特点和运动形式

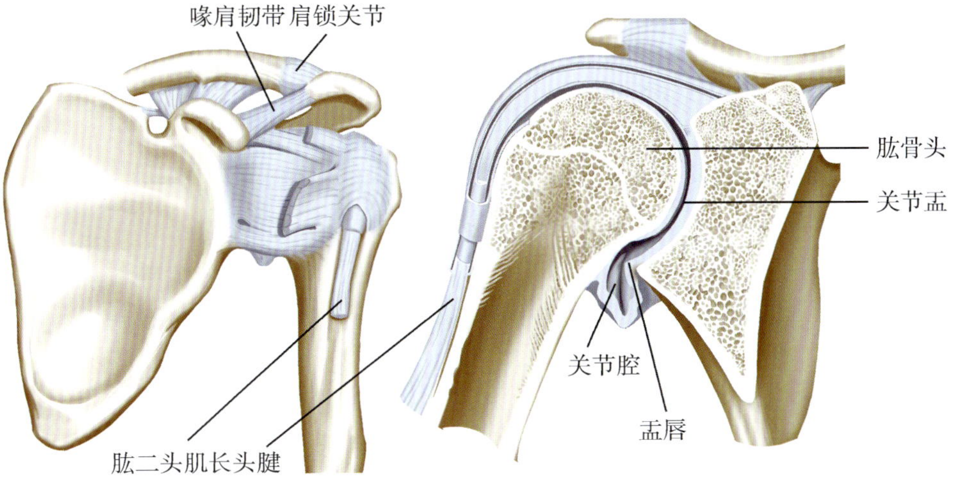

图 2-41 肩关节

3. 肘关节 肘关节是由肱骨下端和尺、桡骨上端连结构成的复关节，包括由肱骨滑车与尺骨的滑车切迹构成的肱尺关节、由肱骨小头与桡骨头的关节凹构成的肱桡关节、由桡骨头的环状关节面与尺骨的桡切迹构成的桡尺近侧关节（图 2-42）。肱尺关节、肱桡关节和桡尺近侧关节包在一个关节囊内。关节囊的前、后壁都较薄而松弛，两侧有韧带加强，关节囊外下部有桡骨环状韧带，环绕桡骨头。小儿的桡骨头发育不全，环状韧带松弛，如猛烈提拉小儿前臂时，常可导致桡骨头半脱位。肘关节主要做屈、伸运动。伸肘时，肱骨内上髁、肱骨外上髁和尺骨鹰嘴三点在一条直线上；屈肘时三点连线构成一个等腰三角形，在肘关节脱位时，这三点的位置关系发生改变。

考点 肘关节的组成、结构特点和运动形式

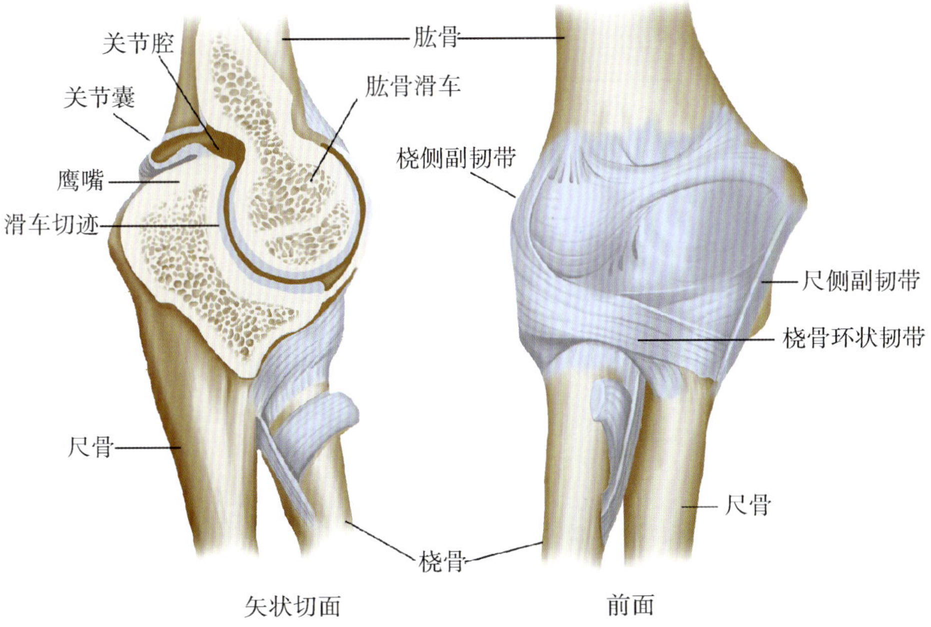

图 2-42 肘关节

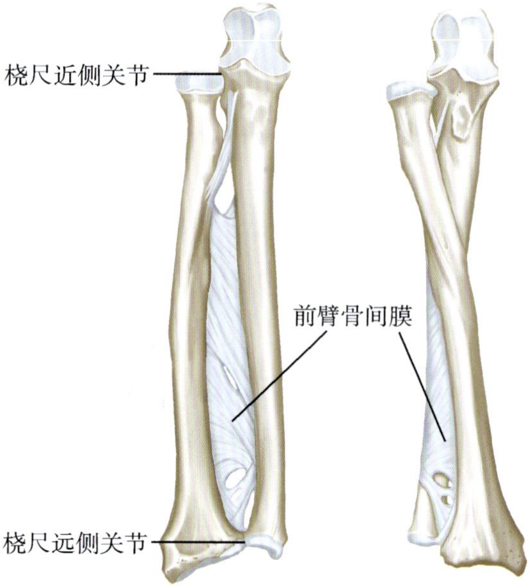

图 2-43 前臂骨的连结

4. 桡尺连结 桡骨与尺骨借桡尺近侧关节、桡尺远侧关节及前臂骨间膜相连（图 2-43）。前臂骨间膜是连结桡骨与尺骨的骨间缘之间的坚韧纤维膜。桡尺近侧关节与桡尺远侧关节联合运动，可使前臂做旋前、旋后运动。

5. 手关节 包括桡腕关节、腕骨间关节、腕掌关节、掌骨间关节、掌指关节和指骨间关节（图 2-44，图 2-45），各关节的名称均与构成关节各骨的名称相对应。

桡腕关节，又称腕关节，由桡骨的腕关节面和尺骨头下方的关节盘作为关节窝，以及手舟骨、月骨和三角骨的近侧关节面作为关节头而构成。关节囊松弛，周围有韧带加强。可做屈、伸、内收、外展和环转运动。

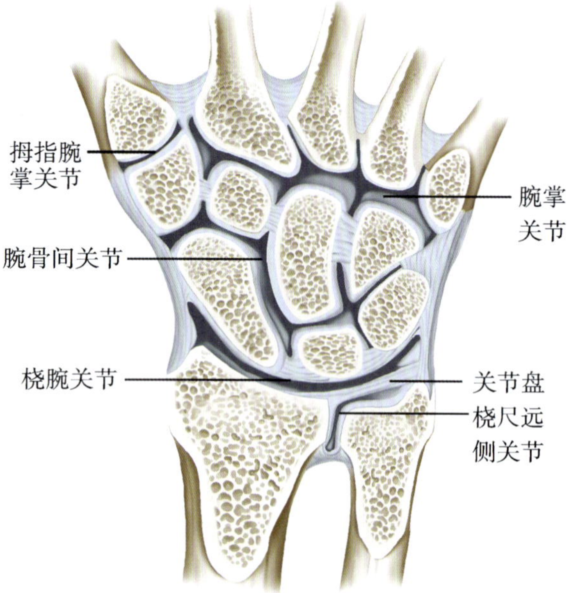

图 2-44 桡腕关节

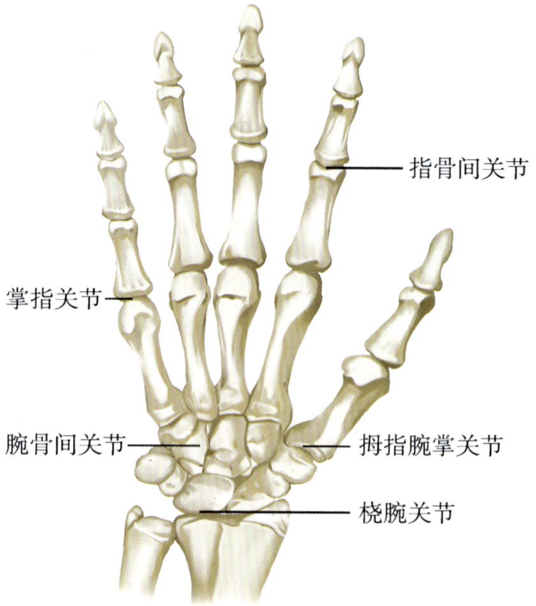

图 2-45 手关节

二、下肢骨及其连结

（一）下肢骨

1. 髋骨 由髂骨、坐骨和耻骨在髋臼处融合而成（图 2-46，图 2-47）。髋臼下方有一大孔，称闭孔。

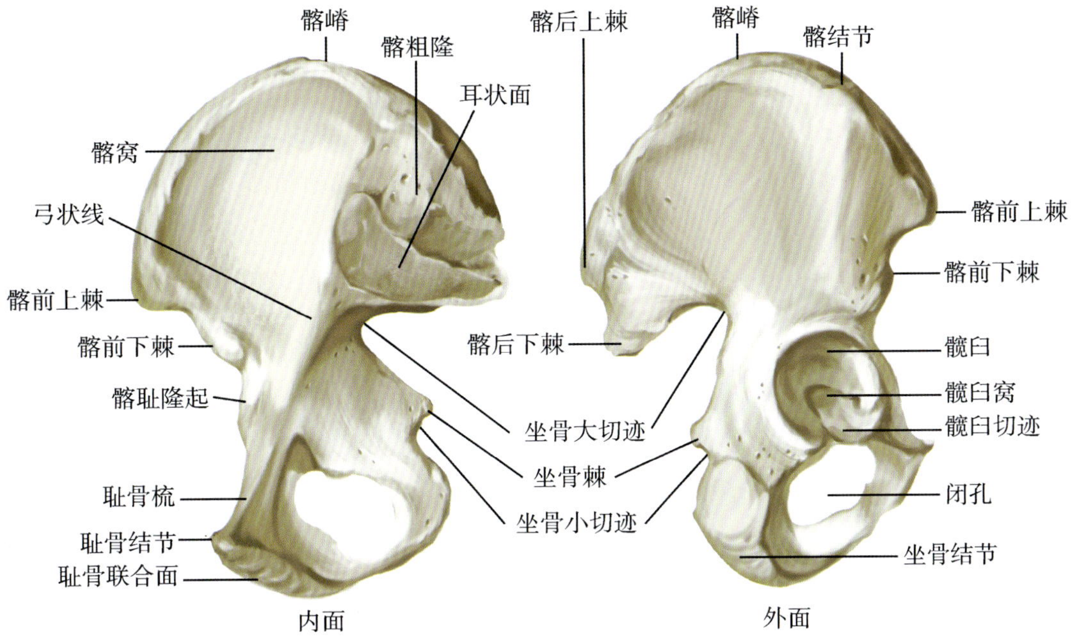

图 2-46　髋骨

（1）髂骨　位于髋骨的上部，由髂骨体和髂骨翼组成。髂骨体构成髋臼的上 2/5，髂骨翼的上缘肥厚，称髂嵴。两侧髂嵴最高点的连线约平对第 4 腰椎棘突，是计数椎骨的标志。髂嵴前、后端及外侧缘的突出部，分别称髂前上棘、髂后上棘和髂结节。髂骨翼内面的浅窝称髂窝，髂窝下界的弧形隆起称弓状线。髂骨翼后下方为粗糙的耳状面。

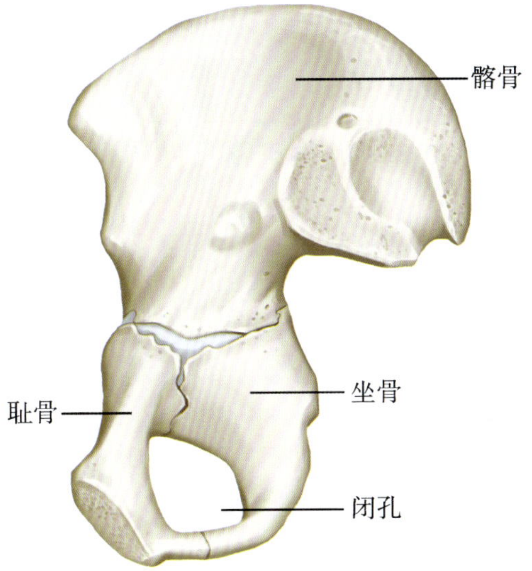

图 2-47　幼年髋骨

（2）坐骨　位于髋骨的后下部，由坐骨体和坐骨支组成。坐骨体构成髋臼的下 2/5，坐骨体下部有肥厚粗大的坐骨结节，坐骨结节向前内上方延为坐骨支。坐骨后缘有一锥状突起，称坐骨棘。坐骨棘上、下方的弧形凹陷分别称坐骨大切迹和坐骨小切迹。

（3）耻骨　位于髋骨的前下部，由耻骨体、耻骨上支和耻骨下支组成。耻骨体构成髋臼的前下 1/5。耻骨上、下支移行处内侧的粗糙面称耻骨联合面，上支前端有一个突起称耻骨结节。

2. 股骨　位于大腿。是人体最粗大的长骨。股骨上端朝向内上的球形膨大称股骨头，与髋臼形成髋关节（图 2-48）。股骨头外下方较细的部分称股骨颈，易发生骨折。股骨颈与股骨体连接处上外侧的隆起称大转子，内下方的隆起称小转子。股骨下端有两个向后突的膨大，分别称内侧髁和外侧髁。内侧髁的内侧面最突起处称内上髁，外侧髁的外侧面最突起处称外上髁。

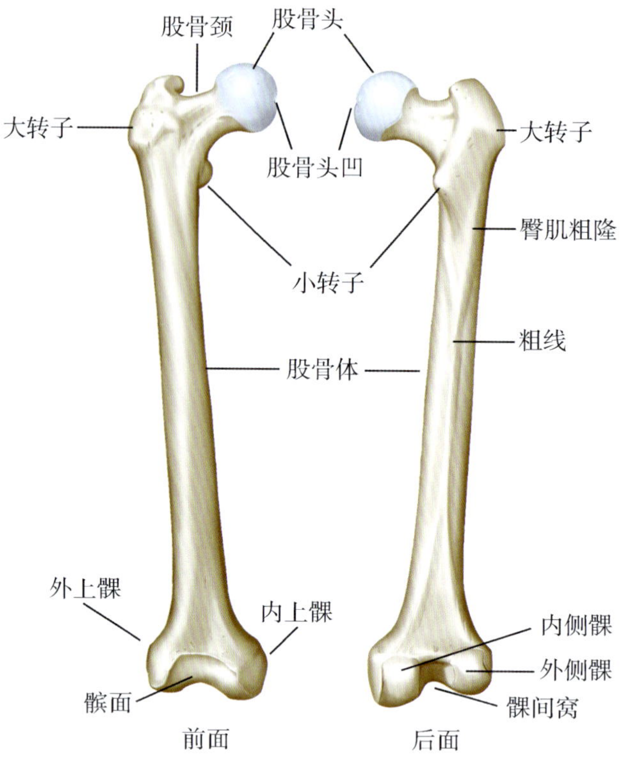

图 2-48 股骨

3. 髌骨 位于股骨下端的前方，包在股四头肌腱内，是全身最大的籽骨，呈尖向下的三角形（图 2-49）。

4. 胫骨和腓骨 位于小腿，胫骨在内侧，腓骨在外侧。胫骨上端前面的粗糙隆起称胫骨粗隆，下端内侧部向内下的突起称内踝（图 2-50）。腓骨上端稍膨大称腓骨头，腓骨下端向外下的突起称外踝（图 2-51）。

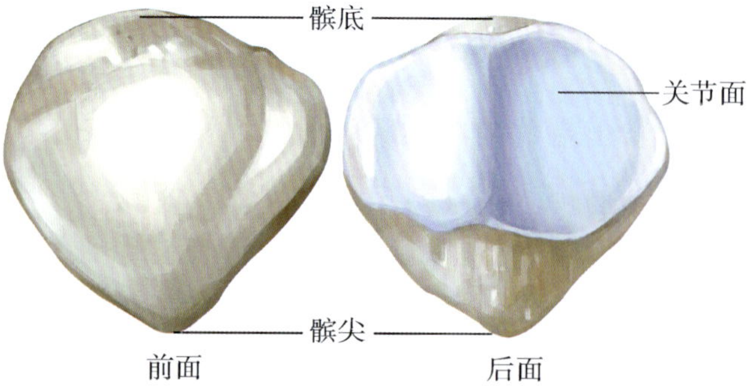

图 2-49 髌骨

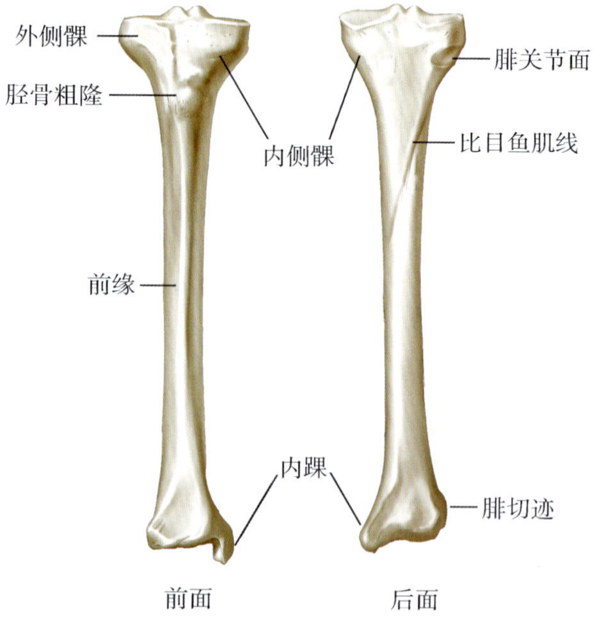

图 2-50 胫骨

5. 足骨　包括 7 块跗骨、5 块跖骨、14 块趾骨（图 2-52）。跗骨包括跟骨、距骨、足舟骨、内侧楔骨、中间楔骨、外侧楔骨和骰骨。跖骨由内侧向外侧依次为第 1 ～ 5 跖骨。趾骨的命名原则与指骨相同。

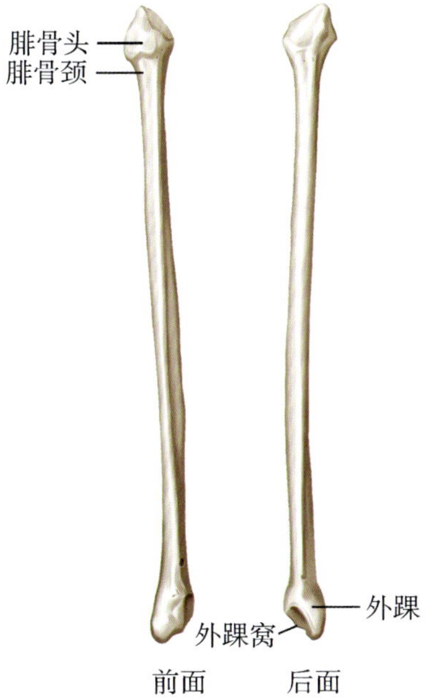

图 2-51　腓骨

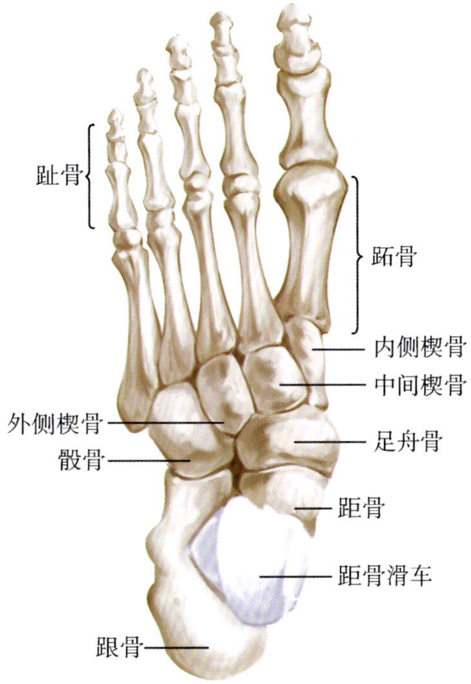

图 2-52　足骨（左侧）

（二）下肢骨的连结

1. 髋骨的连结　左、右髋骨在后方借骶髂关节及韧带与骶骨相连，前方借耻骨联合相连（图 2-53）。

歌诀助记｜跗骨的名称

距上跟下，舟连三楔，骰在外。

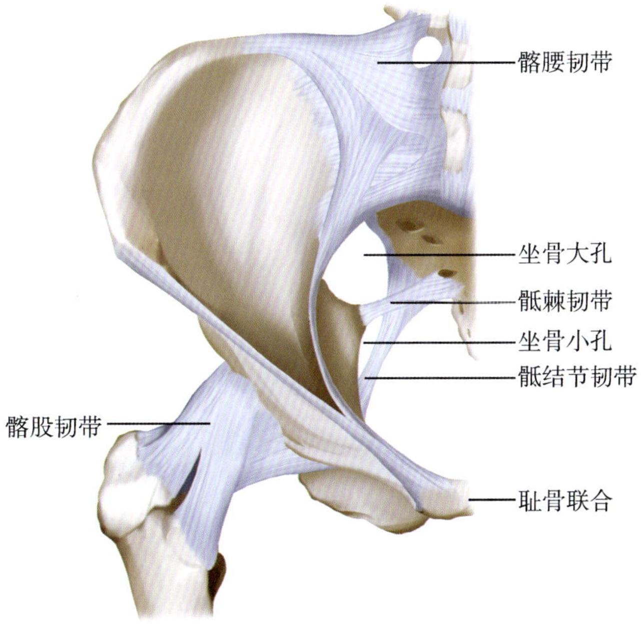

图 2-53　骨盆的韧带

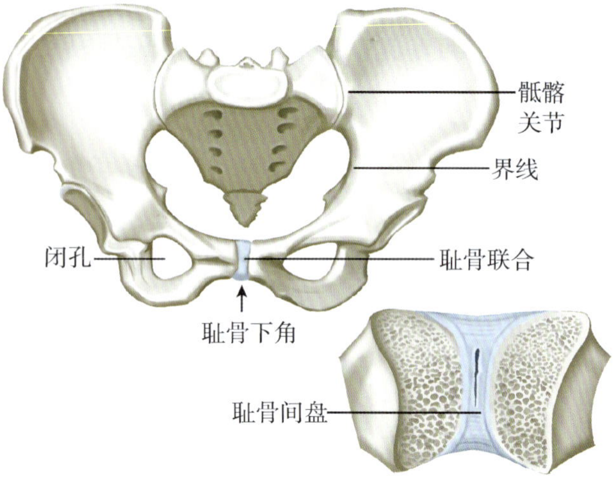

图 2-54　骨盆

（1）骶髂关节　由骶骨与髋骨的耳状面构成（图 2-54），关节囊厚而紧张，关节的运动性很小。其后下方在骶骨与坐骨之间有两条韧带相连：一条称骶结节韧带，从骶、尾骨侧缘连至坐骨结节；另一条称骶棘韧带，位于骶结节韧带前方，从骶、尾骨侧缘连至坐骨棘。两条韧带分别与坐骨大、小切迹共同围成坐骨大孔和坐骨小孔（图 2-53）。

（2）耻骨联合　由左、右耻骨联合面借耻骨间盘相连构成（图 2-54）。耻骨间盘为纤维软骨。其内有一条矢状位裂隙。女性分娩时该裂隙可增宽，有利于胎儿娩出。

（3）骨盆　由骶骨、尾骨和左、右髋骨连结而成，具有保护骨盆腔内的器官和传递重力等作用（图 2-54）。骨盆可通过界线分为大骨盆和小骨盆。界线由骶骨的岬、弓状线、耻骨梳、耻骨结节和耻骨联合上缘共同围成。界线以上为大骨盆，参与腹腔的围成。界线以下为小骨盆，有上、下两口：上口即界线；下口由尾骨尖、骶结节韧带、坐骨结节、坐骨支、耻骨下支和耻骨联合下缘围成。小骨盆的内腔称骨盆腔，容纳和保护盆腔脏器，女性盆腔是胎儿娩出的产道。在耻骨联合下方左、右耻骨下支所形成的夹角称耻骨下角。

从青春期开始，骨盆出现性别差异。女性骨盆的形态特点与妊娠和分娩有关。男、女性骨盆的形态差异，见表 2-1。

表 2-1　男、女性骨盆的形态差异

项目	男性骨盆	女性骨盆
骨盆外形	窄而高	宽而短
骨盆上口	心形	椭圆形
骨盆下口	较窄小	较宽大
骨盆腔	漏斗形	圆桶形
耻骨下角	70° ～ 75°	90° ～ 100°

考点　骨盆的组成、女性骨盆的特点

2. 髋关节　由髋臼和股骨头组成（图 2-55）。髋臼深，周缘附有髋臼唇。关节囊厚而坚韧，周围有强大的髂股韧带等加强，囊内有股骨头韧带连于股骨头与髋臼之间，股骨头韧带内有营养股骨头的血管通过。股骨颈的前部全部包于关节囊内，但后部外侧 1/3 位于关节囊外，故临床上股骨颈骨折有囊内、囊外和混合性骨折之分。髋关节能做屈、伸、收、展、旋内、旋外和环转运动。因受髋臼等限制，其运动幅度不及肩关节，但具有较大的稳定性，以适应下肢负重和行走的功能。

考点　髋关节的组成、结构特点和运动形式

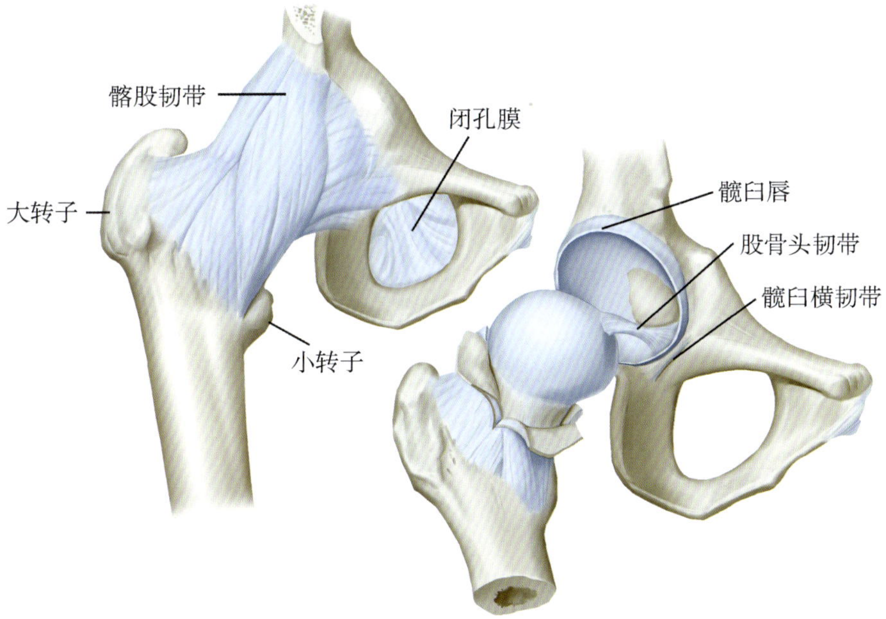

图 2-55 髋关节

3. 膝关节 是人体最大、结构最复杂的关节，由股骨下端、胫骨上端及髌骨组成（图 2-56，图 2-57）。关节囊宽而松弛，囊的各壁均有韧带加强。关节囊前有强大的髌韧带，两侧分别有胫侧副韧带和腓侧副韧带，囊内有交叉韧带，连于股骨和胫骨之间。交叉韧带分为前交叉韧带和后交叉韧带，可限制胫骨向前、后移位。在股骨与胫骨的关节面之间垫有 2 块半月形纤维软骨板，称半月板（图 2-58）。内侧半月板呈 C 形，外侧半月板呈 O 形。半月板使关节面更为相适，增加关节的稳固性和运动的灵活性，同时在运动时起缓冲作用。膝关节主要做屈、伸运动。

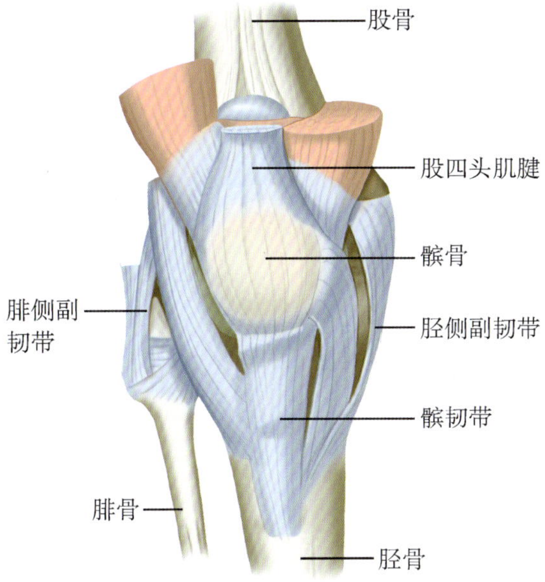

图 2-56 膝关节

考点 膝关节的组成、结构特点和运动形式

4. 胫腓连结 胫骨和腓骨之间，上端借胫腓关节相连，体和下端分别借小腿骨间膜和韧带相连，两骨间活动度小。

5. 足关节 包括距小腿关节、跗骨间关节、跗跖关节、跖骨间关节、跖趾关节和趾骨间关节（图 2-59）。

距小腿关节，又称踝关节，由胫骨、腓骨的下端和距骨组成，可做背屈（伸）和跖屈（屈）运动。踝关节与跗骨间关节协同运动时，可使足内翻和足外翻。足底朝向内侧的运动称足内翻，足底朝向外侧的运动称足外翻。

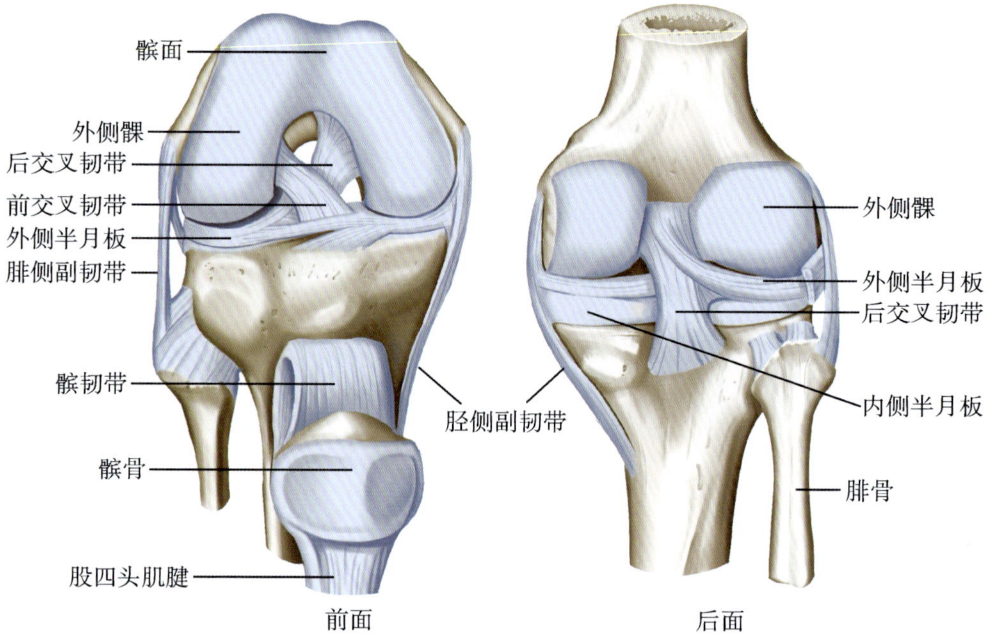

图 2-57 膝关节内部结构

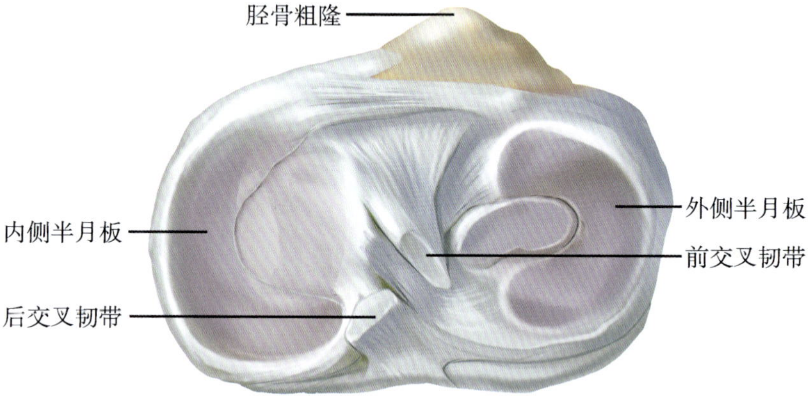

图 2-58 膝关节半月板

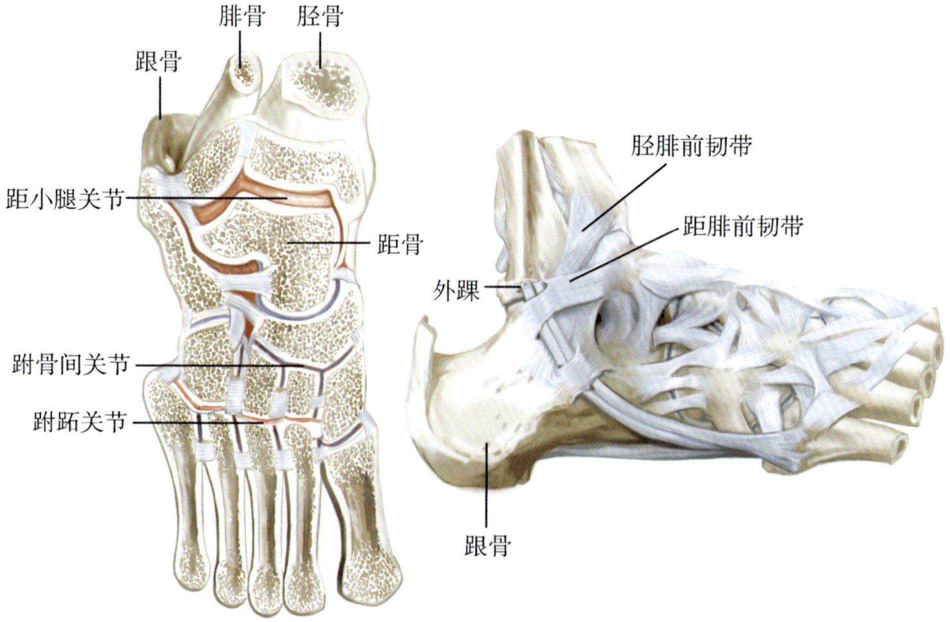

图 2-59 足关节

6. 足弓 跗骨和跖骨借关节和韧带紧密相连，在纵、横方向上都形成凸向上方的弓形结构，称足弓（图 2-60）。足弓具有弹性，可缓冲运动时产生的震荡，还可保护足底的血管和神经。

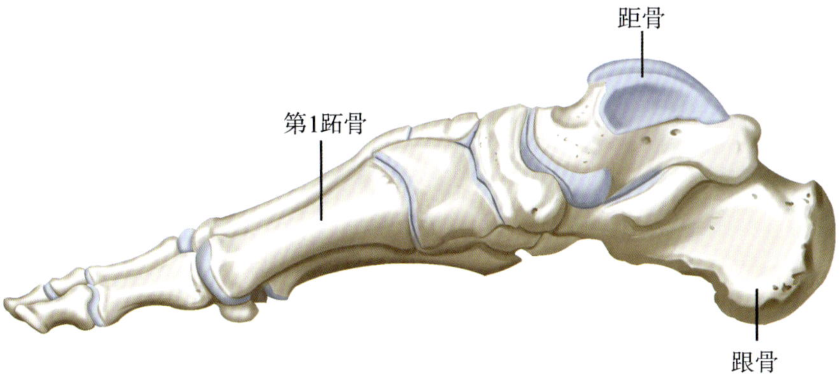

图 2-60 足弓

链接

常用的骨性标志

躯干骨常用的骨性标志有第 7 颈椎棘突、腰椎棘突、骶角、胸骨角、剑突、肋弓等。

颅骨常用的骨性标志有枕外隆凸、乳突、眶上切迹、颧弓、下颌角等。

四肢骨常用的骨性标志有锁骨、肩胛冈、肩峰、肩胛骨下角、肱骨内上髁、肱骨外上髁、尺骨鹰嘴、尺骨茎突、桡骨茎突、髂嵴、髂前上棘、髂结节、坐骨结节、耻骨结节、大转子、髌骨、胫骨粗隆、腓骨头、内踝、外踝等。

第 5 节 头 肌

头肌分面肌和咀嚼肌。

一、面 肌

面肌位于面部和颅顶，多数起自颅骨，止于头面部皮肤，收缩时可改变口裂、睑裂和面部皮肤外形，出现不同面部表情，故又称表情肌（图 2-61）。

（一）颅顶肌

颅顶肌为颅顶部薄而阔的肌，如左右各一的枕额肌。枕额肌由前后两个肌腹和中间的帽状腱膜构成。前方的肌腹位于额部皮下称额腹，后方的肌腹位于枕部皮下称枕腹，两肌腹间借帽状腱膜连为一体。帽状腱膜借浅筋膜与颅顶皮肤紧密结合，故此肌收缩可牵拉头皮移动。

（二）眼轮匝肌

眼轮匝肌位于睑裂周围，呈环形，收缩时睑裂闭合。

（三）口周围肌

口周围肌包括环行肌和辐射状肌 2 类。环绕口裂周围的环行肌称口轮匝肌，收缩时口裂闭合。辐射状肌中较重要的是颊肌，收缩时使唇、颊紧贴牙齿，帮助咀嚼和吸吮。

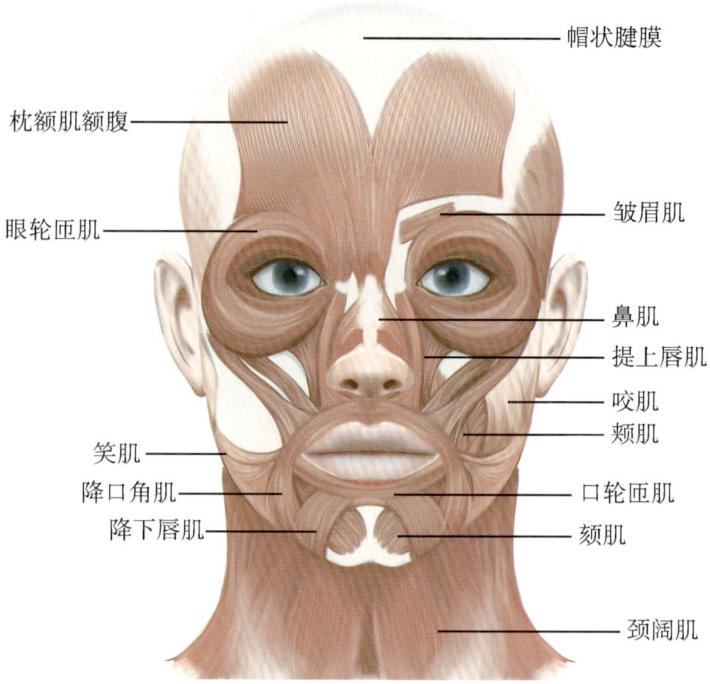

图 2-61 面肌

二、咀 嚼 肌

咀嚼肌分布于颞下颌关节的周围，运动颞下颌关节。主要有咬肌和颞肌等（图 2-62）。

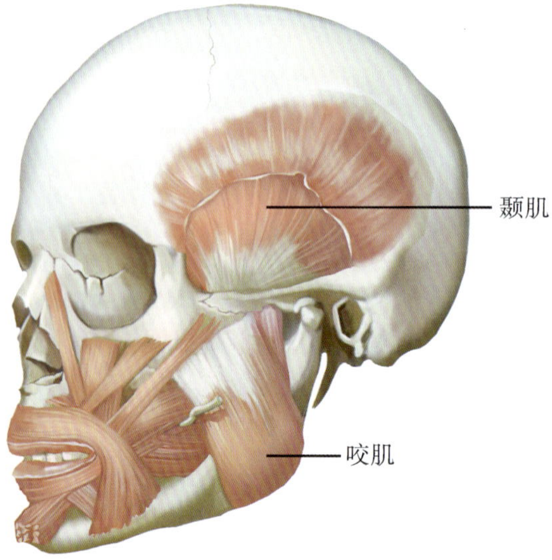

图 2-62 咀嚼肌

（一）咬肌

咬肌呈长方形，位于下颌支外面，起自颧弓，向下止于下颌角的外面，在体表能摸到，收缩时上提下颌骨。

（二）颞肌

颞肌呈扇形，位于颞窝内，在体表能摸到，收缩时上提下颌骨。

第 6 节 颈 肌

颈肌可依其所在位置分为颈浅肌与颈外侧肌、颈前肌、颈深肌 3 群。

一、颈浅肌与颈外侧肌

（一）颈阔肌

颈阔肌是位于颈部浅筋膜内的皮肌，薄而宽阔（图 2-63）。收缩时拉口角及下颌向下，并使颈部皮肤出现皱褶。

（二）胸锁乳突肌

胸锁乳突肌位于颈部两侧。起自胸骨柄前面和锁骨的胸骨端，止于颞骨的乳突（图 2-63）。该肌一侧收缩使头向同侧倾斜，脸转向对侧；两侧同时收缩可使头后仰。

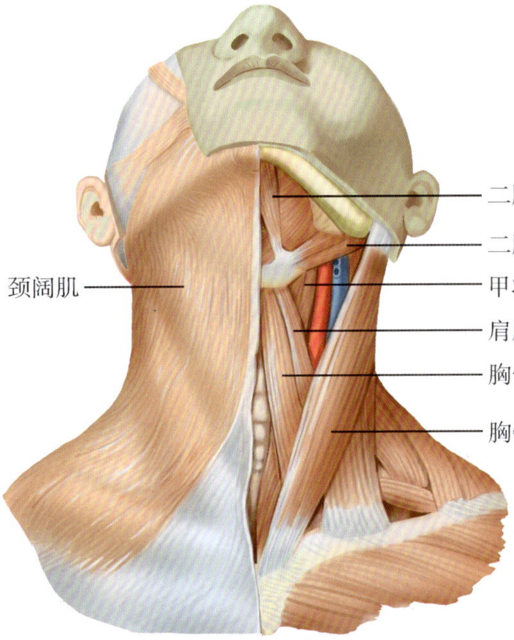

图 2-63　颈肌（前面）

二、颈　前　肌

颈前肌包括舌骨上肌群和舌骨下肌群（图 2-63）。

（一）舌骨上肌群

舌骨上肌群在舌骨与下颌骨、颅底之间，参与构成口腔底。舌骨上肌群收缩时能上提舌骨，协助吞咽；当舌骨固定时，可下降下颌骨，协助张口。

（二）舌骨下肌群

舌骨下肌群位于颈前部，舌骨与胸骨和肩胛骨之间，居喉、气管、甲状腺的前方。舌骨下肌群收缩时可下降舌骨和喉，参与吞咽动作。

三、颈　深　肌

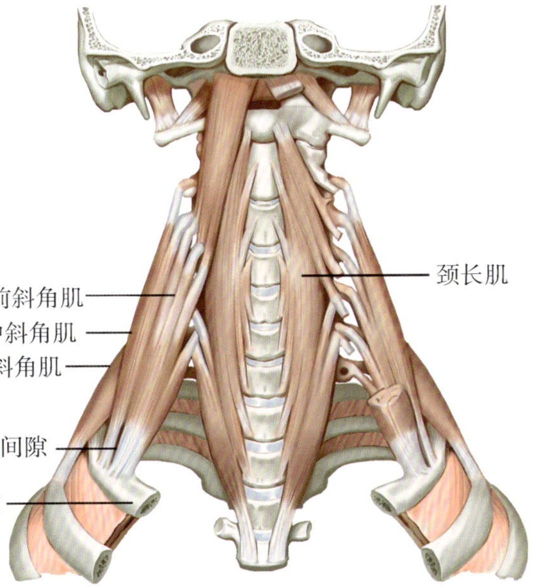

图 2-64　颈深肌

颈深肌分内、外侧两群。内侧群在脊柱颈段的前方，包括颈长肌等。外侧群位于脊柱颈段的两侧，有前、中、后斜角肌（图 2-64）。前、中斜角肌与第 1 肋之间的空隙为斜角肌间隙，有锁骨下动脉和臂丛神经通过。当胸廓固定时，一侧斜角肌收缩使颈向同侧屈，两侧同时收缩使颈前屈；当颈部固定时，两侧斜角肌同时收缩可上提第 1、2 肋助深吸气。

第 7 节　躯　干　肌

躯干肌包括背肌、胸肌、膈肌、腹肌和会阴肌。

一、背　　肌

背肌位于躯干背面。主要有斜方肌、背阔肌和竖脊肌等（图 2-65）。

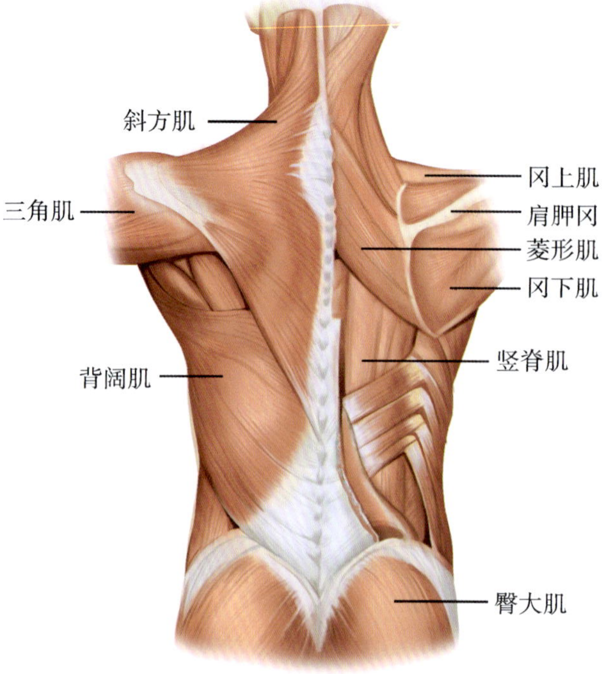

图 2-65 背肌

（一）斜方肌

斜方肌位于背上部浅层，为三角形扁肌，左、右相合成斜方形。上部肌束收缩，可上提肩胛骨，并使其下角外旋；下部肌束收缩，可下降肩胛骨；整肌收缩，可使肩胛骨向脊柱靠拢，如肩胛骨固定，两侧同时收缩时，头后仰。

（二）背阔肌

背阔肌位于背下部浅层，为全身最大的扁肌。其肌束向外上方集中，止于肱骨体上端的前面。该肌收缩时，可使臂内收、旋内和后伸；上肢上举固定时，可引体向上。

（三）竖脊肌

竖脊肌位于背部深层，纵列于棘突两侧。竖脊肌对维持人体直立起重要作用，单侧收缩使脊柱侧屈，两侧同时收缩可使脊柱后伸并仰头。

二、胸　肌

胸肌参与构成胸壁，主要包括胸大肌、胸小肌、前锯肌和肋间肌等（图 2-66）。

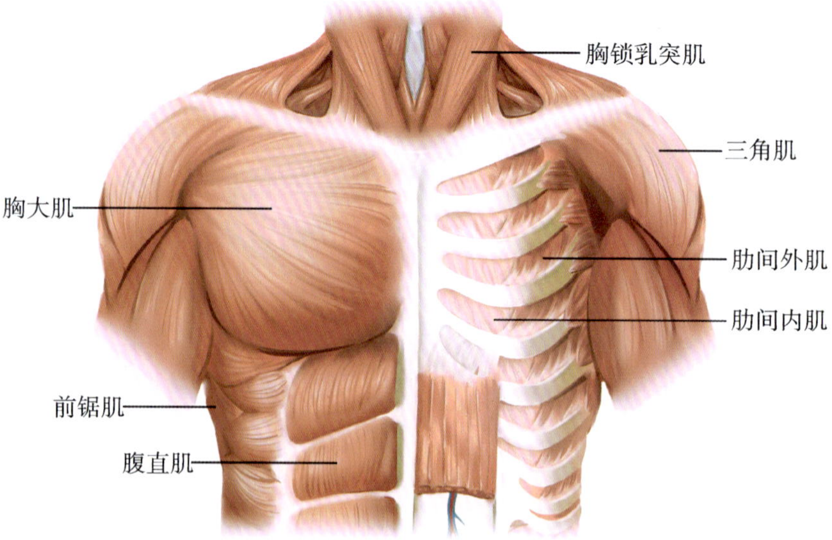

图 2-66 胸肌

（一）胸大肌

胸大肌位于胸前壁上部的浅层，呈扇形，较宽厚。起于锁骨内侧端、胸骨和 1 ～ 6 肋软骨，肌束向外上方集中，止于肱骨体上端的前面。收缩时可使臂内收和旋内；上肢上举固定时，收缩可上提躯干；也可提肋以扩大胸廓，协助吸气。

（二）胸小肌

胸小肌位于胸大肌深面，呈三角形。收缩时可拉肩胛骨向前下方。

（三）前锯肌

前锯肌以肌齿起自上 8 ～ 9 个肋骨外面，肌束斜向后内，止于肩胛骨的内侧缘和下角。收缩时可拉肩胛骨向前紧贴胸廓，下部肌束使肩胛骨下角旋外，助外展的臂举高；当肩胛骨固定时，可上提肋骨助深吸气。

（四）肋间肌

肋间肌位于肋间隙内，分浅、深两层（图 2-67）。浅层称肋间外肌，肌束起于上位肋骨的下缘，斜向前下，止于下位肋骨的上缘，收缩时可提肋助吸气。深层称肋间内肌，肌束起于下位肋骨的上缘，斜向前上，止于上位肋骨下缘，收缩时可降肋助呼气。

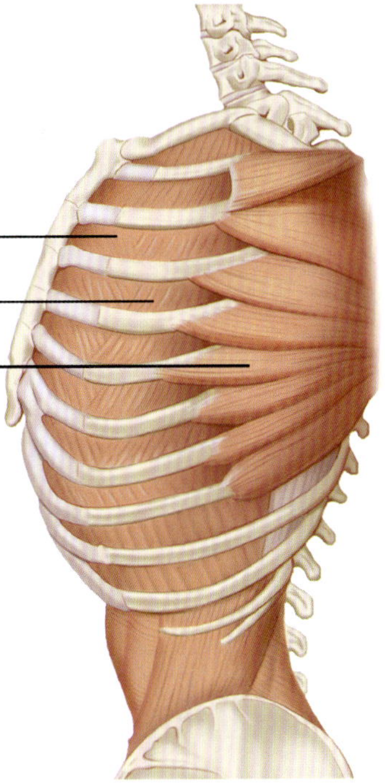

图 2-67 肋间肌

三、膈　　肌

膈肌为向上膨隆呈穹隆状的宽阔扁肌，分隔胸腔和腹腔。膈肌的周围部由肌束构成肌性部，附于胸廓下口；中央部为腱膜，称中心腱（图 2-68）。膈肌上有 3 个孔：主动脉裂孔位于脊柱前方，有主动脉和胸导管通过；食管裂孔位于主动脉裂孔的左前上方，有食管和迷走神经通过；腔静脉孔位于食管裂孔右前上方的中心腱内，有下腔静脉通过。

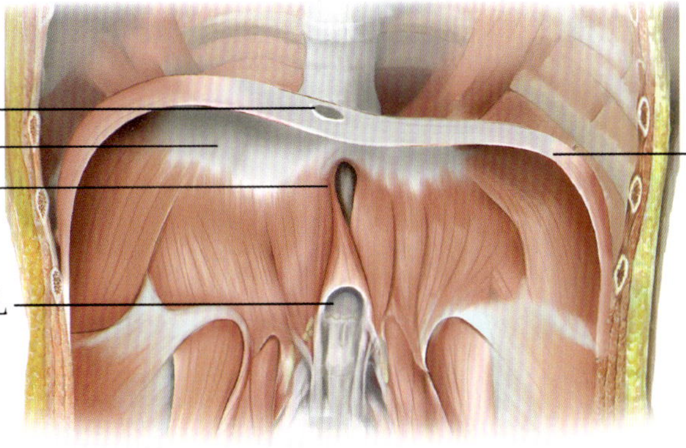

图 2-68 膈肌

膈肌是重要的呼吸肌，收缩时膈肌穹隆下降，胸腔容积增大，以助吸气；舒张时膈肌穹隆上升恢复原位，胸腔容积减小，以助呼气。膈肌与腹肌同时收缩，能增加腹内压，协助排便、呕吐、咳嗽、喷嚏及分娩等活动。

考点 膈肌的位置及其临床意义

四、腹　　肌

腹肌位于胸廓和骨盆之间，可分为前外侧群和后群 2 部分。腹肌参与腹壁的构成，保护

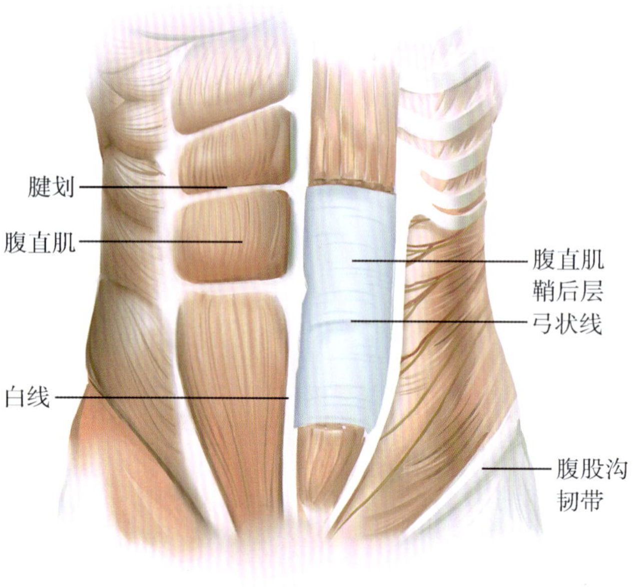

图 2-69　腹前外侧壁肌

和支持腹腔器官；收缩时可降肋助呼气；可使脊柱做前屈、侧屈和旋转运动；与膈肌共同收缩时，可增加腹压，协助排便、排尿、分娩和呕吐。

（一）前外侧群

前外侧群肌构成腹腔的前外侧壁，包括腹直肌、腹外斜肌、腹内斜肌和腹横肌。

1. 腹直肌　呈长带状，位于腹前壁正中线的两侧，被腹直肌鞘包裹（图 2-69）。腹直肌全长被 3 ～ 4 条横行的腱划分隔成多个肌腹，腱划与腹直肌鞘前层结合紧密，不能分离。

2. 腹外斜肌　位于腹前外侧壁的最浅层，为一块宽阔的扁肌。大部分肌束斜行向前下，至腹直肌外侧移行为腱膜，参与组成腹直肌鞘前层，终止于白线。腹外斜肌腱膜的下缘卷曲增厚，连于髂前上棘与耻骨结节之间，形成腹股沟韧带（图 2-70）。在耻骨结节的外上方，腹外斜肌腱膜有一略呈三角形的裂孔，称腹股沟管浅环。

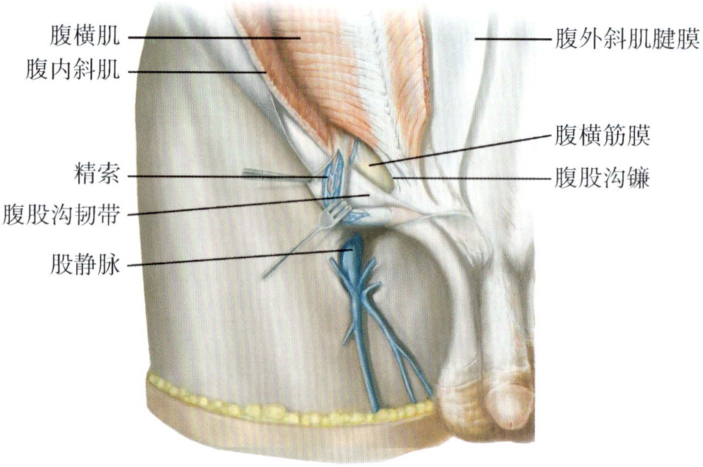

图 2-70　腹前外侧壁肌（下部）

3. 腹内斜肌　位于腹外斜肌的深面。大部分肌束呈扇形斜向内上，并移行为腱膜（图 2-70）。腱膜在腹直肌外侧分为前后两层，包裹腹直肌，终止于白线。

4. 腹横肌　位于腹内斜肌的深面（图 2-70）。肌束横行向内移行为腱膜，参与腹直肌鞘后层的组成，终止于白线。在男性腹内斜肌和腹横肌的下部有少量肌束随精索降入阴囊，形成提睾肌。

（二）后群

后群有腰方肌和腰大肌等。

腰方肌呈长方形，位于腹后壁，脊柱两侧。腰大肌将在下肢肌中叙述。

（三）腹肌的相关结构

1. 腹直肌鞘　是包裹腹直肌的纤维性鞘状结构，由腹外侧壁三块扁肌的腱膜构成，分前、后两层（图 2-69，图 2-71）。鞘的上 2/3 部，前层由腹外斜肌腱膜和腹内斜肌腱膜的前层构成；后层由腹内斜肌腱膜的后层和腹横肌腱膜构成。鞘的下 1/3 部，腹外侧壁 3 块扁肌的腱膜全部行于腹直肌前面，构成鞘的前层，因而鞘后层下部缺如，其下端游离，在脐下 4 ～ 5cm 水平形成一凸向上方的弧形下缘，称弓状线。弓状线以下，腹直肌后面与腹横筋膜相贴。

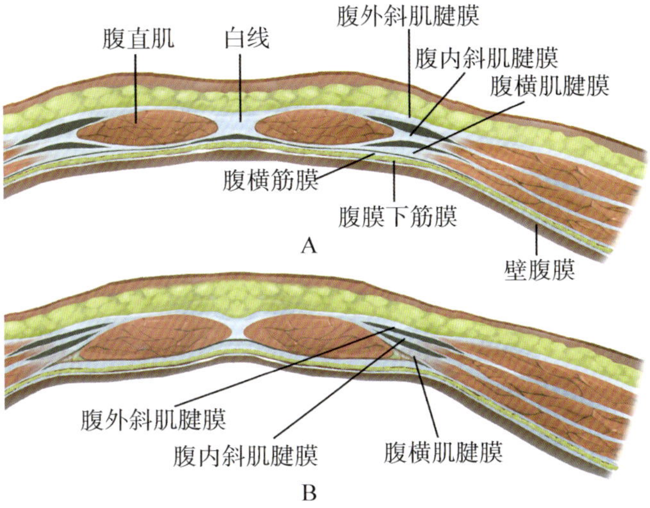

图 2-71　腹直肌鞘

A. 弓状线以上；B. 弓状线以下

2. 白线　位于腹前壁正中线上，由两侧腹直肌鞘纤维交织而成（图 2-71），自剑突直达耻骨联合。白线结构坚韧而少血管，常为腹部手术入路。白线中部有一圆形的腱环称脐环，是腹壁的薄弱点，为脐疝的好发部位。

3. 腹股沟管　位于腹股沟韧带内侧半上方，为腹前外侧壁 3 层扁肌和腱之间的一个斜行裂隙（图 2-72），长约 4.5cm。管的内口称腹股沟管深环，位于腹股沟韧带中点上方约 1.5cm 处；外口称腹股沟管浅环，位于耻骨结节外上方，为腹外斜肌腱膜形成的三角形裂孔。管内男性有精索通过，女性有子宫圆韧带通过。腹股沟管是腹壁下部的薄弱区，在病理情况下，腹腔内容物可由此突出，形成腹股沟斜疝。

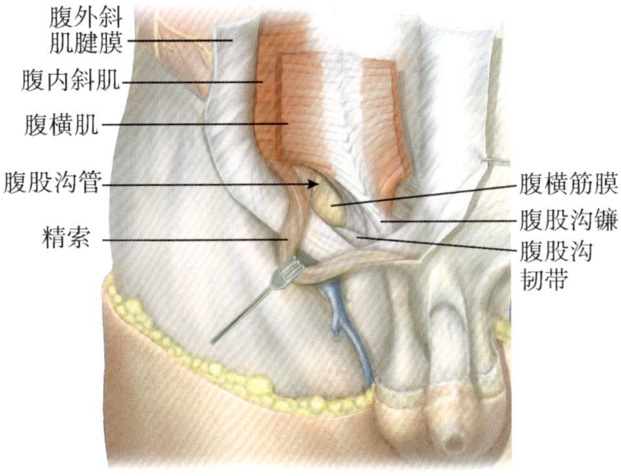

图 2-72　腹股沟管

考点　腹股沟管的位置及其临床意义

4. 腹股沟三角　位于腹前壁的下部，内侧界是腹直肌的外侧缘，外侧界是腹壁下动脉，下界是腹股沟韧带。腹股沟三角也是腹壁的薄弱区和疝的易发部位。

五、会　阴　肌

会阴肌指封闭小骨盆下口的肌群，主要有肛提肌、肛门外括约肌、会阴浅横肌、会阴深横肌、尿道括约肌（男性）或尿道阴道括约肌（女性）等（图 2-73）。

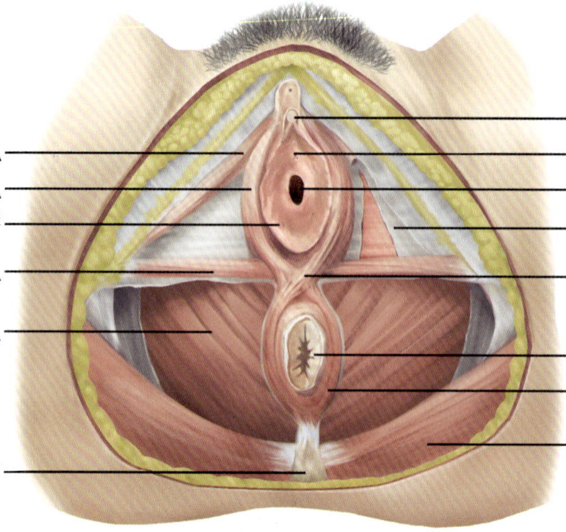

图 2-73 会阴肌（女性）

第 8 节 四 肢 肌

案例 2-4

患者，女，18 岁。因咽痛、咳嗽、发热至社区卫生服务中心就诊。护士遵医嘱为其肌内注射药物。

问题： 1. 哪些骨骼肌是临床上肌内注射常用注射部位？

2. 哪块骨骼肌是肌内注射最常用注射部位？简述该肌的位置及形态特点。

四肢肌分上肢肌和下肢肌。上肢肌数目多而细小，下肢肌数目少而粗壮。

一、上 肢 肌

上肢肌按部位分为肩肌、臂肌、前臂肌和手肌。

（一）肩肌

肩肌分布在肩关节周围，主要有三角肌、肩胛下肌、冈上肌、冈下肌等（图 2-74，图 2-75）。三角肌位于肩部，呈三角形，包绕肩关节，形成肩部的圆隆外形。三角肌主要作用是使肩关节外展，前部肌束使肩关节屈和旋内，后部肌束使肩关节伸和旋外。三角肌中部肌束的上 2/3 肌肉较厚，深部无大的血管和神经走行，是肌内注射常用注射部位（图 2-76）。

考点 三角肌的位置及其临床意义

链 接

三角肌注射部位

三角肌注射部位：将三角肌分为前、中、后 3 部分，中部的上 2/3 肌肉较厚，深面无大的血管和神经走行，为注射安全区；中部的下 1/3 肌肉较薄，为非肌注区，不宜选作注射部位；前部、后部的深面均有大的血管或神经走行，为注射危险区（图 2-76）。三角肌注射的层次依次为皮肤、浅筋膜、深筋膜至三角肌。

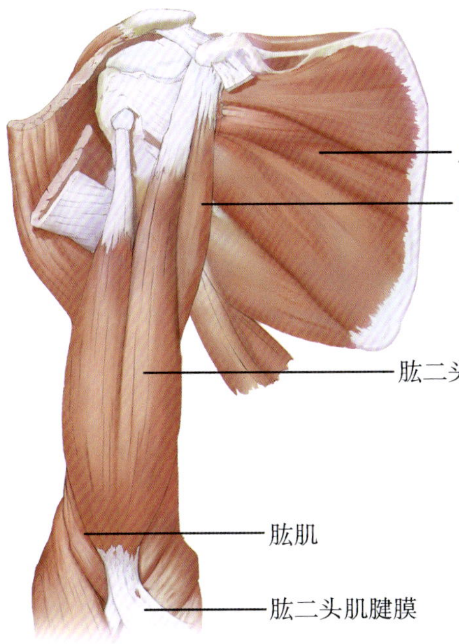

图 2-74 肩肌和臂肌（前群）

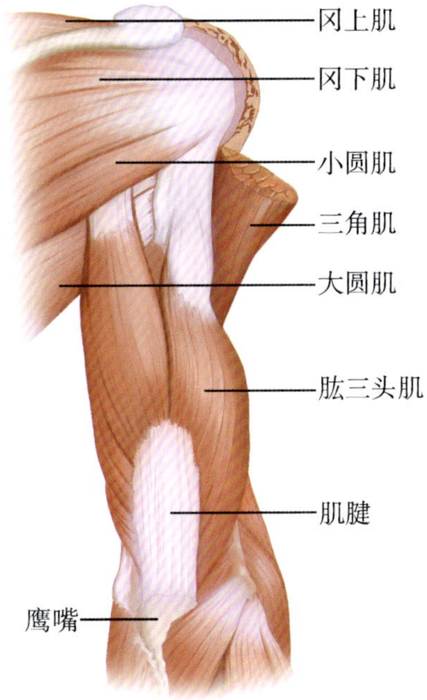

图 2-75 肩肌和臂肌（后群）

（二）臂肌

臂肌分布在肱骨周围，分前、后两群（图 2-74，图 2-75）。

1. 前群 为屈肌，有肱二头肌、喙肱肌和肱肌。肱二头肌呈长梭形，位于臂前部的浅层。有长、短两头，长头起于肩胛骨的关节盂上方，短头起于肩胛骨的喙突，二头合为一个肌腹，经肘关节前面，以扁腱止于桡骨粗隆。其作用主要为屈肘关节，还可屈肩关节。喙肱肌在肱二头肌的后内方，作用是协助肩关节屈和内收。肱肌位于肱二头肌的下半部的深面，作用是屈肘关节。

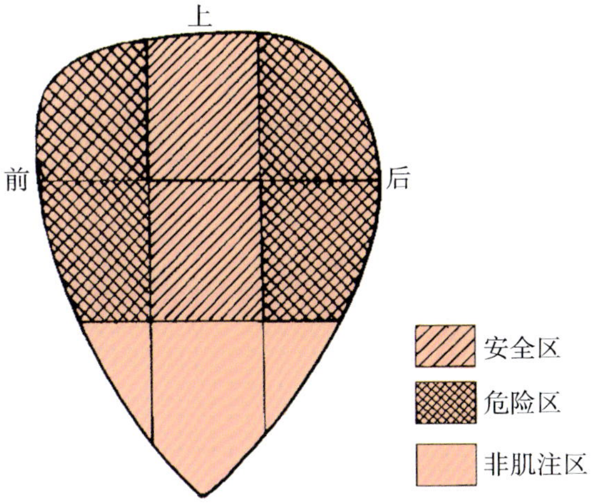

图 2-76 三角肌注射区

2. 后群 为伸肌，有肱三头肌。肱三头肌位于臂后部。有三个头，长头起于肩胛骨的关节盂下方，内、外侧头起于肱骨后面，三头合为一个肌腹，以扁腱止于尺骨鹰嘴。其作用主要为伸肘关节，长头还可使肩关节后伸。

（三）前臂肌

前臂肌数目较多，位于桡、尺骨周围，分前、后两群（图 2-77，图 2-78）。大多数前臂肌的肌腹位于前臂的近侧部，以细长的肌腱止于腕骨、掌骨或指骨。

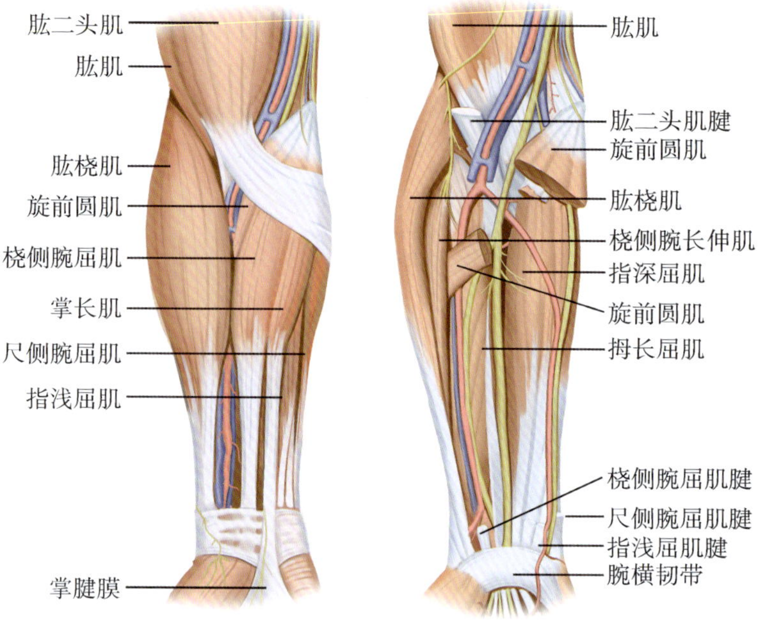

图 2-77 前臂肌（前群）

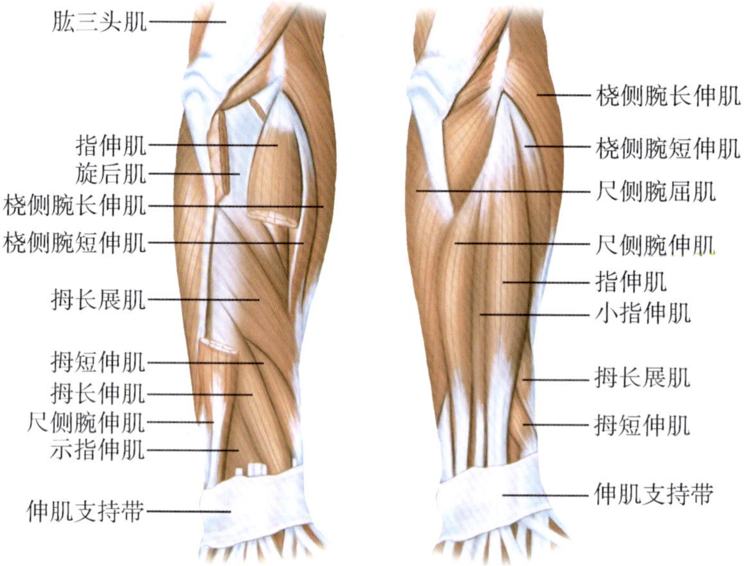

图 2-78 前臂肌（后群）

1. 前群 主要作用是屈腕、屈指和使前臂旋前，共有 9 块肌肉，分为浅、深两层。①浅层，有 6 块，由桡侧向尺侧依次为肱桡肌、旋前圆肌、桡侧腕屈肌、掌长肌、指浅屈肌和尺侧腕屈肌。②深层，有 3 块，即拇长屈肌、指深屈肌和旋前方肌。

2. 后群 主要作用是伸腕、伸指和使前臂旋后，共有 10 块肌肉，分为浅、深两层。①浅层，有 5 块，由桡侧向尺侧依次为桡侧腕长伸肌、桡侧腕短伸肌、指伸肌、小指伸肌和尺侧腕伸肌。②深层，有 5 块，由上外向下内依次为旋后肌、拇长展肌、拇短伸肌、拇长伸肌和示指伸肌。

（四）手肌

手肌主要位于手的掌面，分外侧、中间和内侧3群（图2-79）。

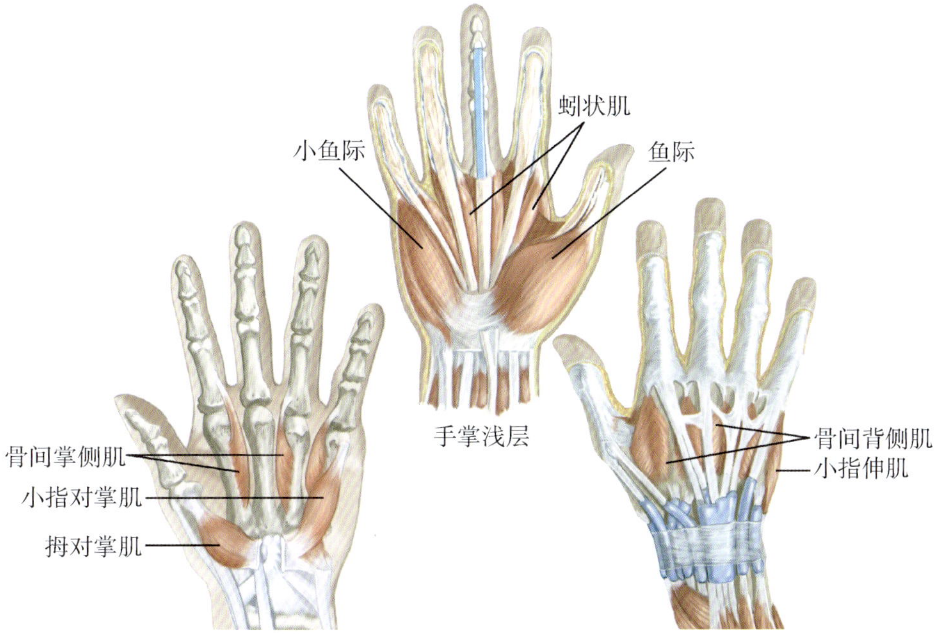

图2-79 手肌

1. 外侧群 位于手掌外侧部，外观丰满隆起称鱼际，有4块肌，分浅、深两层，分别为拇短展肌、拇短屈肌、拇对掌肌和拇收肌，可使拇指做内收、外展、屈和对掌运动。

2. 中间群 位于掌心，由蚓状肌、骨间掌侧肌和骨间背侧肌构成，参与第2～5指的多种运动。

3. 内侧群 位于手掌内侧部，亦较丰满隆起称小鱼际，有3块，分别为小指展肌、小指短屈肌和小指对掌肌，主要作用是屈小指和使小指外展。

（五）上肢的局部结构

1. 腋窝 位于胸外侧壁和臂上部之间，是由肌围成的锥体形腔隙。腋窝内有大量的淋巴结、淋巴管和脂肪，并有神经、血管通过。

2. 肘窝 是位于肘关节前方的三角形浅窝（图2-7）。窝内有血管、神经和肱二头肌腱等通过。

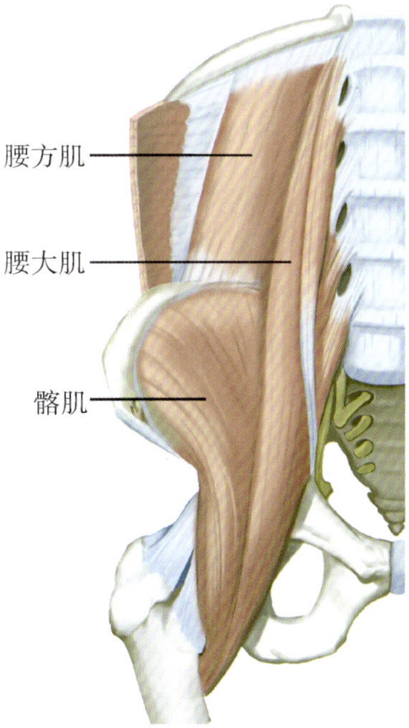

图2-80 髂腰肌

二、下 肢 肌

下肢肌按部位分为髋肌、大腿肌、小腿肌和足肌。

（一）髋肌

髋肌分布于髋关节的周围，可分前、后两群。

1. 前群 主要有髂腰肌（图2-80）。髂腰肌由髂肌和腰大肌结合而成，位于脊柱腰段的外侧和髋关节前方，收缩时可使髋关节前屈和旋外，下肢固定时可使躯干前屈。

2. 后群　主要有臀大肌、臀中肌、臀小肌和梨状肌等，主要位于臀部，故又称臀肌（图 2-7，图 2-81）。臀大肌起自髂骨翼外面和骶骨后面，肌束斜向外下，止于股骨上部后面，收缩时可使大腿后伸并旋外。臀大肌位于臀部浅层，大而肥厚，其外上 1/4 部的深面无大的血管和神经走行，为肌内注射最常用注射部位。臀中肌的前上部位于皮下，后下部位于臀大肌的深面。臀小肌位于臀中肌深面。臀中肌与臀小肌也是肌内注射常用注射部位。

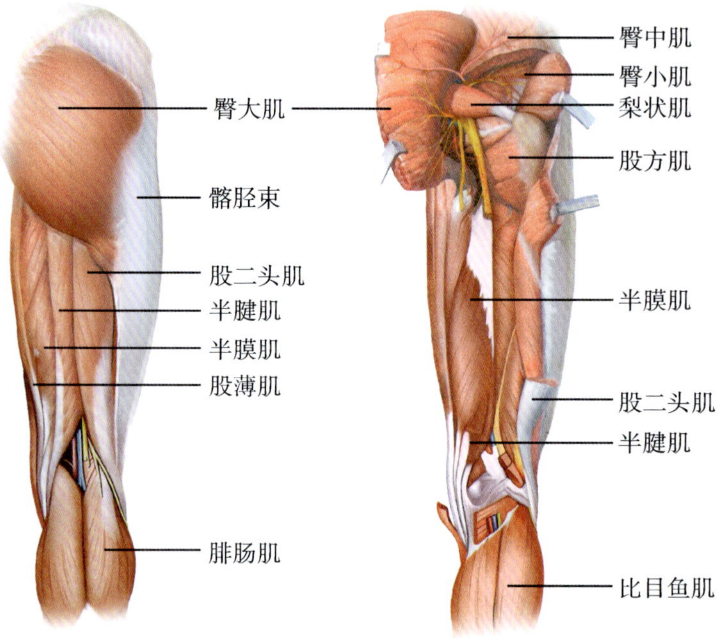

图 2-81　髋肌和大腿肌（后群）

考点　臀大肌、臀中肌和臀小肌的位置及其临床意义

链 接

臀肌注射部位

臀大肌注射部位：应避免损伤臀大肌深面的坐骨神经、臀上动脉等结构。定位方法有两种（图 2-82）。①十字法：从臀裂顶点向左或右画一条水平线，然后从髂嵴最高点画一条垂直线，将一侧臀部划分为 4 个象限，其外上象限（避开内角）为注射部位。②连线法：从髂前上棘至尾骨连线的外上 1/3 处为注射部位。

臀中肌和臀小肌注射部位：应避免损伤臀中肌与臀小肌附近的臀上动脉、臀上神经等结构。定位方法有两种。①构角法（图 2-83）：以示指尖和中指尖（中指尽量与示指分开）分别置于髂前上棘和髂嵴下缘处，在髂嵴、示指、中指之间构成一个三角区域，此区域即为注射部位。②三指法：髂前上棘后外侧三横指处（以患儿自身的手指宽度为标准）。2 岁以下的婴幼儿因臀大肌不发达，肌内注射时宜选用臀中肌或臀小肌注射。

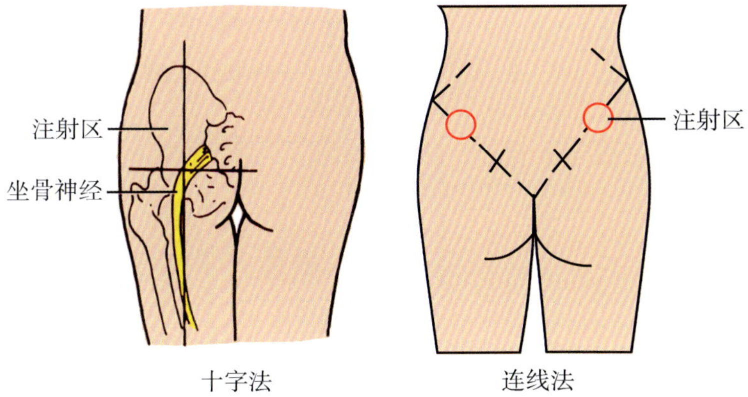

图 2-82　臀大肌注射区（十字法和连线法）

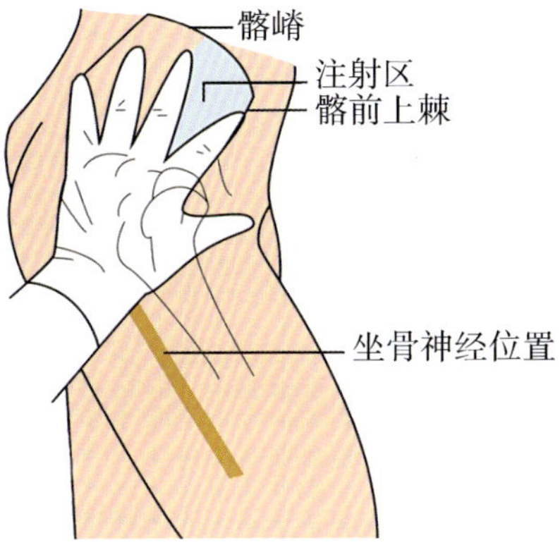

图 2-83　臀中肌和臀小肌注射区（构角法）

（二）大腿肌

大腿肌位于股骨周围，分为前群、后群和内侧群（图 2-7，图 2-81，图 2-84）。

1. 前群　有缝匠肌和股四头肌。缝匠肌自髂前上棘斜向内下方，止于胫骨上部的内侧，可屈髋关节和膝关节。股四头肌有 4 个头，分别称股直肌、股内侧肌、股外侧肌、股中间肌，4 个头向下形成一条肌腱，包绕髌骨，向下续为髌韧带，止于胫骨粗隆。股四头肌能伸膝关节、屈髋关节。大腿中段的外侧，股外侧肌也是肌内注射常用注射部位。

2. 内侧群　位于股内侧部，主要有长收肌等，可内收髋关节。

3. 后群　主要有股二头肌，能伸髋关节、屈膝关节。此外还有半腱肌和半膜肌。

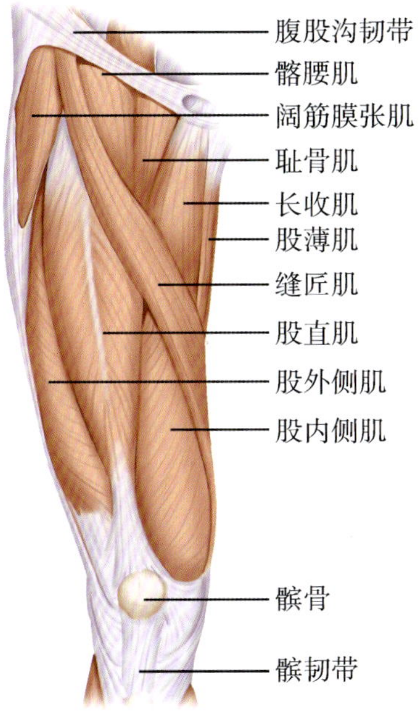

图 2-84　大腿肌（前群和内侧群）

（三）小腿肌

小腿肌位于腓骨和胫骨周围，分前群、外侧群和后群（图 2-85 ～图 2-87）。

1. 前群　主要有胫骨前肌等。胫骨前肌能伸距小腿关节（背屈），使足内翻。

2. 外侧群　有腓骨长肌和腓骨短肌，能屈距小腿关节（跖屈），使足外翻。

3. 后群　主要有小腿三头肌、胫骨后肌等。小腿三头肌由浅部的腓肠肌和深部的比目鱼肌构成，肌腹形成小腿后方的膨隆外形，向下以粗大的跟腱止于跟骨，主要作用是屈距小腿关节和屈膝关节。胫骨后肌能屈距小腿关节，使足外翻。

（四）足肌

足肌位于足部，分足背肌和足底肌（图 2-88）。足肌有运动足趾、维持足弓等作用。

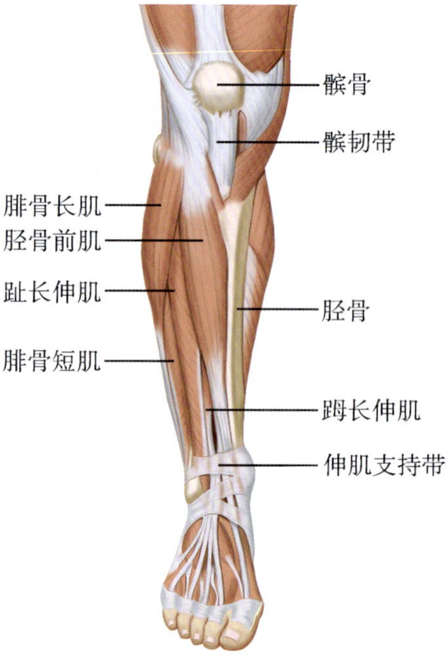

图 2-85 小腿肌（前群和外侧群）

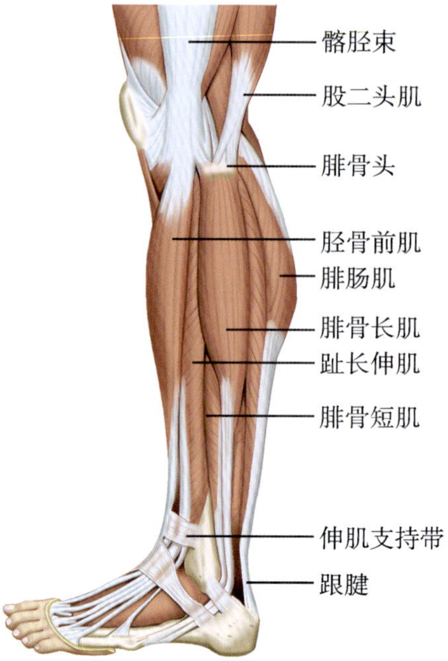

图 2-86 小腿肌（外侧群）

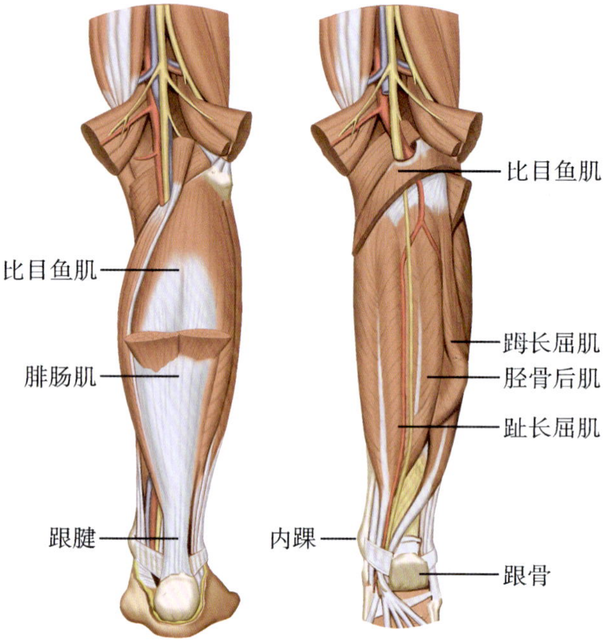

图 2-87 小腿肌（后群）

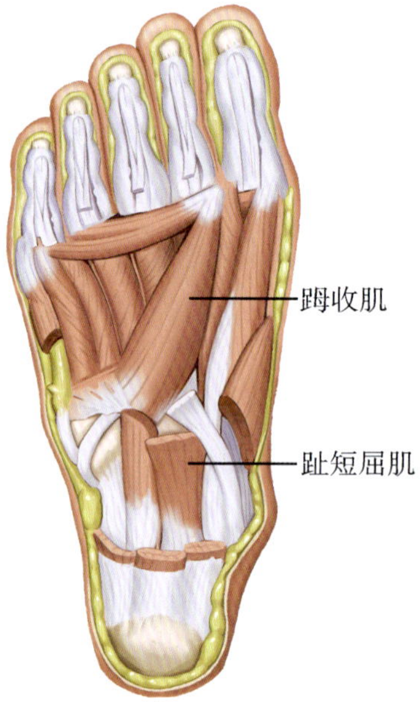

图 2-88 足底肌

（五）下肢的局部结构

1. 股三角　位于大腿前面的上部，呈倒置三角形，由腹股沟韧带、缝匠肌和长收肌内侧缘围成（图 2-84）。股三角内，由内侧向外侧依次排列有股静脉、股动脉和股神经。

2. 腘窝　是位于膝关节后方的一个菱形窝，窝内有血管、神经、淋巴结和脂肪等。

链 接

临床上常用的肌性标志

临床上常用的肌性标志有咬肌、胸锁乳突肌、竖脊肌、胸大肌、腹直肌、三角肌、肱二头肌、掌长肌、臀大肌、股四头肌、小腿三头肌等。

自 测 题

一、单项选择题

A_1 型题

1. 不属于脑颅骨的是（　　）
   A. 顶骨　B. 颞骨
   C. 犁骨　D. 蝶骨
   E. 筛骨
2. 在颅中窝能寻找到的结构是（　　）
   A. 颈静脉孔　B. 棘孔
   C. 枕骨大孔　D. 舌下神经管
   E. 筛板的小孔
3. 构成骨盆的结构是（　　）
   A. 坐骨、髂骨、髋骨
   B. 骶骨、髋骨
   C. 耻骨、尾骨、左右髋骨
   D. 骶骨、尾骨、左右髋骨
   E. 以上都不是
4. 不属于膝关节的结构是（　　）
   A. 髌韧带　B. 腓骨头
   C. 膝交叉韧带　D. 半月板
   E. 胫侧副韧带
5. 有关膈肌的说法，错误的是（　　）
   A. 是向上膨隆呈穹隆状的宽阔扁肌
   B. 中央部为腱膜
   C. 为重要呼吸肌
   D. 有主动脉裂孔、食管裂孔和腔静脉孔
   E. 收缩时膈肌穹隆上升

A_2 型题

6. 患者，男，23 岁。因肺炎需肌内注射青霉素。下列结构中，为肌内注射最常用注射部位的是（　　）
   A. 股外侧肌　B. 臀中肌
   C. 股直肌　D. 臀大肌
   E. 三角肌

二、填空题

1. 运动系统由________、________和________组成。
2. 关节的基本结构包括________、________和________3 部分。
3. 位于腹直肌外侧的 3 块扁肌由浅入深分别是________、________和________。

三、名词解释

1. 胸骨角
2. 椎间盘
3. 腹股沟管

四、简答题

1. 简述椎骨的一般形态结构。
2. 简述成年女性骨盆的特点。

（赵董后　万爱军）

第3章
消化系统

第1节　概　　述

一、消化系统的组成和功能

消化系统由消化管和消化腺组成（图3-1），主要功能是摄取并消化食物，吸收营养，将食物残渣形成粪便排出体外。

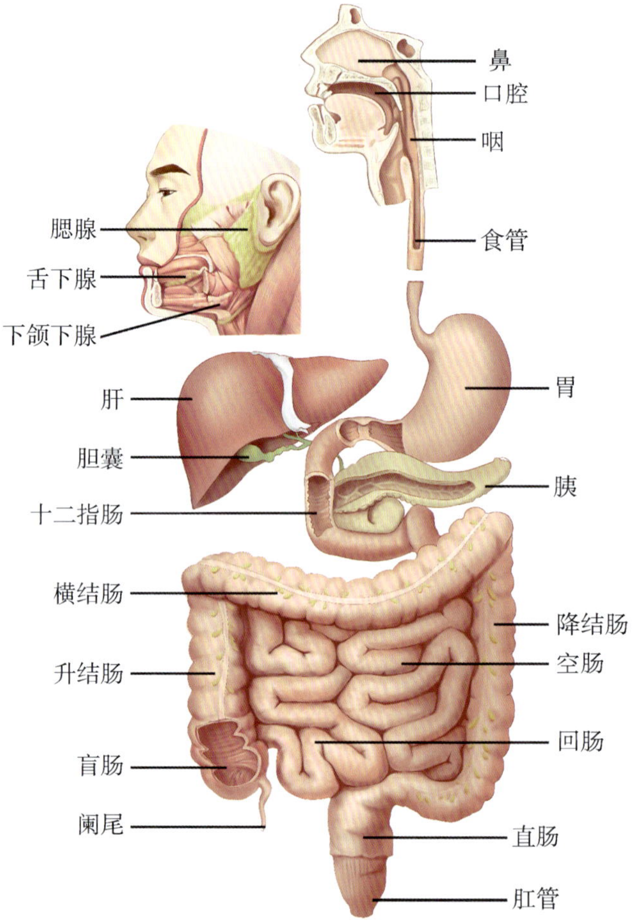

图3-1　消化系统概况

消化管是从口腔至肛门的管道，可分为口腔、咽、食管、胃、小肠（十二指肠、空肠和回肠）和大肠（盲肠、阑尾、结肠、直肠和肛管）。临床上通常把从口腔至十二指肠这部分消化管称上消化道；空肠及其以下的消化管称下消化道。

消化腺包括大消化腺和小消化腺，分泌的消化液参与食物的消化。大消化腺是独立的消化器官，如大唾液腺、肝和胰。小消化腺是分布于消化管壁内的小腺体，如食管腺、胃腺、小肠腺和大肠腺等。

考点　消化系统的组成和上、下消化道的概念

二、胸部标志线和腹部分区

为便于描述胸、腹腔内各器官的正常位置和体表投影，同时方便临床诊疗及护理工作的开展，通常在胸、腹部体表确定若干标志线，并将腹部分为若干区（图 3-2，图 3-3）。

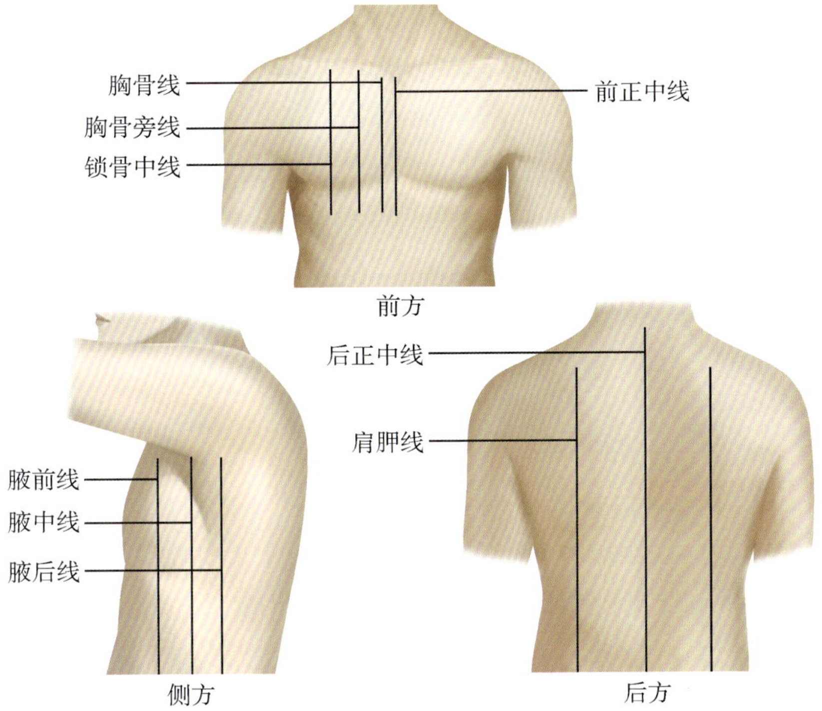

图 3-2　胸部标志线

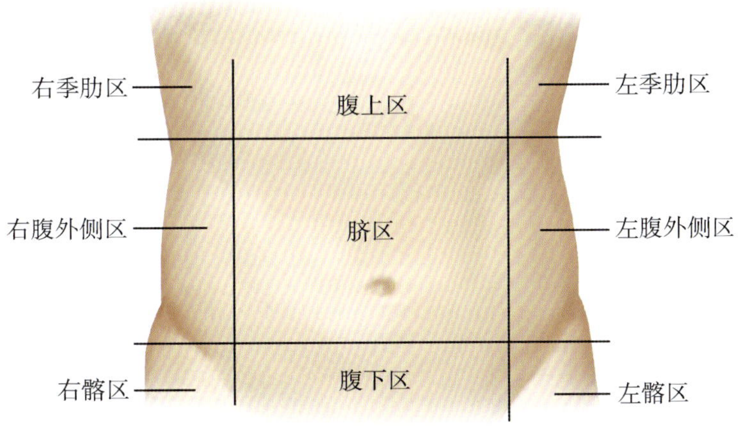

图 3-3　腹部分区

（一）胸部标志线

1. 前正中线　沿身体前面正中所作的垂线。

2. 胸骨线　经胸骨最宽处的外侧缘作的垂直线。

3. 锁骨中线　经锁骨中点所作的垂线。

4. 胸骨旁线　经胸骨线与锁骨中线连线的中点所作的垂线。

5. 腋前线　通过腋前襞向下所作的垂线。

6. 腋中线　沿腋前、后线的中点所作的垂线。

7. 腋后线　通过腋后襞所作的垂线。

8. 肩胛线　通过肩胛骨下角所作的垂线。

9. 后正中线　沿身体后面正中所作的垂线。

（二）腹部分区

1. 四分法　临床工作中常以脐为中心作水平面和矢状面，将腹部分为左上腹、左下腹、右上腹、右下腹 4 个区。

2. 九分法　通过左、右肋弓最低点作肋下平面，通过左、右髂结节作结节间水平面，再通过左、右腹股沟韧带中点作两个矢状面，将腹部分成 9 个区域，包括腹上区和左、右季肋区，脐区和左、右腹外侧区（腰区），以及腹下区（耻区）和左、右腹股沟区（髂区）。

第 2 节　消　化　管

案例 3-1

患者，男，18 岁。因转移性右下腹疼痛伴恶心、呕吐、食欲缺乏 7 小时就诊。体格检查：体温 37.8℃，右下腹有明显压痛、反跳痛、腹肌紧张，余未发现异常。实验室检查：血白细胞 12.5×10^9/L，中性粒细胞 0.85，尿常规未见异常。B 超示阑尾管腔积液、肿大。临床诊断：急性阑尾炎。

问题：1. 简述阑尾的位置及阑尾根部的体表投影。

2. 阑尾末端游离且游动性较大，在手术中如何寻找阑尾？

一、消化管壁的组织结构

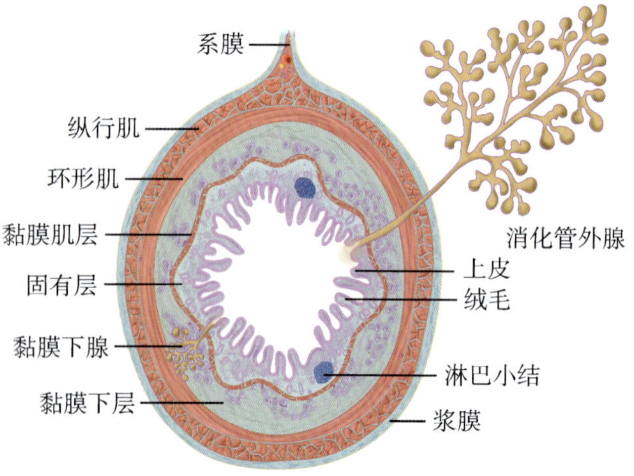

图 3-4　消化管壁组织结构模式图

除口腔与咽外，消化管壁由内向外分为黏膜、黏膜下层、肌层和外膜 4 层（图 3-4）。

（一）黏膜

黏膜是消化管壁的最内层，由上皮、固有层和黏膜肌层构成。

1. 上皮　衬于黏膜的表面。口腔、咽、食管和肛管下部的上皮为非角化的复层扁平上皮，耐摩擦，具有保护功能；其余部分为单层柱状上皮，以消化吸收功能为主。

2. 固有层　位于上皮深面，为疏松结缔组织，有丰富的毛细血管和毛细淋巴管。胃肠固有层内富含腺体和淋巴组织。

3. 黏膜肌层　为薄层平滑肌，其收缩可以改变黏膜的形态，促进腺体的分泌、血液和淋巴的运行，有利于物质的吸收和转运。

（二）黏膜下层

黏膜下层为结缔组织，内含小动脉、小静脉、淋巴管和黏膜下神经丛。在食管及十二指肠的黏膜下层内分别有食管腺和十二指肠腺。

在食管、胃、小肠和大肠，黏膜与黏膜下层共同向管腔面突起，形成纵行或环行的皱襞，具有扩大黏膜表面积的作用。

（三）肌层

除食管上段与肛门处的肌层为骨骼肌外，其余大部分为平滑肌。肌层一般分为内环行、外纵行两层，两层之间有肌间神经丛。

（四）外膜

外膜是消化管壁的最外层。消化管上段（咽和食管）及下段（直肠）的外膜为纤维膜，由薄层结缔组织构成；消化管中段的外膜为浆膜。浆膜由薄层结缔组织及表面的间皮构成，间皮表面光滑湿润，有利于胃肠的运动。

二、口　腔

口腔是消化管的起始部，前借口裂与外界相通，后经咽峡与咽相续（图3-5）。口腔的前壁为上、下唇，侧壁为颊，上壁为腭，下壁为口腔底。口腔借上、下牙弓和牙龈分为口腔前庭和固有口腔。当上、下颌牙咬合时，口腔前庭和固有口腔可借上、下颌最后磨牙后方的间隙相通，临床上对牙关紧闭的患者，可经此间隙插管或注入营养物质。

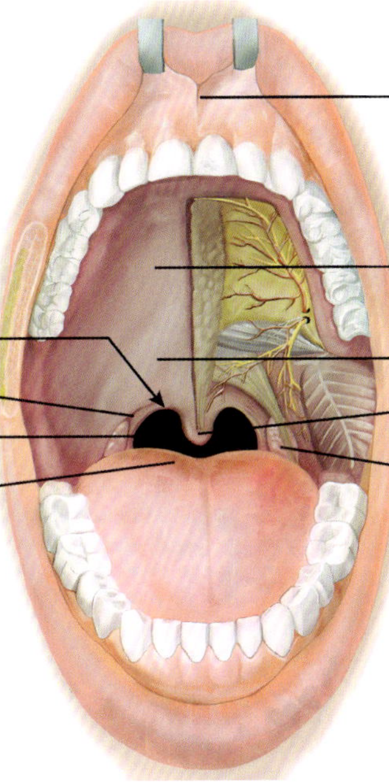

图3-5　口腔及咽峡

（一）口唇和颊

口唇分为上唇和下唇。上、下唇围成口裂，口裂的两端称口角。上唇外表面正中线处有一纵行浅沟称人中，上唇的外面两侧与颊交界处的斜行浅沟称鼻唇沟。

颊为口腔的两侧壁，由皮肤、颊肌和颊黏膜构成。颊黏膜在平对上颌第二磨牙的牙冠处，有腮腺管的开口。

（二）腭

腭是口腔的上壁，分隔鼻腔与口腔。腭分硬腭和软腭两部分，前2/3部主要由骨腭表面覆以黏膜构成，称硬腭；后1/3部由肌、腱膜和黏膜等构成，称软腭（图3-5）。软腭的前份呈水平位，后份斜向后下称腭帆。腭帆后缘游离，其中部有一向下的突起称腭垂。自腭垂两侧向下各有两条弓形黏膜皱襞：前方的一对延伸至舌根的外侧，称腭舌弓；后方的一对延伸至咽侧壁，称腭咽弓。腭垂、两侧腭舌弓和舌根共同围成咽峡，是口腔与咽的分界处。

考点 咽峡的概念

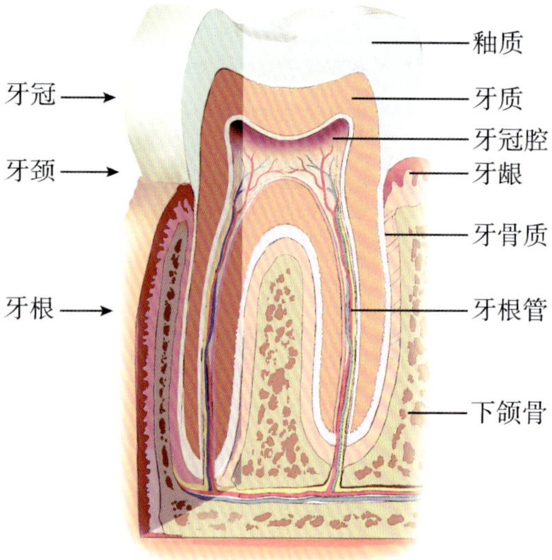

图 3-6 牙的形态与构造

（三）牙

牙为人体最坚硬的器官，嵌于上、下颌骨的牙槽内（图 3-5），有咀嚼食物和辅助发音等功能。

1. 牙的形态 牙分为牙冠、牙根和牙颈 3 部分（图 3-6）。暴露于口腔的部分为牙冠；嵌入牙槽内的部分为牙根；牙冠与牙根之间的部分为牙颈，通常被牙龈所包绕。牙冠和牙颈内部的腔隙较宽阔，称牙冠腔。牙根内的细管称牙根管，此管开口于牙根尖端的牙根尖孔。牙的血管和神经通过牙根尖孔和牙根管进入牙冠腔。牙根管与牙冠腔合称牙腔，其内容纳牙髓。

2. 牙的构造 牙由牙质、釉质、牙骨质和牙髓构成（图 3-6）。牙质构成牙的大部分，位于牙的内部。在牙冠部的牙质外面覆有釉质，为人体内最坚硬的组织。在牙颈和牙根的牙质外面包有牙骨质。牙髓位于牙腔内，由结缔组织、神经、血管等组成。由于牙髓内含有丰富的感觉神经末梢，故牙髓发炎时，可引起剧烈的疼痛。

3. 牙的种类和排列 人的一生先后萌出两组牙，第一组称乳牙，第二组称恒牙（图 3-7，图 3-8）。乳牙一般在出生后 6 个月开始萌出，3 岁左右出齐，共 20 颗，分为乳切牙、乳尖牙和乳磨牙。6 岁左右，乳牙开始陆续脱落，恒牙相继萌出。恒牙全部出齐共 32 颗，分为切牙、尖牙、前磨牙和磨牙。14 岁左右恒牙基本出齐，只有第三磨牙萌出较晚，有的要迟至 28 岁或更晚，故第三磨牙又称迟牙或智牙。第三磨牙终生不萌出者约占 30%。

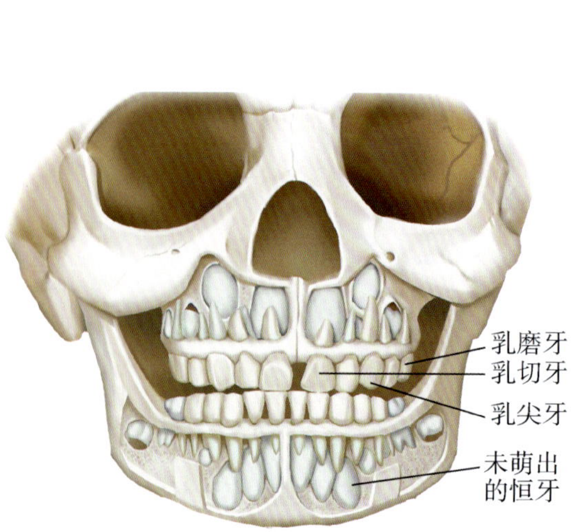

图 3-7 乳牙的名称及排列

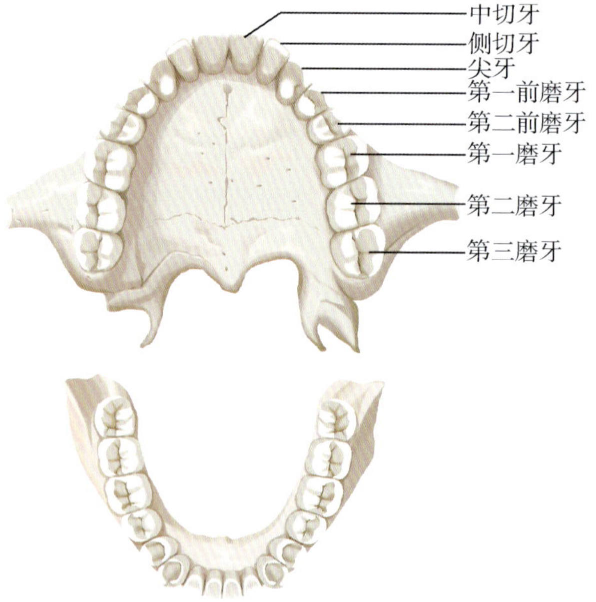

图 3-8 恒牙的名称及排列

临床上，为了便于记录牙的位置，常以被检查者方位为准，用＋记号将上、下颌牙弓划成4个区，以罗马数字Ⅰ～Ⅴ表示乳牙（图3-9），以阿拉伯数字1～8表示恒牙（图3-10）。如：Ⅴ┐表示右下颌第二乳磨牙；└5表示左上颌第二前磨牙。

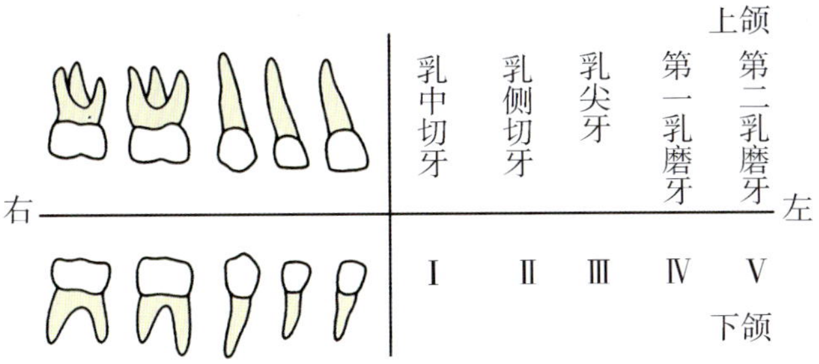

图3-9 乳牙的名称及符号

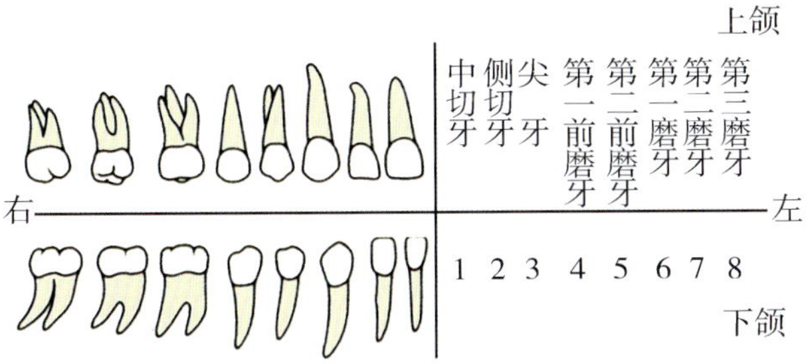

图3-10 恒牙的名称及符号

4. 牙周组织 包括牙槽骨、牙周膜和牙龈3部分（图3-6），对牙起支持、固定和保护作用。牙槽骨即构成牙槽的骨质。牙周膜是介于牙根与牙槽骨之间的致密结缔组织膜，有固定牙根、缓冲咀嚼时压力的功能。牙龈是口腔黏膜的一部分，紧贴于牙颈周围及邻近的牙槽骨上，血管丰富，呈淡红色，坚韧而有弹性。

（四）舌

舌位于口腔底，由舌肌被覆黏膜构成。有协助咀嚼、吞咽、感受味觉和发音等功能。

1. 舌的形态 舌分为前2/3的舌体和后1/3的舌根2部分，舌体的前端称舌尖。舌的上面称舌背。

2. 舌黏膜 舌背的黏膜呈淡红色，可见许多细小突起，称舌乳头（图3-11）。舌乳头可分为丝状乳头、菌状乳头、叶状乳头和轮廓乳头4种。丝状乳头司一般感觉，无味觉功能。除丝状乳头外，其他乳头均含有味蕾。味蕾为味觉感受器，具有感受酸、甜、苦、咸等味觉的功能。在舌根背面的黏膜内，淋巴组织构成许多大小不等的突起，称舌扁桃体。

舌下面的黏膜在正中线上有一舌系带，向下连于口腔底（图3-12）。舌系带根部两侧的黏膜隆起称舌下阜，其外侧的斜行黏膜皱襞称舌下襞。

3. 舌肌 分为舌内肌和舌外肌，均为骨骼肌（图3-13）。舌内肌收缩时，可改变舌的形态。舌外肌收缩时，可改变舌的位置。其中最重要的是一对颏舌肌。颏舌肌起自下颌体内面中部，肌纤维向后上呈扇形分散，止于舌中线两侧。双侧颏舌肌同时收缩，舌尖伸向前方，即伸舌；单侧颏舌肌收缩，舌尖伸向对侧。

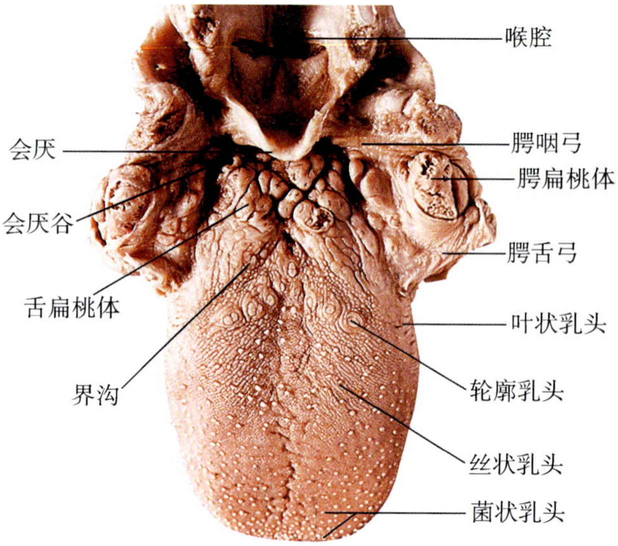

图 3-11 舌

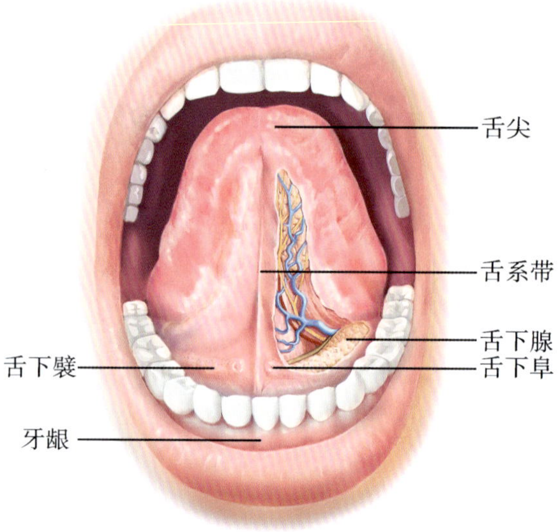

图 3-12 口腔底

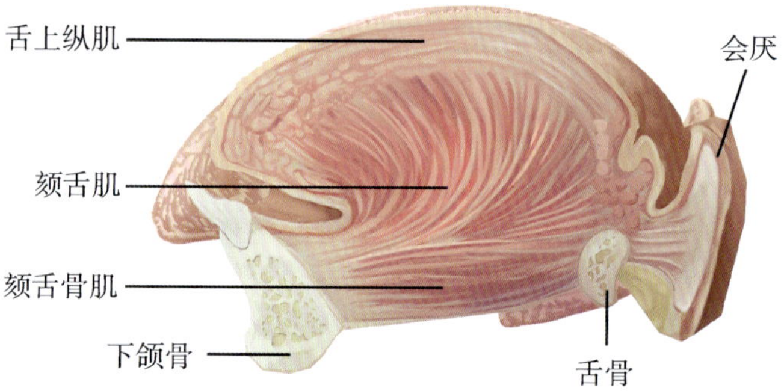

图 3-13 舌肌

（五）口腔腺

口腔腺位于口腔周围，分泌唾液，起清洁口腔和初步消化食物的功能。包括腮腺、下颌下腺、舌下腺 3 对大唾液腺和许多小唾液腺（图 3-14）。

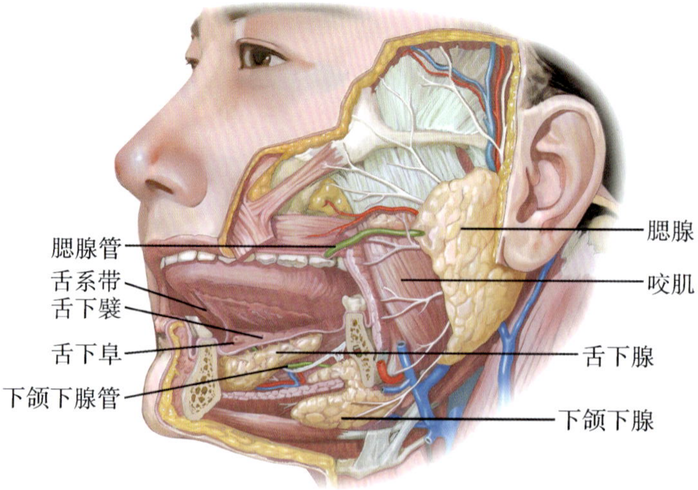

图 3-14 口腔腺

1. 腮腺　位于外耳道的前下方，略呈三角形，是最大的一对唾液腺。腮腺管从腮腺的前缘发出，在颧弓下方一横指处沿咬肌表面前行，至咬肌前缘处弯向内侧，穿过颊肌，开口于平对上颌第二磨牙牙冠所对颊黏膜上的腮腺管乳头。

2. 下颌下腺　呈卵圆形，位于下颌体的内面，下颌下腺管开口于舌下阜。

3. 舌下腺　位于舌下襞黏膜的深面，舌下腺大管开口于舌下阜，舌下腺小管开口于舌下襞（图3-12）。

三、咽

咽是消化管与呼吸道的共同通道，位于第1～6颈椎的前方，上端起于颅底，下至第6颈椎下缘水平移行于食管。咽是肌性管道，上宽下窄，呈前后略扁的漏斗状，长约12cm，前壁不完整，自上向下分别与鼻腔、口腔、喉腔相通。咽以腭帆游离缘和会厌上缘平面为界，分为鼻咽、口咽和喉咽3部分（图3-15）。

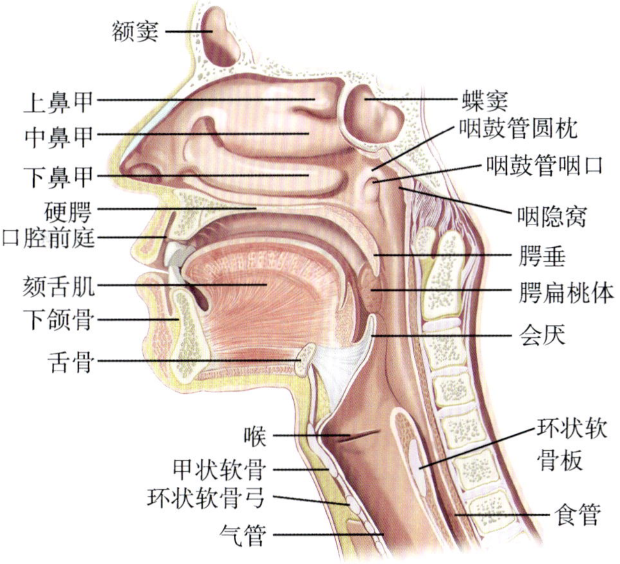

图3-15　头颈部矢状切面

（一）鼻咽

鼻咽位于鼻腔后方，上达颅底，下至腭帆游离缘平面续口咽部，向前经鼻后孔通鼻腔。鼻咽部侧壁上，在下鼻甲后方约1cm处，有咽鼓管咽口。咽腔经咽鼓管咽口通过咽鼓管与中耳鼓室相通。咽鼓管咽口的前、上、后方的弧形隆起称咽鼓管圆枕，它是寻找咽鼓管咽口的标志。咽鼓管圆枕后方与咽后壁之间的纵行深窝称咽隐窝，是鼻咽癌的好发部位。鼻咽后上壁黏膜内含丰富的淋巴组织，称咽扁桃体，幼儿较发达，约至10岁后完全退化。

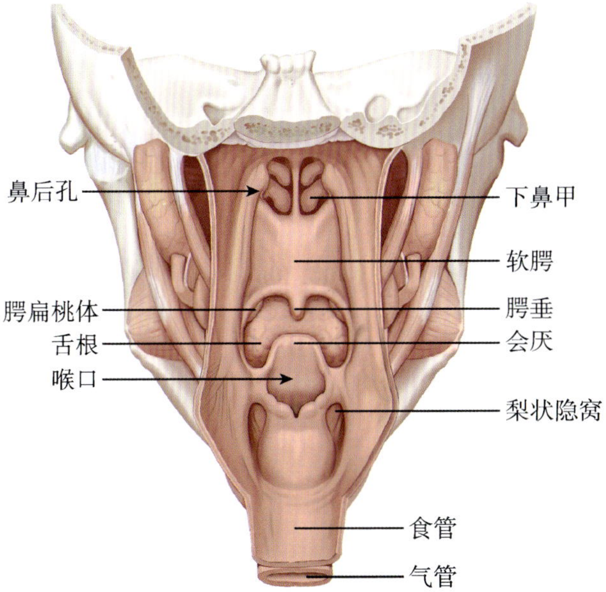

图3-16　喉腔（切开咽后壁）

（二）口咽

口咽位于腭帆游离缘和会厌上缘平面之间，向前经咽峡通口腔。口咽部侧壁上，腭舌弓与腭咽弓之间的凹窝称扁桃体窝，窝内有腭扁桃体。腭扁桃体是淋巴器官，呈椭圆形。

咽扁桃体、腭扁桃体和舌扁桃体等共同构成咽淋巴环，对消化管和呼吸道具有防御功能。

（三）喉咽

喉咽上起会厌上缘平面，下至第6颈椎体下缘平面与食管相续。喉咽部的前壁有喉口与喉腔相通。在喉口两侧各有一个深凹，称梨状隐窝，是异物容易滞留的部位（图3-16）。

考点　咽的分部及交通

四、食　管

（一）食管的位置和分部

食管为一个前后略扁的肌性管状器官，食管上端在第 6 颈椎体下缘与咽相接，向下沿脊柱前方下行，经胸廓上口入胸腔，穿过膈的食管裂孔入腹腔，末端在第 11 胸椎体的左侧与胃的贲门相连（图 3-17）。食管全长约 25cm，按行程可分为颈部、胸部和腹部。食管颈部较短，长约 5cm，位于颈椎之前，气管之后，两侧有颈部的大血管。

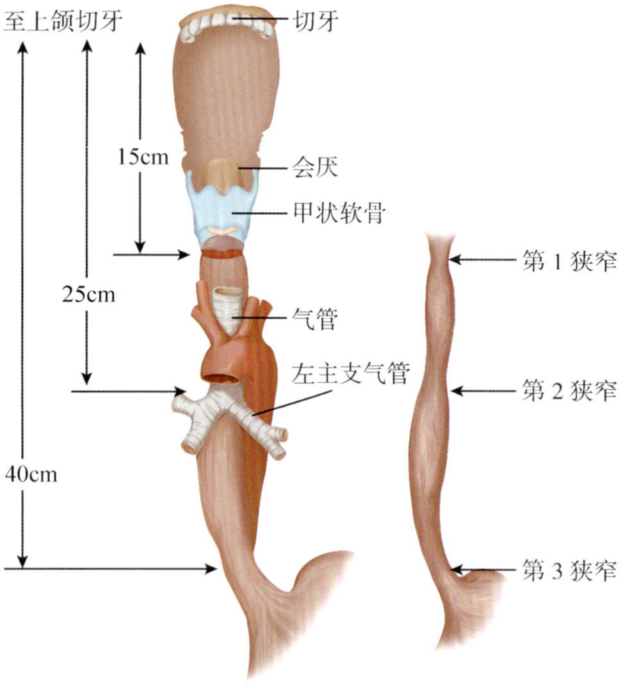

图 3-17　食管位置及 3 处生理性狭窄

（二）食管的狭窄

食管全程有 3 处生理性狭窄（图 3-17）。第 1 处狭窄位于食管起始处，距中切牙约 15cm；第 2 处狭窄位于食管与左主支气管交叉处，距中切牙约 25cm；第 3 处狭窄位于食管通过膈的食管裂孔处，距中切牙约 40cm。上述狭窄处是食管异物易滞留和食管癌的好发部位。

考点 食管 3 处狭窄的位置及其临床意义

（三）食管的组织结构特点

食管腔面有 7 ～ 10 条纵行黏膜皱襞，当食物通过时，管腔扩大，皱襞消失。食管壁的黏膜上皮为复层扁平上皮，有保护作用；黏膜下层内含有大量食管腺，分泌黏液润滑食管，有利于食团下行；管壁肌层，上 1/3 段为骨骼肌，中 1/3 段由骨骼肌和平滑肌混合组成，下 1/3 段为平滑肌；外膜为纤维膜。

链　接

胃置管术应用解剖

胃置管术是一项临床常用的护理操作技术，可用于鼻饲、洗胃、抽取胃液等，也是临床上大部分胸、腹部手术和头颅重伤患者的术前准备技术之一。胃管插入途径是：胃管由口腔或鼻腔插入，经咽、食管进入胃内。经鼻腔插胃管时，应注意鼻中隔前下部是易出血区，胃管插入 14 ～ 16cm（咽喉部）时，嘱患者做吞咽动作，以使胃管易进入并通过食管；成人插管的长度为 45 ～ 55cm，即由前额发际到胸骨剑突处，或由耳垂经鼻尖到胸骨剑突处的距离。插管通过食管的狭窄处时，插管速度不宜过快；若遇阻力，不可强行插管，以免损伤食管黏膜。

五、胃

胃是消化管中最膨大的部分，上接食管，下续十二指肠（图 3-1）。成人胃的容量约 1500ml。胃能受纳食物、分泌胃液和初步消化食物，还有内分泌功能。

（一）胃的形态和分部

胃有入、出二口，大、小二弯和前、后二壁（图 3-18）。入口称贲门，与食管相连；出口称幽门，与十二指肠相接。上缘称胃小弯，其最低处称角切迹；下缘称胃大弯。两壁即前壁和后壁。

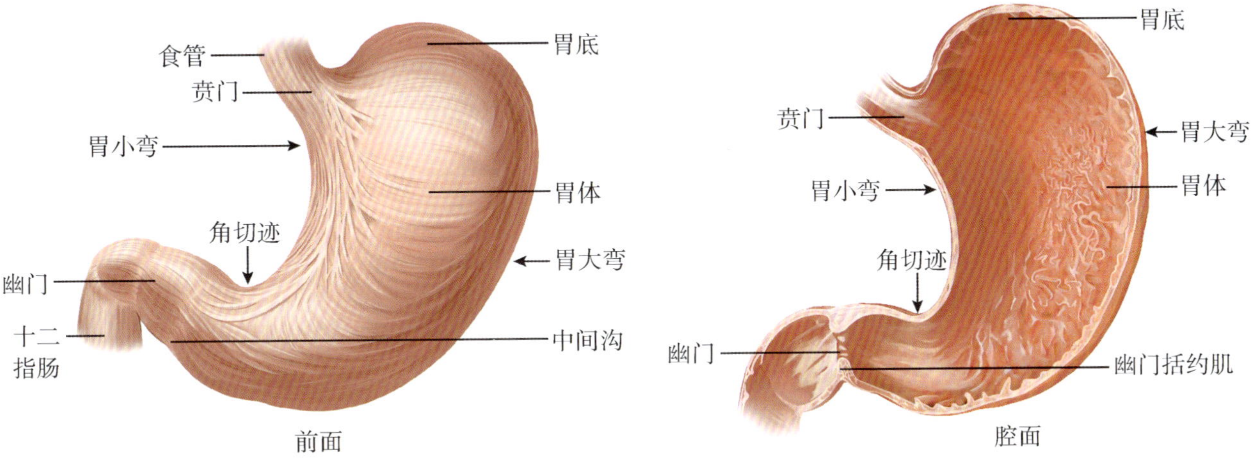

图 3-18 胃的形态和分部

胃可分为 4 部分（图 3-18）：位于贲门附近的部分，称贲门部；高出贲门平面以上的部分，称胃底；胃底向下与角切迹之间的部分，称胃体；角切迹与幽门之间的部分，称幽门部。幽门部又可分为左侧的幽门窦和右侧的幽门管。胃溃疡和胃癌多发生于幽门窦近胃小弯处。

（二）胃的位置和毗邻

胃的位置常因体型、体位及胃的充盈程度不同而有较大变化。通常胃在中等程度充盈时，大部分位于左季肋区，小部分位于腹上区。胃的贲门和幽门的位置比较固定，贲门位于第 11 胸椎体左侧，幽门约在第 1 腰椎体右侧。胃前壁右侧部与肝左叶和方叶相邻，左侧部与膈相邻，为左肋弓所掩盖，中间部分于剑突下方与腹前壁直接相贴，是临床上触诊胃的部位。胃后壁与胰、横结肠、左肾上部和左肾上腺相邻，胃底则与膈和脾相邻（图 3-19）。

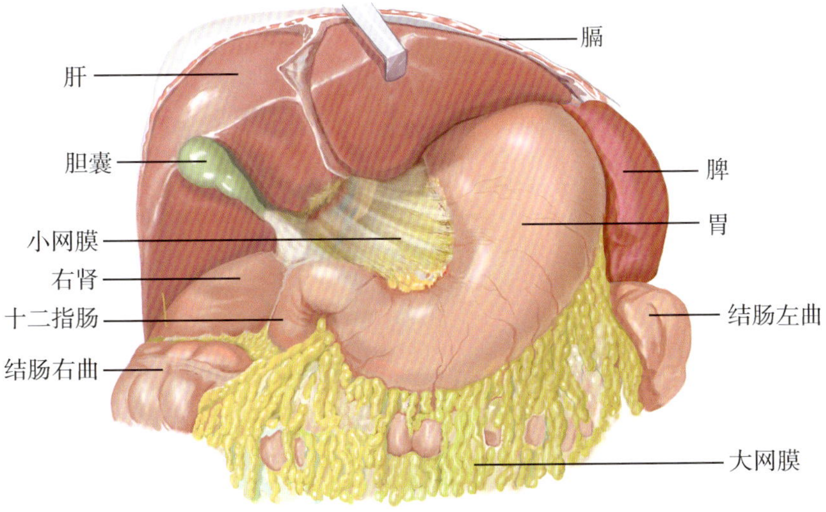

图 3-19 胃的位置

（三）胃壁的组织结构特点

胃壁由内向外分为黏膜、黏膜下层、肌层和浆膜 4 层（图 3-20）。胃壁的组织结构特点主要体现在黏膜和肌层。

1. 黏膜　胃空虚或半充盈时，胃的腔面有许多皱襞。黏膜表面有许多不规则形的小凹陷，称胃小凹。每个胃小凹底部与 3 ～ 5 条腺体通连（图 3-20）。

（1）上皮　为单层柱状上皮，无杯状细胞，主要由表面黏液细胞组成（图 3-21）。表面黏液细胞能分泌黏液，与胃腺分泌的黏液一起在胃黏膜表面形成一层保护性的黏液层。黏液在黏膜表面起润滑作用，能减少粗糙食物对胃黏膜的机械损伤，参与构成黏液 - 碳酸氢盐屏障，能有效地保护胃黏膜免受胃内盐酸和胃蛋白酶的损伤。

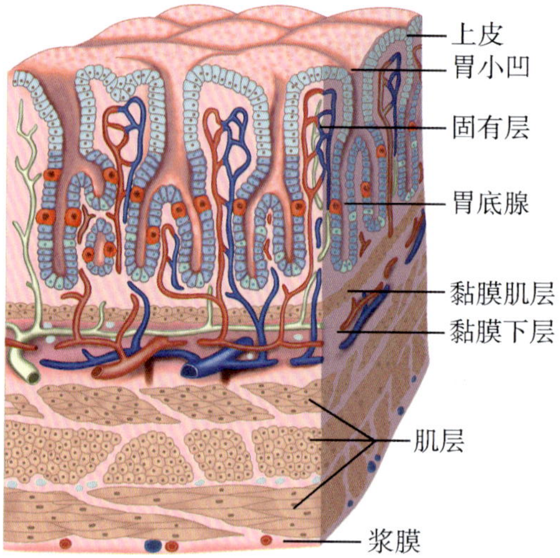

图 3-20　胃壁组织结构模式图

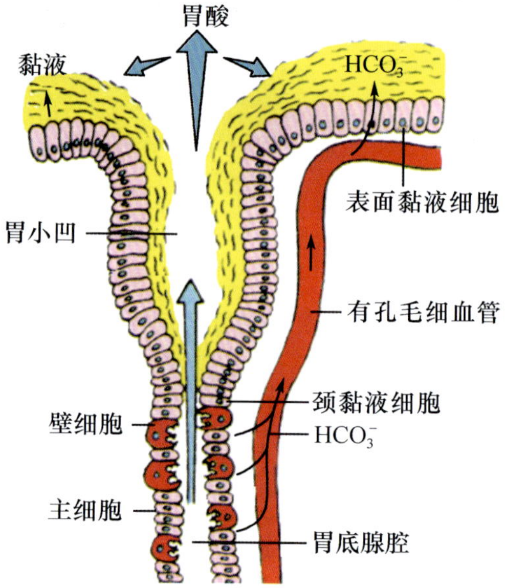

图 3-21　胃底腺和黏液 - 碳酸氢盐屏障模式图

（2）固有层　有大量的胃腺。胃腺可分为胃底腺、贲门腺和幽门腺 3 种。贲门腺、幽门腺分别位于贲门部和幽门部，分泌黏液和溶菌酶等。胃底腺位于胃底和胃体部，主要由 3 种细胞组成（图 3-21）。①主细胞：又称胃酶细胞，数量多，细胞呈柱状，核圆形，位于细胞基部，胞质基部呈强嗜碱性。主细胞主要分布于胃底腺的下半部，能分泌胃蛋白酶原。②壁细胞：又称盐酸细胞，数量较少，细胞较大，多呈圆锥形，核圆，位于细胞中央，胞质呈强嗜酸性。壁细胞多位于胃底腺的上半部，能分泌盐酸和内因子。盐酸有激活胃蛋白酶原、杀菌、使蛋白质变性等作用。内因子能促进回肠吸收维生素 B_{12}。③颈黏液细胞：数量少，细胞呈柱状，核扁平，位于细胞基部。颈黏液细胞位于胃底腺顶部，能分泌黏液，具有保护胃黏膜的作用。

2. 肌层　由内斜行、中环行和外纵行 3 层平滑肌构成，较厚。环形肌在贲门和幽门处增厚，分别称贲门括约肌和幽门括约肌。

六、小　　肠

小肠是消化管最长的一段，成人长 5 ～ 7m，是消化和吸收的主要部位。上起幽门，下接盲肠，分为十二指肠、空肠和回肠3部分。

（一）十二指肠

十二指肠是小肠的起始段，全长约25cm，呈C字形包绕胰头，可分为上部、降部、水平部和升部4部分（图3-22）。

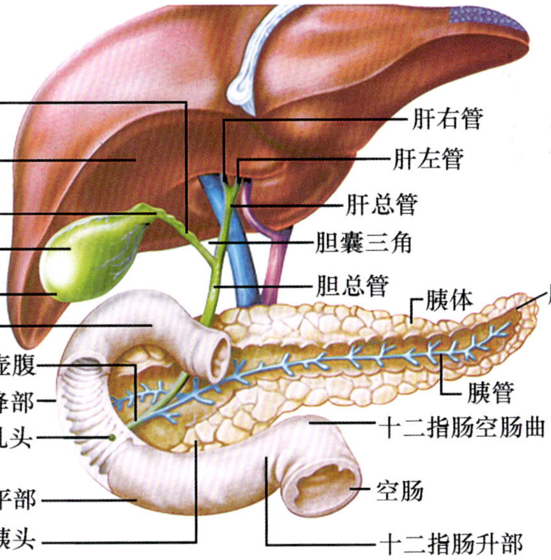

图3-22 十二指肠、胆囊和胰（前面观）

1. 上部 在第1腰椎体的右侧起于幽门，向右走行，至胆囊颈附近急转向下移行为十二指肠降部。临床上将靠近幽门、长约2.5cm的一段肠管称十二指肠球部，该处管径大、肠壁薄、黏膜面光滑无环状襞，是十二指肠溃疡的好发部位。

2. 降部 沿1～3腰椎体的右侧下降，达第3腰椎下缘平面弯向左侧，移行为水平部。在降部的后内侧壁上有一纵行的皱襞称十二指肠纵襞，其下端的突起称十二指肠大乳头，是肝胰壶腹的开口处。

3. 水平部 在第3腰椎下缘平面横行向左，越过下腔静脉至腹主动脉前方移行为升部。

4. 升部 斜向左上方，达第2腰椎体左侧弯向前下续于空肠。十二指肠与空肠转折处形成的弯曲称十二指肠空肠曲。十二指肠空肠曲被十二指肠悬肌固定于腹后壁。十二指肠悬肌和包裹其表面的腹膜皱襞共同构成十二指肠悬韧带，又称Treitz韧带，可作为手术中确定空肠起始部的重要标志。

（二）空肠和回肠

空肠上端接十二指肠，回肠下端连盲肠，迂回盘曲于腹腔中、下部（图3-1）。空肠和回肠之间无明显的界限，空肠和回肠全长的近侧2/5为空肠，位居腹腔左腰区和脐区；空肠和回肠全长的远侧3/5为回肠，位于脐区、右腹股沟区和盆腔内。从外观看，空肠管径较粗，管壁较厚；回肠管径较细，管壁较薄。

（三）小肠壁的组织结构特点

小肠壁的组织结构特点主要体现在黏膜。小肠腔面有许多环行皱襞和肠绒毛，固有层中有大量小肠腺和淋巴组织。

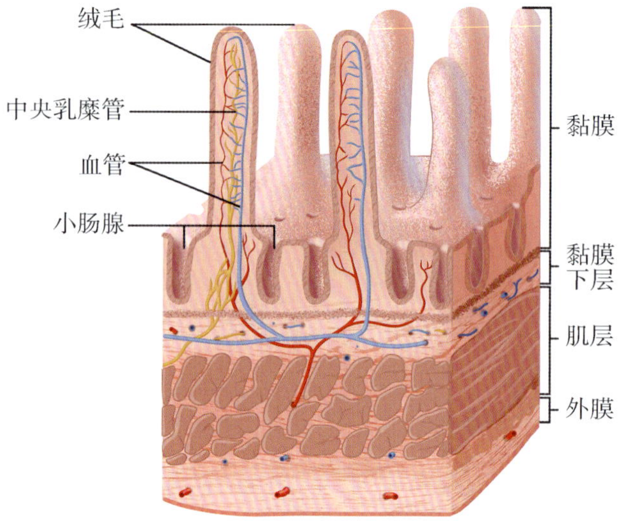

图 3-23 小肠壁组织结构模式图

1. 环行皱襞 小肠黏膜和黏膜下层向肠腔内突出，形成环行皱襞。小肠近侧端的环行皱襞高而密，向远侧端逐渐减少变低。

2. 肠绒毛 小肠黏膜的上皮和固有层向肠腔内突出，形成许多细小的指状突起，称肠绒毛（图 3-23）。绒毛的中轴内含毛细血管、毛细淋巴管（中央乳糜管）和散在的平滑肌纤维等。肠绒毛的上皮由柱状细胞（吸收细胞）、杯状细胞和少量的内分泌细胞构成，柱状细胞的游离面密集排列着微绒毛。柱状细胞在对糖类、蛋白质、脂肪等营养物质的消化吸收过程中发挥重要作用，还能分泌肠激酶等物质。杯状细胞分泌黏液，对小肠黏膜起润滑和保护作用。内分泌细胞可分泌促胰液素等。

由于环行皱襞、肠绒毛和微绒毛的存在，小肠的吸收面积比同样长短的简单圆筒的面积增加约 600 倍，有利于营养物质的吸收。

3. 小肠腺 是黏膜上皮下陷至固有层而形成的管状腺，腺管开口于相邻绒毛根部之间（图 3-23）。小肠腺主要由柱状细胞、杯状细胞、内分泌细胞和帕内特细胞等构成。帕内特细胞是小肠腺的特征性细胞，位于小肠腺的基部，常三五成群，细胞呈圆锥形，细胞质内含有粗大的嗜酸性颗粒，内含溶菌酶等，溶菌酶能溶解肠道细菌的细胞壁，有一定的灭菌作用。

4. 淋巴组织 固有层内的淋巴组织丰富，是小肠壁重要的防御结构，部分淋巴组织可穿过黏膜肌层抵达黏膜下层。分散于空肠和回肠黏膜内的单个淋巴小结（图 3-24），称孤立淋巴小结，又称孤立淋巴滤泡。由许多淋巴小结聚集成长椭圆形的结构，称集合淋巴小结，又称集合淋巴滤泡，其长轴与肠管的长轴一致，常见于回肠下部对肠系膜缘的肠壁内。患伤寒时，细菌常侵入集合淋巴小结，引起局部溃疡，甚至肠穿孔。

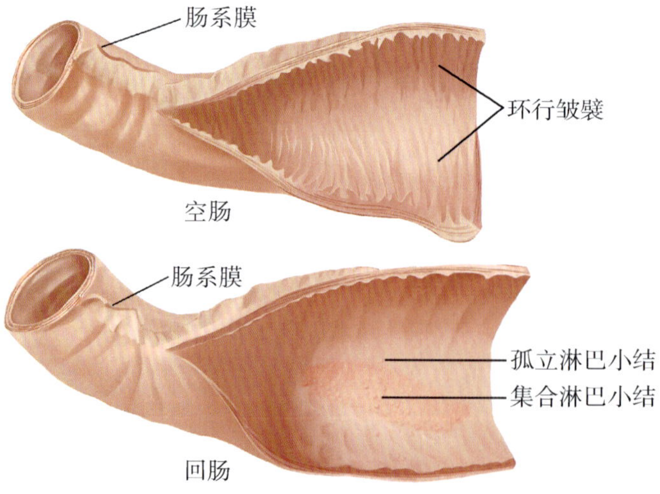

图 3-24 空肠与回肠的黏膜

七、大　肠

大肠是从回肠末端至肛门的粗大肠管，长约1.5m。可分为盲肠、阑尾、结肠、直肠和肛管5部分（图3-25）。其功能为吸收水分、无机盐和维生素，将食物残渣形成粪便排出体外。盲肠和结肠在外形上有3种特征性结构，即结肠带、结肠袋和肠脂垂（图3-26）。结肠带由肠壁纵行肌增厚形成，共3条，沿肠管表面纵行排列，汇集于阑尾根部；结肠袋是肠壁向外呈囊袋状膨出部分；肠脂垂为沿结肠带两侧分布的许多脂肪突起。以上特征是盲肠和结肠区别于小肠的重要标志。

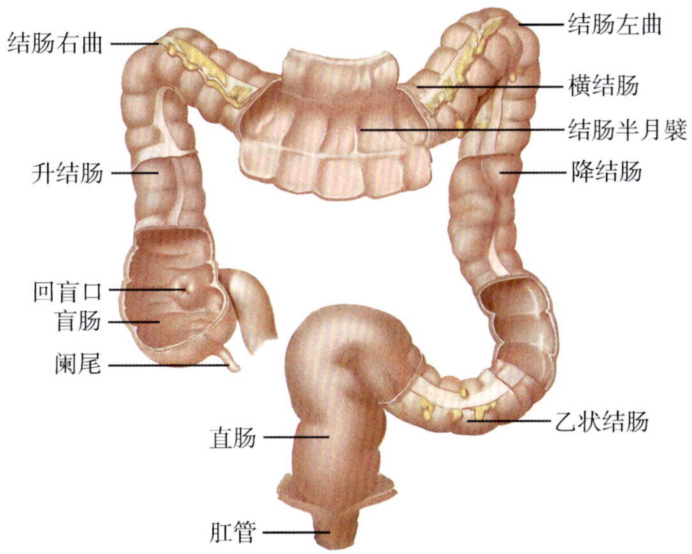

图3-25　大肠

（一）盲肠

盲肠是大肠的起始部，位于右髂窝内，向上续于升结肠，左接回肠（图3-27）。在盲肠与回肠相接处，回肠末端突入盲肠，形成上、下两个半月形的皱襞，称回盲瓣。回盲瓣可阻止小肠内容物过快地流入大肠，也可防止大肠内容物逆流入小肠。在回盲瓣下方约2cm处，有阑尾的开口。

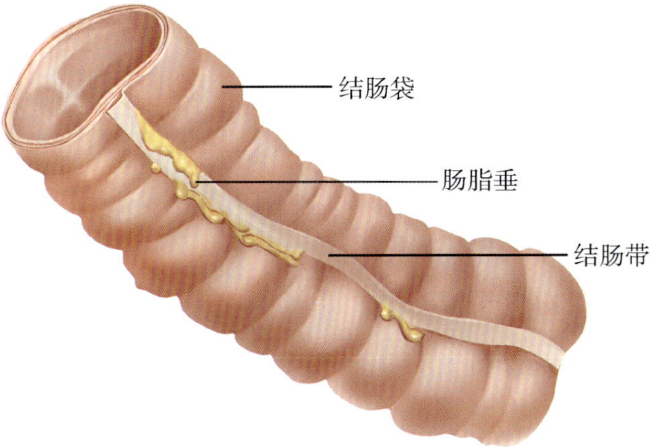

图3-26　结肠的特征性结构（横结肠）

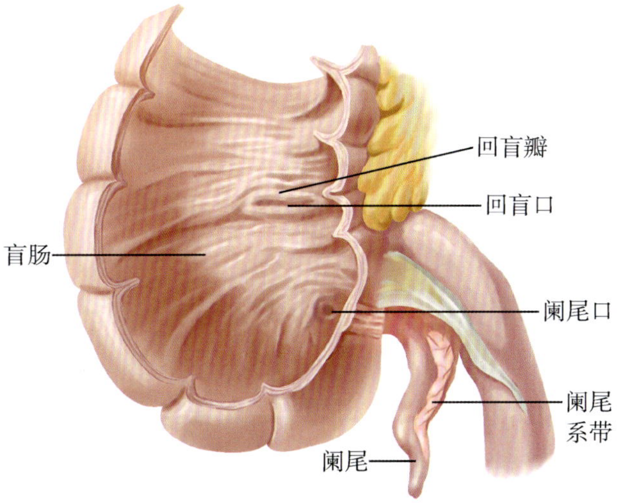

图3-27　盲肠和阑尾

（二）阑尾

阑尾是一条细管状盲管（图 3-27），一般长 5 ～ 7cm，其根部连于盲肠的后内侧壁，末端游离，游动性较大（图 3-28）。阑尾根部位置较恒定，其体表投影在脐与右髂前上棘连线的中、外 1/3 交点处，称麦氏点（McBurney 点）。急性阑尾炎时，麦氏点附近常有明显的压痛。手术中可沿结肠带寻找阑尾。

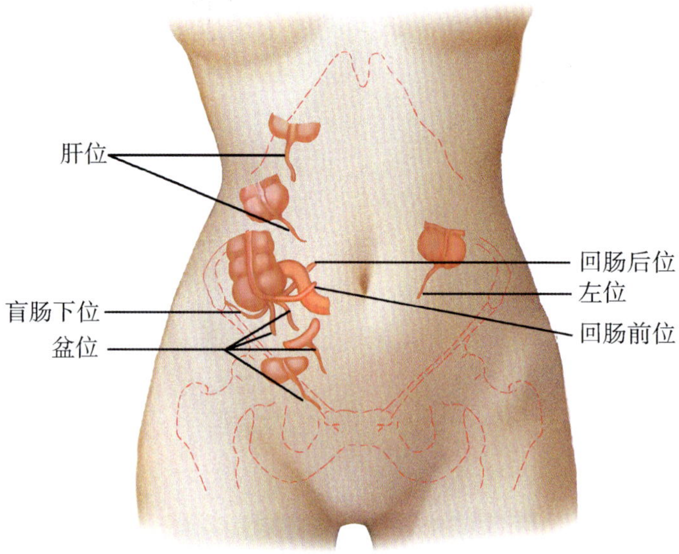

图 3-28 阑尾的位置

考点 阑尾根部的体表投影

（三）结肠

结肠包绕在空肠、回肠周围，可分为升结肠、横结肠、降结肠和乙状结肠 4 部分（图 3-25）。

1. 升结肠 是盲肠的直接延续，在右腹外侧区上行，至肝下方转向左，移行为横结肠。转折处称结肠右曲。

2. 横结肠 左行至脾下方转折向下，移行为降结肠。转折处称结肠左曲。

3. 降结肠 起自结肠左曲，在左腹外侧区下行，至左髂嵴处续于乙状结肠。

4. 乙状结肠 沿左髂窝转入盆腔内，全长呈乙字形弯曲，至第 3 骶椎平面续于直肠。

（四）直肠

直肠全长 10 ～ 14cm，位于盆腔下部，在第 3 骶椎前方起自乙状结肠，沿骶骨、尾骨前面下行，穿过盆膈移行为肛管。直肠并非一条笔直的管道（图 3-29），在矢状面及冠状面上都有弯曲。直肠在矢状面上有 2 个明显的弯曲：直肠骶曲沿着骶尾骨前面凸向后方；直肠会阴曲是直肠绕过尾骨尖形成凸向前方的弯曲。在冠状面上，直肠也有 3 个凸向侧方的弯曲，但不恒定。一般中间较大的一个凸向左侧，上、下两个凸向右侧。

直肠下部显著扩大，称直肠壶腹（图 3-30）。直肠内面常有上、中、下 3 个半月形皱襞，称直肠横襞。以中间的半月形皱襞最为恒定，位于直肠前右侧壁，距肛门约 7cm。临床上做直肠镜或乙状结肠镜检查时，应注意上述弯曲和皱襞，以免损伤直肠壁。

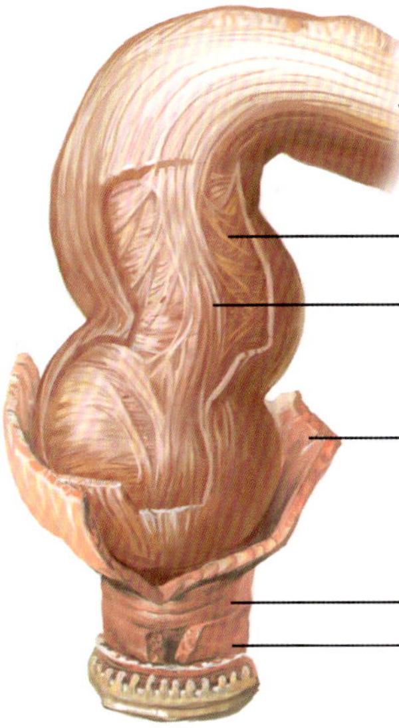

图 3-29 直肠和肛管（前面）

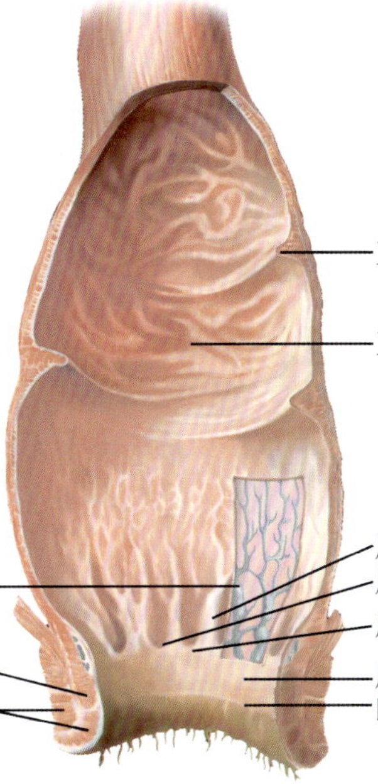

图 3-30 直肠和肛管（腔面）

（五）肛管

肛管上端接续直肠，下端终于肛门（图 3-30），长约 4cm。肛管内面有 6 ～ 10 条纵行的黏膜皱襞，称肛柱。各肛柱下端之间的半月形黏膜皱襞称肛瓣，肛瓣与相邻两个肛柱下端之间形成开口向上的小凹窝，称肛窦。连接各肛柱下端与各肛瓣边缘的锯齿状环行线，称齿状线，又称肛皮线，它是黏膜和皮肤的分界线。齿状线上、下部分的肠管在动脉来源、静脉回流、淋巴引流及神经分布等方面都不相同。在齿状线下方有一个宽约 1cm 的环状区域，称肛梳，又称痔环。肛梳下缘有不甚明显的环行线，称白线，该线位于肛门外括约肌皮下部与肛门内括约肌下缘之间的水平处，肛诊时可触及。

肛梳的皮下组织和肛柱黏膜的下层内含有丰富的静脉丛，有时可因某种病理因素而形成静脉曲张，突入管腔内，称痔。

肛管部的环形平滑肌增厚，形成肛门内括约肌，有协助排便的作用；在肛门内括约肌的周围和下方，由骨骼肌构成肛门外括约肌，具有括约肛门和控制排便的作用（图 3-30）。

考点 齿状线的概念及临床意义

链 接

灌肠术应用解剖

灌肠术是一项临床常用的护理操作技术，是用导管将一定量的液体由肛门经直肠灌入结肠。患者通常取左侧卧位插管（但阑尾炎、阿米巴痢疾肠道给药取右侧卧位），以脐的方向为准，插入 3 ～ 4cm 后转向下后，避开直肠矢状面上的骶曲、会阴曲及冠状面上的 3 个不太明显的侧曲，以顺利通过直肠。插管时勿用强力，以免损伤直肠黏膜，特别是直肠横襞。

第3节 消 化 腺

案例 3-2

患者，女，37岁。因进食高脂肪午餐2小时后，突发右上腹绞痛，疼痛向右肩部放射，伴胃寒、发热急诊入院。体格检查：右上腹部压痛、反跳痛，墨菲征阳性。B超检查提示：胆囊体积明显增大，并见结石阴影。血常规检查：白细胞 10.5×10^9/L，中性粒细胞0.86。临床诊断：胆囊结石，急诊胆囊炎。

问题： 1. 简述胆囊的位置及胆囊的分部。

2. 胆囊底的体表投影位于何处？

一、肝

肝是人体最大的腺体，呈棕红色，质软而脆，受暴力打击时易破裂出血。肝具有极其复杂多样的生物化学功能，参与蛋白质、脂类、糖类和维生素等物质的合成、转化与分解，参与激素、药物等物质的转化和解毒，能分泌胆汁，有吞噬、防御等功能。

（一）肝的形态

肝似楔形，分上、下两面。肝的上面隆凸，与膈相贴，称膈面。肝的下面凹凸不平，与腹腔器官相邻，又称脏面。脏面有两条纵沟和一条横沟，呈H形排列。横沟称肝门，是肝左管、肝右管，肝固有动脉左、右支，肝门静脉左、右支，神经和淋巴管出入肝的部位。右纵沟宽而浅，其前部为胆囊窝，容纳胆囊；后部为腔静脉沟，有下腔静脉通过。左纵沟前部有肝圆韧带，是胎儿时期脐静脉闭锁后的遗迹；后部有静脉韧带，是胎儿时期静脉导管闭锁后的遗迹。

肝的上面被镰状韧带分为左、右两叶。肝的下面借H形的沟分为4叶：右纵沟右侧为右叶，左纵沟左侧为左叶，两纵沟之间在肝门前方的为方叶，两纵沟之间在肝门后方的为尾状叶（图3-31）。

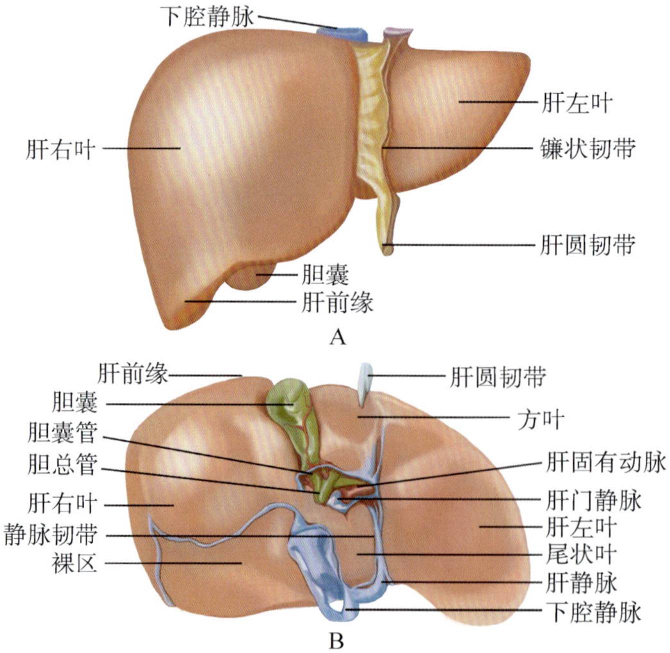

图3-31 肝

A. 膈面；B. 脏面

（二）肝的位置

肝大部分位于右季肋区和腹上区，小部分位于左季肋区。肝的前面大部分被肋所掩盖，仅在腹上区左、右肋弓之间露出，直接与腹前壁接触。

肝上界与膈肌穹隆一致，常用以下 3 点的连线来表示：右锁骨中线与第 5 肋的交点，前正中线平胸骨体与剑突结合处，左锁骨中线与第 5 肋间隙的交点。肝下界与肝前缘一致，右侧与右肋弓一致，中部超出剑突下约 3cm，左侧被肋弓掩盖。体检时，成人右肋弓下不能触到肝。3 岁以下的健康幼儿，肝的体积相对较大，肝前缘常低于右肋弓下 1.5 ～ 2.0cm。

（三）肝的组织结构

肝表面大部分有浆膜覆盖，浆膜下为薄层结缔组织。结缔组织在肝门处随肝固有动脉、肝门静脉和肝管的分支深入肝内，将肝实质分隔成 50 万～ 100 万个肝小叶。

1. 肝小叶　是肝的基本结构单位，呈多面棱柱状（图 3-32，图 3-33）。肝小叶中央有一条沿其长轴走行的中央静脉，周围是大致呈放射状排列的肝板和肝血窦。肝细胞单层排列成凹凸不平的板状结构称肝板，其切面呈索状，也称肝索。人的肝小叶之间结缔组织很少，相邻肝小叶连成一片，分界不清（图 3-34）。

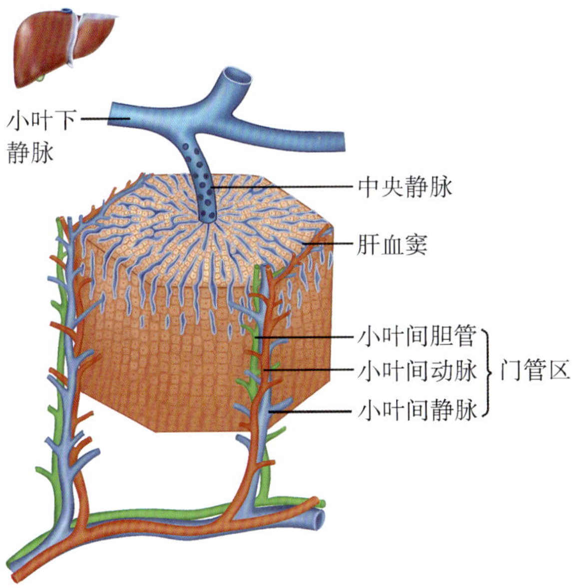

图 3-32　肝小叶立体结构模式图

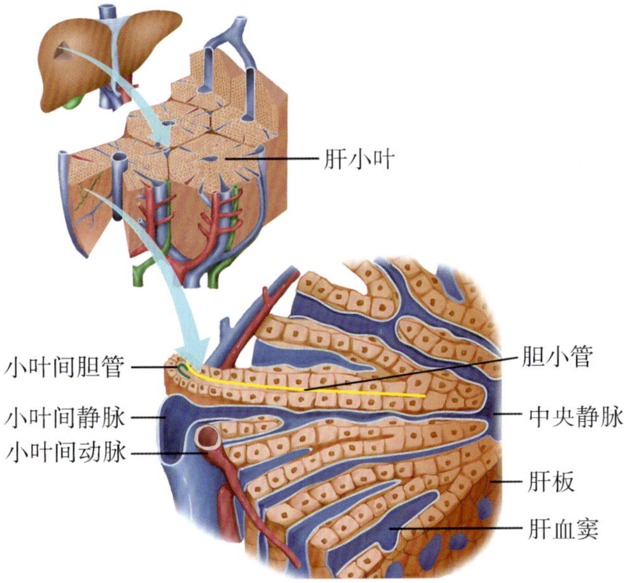

图 3-33　肝板、肝血窦与胆小管关系立体模式图

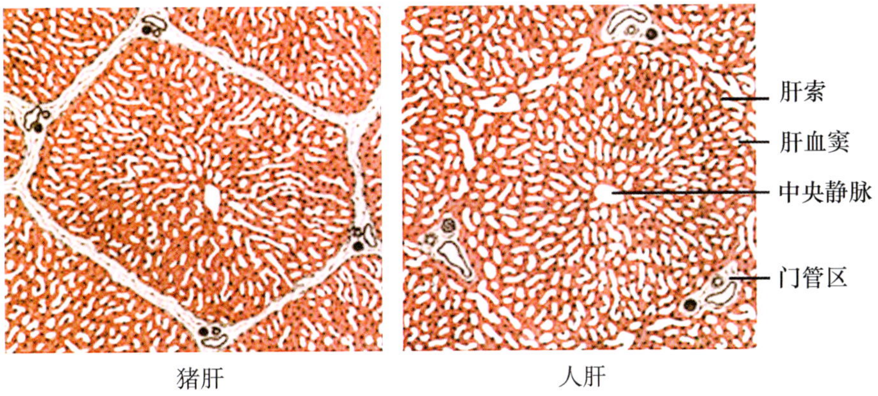

图 3-34　肝小叶（横切面）模式图

（1）肝细胞　呈多面体形（图 3-35），核大而圆，双核细胞较多，胞质呈嗜酸性。肝细胞高度分化，各种细胞器发达。线粒体为肝细胞代谢提供能量；粗面内质网能合成各种血浆蛋白；滑面内质网与胆汁的合成、脂质代谢、糖类代谢、激素代谢、解毒等功能有关；高尔基复合体参与肝细胞的分泌活动；溶酶体参与细胞内消化、胆红素代谢和铁的储存。此外，肝细胞内还有糖原、脂滴和色素等。

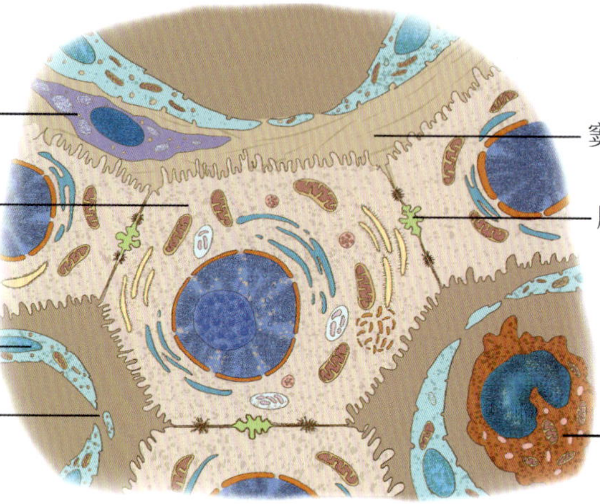

图 3-35　肝细胞与胆小管、肝血窦、窦周隙的关系模式图

（2）肝血窦　位于肝板之间，形状不规则，窦壁由内皮细胞围成（图 3-35）。内皮细胞之间有较大间隙，有利于肝细胞与血液之间进行物质交换。肝血窦内散在有一种体积较大而形态不规则的细胞，称肝巨噬细胞，能吞噬细菌、异物和衰老的红细胞等。

（3）窦周隙　是肝血窦内皮细胞与肝细胞之间的狭窄间隙，其内充满着来源于肝血窦的血浆（图 3-35）。窦周隙是肝细胞与血液之间进行物质交换的场所，其内还有贮脂细胞，能储存维生素 A。

（4）胆小管　相邻的肝细胞之间形成胆小管，在肝板内穿行并吻合成网，其管壁由两侧肝细胞的细胞膜局部凹陷围成（图 3-35）。胆小管以盲端起于中央静脉附近，向小叶周边延伸，出肝小叶后汇成小叶间胆管。肝细胞分泌的胆汁，经胆小管输入小叶间胆管（图 3-33）。

2. 门管区　相邻肝小叶之间的结缔组织小区，称门管区，内有小叶间动脉、小叶间静脉和小叶间胆管（图 3-32，图 3-33）。

（四）肝内血液循环

入肝的血管有肝门静脉和肝固有动脉两套血管，故肝的血液供应丰富。出肝的是肝静脉。肝内血液循环途径归纳如下：

肝固有动脉 → 小叶间动脉 ↘
肝门静脉→ 小叶间静脉 ↗ 肝血窦→中央静脉→小叶下静脉→肝静脉→下腔静脉

（五）胆囊和输胆管道

1. 胆囊　位于肝下面的胆囊窝内，有储存和浓缩胆汁的功能（图 3-36）。胆囊呈梨形，容量 40 ～ 60ml，借结缔组织与肝相连，可分为胆囊底、胆囊体、胆囊颈和胆囊管 4 部分。胆囊底常露于肝的前缘，与腹前壁相贴，其体表投影在右锁骨中线与右肋弓下缘交点附近。

胆囊发炎时，此处可有压痛。

胆囊内面衬有黏膜，胆囊颈和胆囊管的黏膜呈螺旋状突入管腔，形成螺旋襞，有控制胆汁进出的作用。胆囊结石常由于螺旋襞的阻碍而嵌顿于此。

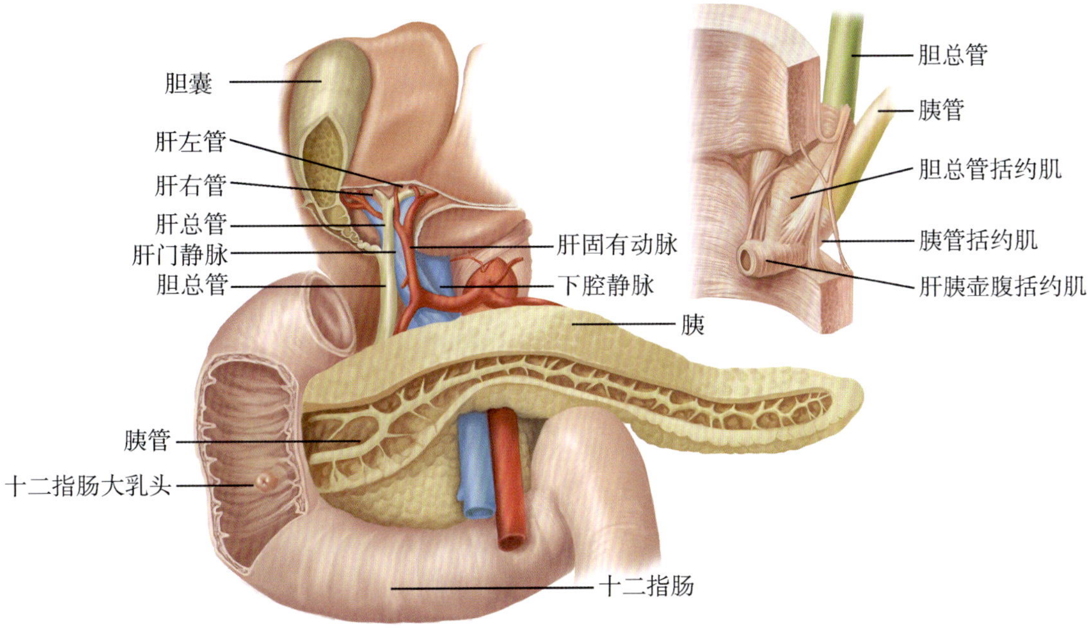

图 3-36　肝外胆道

考点　胆囊的位置及胆囊底的体表投影

2. 输胆管道　包括肝内胆道和肝外胆道两部分。肝内胆道包括胆小管和小叶间胆管等；肝外胆道由肝左管、肝右管、肝总管和胆总管等组成（图 3-22，图 3-36）。

胆小管汇合成小叶间胆管。小叶间胆管逐级汇合，形成肝左管和肝右管。肝左管与肝右管出肝门后汇合成肝总管。肝总管下行与胆囊管汇合成胆总管。

胆总管在肝十二指肠韧带内下行，经十二指肠上部的后方，下行到胰头与十二指肠降部之间，其下端与胰管汇合斜穿十二指肠壁，形成膨大的肝胰壶腹，开口于十二指肠大乳头。在肝胰壶腹周围有增厚的环形平滑肌，称肝胰壶腹括约肌，它控制胆汁和胰液的排放（图 3-36）。

3. 胆汁的产生和排出途径　空腹时，肝胰壶腹括约肌保持收缩状态，肝细胞分泌的胆汁经胆小管、小叶间胆管汇集至肝左管和肝右管，再经肝总管、胆囊管入胆囊储存和浓缩；进食后，尤其是进食高脂肪食物后，在神经体液因素调节下，胆囊收缩，肝胰壶腹括约肌舒张，胆囊内的胆汁经胆囊管、胆总管、肝胰壶腹、十二指肠大乳头排入十二指肠。

胆囊 ⇌ 胆囊管

空腹 ⇅ 进食

肝细胞分泌胆汁→胆小管→小叶间胆管→肝左、右管→肝总管 ⇒ 胆总管→肝胰壶腹→十二指肠大乳头→十二指肠

考点　胆汁的产生部位及其排出途径

二、胰

（一）胰的位置和形态

胰位于腹上区和左季肋区，横置于第 1 ～ 2 腰椎体前方，并紧贴于腹后壁。胰可分为胰头、胰颈、胰体和胰尾 4 部分（图 3-22，图 3-36）。胰头为右端膨大的部分，位于第 2 腰椎体的右前方，被十二指肠包绕；胰颈是位于胰头与胰体之间的狭窄扁薄部分，其后面有肠系膜上静脉和肝门静脉起始部通过。胰体占胰的大部分，略呈三棱柱形，位于第 1 腰椎前方；胰尾较细，向左上方抵达脾门。胰管位于胰实质内，自胰尾起始，沿胰长轴右行至胰头，最后与胆总管汇合成肝胰壶腹，开口于十二指肠大乳头。在胰头内、胰管的上方常可见副胰管，开口于十二指肠小乳头。

（二）胰的组织结构

胰的实质由外分泌部和内分泌部两部分组成。外分泌部占胰的绝大部分，由腺泡和导管构成，分泌胰液，内含多种消化酶。内分泌部称胰岛，是散在于腺泡之间的大小不等的内分泌细胞群，主要分为 A 细胞、B 细胞等（图 3-37）。A 细胞分泌胰高血糖素，可使血糖浓度升高；B 细胞最多，分泌胰岛素，可使血糖浓度降低。

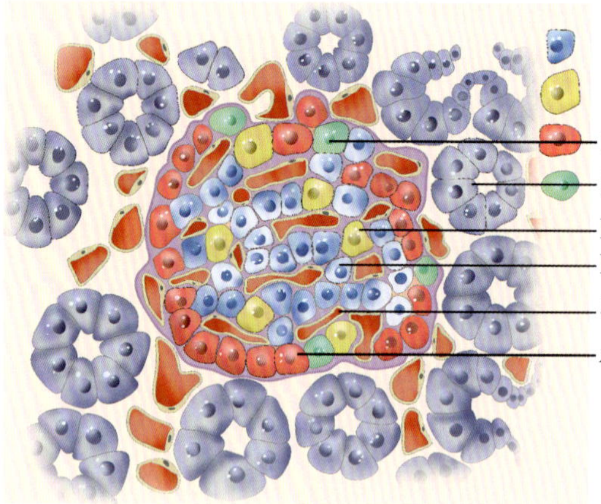

图 3-37 胰组织结构模式图

第 4 节 腹　膜

一、腹膜与腹膜腔的概念

腹膜是覆盖于腹、盆壁内面和腹、盆腔脏器表面的一层浆膜，由间皮和少量结缔组织构成，薄而光滑。其中被覆于腹、盆壁内面的称壁腹膜；覆盖于腹、盆腔脏器表面的称脏腹膜。壁腹膜与脏腹膜相互延续移行围成的不规则的腔隙称腹膜腔，腔内有少量浆液。男性的腹膜腔是一个密闭的腔隙；女性的腹膜腔则借输卵管的腹膜腔口，经输卵管、子宫、阴道与外界相通（图 3-38）。腹膜具有分泌、吸收、保护、支持、修复等功能。

考点 腹膜腔的概念

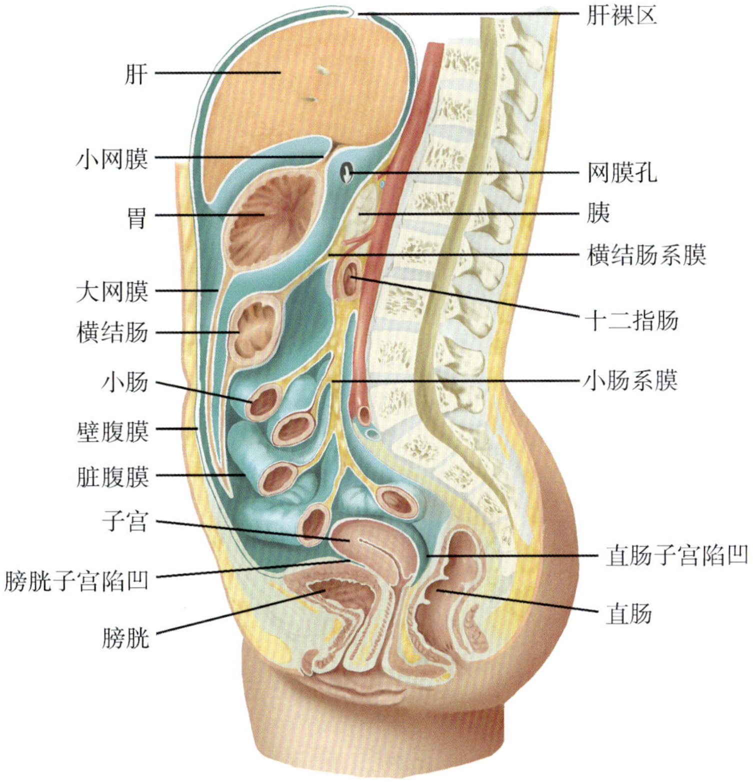

图 3-38 腹膜腔正中矢状切面模式图（女性）

链 接

腹腔与腹膜腔

腹腔与腹膜腔在解剖学上是两个不同的概念。腹腔指膈以下、小骨盆上口以上，由腹壁围成的腔，广义的腹腔包括小骨盆腔在内。腹膜腔是指脏腹膜与壁腹膜之间的潜在性腔隙，腔内只含有少量浆液。腹、盆腔脏器均在腹膜腔之外，但均在广义的腹腔之内。临床上肾和膀胱等手术，常在腹膜外进行，不用经过腹膜腔，以免造成腹膜腔的感染或术后粘连。

二、腹膜与脏器的关系

根据脏器被腹膜覆盖的范围不同，可将腹、盆腔脏器分为腹膜内位器官、腹膜间位器官和腹膜外位器官（图 3-38，图 3-39）。

（一）腹膜内位器官

表面几乎全部被腹膜覆盖的器官称腹膜内位器官，如胃、十二指肠上部、空肠、回肠、盲肠、阑尾、横结肠、乙状结肠、脾、输卵管、卵巢等。

（二）腹膜间位器官

表面大部分被腹膜覆盖的器官称腹膜间位器官，如肝、胆囊、升结肠、降结肠、膀胱、子宫、直肠上段等。

（三）腹膜外位器官

表面仅有一面或很少部分被腹膜覆盖的器官称腹膜外位器官，如肾、肾上腺、输尿管、胰、十二指肠降部和水平部、直肠中段和下段等。

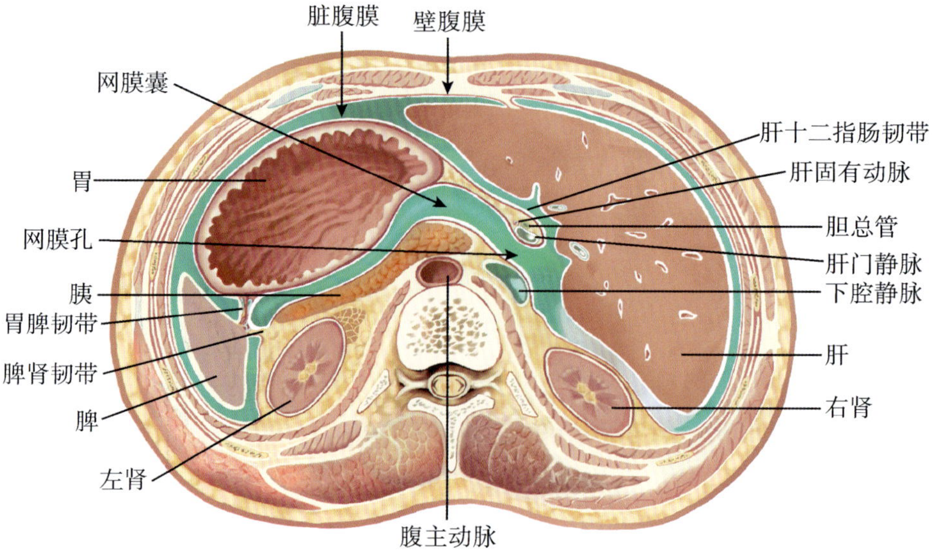

图 3-39 腹腔上部（通过网膜孔）横切面

三、腹膜形成的结构

腹膜在脏器之间以及脏器与腹、盆壁之间互相移行，形成网膜、系膜、韧带和陷凹等结构，对器官起连接、固定等作用。

（一）网膜

网膜是与胃大弯和胃小弯等相连的腹膜皱襞，内有血管、神经、淋巴管和结缔组织等，包括大网膜和小网膜。

1. 大网膜　是连于胃大弯与横结肠之间的 4 层腹膜结构，形似围裙，悬垂在空肠、回肠和横结肠的前面（图 3-40）。大网膜内含大量脂肪组织、毛细血管及巨噬细胞，有重要的防御和再生修复功能。当腹腔脏器有炎症时，大网膜可将病灶部位包裹起来，防止炎症扩散。小儿的大网膜较短，下腹部的炎性病灶不易被大网膜包裹，因此炎症易扩散。

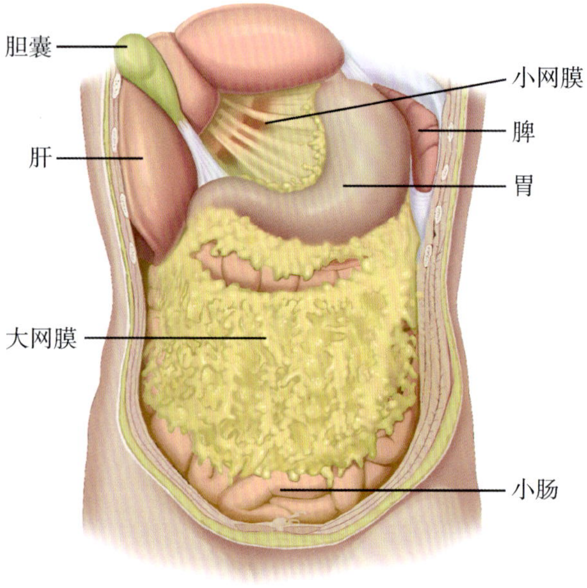

图 3-40 网膜

2. 小网膜　是连于肝门与胃小弯、十二指肠上部之间的双层腹膜结构（图 3-40）。小网膜的左侧部分，连于肝门与胃小弯之间，称肝胃韧带；右侧部分连于肝门与十二指肠上部之间，称肝十二指肠韧带。小网膜右缘游离，后方为网膜孔，经此孔可进入网膜囊（图 3-39）。

小网膜和胃后壁的后方有一处窄隙，称网膜囊，它是腹膜腔的一部分，又称小腹膜腔。网膜孔是网膜囊通向腹膜腔其他部分的唯一通道。

（二）系膜

系膜是将一些脏器系于腹后壁的两层腹膜结构，两层腹膜之间有血管、神经、淋巴管和淋巴结等。系膜包括肠系膜、横结肠系膜、乙状结肠系膜和阑尾系膜等（图 3-38）。空肠、回肠和乙状结肠的系膜较长，活动度大，活动异常时易发生肠扭转。

（三）韧带

韧带是脏器之间或脏器与腹、盆壁之间的双层腹膜结构，如肝镰状韧带、肝冠状韧带、子宫阔韧带、胃脾韧带等（图 3-39）。

（四）陷凹

陷凹主要位于盆腔内，是由腹膜在盆腔器官之间移行反折形成的较大而恒定的腹膜间隙。男性在膀胱与直肠之间有直肠膀胱陷凹。女性在膀胱与子宫之间有膀胱子宫陷凹，在直肠与子宫之间有直肠子宫陷凹（图 3-38）。站立或坐位时，男性的直肠膀胱陷凹和女性的直肠子宫陷凹是腹膜腔的最低部位，故腹膜腔内的积液多聚积于此。

考点 直肠子宫陷凹的位置及其临床意义

链 接

经阴道穹后部穿刺术应用解剖

经阴道穹后部穿刺术是妇产科常用操作技术之一。操作时，选择在患者阴道穹后部顶端进针，穿刺进针方向应与子宫颈管方向平行，针依次经阴道后壁、腹膜进入直肠子宫陷凹（图 3-38）。当针穿过阴道壁后失去阻力、有落空感时表示到达直肠子宫陷凹，抽取积液以做进一步处理。穿刺时，穿刺深度及方向要适宜，避免损伤直肠、子宫。穿刺前嘱咐患者排尿排便，因当膀胱充盈直肠空虚时，子宫底可能被推向后，朝向骶骨，使子宫倾斜度减小，变成直立位甚至后倾位，此时穿刺易伤及子宫；当直肠充盈时，直肠子宫陷凹容积变小，此时穿刺易刺入直肠。

自 测 题

一、单项选择题

A_1 型题

1. 上消化道不包括（　　）
   A. 食管　B. 空肠　C. 胃　D. 十二指肠　E. 口腔

2. 胃底腺的主细胞分泌（　　）
   A. 黏液　B. 盐酸　C. 内因子　D. 胃蛋白酶原　E. 胃蛋白酶

3. 手术时，可作为确定空肠起始部标志的是（　　）
   A. 十二指肠水平部　B. 十二指肠悬韧带　C. 十二指肠降部　D. 十二指肠上部　E. 十二指肠大乳头

4. 肛管腔面黏膜与皮肤的分界标志是（　　）
   A. 直肠横襞　B. 白线　C. 肛梳　D. 齿状线　E. 以上均不是

5. 出入肝门的结构不包括（　　）
   A. 肝左管　B. 肝门静脉左、右支　C. 肝右管　D. 肝固有动脉左、右支　E. 肝静脉

A_2 型题

6. 患者，男，19 岁。因饥饿时上腹痛 1 周来院就诊。经胃镜检查，临床诊断为十二指肠溃疡。十二指肠溃疡的好发部位是（　　）
   A. 十二指肠上部　B. 十二指肠升部　C. 十二指肠球　D. 十二指肠水平部

E. 十二指肠降部

二、填空题

1. 直肠在矢状面上有两个弯曲，上部凸向后的为________，下部凸向前的为________。
2. 胆囊可分为________、________、________和________4 部分。
3. 小网膜包括________和________两部分。

三、名词解释

1. 咽峡
2. 窦周隙
3. 直肠子宫陷凹

四、简答题

1. 简述咽的分部和交通。
2. 简述胆汁的产生及排出途径。

（邬仁才岑　赖　伟）

第 4 章
呼吸系统

呼吸系统由呼吸道和肺组成（图 4-1）。呼吸道是传送气体的管道，包括鼻、咽、喉、气管、主支气管等。肺是进行气体交换的器官，由肺实质和肺间质组成。临床上通常称鼻、咽、喉为上呼吸道；气管、主支气管及肺内支气管的各级分支为下呼吸道。

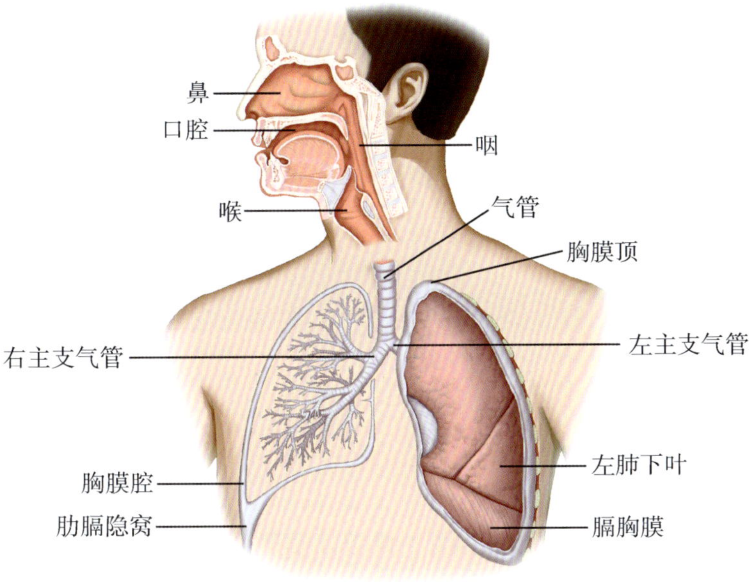

图 4-1　呼吸系统概况

呼吸系统的主要功能是进行气体交换，即吸入氧，排出二氧化碳。另外，呼吸系统还有发音、嗅觉等功能。

考点 呼吸系统的组成和上、下呼吸道的概念

第 1 节　呼　吸　道

案例 4-1

患者，男，16 岁。近期在紧张备考，今晨洗脸时突然发现鲜血从鼻孔流出来，同学找来棉球为其填塞鼻腔压迫止血，很快血液不再流出。

问题：1. 鼻腔易出血区位于何处？

2. 简述各鼻旁窦的名称、位置及开口部位。

一、鼻

鼻由外鼻、鼻腔和鼻旁窦 3 部分组成，它是呼吸道的起始部，又是嗅觉器官，具有滤过

空气、辨别气味和辅助发音的功能。

（一）外鼻

外鼻位于面部的中央，以鼻骨和软骨作为支架，外覆皮肤和少量皮下组织。外鼻的上端为鼻根，向下延伸为鼻背，末端突出部分为鼻尖。鼻尖向两侧呈弧状扩大的部分称鼻翼。在呼吸困难时可出现鼻翼扇动，小儿更为明显。从鼻翼外下方至口角外侧的浅沟称鼻唇沟。鼻尖和鼻翼处的皮肤较厚，富含皮脂腺和汗腺，常为痤疮、酒渣鼻及疖肿的好发部位。

（二）鼻腔

鼻腔是由骨和软骨围成的腔，内衬黏膜和皮肤（图 4-2）。前以鼻孔通外界，后经鼻后孔通鼻咽。被鼻中隔分为左、右鼻腔，鼻中隔常向左偏曲。每侧鼻腔以鼻阈为界分为鼻前庭和固有鼻腔。鼻阈为鼻内皮肤与黏膜的交界处。

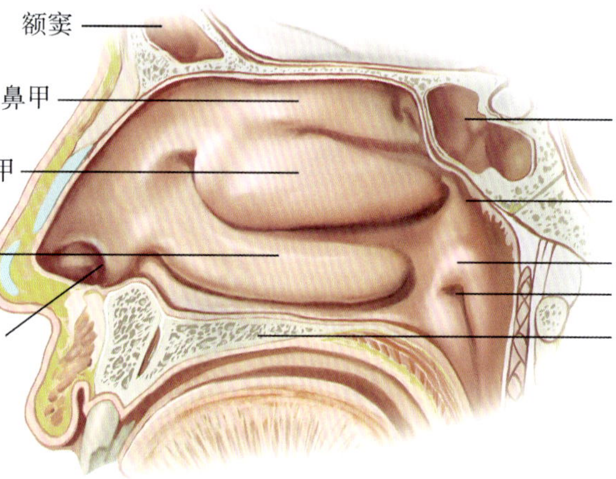

图 4-2 鼻腔外侧壁

1. 鼻前庭　为鼻腔的前下部，大致为鼻翼所遮盖的部分，内面衬以皮肤，生有鼻毛，能滤过、净化吸入的空气。

2. 固有鼻腔　为鼻腔的主要部分。固有鼻腔外侧壁自上而下有近似水平排列的上鼻甲、中鼻甲和下鼻甲。各鼻甲的下方分别有上鼻道、中鼻道和下鼻道。下鼻道的前端有鼻泪管的开口。在上鼻甲后上方与鼻腔顶部之间尚有一凹陷，称蝶筛隐窝。固有鼻腔内面衬以黏膜，根据其结构和功能分为嗅区和呼吸区。上鼻甲及其相对应的鼻中隔以上的黏膜部分为嗅区，富有接受嗅觉刺激的嗅细胞。除嗅区外，其余的鼻黏膜部分为呼吸区，富含鼻腺和血管，可对吸入的空气进行净化、加温、加湿。鼻中隔前下部的黏膜较薄，且血管丰富、位置表浅，外伤或干燥空气刺激均易引起出血，是鼻出血的好发部位，称鼻易出血区（Little 区）。

（三）鼻旁窦

鼻旁窦有额窦、上颌窦、筛窦和蝶窦 4 对（图 4-3），与鼻腔相通。窦壁内衬黏膜并与鼻腔黏膜相移行，有温暖、湿润空气，以及对发音产生共鸣等作用。鼻腔内炎症，可蔓延至鼻旁窦，引起鼻窦炎。上颌窦是最大的一对鼻旁窦，开口位置较窦底高，分泌物不易排出，故上颌窦慢性炎症较常见。筛窦依据窦口的部位将其分为前筛窦、中筛窦和后筛窦 3 部分。

蝶窦开口于蝶筛隐窝，后筛窦开口于上鼻道，前、中筛窦，以及上颌窦、额窦均开口于中鼻道。

考点 鼻旁窦的开口部位

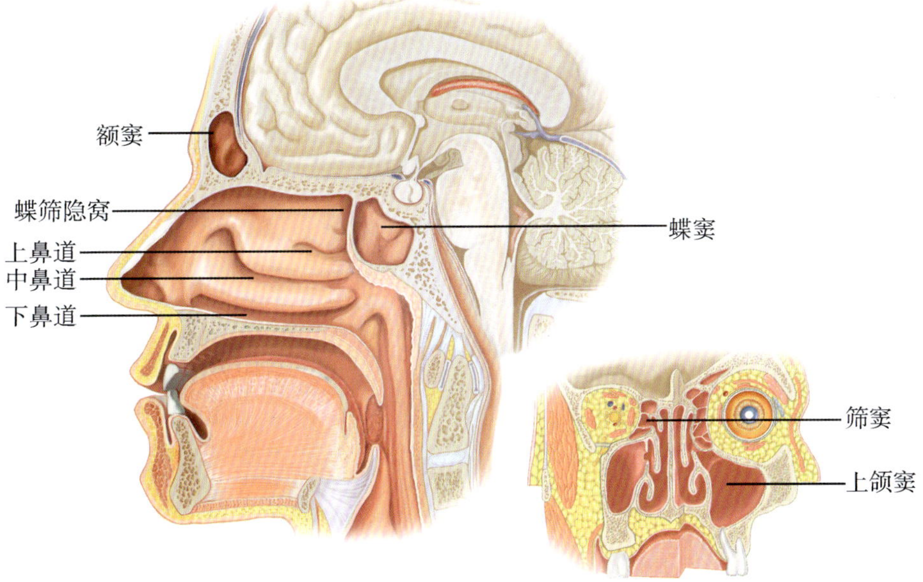

图 4-3　鼻旁窦

二、咽

详见消化系统。

三、喉

喉既是呼吸的通道，又是发音的器官。

（一）喉的位置

喉位于颈前部正中，喉咽的前方，成人的喉平第 3 ～ 6 颈椎高度。上借甲状舌骨膜与舌骨相连，向下与气管相续，前面被舌骨下肌群覆盖，后方为喉咽，两侧邻颈部的大血管、神经和甲状腺侧叶等，可随吞咽或发音而上、下移动（图 4-4）。

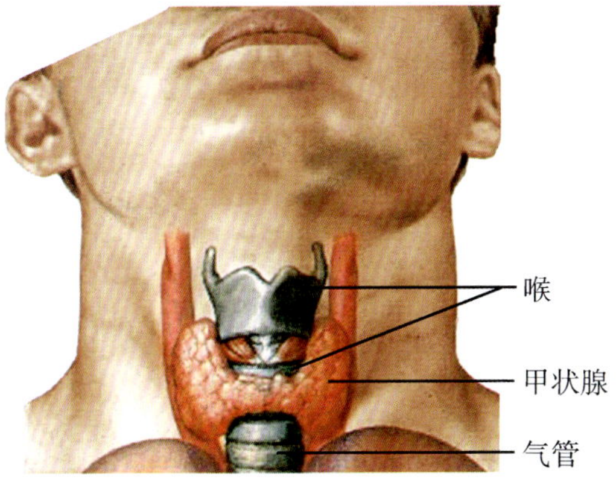

图 4-4　喉的位置

（二）喉的结构

喉由数块软骨互相连结而成，外附喉肌，内衬黏膜。

1. 喉软骨及其连结　喉软骨构成喉的支架，包括不成对的甲状软骨、会厌软骨、环状软骨和成对的杓状软骨等（图 4-5）。喉的连结主要包括环甲关节和环杓关节，以及结缔组织膜和韧带（图 4-6）。

（1）甲状软骨　是最大的喉软骨，位于舌骨下方，环状软骨的上方。由左、右两块呈四边形的软骨板在前方连结而成，连结处的上端向前突出，称喉结，成年男性尤为明显。甲状软骨上缘借甲状舌骨膜与舌骨相连，下缘除中部借环甲正中韧带与环状软骨相连外，两侧还与环状软骨构成环甲关节。

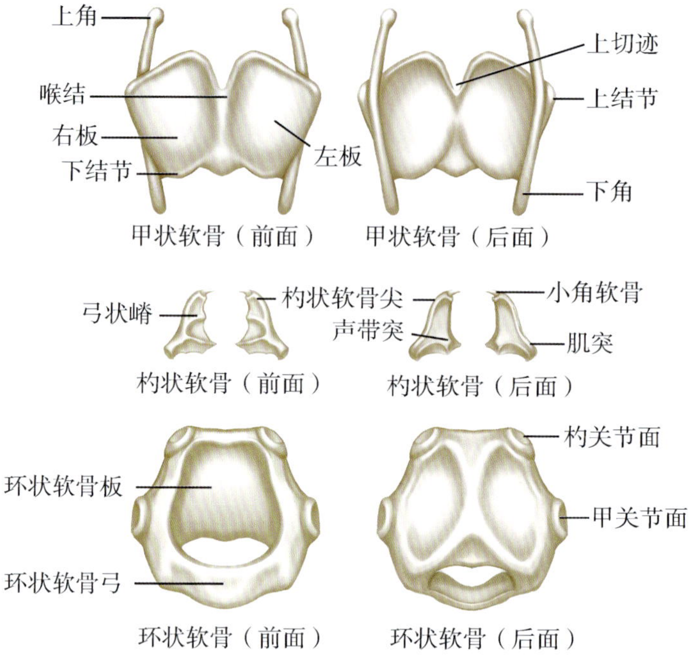

图 4-5 喉软骨

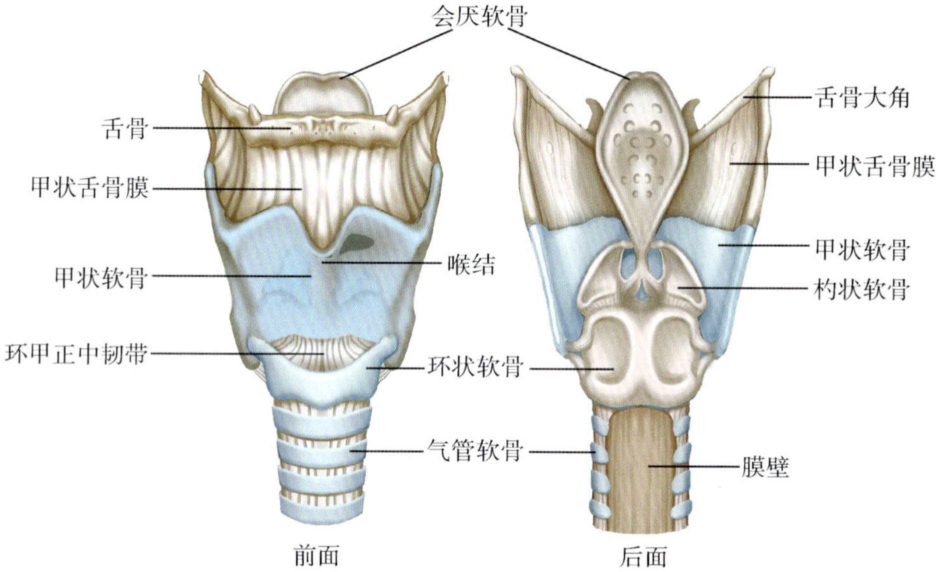

图 4-6 喉软骨及其连结

（2）环状软骨 位于甲状软骨的下方，下与气管相连。环状软骨呈环状，是呼吸道中唯一完整的软骨环，对保持呼吸道的通畅起着重要的作用。由前部低窄的环状软骨弓和后部高宽的环状软骨板构成。环状软骨弓平对第 6 颈椎，是颈部的重要标志之一。

（3）会厌软骨 形似树叶，上宽下窄，下端借韧带连于甲状软骨后面。会厌软骨被覆黏膜构成会厌。吞咽时，喉升高，会厌遮盖喉口，阻止食物进入喉腔。

（4）杓状软骨 左右各一，位于环状软骨板的上方。杓状软骨形似三棱锥体，尖向上，底朝下与环状软骨板上缘构成环杓关节。杓状软骨的底向前伸出的突起称声带突，有声韧带附着；向外侧伸出的突起称肌突，大部分喉肌附着于此。

链 接

环甲正中韧带穿刺术应用解剖

环甲正中韧带穿刺术是一种院外急救常用的简便、快速建立人工气道的有效技术。环甲正中韧带前方为皮肤及皮下组织，因位置表浅，无重要的血管、神经及特殊的组织结构，是穿刺或切开最方便、最安全的部位。进针时拉紧并固定颈部皮肤，在颈前部触及甲状软骨，沿甲状软骨正中线向下，确定甲状软骨下缘与环状软骨弓上缘中部之间的凹陷处，深面即是环甲正中韧带。作为一种应急措施，穿刺针留置时间不宜过长，一般不超过 24 小时。穿刺时进针不要过深，避免损伤喉后壁黏膜。穿刺完成后，挤压胸廓有气流出来，表明穿刺成功。

2. 喉腔 喉的内腔称喉腔。喉腔的入口称喉口，朝向后上方。喉腔向上经喉口与喉咽相交通，向下与气管内腔相延续。

喉腔中部的侧壁上有上、下两对呈前后方向走行的黏膜皱襞（图 4-7）。上方的一对称前庭襞，活体上呈粉红色。两侧前庭襞之间的裂隙，称前庭裂。下方的一对称声襞，活体上颜色较苍白。两侧声襞及杓状软骨底和声带突之间的裂隙称声门裂（图 4-8）。声门裂是喉腔最狭窄的部位。声襞与深部的声韧带等共同构成发音的重要结构，即声带。

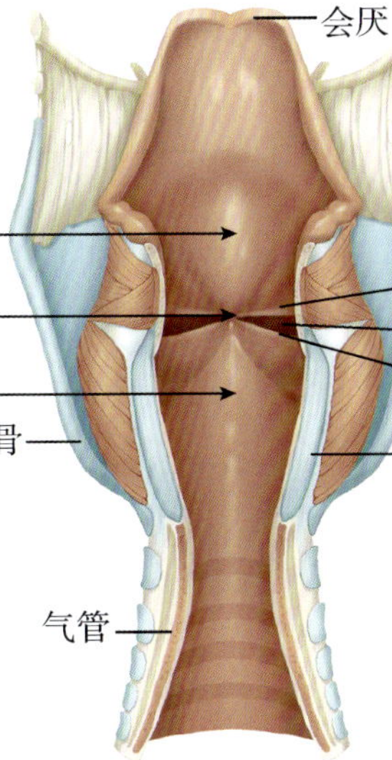

图 4-7 喉腔

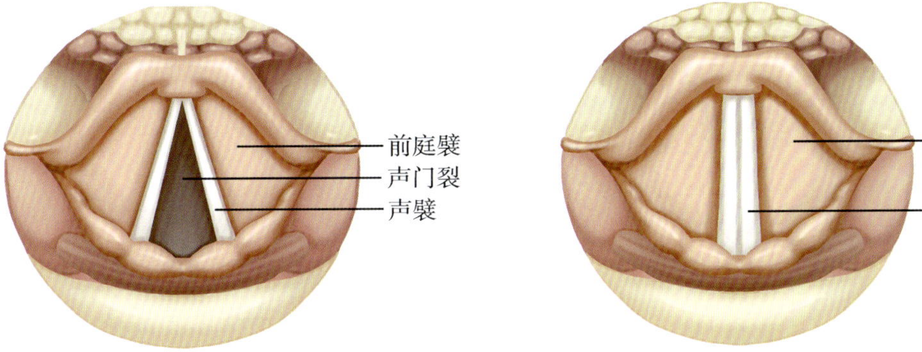

图 4-8 声门裂模式图

喉腔分为喉前庭、喉中间腔和声门下腔 3 部分（图 4-7）。喉口至前庭裂平面之间的部分，称喉前庭。前庭裂平面至声门裂平面之间的部分，称喉中间腔，其中位于左右两侧的前庭襞与声襞之间的梭形隐窝，称喉室。声门裂平面至环状软骨下缘平面之间的部分，称声门下腔，呈上窄下宽的圆锥状。声门下腔的黏膜下组织较疏松，炎症时易发生水肿，尤其是小儿的喉腔狭小，水肿时易引起喉梗阻，造成呼吸困难。

考点 喉腔的分部以及易引起水肿的部位

3. 喉肌　喉肌为数块小的骨骼肌（图 4-9），主要作用于环甲关节和环杓关节，包括使声带紧张或松弛的肌群及使声门裂开大或缩小的肌群。喉肌的运动可调节音调高低，可控制发音的强弱。

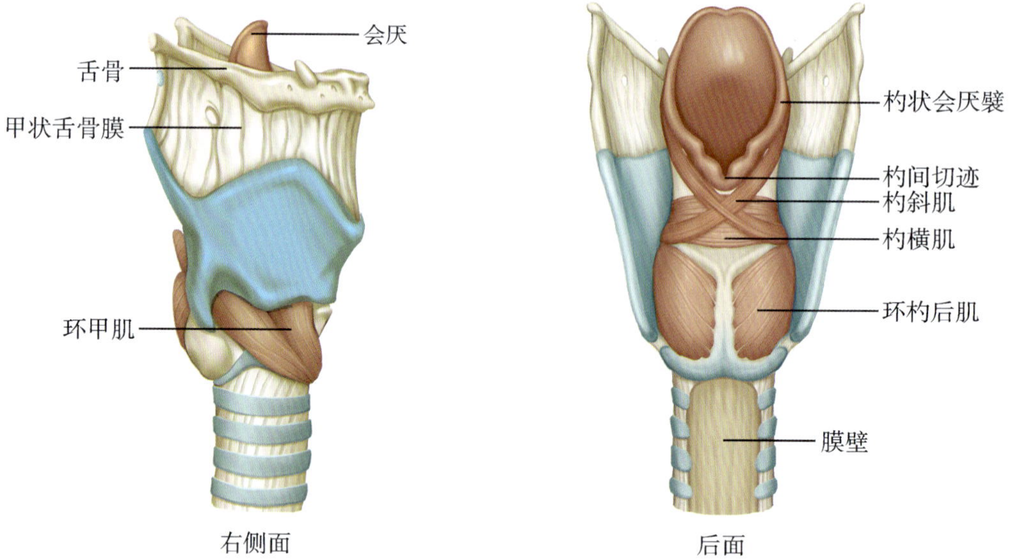

图 4-9　喉肌模式图

四、气管与主支气管

气管与主支气管是连接在喉与肺之间的通气管道（图 4-10）。气管与主支气管均由若干 C 字形的气管软骨环借韧带相连而成，气管软骨的缺口朝后，由平滑肌和结缔组织封闭。

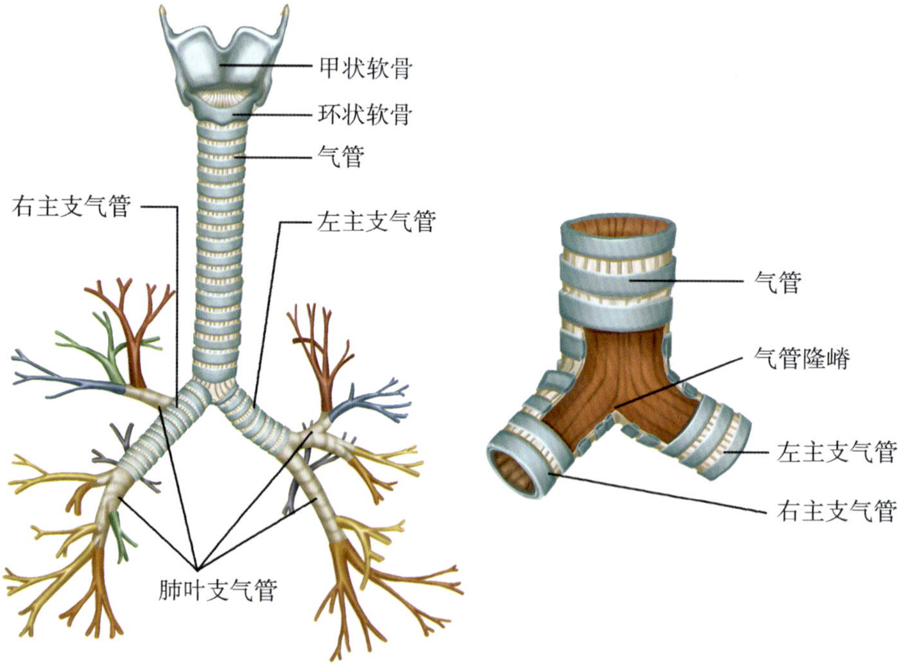

图 4-10　气管和主支气管

（一）气管

气管位于食管前方，上接环状软骨，经颈部正中下行入胸腔，在胸骨角平面分为左、右主支气管，其分叉处称气管杈。在气管杈内面有一个向上突起的半月形嵴，称气管隆嵴，常略偏向左侧，是支气管镜检查时判断气管分叉的重要标志。

气管全长以胸廓上口为界，分为气管颈部和气管胸部。气管颈部较短且位置表浅，沿前正中线下行，在颈静脉切迹上方可触及。气管颈部前面除有皮肤和舌骨下肌群外，在第 2 ～ 4 气管软骨环的前方还有甲状腺峡，两侧邻近颈部的大血管和甲状腺侧叶，后方贴近食管。气管胸部较长，前面与胸骨之间有大血管和胸腺，后方紧贴食管。临床上气管切开术常在第 3 ～ 5 气管软骨环处施行。

链　接

气管切开术应用解剖

气管切开术是切开气管颈部的前壁，将适当大小的气管套管插入气管，以保持呼吸道通畅的一种抢救垂危患者的急救手术。气管切开的目的是防止或迅速解除呼吸道梗阻，确保呼吸道通畅，改善呼吸，便于分泌物从气道吸出，便于给氧或行机械通气。在体表定位时，两侧胸锁乳突肌前缘与颈静脉切迹之间的三角区域为气管切开的安全三角，气管切开在此三角内沿中线进行，可避免损伤颈部大血管。如行横切口则在环状软骨下方 2 ～ 3cm 处；如行纵切口则在环状软骨下缘至颈静脉切迹上缘一横指处沿正中线作一个 3 ～ 5cm 的切口。

（二）主支气管

主支气管行向下外，经肺门入肺。左主支气管细长，走向较水平；右主支气管粗短，走行较陡直，故误入气管内的异物多坠入右主支气管（图 4-10）。

考点　左、右主支气管的形态特点及其临床意义

（三）气管与主支气管的组织结构

气管与主支气管的管壁由内向外依次分为黏膜、黏膜下层和外膜 3 层（图 4-11）。

1. 黏膜　由上皮和固有层构成。上皮为假复层纤毛柱状上皮，纤毛可向咽侧快速摆动，将黏液及其黏附的尘埃、细菌等推向咽部而咳出。固有层含有较多的弹性纤维，也有散在的淋巴组织，起免疫防御作用。

2. 黏膜下层　为疏松结缔组织，内有较多的混合性腺，也称气管腺。

3. 外膜　主要由透明软骨环和结缔组织构成，软骨环的缺口处由弹性纤维构成的韧带和平滑肌束等封闭。

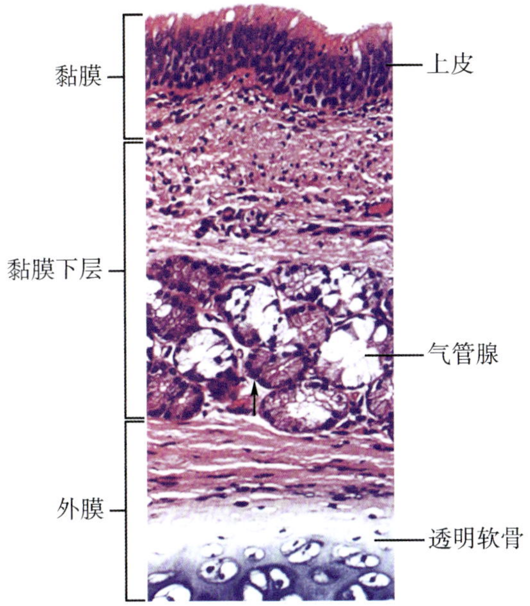

图 4-11　气管壁光镜结构像

第 2 节 肺

案例 4-2

患者，男，58 岁。因持续性咳嗽、咯血痰伴右侧胸痛 2 月余入院。既往无结核病接触史，有近 41 年的吸烟史。胸部 X 线片显示：右肺下叶有一占位性病变，右侧肋膈隐窝处有阴影。支气管镜检查见右肺下叶支气管内有一个肿块，取材活检，病理诊断为鳞状上皮癌。临床诊断：肺癌，右侧胸膜腔积液。

问题： 1. 支气管镜检查时，要经过哪些结构才能到达右肺下叶支气管腔内？

2. 肺导气部包括哪些结构？

一、肺的位置和形态

（一）肺的位置

肺位于胸腔内，纵隔的两侧，左、右各一（图 4-12）。左肺狭长，右肺宽短。肺质软而轻，呈海绵状且富有弹性。幼儿肺呈淡红色，随着年龄的增长，由于吸入空气中的尘埃不断沉积，肺的颜色逐渐变为灰暗或蓝黑色，吸烟者尤为明显。

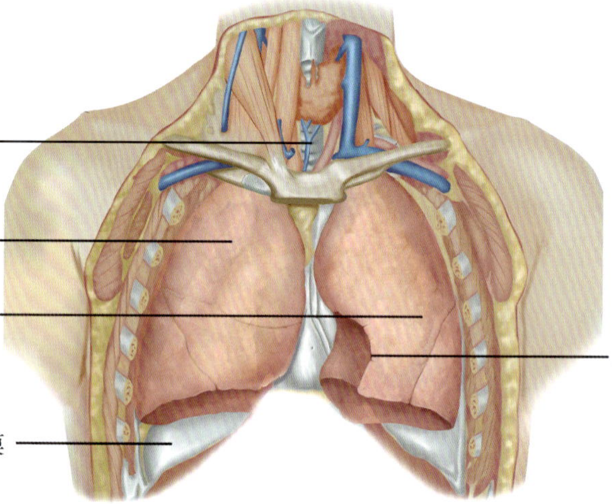

图 4-12 肺的位置

（二）肺的形态

肺形似半圆锥形，有一尖、一底、二面和三缘（图 4-13，图 4-14）。肺尖钝圆，向上经胸廓上口突入颈根部，达锁骨内侧 1/3 段上方 2 ～ 3cm。肺底与膈相邻，略向上凹陷，又称膈面。外侧面隆凸，与肋和肋间肌相邻，故又称肋面。内侧面与纵隔相邻，故又称纵隔面，其中央处有一椭圆形凹陷称肺门，是主支气管、血管、神经和淋巴管等出入肺的部位。这些出入肺门的结构被结缔组织包绕在一起，称肺根。肺的前缘和下缘都较锐利，后缘钝圆。左肺前缘的下部有一弧形凹陷，称心切迹。

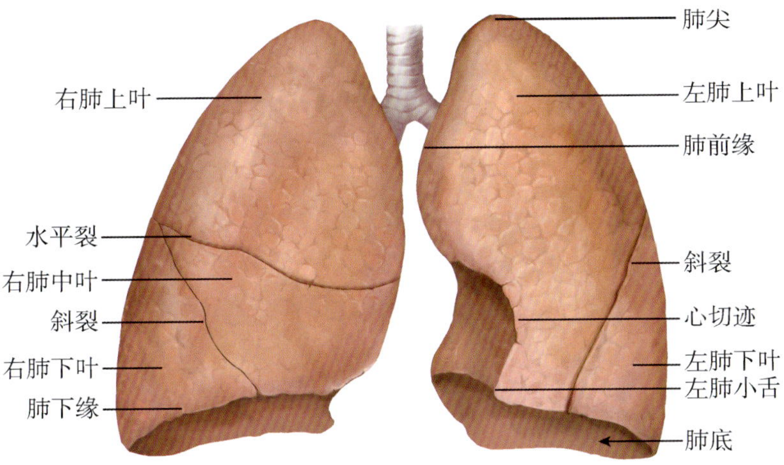

图 4-13 肺的形态（前面观）

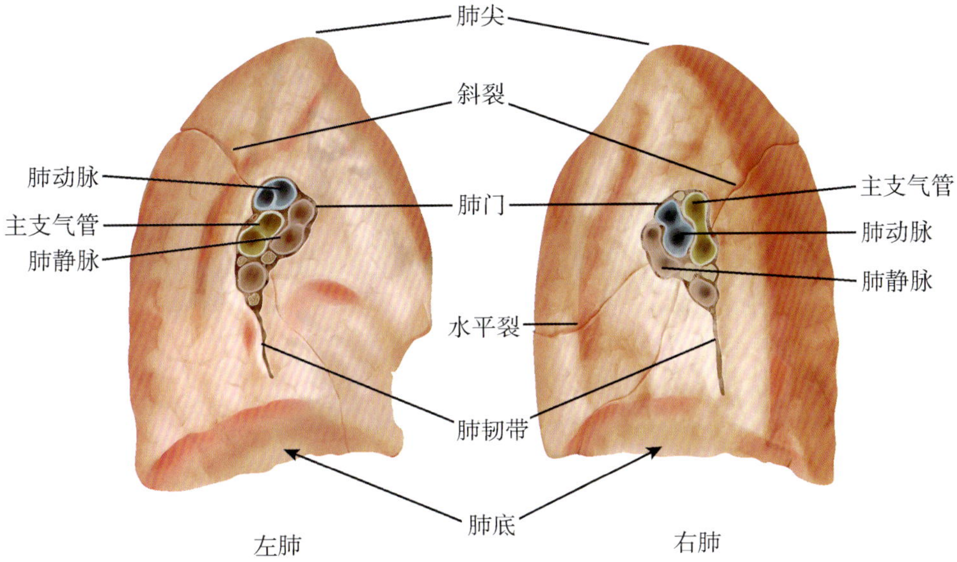

图 4-14 肺的形态（后面观）

左肺被自后上方斜向前下方的斜裂分为上、下两叶（图 4-13，图 4-14）。右肺除有斜裂外，还有一条近似水平方向走行的水平裂，因而右肺被斜裂和水平裂分为上、中、下 3 叶。

考点 肺的位置、形态及分叶

二、肺的组织结构

肺组织柔软而富有弹性，由肺实质和肺间质组成，表面包有脏胸膜。

（一）肺实质

肺实质包括肺内支气管的各级分支和肺泡，可分为肺导气部和肺呼吸部。

1. 肺导气部　是主支气管经肺门入肺后的逐级分支，依次包括肺叶支气管、肺段支气管、小支气管、细支气管和终末细支气管，宛如树冠，称支气管树。每一肺段支气管及其分支和所属的肺组织构成一个支气管肺段，简称肺段。支气管肺段呈圆锥形，尖朝向肺门，底朝向肺的表面。通常左、右肺各有 10 个肺段（图 4-15），临床上常以肺段为单位进行定位诊断及肺切除术。直径小于 1mm 的细支气管连同其各级分支和肺泡，称肺小叶（图 4-16）。肺小叶呈锥形，尖朝向肺门，底朝向肺的表面。

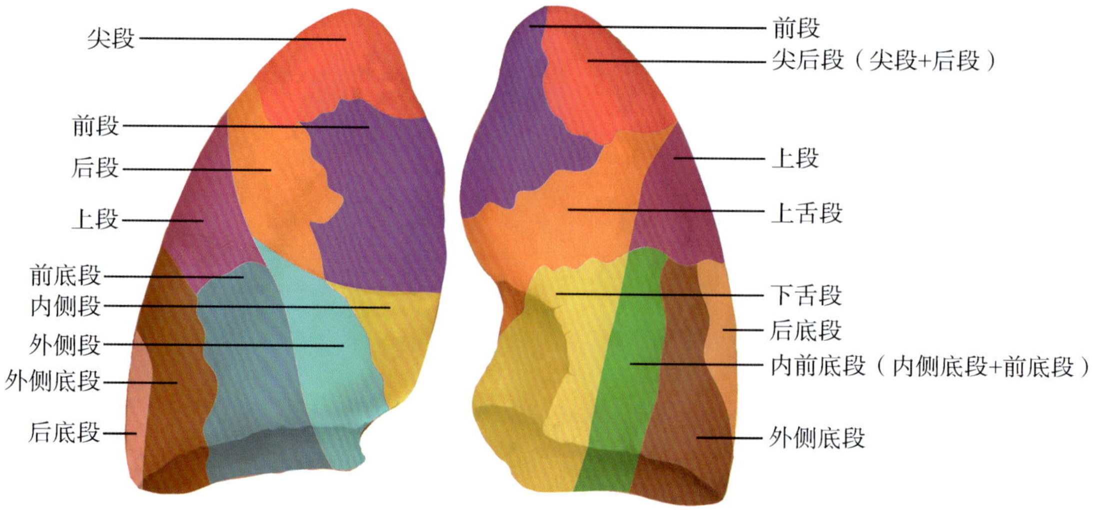

图 4-15　肺段模式图

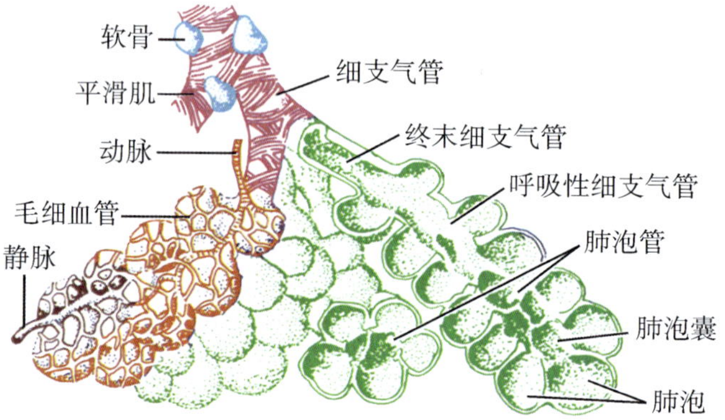

图 4-16　肺小叶立体模式图

肺导气部只能传送气体，不能进行气体交换。随着肺导气部的各级支气管延伸，管径渐细、管壁变薄，管壁结构也发生变化。其结构的主要变化是：①上皮由假复层纤毛柱状上皮逐渐变成单层柱状上皮。②杯状细胞逐渐减少至消失。③腺体逐渐减少至消失。④软骨逐渐变小、减少至消失。⑤平滑肌逐渐增多，直至形成完整的环行肌层。在终末细支气管，上皮为单层柱状上皮，杯状细胞、腺体和软骨全部消失，有完整的平滑肌，其舒张和收缩，可改变管径的大小，调节进入肺泡的气流量。

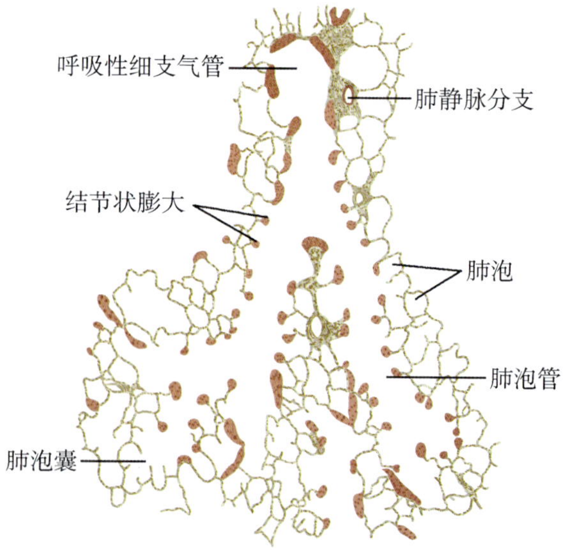

图 4-17　肺呼吸部组织结构模式图

2. 肺呼吸部　包括呼吸性细支气管、肺泡管、肺泡囊和肺泡等（图 4-17）。呼吸性细支气管、肺泡管、肺泡囊上连有肺泡。肺泡具有气体交换功能。

（1）呼吸性细支气管　是终末细支气管的分

支，管壁上出现少量肺泡。

（2）肺泡管 是呼吸性细支气管的分支，管壁上有许多肺泡，自身的管壁结构很少，管壁结构仅存在于相邻肺泡开口之间，呈结节状膨大。

（3）肺泡囊 连于肺泡管的末端，是几个肺泡的共同开口处，其管壁由肺泡围成。

（4）肺泡 为多面形囊泡，壁由肺泡上皮组成，是肺进行气体交换的部位。

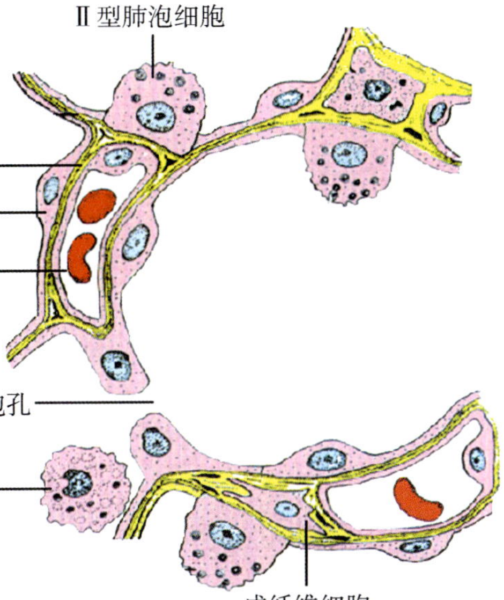

图 4-18 肺泡模式图

肺泡上皮由Ⅰ型肺泡细胞和Ⅱ型肺泡细胞组成（图 4-18）。Ⅰ型肺泡细胞呈扁平形，表面较光滑，覆盖了肺泡约 95% 的表面积，是进行气体交换的部位，参与气 - 血屏障的构成。Ⅱ 型肺泡细胞呈立方形或圆形，嵌于Ⅰ 型肺泡细胞之间。Ⅱ 型肺泡细胞能分泌表面活性物质，该物质可降低肺泡表面张力，有稳定肺泡大小的作用。

考点 肺导气部和呼吸部的组成

（二）肺间质

肺间质包括结缔组织、血管、淋巴管及神经等。

1. 肺泡隔 是位于相邻肺泡之间的薄层结缔组织，内含有丰富的毛细血管、大量的弹性纤维及肺巨噬细胞等。吸气时弹性纤维被动拉长，呼气时自然回缩，弹性纤维起回缩肺泡的作用。肺巨噬细胞来源于血液中的单核细胞，广泛分布于肺间质内，能清除进入肺泡和肺间质内的尘粒、细菌等异物。吞噬了较多尘粒的肺巨噬细胞称尘细胞。丰富的毛细血管紧贴在肺泡壁外面。

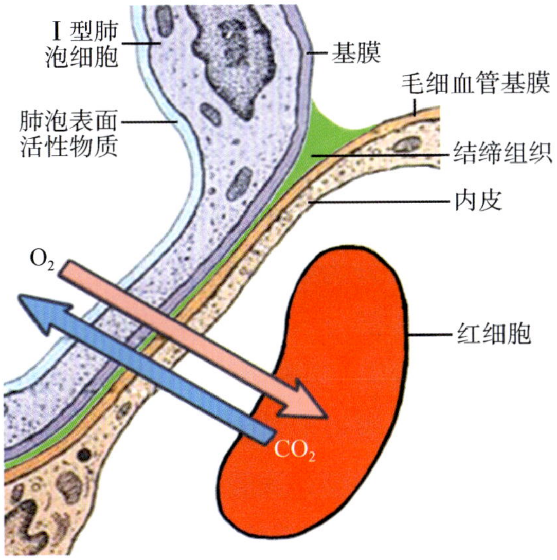

图 4-19 气 - 血屏障结构示意图

2. 气 - 血屏障 指肺泡内气体与肺泡毛细血管内的血液进行气体交换时所通过的结构（图 4-19），又称呼吸膜，由肺泡表面液体层、Ⅰ型肺泡细胞与基膜、薄层结缔组织、毛细血管基膜与连续内皮构成。

气体进出呼吸器官和肺泡毛细血管的途径总结如下：

外界空气 $\underset{CO_2}{\overset{O_2}{\rightleftharpoons}}$ 鼻 $\rightleftharpoons$ 咽 $\rightleftharpoons$ 喉 $\rightleftharpoons$ 气管 $\rightleftharpoons$ 主支气管 $\rightleftharpoons$ 肺导气部 $\rightleftharpoons$ 肺呼吸部 $\rightleftharpoons$ 气 - 血屏障 $\rightleftharpoons$ 肺泡毛细血管

考点 气 - 血屏障的概念

三、肺的血管

肺有两个功能不同的血管系统。一套与气体交换有关，由肺动脉和肺静脉等组成；另一套与肺的营养有关，由支气管动脉和支气管静脉等组成。

第 3 节 胸 膜

案例 4-3

患者，男，23 岁。1 周前着凉后出现咳嗽、低热、左胸痛，近日来活动后气促。查体：左下肺叩诊呈浊音，听诊左肺上部可闻及支气管呼吸音，下部呼吸音减弱以致消失。临床诊断：渗出性胸膜炎，胸膜腔积液。

问题： 1. 简述胸膜腔的概念。

2. 胸膜腔积液常积存在何处？

一、胸腔、胸膜和胸膜腔

1. 胸腔 是由胸廓和膈围成的腔。上界为胸廓上口，经此与颈部连通，下界借膈与腹腔分隔。胸腔分为 3 部分，即左、右两侧为胸膜腔和肺，中间部为纵隔。

2. 胸膜 是衬覆于胸壁内面、膈上面、纵隔两侧面和肺表面等部位的一层浆膜，分为脏胸膜和壁胸膜两部分（图 4-20）。脏胸膜紧贴肺表面，并伸入斜裂、水平裂内。壁胸膜衬贴在胸壁内面、纵隔侧面和膈的上面，按其部位又分为肋胸膜、膈胸膜、纵隔胸膜、胸膜顶 4 部分。肋胸膜衬覆于肋骨与肋间肌等处的内面；膈胸膜覆盖于膈的上面；纵隔胸膜衬覆于纵隔的两侧面，其中部包裹肺根并移行为脏胸膜；胸膜顶是肋胸膜和纵隔胸膜向上的延续，突至胸廓上口平面以上，与肺尖表面的脏胸膜相邻。在胸锁关节与锁骨中、内 1/3 交界处之间，胸膜顶高出锁骨上方约 2.5cm。

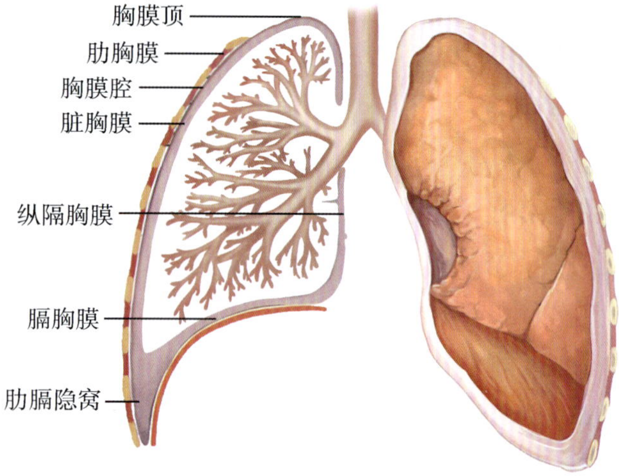

图 4-20 胸膜与胸膜腔模式图

3. 胸膜腔 是脏胸膜与壁胸膜在肺根处相互移行而形成的密闭的潜在性腔隙（图 4-20）。左右各一，互不相通。胸膜腔呈负压，内有少量的浆液，可减少呼吸时胸膜之间的摩擦。肋胸膜与膈胸膜反折处形成的半环形间隙称肋膈隐窝，即使在用力吸气时，肺缘也达不到其内，是胸膜腔最低的部位。胸膜腔积液常积存于肋膈隐窝，是临床胸腔抽液的部位。

考点 肋膈隐窝的概念及临床意义

链 接

胸膜腔穿刺术应用解剖

胸膜腔穿刺术是一项临床诊断和治疗性操作技术，常用于检查胸膜腔积液的性质；抽液、抽气减轻压迫症状及胸膜腔内给药。临床上常沿肩胛线或腋后线第 7 ～ 8 肋间隙；有时也选腋中线第 6 ～ 7 肋间隙或腋前线第 5 肋间隙为穿刺点。进针部位沿肋骨上缘以免损伤肋间血管，同时应避免在第 9 肋间隙以下穿刺，以免刺破膈或损伤腹腔脏器。另外，常沿锁骨中线第 2 或第 3 肋间隙中部穿刺，以进行人工气胸治疗或安置引流管，抽吸胸膜腔内的积气。

二、胸膜与肺的体表投影

脏、壁胸膜反折部位称胸膜反折线。肋胸膜与纵隔胸膜前缘的反折线是胸膜前界；肋胸膜与纵隔胸膜后缘的反折线是胸膜后界；肋胸膜与膈胸膜的反折线则是胸膜下界。胸膜前界的上端起自胸膜顶，向内下斜行，在第 2 胸肋关节水平，两侧互相靠拢，在正中线附近垂直下行，至第 4 胸肋关节平面以下，两侧胸膜反折线互相分开。在胸骨体下部和左侧第 4、5 肋软骨后方的三角形区域，称心包区。此处心包前方没有胸膜遮盖，临床上可在心包区进行心包穿刺或心内注射，以免损伤胸膜和肺。

胸膜的体表投影即壁胸膜各部互相移行形成的反折线在体表的投影位置。胸膜与肺的前界和下界的体表投影具有较大的实用意义。

胸膜下界的体表投影在锁骨中线处与第 8 肋相交（图 4-21），在腋中线处与第 10 肋相交，在肩胛线处与第 11 肋相交，最后在接近后正中线处平第 12 胸椎棘突高度。

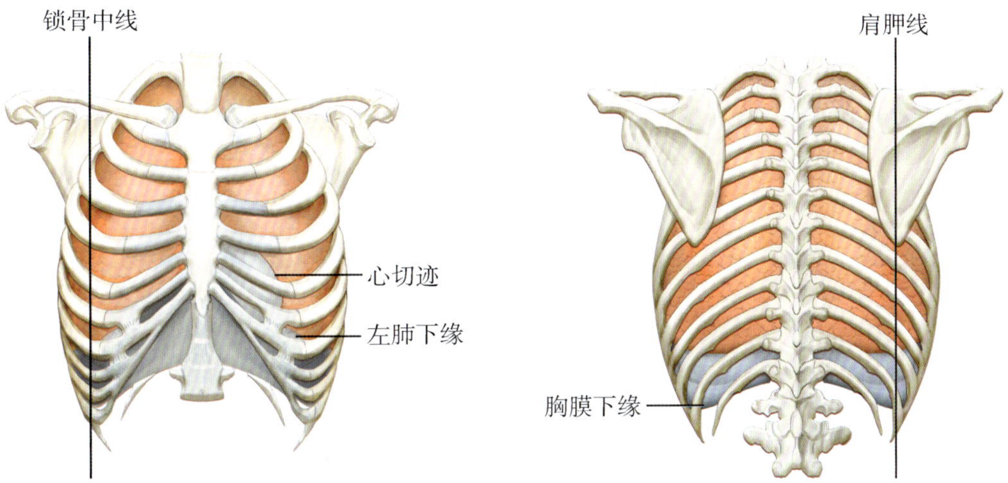

图 4-21 肺与胸膜下界的体表投影

肺下界的体表投影在各标志线处其投影位置多较胸膜下界高出约 2 个肋的距离，见表 4-1。

表 4-1 肺下界与胸膜下界的体表投影

项目	锁骨中线	腋中线	肩胛线	后正中线
肺下界	第 6 肋	第 8 肋	第 10 肋	第 10 胸椎棘突
胸膜下界	第 8 肋	第 10 肋	第 11 肋	第 12 胸椎棘突

考点 肺下界与胸膜下界的体表投影

第 4 节 纵 隔

一、纵隔的概念及分界

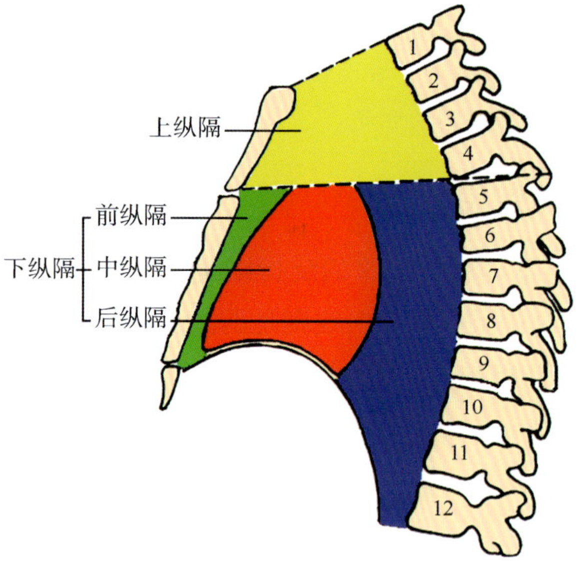

图 4-22 纵隔的分部

纵隔是两侧纵隔胸膜之间全部器官和组织的总称。其前界为胸骨，后界为脊柱胸段，两侧界为纵隔胸膜，上界为胸廓上口，下界为膈。

考点 纵隔的概念

二、纵隔的分部

通常以胸骨角平面将纵隔分为上纵隔和下纵隔（图 4-22）。下纵隔以心包为界又分为 3 部分，位于胸骨与心包前面之间的部分为前纵隔，心包、心，以及与其相连大血管根部所占据的部分为中纵隔，心包后面与脊柱胸段之间的部分为后纵隔。

自 测 题

一、单项选择题

A_1 型题

1. 以下不属于肺导气部的是（ ）
   A. 终末细支气管 B. 肺叶支气管
   C. 呼吸性细支气管 D. 小支气管
   E. 肺段支气管
2. 喉腔最狭窄的部分是（ ）
   A. 喉口 B. 前庭裂
   C. 喉中间腔 D. 声门裂
   E. 声门下腔
3. 关于肺，正确的表述是（ ）
   A. 位于胸膜腔内
   B. 左肺较右肺粗短
   C. 左肺前缘有心切迹
   D. 肺尖高出锁骨外侧 1/3 上方 2.5cm
   E. 左肺分三叶，右肺分两叶
4. 肺根内的结构不包括（ ）
   A. 主支气管 B. 肺静脉
   C. 气管杈 D. 肺动脉
   E. 支气管动脉
5. 肺下界的体表投影在腋中线处与（ ）
   A. 第 6 肋相交 B. 第 7 肋相交
   C. 第 8 肋相交 D. 第 9 肋相交
   E. 第 10 肋相交

A_2 型题

6. 患儿，男，1 岁。因呼吸困难 2 小时急诊就诊。经检查，诊断为喉部水肿导致的喉梗阻。请问病变发生的部位主要在（ ）
   A. 喉室 B. 喉中间腔
   C. 声门下腔 D. 喉前庭
   E. 喉口

二、填空题

1. 壁胸膜按部位可分为________、________、________、________4 部分。
2. 气管壁由内向外依次分为________、________和________3 层。

3. 喉软骨包括不成对的________、________、________和成对的________等。

三、名词解释

1. 气 - 血屏障
2. 肋膈隐窝
3. 纵隔

四、简答题

1. 气管内的异物易坠入哪侧主支气管？为什么？
2. 呼吸时，吸入的新鲜空气依次经何途径到达肺泡腔？

（时健华　韩　磊）

第 5 章
泌尿系统

泌尿系统由肾、输尿管、膀胱和尿道组成（图 5-1），主要功能是尿的生成与排出，从而将人体新陈代谢产生的废物、多余的水和无机盐排出体外，以维持人体内环境的相对稳定。尿由肾产生，经输尿管输送至膀胱储存。尿在膀胱内储存达一定量时，经尿道排出体外。

考点 泌尿系统的组成

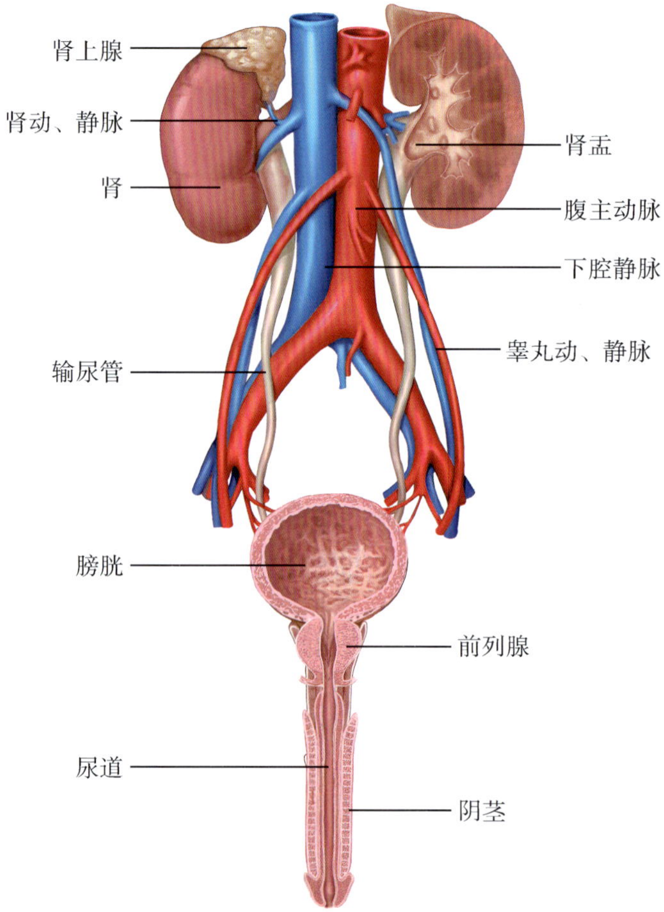

图 5-1 泌尿系统概况（男性）

第 1 节 肾

案例 5-1

患者，女，26 岁。因发热伴尿痛 3 小时急诊就诊。3 小时前无明显诱因突然出现尿频、尿急、尿痛，体温 38.5℃。初步诊断：肾盂肾炎。

问题：1. 简述肾的位置和形态。
2. 简述尿的产生及排出途径。

一、肾的形态和位置

（一）肾的形态

肾是实质性器官，左、右各一，形似蚕豆（图 5-2）。肾分为上下两端、前后两面和内外侧两缘。上端宽而薄，下端窄而厚。前面凸向前外侧，后面紧贴腹后壁。内侧缘中部凹陷为肾门，是肾的血管、神经、淋巴管及肾盂出入的门户。出入肾门诸结构被结缔组织包裹形成肾蒂。由肾门伸入肾实质的腔隙称肾窦，容纳肾血管、肾小盏、肾大盏、肾盂和脂肪等结构。肾门是肾窦的开口。

（二）肾的位置

肾位于脊柱两侧，紧贴腹后壁上部，是腹膜外位器官（图 5-3）。左肾上端平第 11 胸椎体下缘，下端平第 2 ～ 3 腰椎椎间盘，第 12 肋斜过左肾中部的后方。右肾略低于左肾。右肾上端平第 12 胸椎体上缘，下端平第 3 腰椎体上缘，第 12 肋斜过右肾上部的后方（图 5-4）。肾门约平第 1 腰椎体。在腰背部，肾门的体表投影在竖脊肌外侧缘与第 12 肋所形成的夹角处，称肾区。肾病患者叩击或触压此处可引起疼痛。

考点 肾的位置；肾区的概念及其临床意义

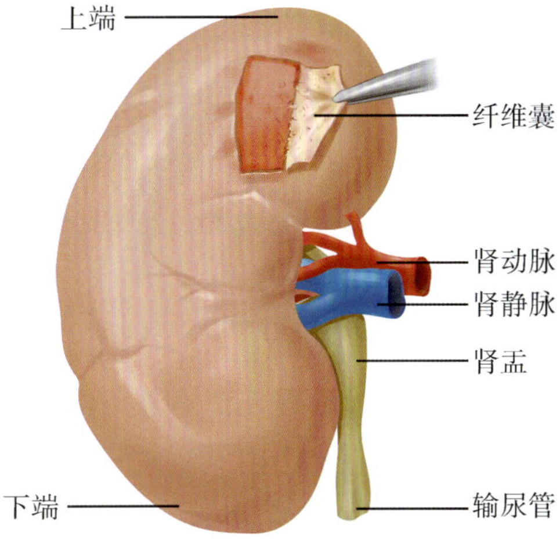

图 5-2　肾的形态（前面观）

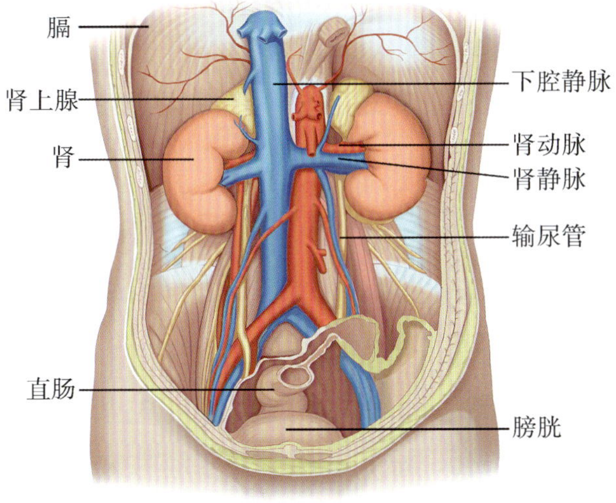

图 5-3　腹后壁（肾和输尿管的位置）

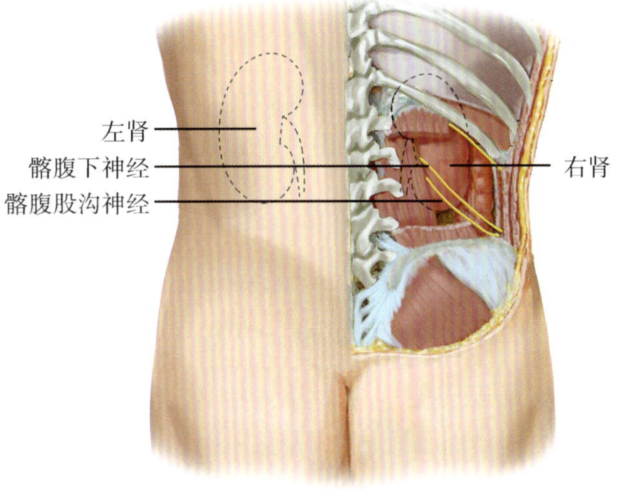

图 5-4　肾与肋、椎骨的位置关系（后面观）

二、肾的被膜

肾的表面由内向外依次有纤维囊、脂肪囊和肾筋膜 3 层被膜（图 5-5）。

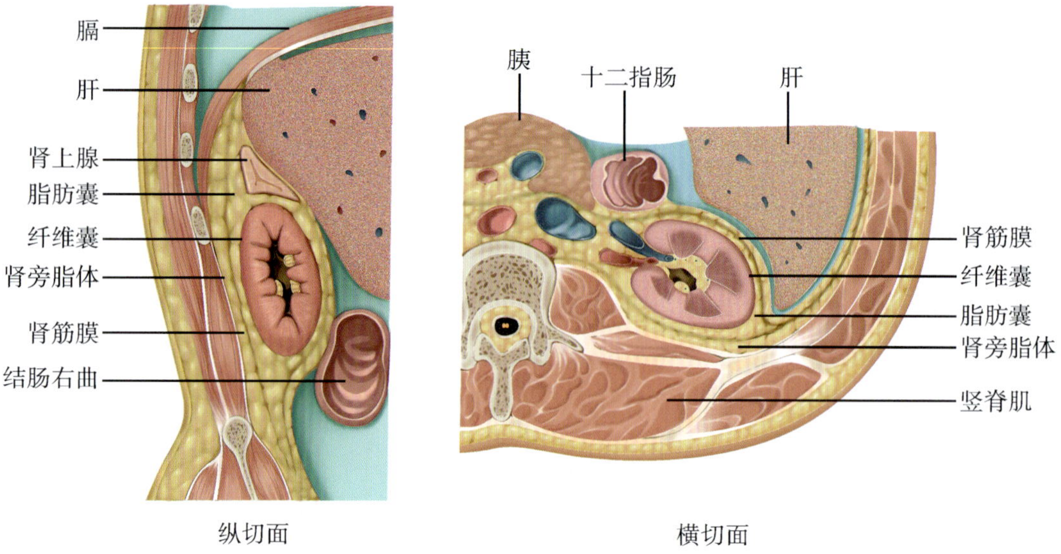

图 5-5 肾的被膜

（一）纤维囊

纤维囊紧贴肾表面，薄而坚韧，由致密结缔组织和少量弹性纤维构成。肾破裂或部分肾切除时需缝合此膜。

（二）脂肪囊

脂肪囊又称肾床，包被于纤维囊外面，并经肾门延伸至肾窦内，与肾窦内的脂肪组织相续，对肾有保护作用。临床上行肾囊封闭时，将药物经腹后壁注入此囊内。

（三）肾筋膜

肾筋膜位于脂肪囊外面，分前、后两层，包被肾和肾上腺。前层与对侧前层相连续，后层与腰大肌筋膜相融合。前、后两层在肾的外侧和上方相融合，下方分开，有输尿管通过。肾筋膜深面发出许多结缔组织小束，穿过脂肪囊和纤维囊相连，对肾起固定作用。

肾的正常位置依靠肾被膜、肾血管、腹膜、腹内压和肾的邻近器官等来固定和维持，当肾的固定装置不健全时，肾可向下移位，形成肾下垂或游走肾。

三、肾的剖面结构

肾的冠状切面观，肾实质分为浅层的肾皮质和深层的肾髓质（图 5-6）。肾髓质由 15 ～ 20 个呈圆锥形的肾锥体构成。肾锥体的底朝向肾皮质，尖端钝圆，朝向肾窦。肾锥体的底与肾皮质相连接，从肾锥体的底呈放射状伸入肾皮质的条纹称髓放线。2 ～ 3 个肾锥体尖端合并成肾乳头，突入肾小盏内。肾乳头顶端有许多小孔，称乳头孔。终尿经乳头孔流入肾小盏内。位于肾锥体之间的皮质部分称肾柱。

包绕在肾乳头周围的漏斗状膜性管道，称肾小盏，共 7 ～ 8 个；2 ～ 3 个肾小盏汇合成 1 个肾大盏；2 ～ 3 个肾大盏汇合成 1 个肾盂，肾盂经肾门后向下弯行，约在第 2 腰椎上缘平面，逐渐变细移行为输尿管。

考点 肾的剖面结构特点

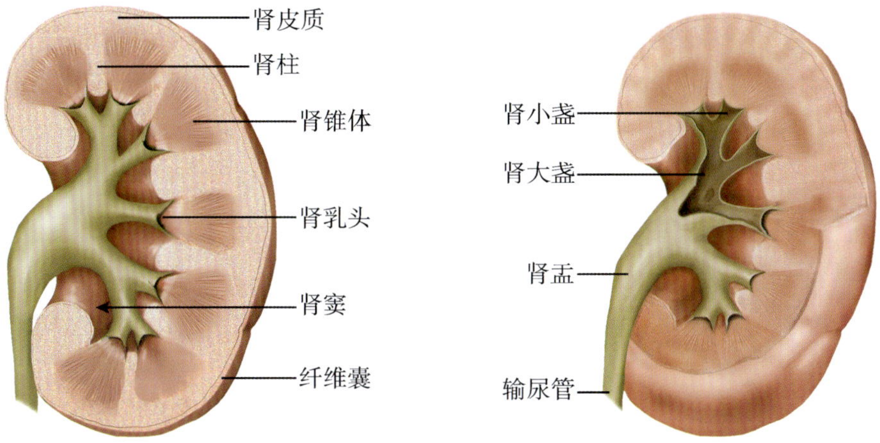

图 5-6　肾冠状切面模式图（后面观）

四、肾的组织结构

肾实质主要由大量的肾单位和集合小管系构成，其间有少量的结缔组织、血管和神经等结构。集合小管系又称集合管。每个肾单包括 1 个肾小体和 1 条与其相连的肾小管（图 5-7）。肾小管汇入集合管，它们都是单层上皮性管道，合称泌尿小管。

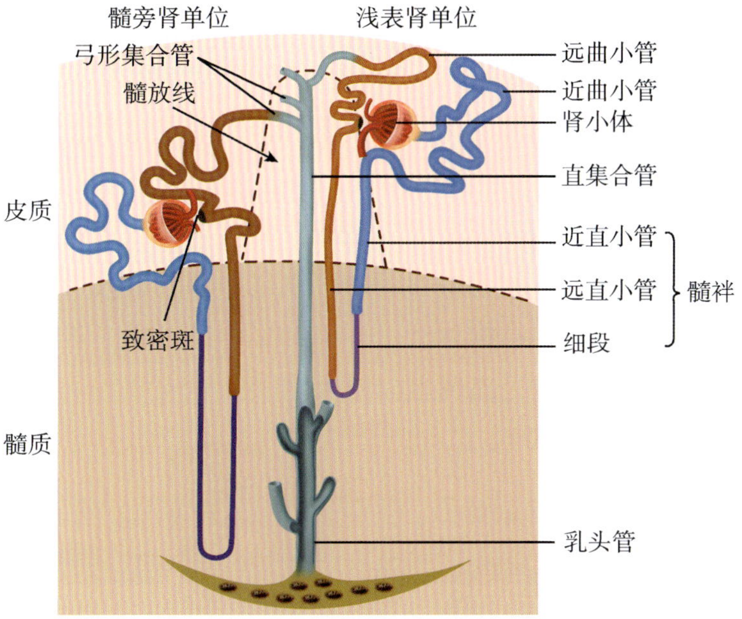

图 5-7　肾单位和集合管模式图

（一）肾单位

肾单位是肾结构和功能的基本单位，由肾小体和肾小管构成。每个肾约有 150 万个肾单位，它们与集合管共同行使泌尿功能。

1. 肾小体　位于肾皮质内，呈球形，由血管球和肾小囊构成（图 5-8，图 5-9）。肾小体有两个极，微动脉出入端为血管极，与近曲小管相接端为尿极。

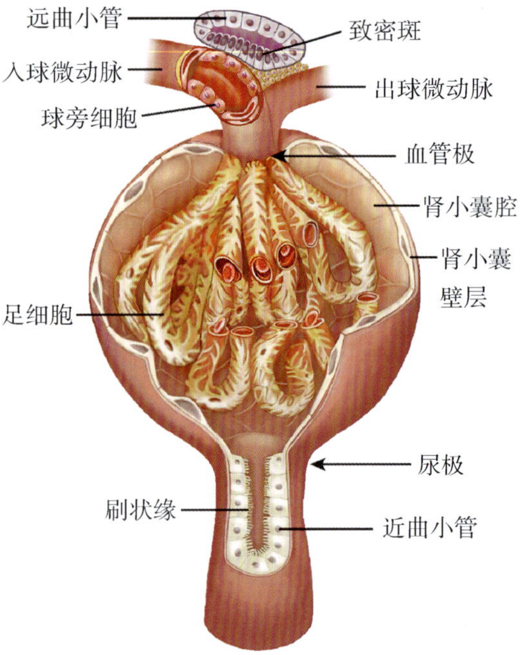

图 5-8 肾小体与球旁复合体立体模式图

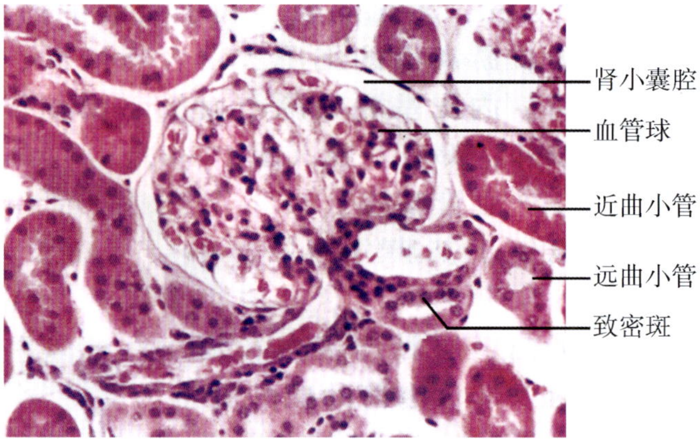

图 5-9 肾皮质光镜结构像

（1）血管球 又称肾小球，是位于入球微动脉与出球微动脉之间盘曲成球状的毛细血管（图 5-9），管壁由一层有孔的内皮细胞及其外面的基膜构成。

（2）肾小囊 是在胚胎时期肾小管起始端膨大并凹陷而成的杯状双层上皮囊。两层囊壁之间的腔隙称肾小囊腔。肾小囊的外层称肾小囊壁层，由单层扁平上皮构成，与近端小管的上皮相延续；内层称肾小囊脏层，由足细胞构成，贴附于血管球毛细血管基膜周围（图 5-8，图 5-10）。足细胞发出初级突起和次级突起，相邻次级突起相互穿插嵌合，其间有裂孔，为裂孔膜所覆盖。当血液流经血管球的毛细血管时，血浆中部分物质可经有孔的内皮细胞、基膜和裂孔膜滤入肾小囊腔，这 3 层结构称滤过屏障，又称滤过膜。若滤过屏障受损，蛋白质甚至血细胞都有可能漏入肾小囊腔，出现蛋白尿或血尿。

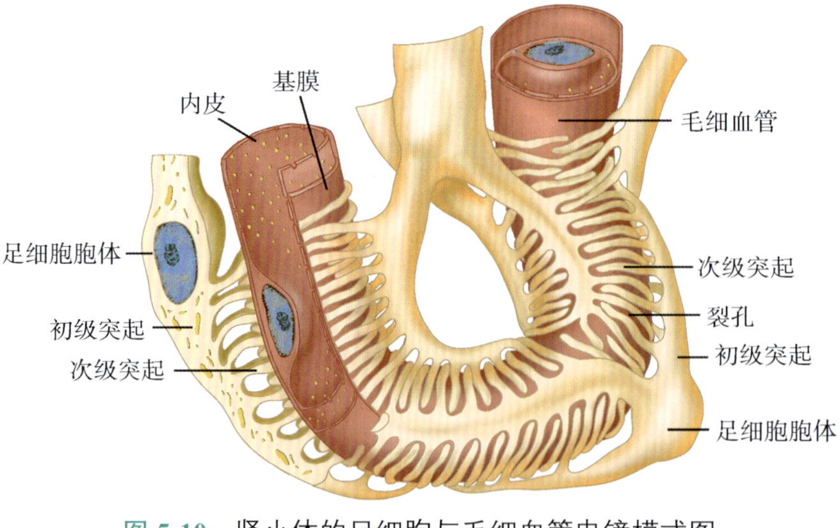

图 5-10 肾小体的足细胞与毛细血管电镜模式图

2. 肾小管　是一条细长迂曲的管道，起自肾小囊，止于集合管。从近端至远端依次为近端小管、细段和远端小管（图 5-7）。

（1）近端小管　为肾小管起始段，分为近曲小管和近直小管，管壁均由单层立方或锥形上皮细胞构成。近曲小管盘曲于肾小体附近，始端与肾小囊腔相通。近直小管位于近曲小管和细段之间。

（2）细段　为肾小管中管径最细的部分，管壁为单层扁平上皮。

（3）远端小管　包括远直小管和远曲小管，管壁均由单层立方上皮构成。远曲小管盘曲于肾小体附近。

近直小管、细段和远直小管共同构成 U 形袢状结构，称髓袢，又称肾单位袢，能减缓肾小管内液体流速。

考点 肾单位的组成；滤过屏障的概念

（二）集合管

集合管包括弓形集合管、直集合管和乳头管 3 段（图 5-7）。弓形集合管很短，一端连接远曲小管，另一端呈弧形弯入髓放线，与直集合管相连。直集合管在髓放线和肾锥体内下行，至肾乳头处改称乳头管。直集合管在髓放线下行时沿途有许多弓形集合管汇入。

（三）球旁复合体

球旁复合体又称肾小球旁器，由球旁细胞、致密斑和球外系膜细胞组成（图 5-8，图 5-9）。

1. 球旁细胞　入球微动脉行至近肾小体血管极处，管壁中平滑肌细胞分化为上皮样细胞，具有分泌功能，称球旁细胞。细胞体积较大，呈立方形，能分泌肾素。

2. 致密斑　为远曲小管靠近肾小体侧的上皮细胞形成的椭圆形斑，此处上皮细胞呈柱状，排列紧密，细胞核位于近细胞顶部。致密斑是 Na^+ 感受器，有调节球旁细胞分泌肾素的功能。

考点 球旁细胞的概念

五、肾的血液循环

肾的血液循环兼有营养肾组织和参与尿生成的双重作用，具有如下特点：①肾动脉直接发自腹主动脉，血管粗短，压力高，血流量大。②入球微动脉粗短，出球微动脉细长，血管球内的压力较高，利于滤过。③动脉两次形成毛细血管网，第 1 次是入球微动脉分支形成血管球，有利于原尿的形成；第 2 次是出球微动脉分支在肾小管周围形成球后毛细血管网，有利于肾小管和集合管的重吸收。

第 2 节　输尿管、膀胱、尿道

案例 5-2

患者，男，33 岁。因右侧腰痛伴血尿 2 个月入院。2 个月前，右侧腰部持续性胀痛，活动后出现血尿并伴轻度尿急、尿频、尿痛。查体：右肾区压痛、叩痛，右输尿管走行区平脐水平有深压痛。实验室检查：尿 pH5.6、尿蛋白阳性、尿酸升高。逆行造影右输尿管充盈性缺损。B 超检查：右肾盂扩张、右输尿管上段扩张。临床诊断：右输尿管结石。

问题：1. 输尿管3处生理狭窄分别位于何处？
2. 输尿管结石易滞留于何处？

一、输　尿　管

输尿管是一对细长的肌性管道（图5-1），长20～30cm，管径一般为0.5～1.0cm。输尿管管壁由内向外分为黏膜、肌层和外膜3层。

（一）输尿管的行程和分部

输尿管起自肾盂，在壁腹膜后方沿腰大肌前面下行，于小骨盆上口处跨髂总动脉分叉处前方入盆腔，斜穿膀胱底外上角的膀胱壁，开口于膀胱底内面的输尿管口。

输尿管全长分为输尿管腹部、输尿管盆部和输尿管壁内部。输尿管腹部介于肾盂末端和小骨盆入口处之间；盆部介于小骨盆入口和膀胱底之间；输尿管壁内部为输尿管斜穿膀胱壁的部分。当膀胱充盈时，由于膀胱内压的升高，输尿管壁内部被挤压而闭合，可防止尿液逆流入输尿管。

（二）输尿管的生理狭窄

输尿管全程有3处生理狭窄：①上狭窄位于肾盂输尿管移行处。②中狭窄位于小骨盆上口，输尿管跨过髂血管处。③下狭窄位于输尿管的壁内部。狭窄处管径只有0.2～0.3cm，常是输尿管结石易滞留的部位。

考点 输尿管3处狭窄的位置

二、膀　　胱

膀胱是囊状肌性器官（图5-1），膀胱的形状、大小、位置和壁的厚度均随性别、年龄和尿液充盈程度的不同而变化。通常成人的膀胱容量为350～500ml，新生儿膀胱容量约为成人的1/10，老年人因膀胱肌张力低而容量增大。

（一）膀胱的形态

膀胱空虚时呈三棱锥体形，可分为膀胱尖、膀胱体、膀胱底和膀胱颈4部分（图5-11）。膀胱尖细小，朝向前上方；膀胱底近似三角形，朝向后下方；膀胱尖与膀胱底之间的部分为膀胱体；膀胱的最下部变细，称膀胱颈，与尿道相接。膀胱各部之间无明显界限。

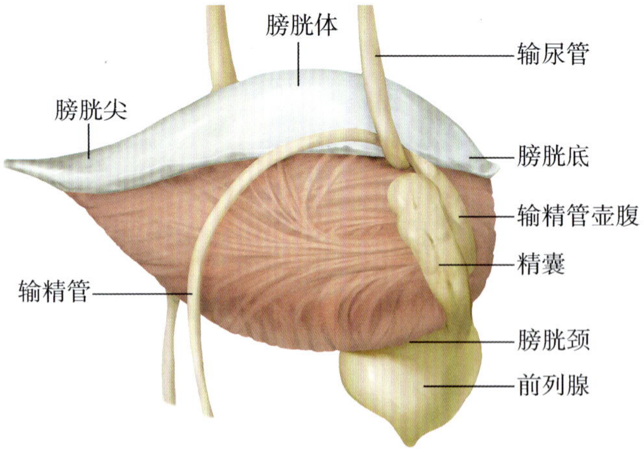

图5-11　膀胱的形态（男性）

（二）膀胱的位置和毗邻

成人膀胱空虚时位于小骨盆腔内，前方邻耻骨联合，后方在男性与精囊、输精管壶腹和直肠相邻，在女性与子宫和阴道相邻（图5-12）。膀胱颈的下方，男性邻前列腺，女性邻尿生殖膈。

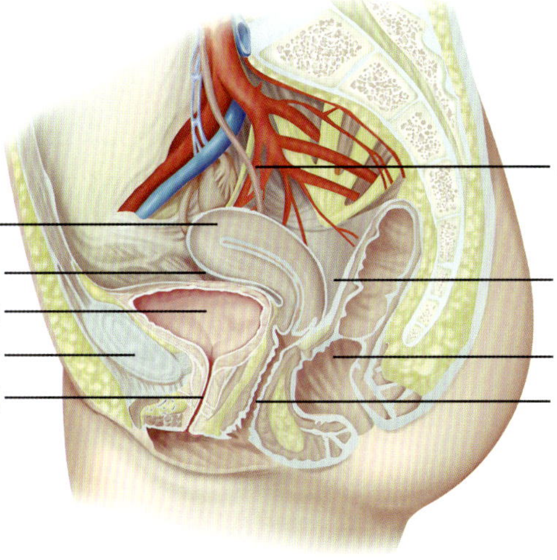

图 5-12　盆腔正中矢状切面（女性）

膀胱空虚时，膀胱尖不超过耻骨联合上缘。膀胱充盈时，膀胱尖高出耻骨联合上缘，由腹前壁反折向膀胱的腹膜也随之上移至耻骨联合上方，此时在耻骨联合上方施行膀胱穿刺术，可避免损伤腹膜及腹膜腔的污染。

（三）膀胱壁的结构

膀胱壁由内向外分为黏膜、肌层和外膜 3 层。膀胱壁收缩时，黏膜可聚集形成许多皱襞；膀胱壁扩张时，皱襞减少或消失。在膀胱底内面，位于左、右输尿管口和尿道内口之间的三角形区域，无论膀胱扩张或收缩，黏膜始终保持平滑，称膀胱三角（图 5-13），是肿瘤、结核和炎症的好发部位。左、右输尿管口之间的皱襞称输尿管间襞，是临床上输尿管口的标志。

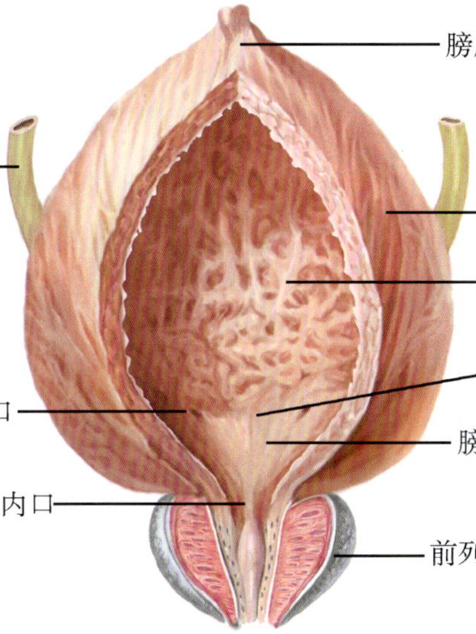

图 5-13　膀胱三角

考点　膀胱三角的概念及其临床意义

三、尿　　道

尿道是从膀胱通向体外的一条管道。女性尿道一般长 3 ～ 5cm，较男性尿道短、宽而直。女性尿道起自尿道内口，穿过尿生殖膈，开口于阴道前庭的尿道外口（图 5-12）。在尿生殖膈中，在尿道和阴道周围有尿道阴道括约肌环绕，此肌为骨骼肌，有控制排尿的作用。男性尿道详见生殖系统。

考点　女性尿道的特点及其开口部位

链接

女性导尿术应用解剖

导尿术是在严格无菌操作下，将导尿管经尿道插入膀胱引出尿液的临床诊疗技术。其目的是解除尿潴留、协助临床诊断和膀胱疾病（如膀胱炎、膀胱癌）的治疗等。为女性导尿插管时，要仔细观察，认清尿道外口，避免误入阴道（图 5-12）。女性尿道外口位于阴道前庭前部，阴蒂与阴道口之间，距阴蒂 2 ～ 2.5cm，距阴道口约 1cm。将导尿管从尿道外口插入 4 ～ 6cm，见尿流出再插入 1cm，固定即可。

自测题

一、单项选择题

A_1 型题

1. 人体最重要的排泄器官是（　　）
   A. 皮肤　B. 肝
   C. 大肠　D. 肺
   E. 肾
2. 膀胱肿瘤好发部位在（　　）
   A. 膀胱底　B. 膀胱颈
   C. 膀胱体　D. 膀胱三角
   E. 膀胱尖
3. 组成肾单位的是（　　）
   A. 肾小体和肾小管　B. 肾小球和肾小管
   C. 肾小囊和肾小管　D. 肾小球和集合管
   E. 肾小体和集合管
4. 不通过肾门的是（　　）
   A. 肾静脉　B. 神经
   C. 淋巴管　D. 输尿管
   E. 肾动脉
5. 肾锥体位于（　　）
   A. 肾小盏　B. 肾窦
   C. 肾皮质　D. 肾大盏
   E. 肾髓质

A_2 型题

6. 患者，男，21 岁。因肉眼血尿 2 日就诊。查血常规、尿常规，初步诊断为肾小球肾炎。下列结构中，若发生病变能导致出现血尿的是（　　）
   A. 肾小管　B. 滤过屏障
   C. 远曲小管　D. 肾小囊
   E. 近端小管

二、填空题

1. 肾的表面由内向外依次有________、________和________3 层被膜。
2. 肾小管由________、________和________组成。
3. 膀胱可分为________、________、________及________4 部分。

三、名词解释

1. 滤过屏障
2. 球旁细胞
3. 膀胱三角

四、简答题

1. 简述输尿管 3 处狭窄的位置及临床意义。
2. 简述女性尿道的特点及其开口部位。

（李金媛　邬仁才岑）

第6章 生殖系统

生殖系统分为男性生殖系统和女性生殖系统。根据器官所在部位男、女性生殖系统均可分为内生殖器和外生殖器两部分（表6-1）。内生殖器多位于盆腔内，包括生殖腺、生殖管道和附属腺。外生殖器露于体表。

生殖系统主要有产生生殖细胞、分泌性激素、繁殖新个体等功能。

表6-1 生殖系统的组成

组成		男性生殖系统	女性生殖系统
内生殖器	生殖腺	睾丸	卵巢
	生殖管道	附睾、输精管、射精管、男性尿道	输卵管、子宫、阴道
	附属腺	精囊、前列腺、尿道球腺	前庭大腺
外生殖器		阴囊、阴茎	女阴

第1节 男性生殖系统

案例6-1

患者，男，29岁。左侧阴囊有坠胀感，持续半年；结婚2年，性生活正常，未采取任何避孕措施，女方未怀孕。体格检查：左侧阴囊下垂，扪及迂曲柔软的团块。精液常规检查：射精量2ml，精子计数3.9×10^6/ml，活动率35%，活动度低。临床诊断：精索静脉曲张，少精症。

问题： 1. 简述睾丸的位置及精液的组成。

2. 简述精索的概念。

男性内生殖器由生殖腺（睾丸）、生殖管道（附睾、输精管、射精管、男性尿道）和附属腺（精囊、前列腺、尿道球腺）组成（图6-1，图6-2）。男性外生殖器包括阴囊和阴茎，前者容纳睾丸、附睾等，后者是男性的性交器官。

一、男性内生殖器

（一）睾丸

睾丸是男性生殖腺，可产生精子和分泌雄激素。

1. 睾丸的位置和形态　睾丸位于阴囊内（图6-3），左右各一。睾丸表面光滑，呈微扁的椭圆形，分内、外侧面，上、下端和前、后缘。内侧面较平坦，外侧面较隆凸。下端及前缘游离，上端及后缘有附睾相连，并有血管、淋巴管、神经在后缘出入。在性成熟期以前睾丸发育较慢，至性成熟期发育迅速，老年人睾丸萎缩变小。

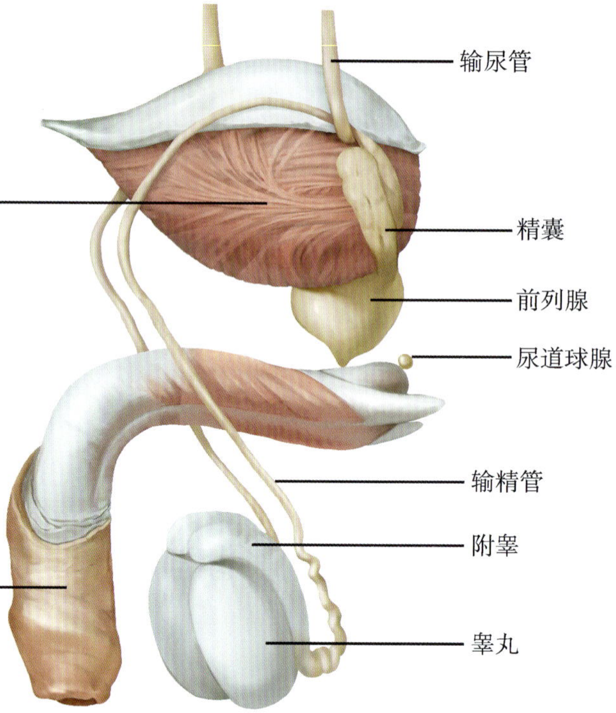

图 6-1 生殖系统模式图（男性）

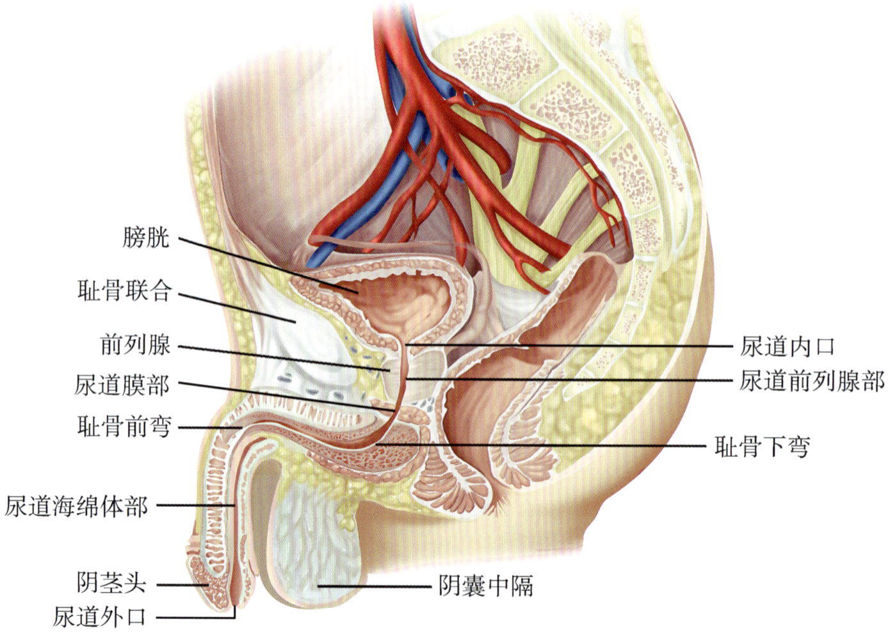

图 6-2 盆腔矢状切面（男性）

2. 睾丸的组织结构　睾丸表面有一层致密结缔组织构成的白膜（图 6-4）。白膜在睾丸后缘增厚形成睾丸纵隔，后者发出睾丸小隔将睾丸分成约 250 个锥形的睾丸小叶。每个睾丸小叶内有 1 ～ 4 条细长而弯曲的生精小管。生精小管在接近睾丸纵隔处变为短而直的精直小管，后者进入睾丸纵隔后相互吻合形成睾丸网。生精小管之间的疏松结缔组织称睾丸间质。

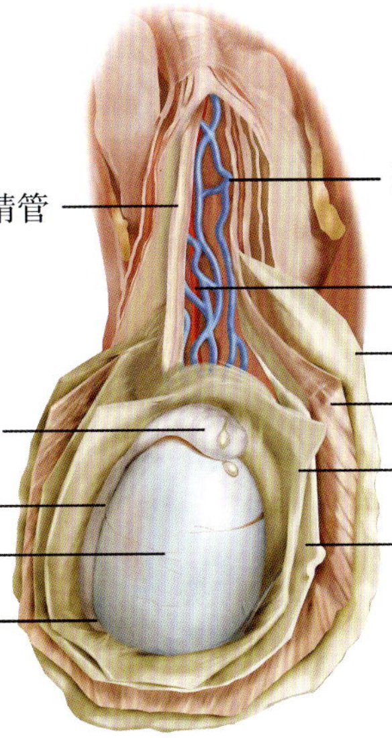

图 6-3　睾丸与附睾

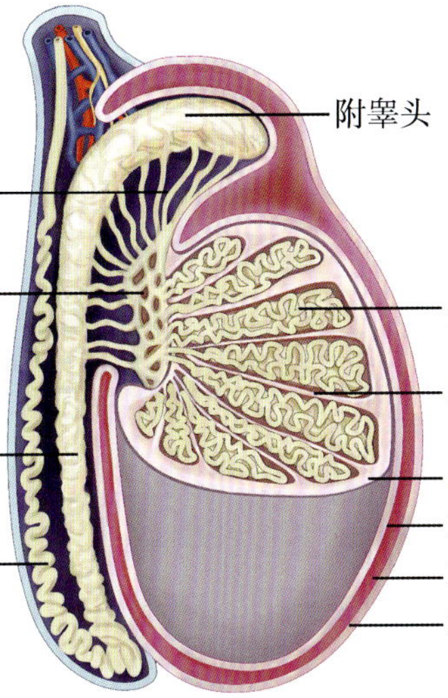

图 6-4　睾丸与附睾组织结构模式图

（1）生精小管　是产生精子的场所，主要由生精上皮构成。生精上皮由支持细胞和 5 ～ 8 层生精细胞组成（图 6-5，图 6-6）。

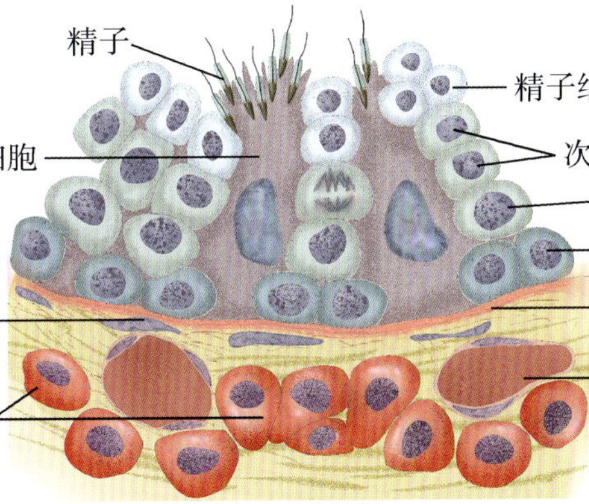

图 6-5　支持细胞和生精细胞模式图

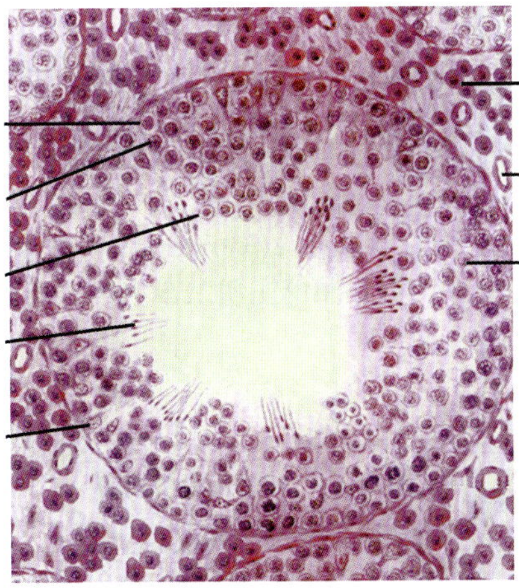

图 6-6　生精小管与睾丸间质光镜结构像

1）支持细胞：呈不规则长锥体形，基部紧贴基膜，顶部伸达腔面，侧面和腔面镶嵌着各级生精细胞。支持细胞对生精细胞起支持、营养、保护等作用，参与形成血 - 睾屏障，还能合成、分泌雄激素结合蛋白，以保持生精小管内较高的雄激素水平，促进精子发生。

2）生精细胞：生精小管管壁内可见不同发育阶段的生精细胞，从基膜到管腔依次为精原细胞、初级精母细胞、次级精母细胞、精子细胞和精子。精子形似蝌蚪，分头、尾两部。精子头部主要是高度浓缩的细胞核，核的前 2/3 被顶体覆盖。顶体内含多种水解酶，在受精过程中发挥重要作用。精子尾部细长，能摆动，是精子的运动装置。

（2）睾丸间质　是位于生精小管之间的富含血管、淋巴管的疏松结缔组织，其中有成群分布的睾丸间质细胞（图 6-5，图 6-6）。睾丸间质细胞，又称 Leydig 细胞，呈圆形或多边形，细胞核圆形，细胞质呈嗜酸性。从青春期开始，睾丸间质细胞分泌雄激素。雄激素有促进精子发生和男性生殖器官发育、维持男性第二性征和性功能、促进红细胞生成等作用。

血 - 睾屏障位于睾丸间质的毛细血管与生精小管之间，又称血 - 生精小管屏障，由毛细血管内皮及其基膜、结缔组织、生精上皮基膜和支持细胞的紧密连接等构成。它能阻挡血液中某些物质接触生精上皮，形成并维持有利于精子发生的微环境，能防止精子抗原物质逸出到生精小管外而引发的自身免疫反应。

考点 睾丸的位置及功能

（二）生殖管道

男性生殖管道包括附睾、输精管、射精管、男性尿道 4 部分（图 6-1，图 6-2）。

1. 附睾　紧贴于睾丸的上端和后缘，呈新月形，主要由睾丸输出小管和附睾管组成。附睾包括上端膨大的附睾头、中部的附睾体和下端的附睾尾 3 部分。附睾尾向上反折移行为输精管。附睾暂时储存精子，分泌附睾液营养精子，并促进精子进一步成熟等功能。若附睾功能异常，会影响精子的成熟，导致男性不育。

2. 输精管　是输送精子的肌性管道。输精管始于附睾尾，沿附睾内侧上行至阴囊根部，穿过腹股沟管入盆腔，经输尿管末端的前方绕行至膀胱底的后方形成膨大的输精管壶腹。输精管壶腹的末端变细，与精囊的排泄管汇合成射精管。

精索是位于睾丸上端至腹股沟管深环之间的柔软的圆索状结构，内含输精管、睾丸动脉、蔓状静脉丛、淋巴管和神经等结构。精索表面包有 3 层被膜，从外向内依次为精索外筋膜、提睾肌和精索内筋膜（图 6-7）。

3. 射精管　是由输精管的末端与精囊的排泄管汇合而成，长约 2cm，向前下穿过前列腺，开口于尿道前列腺部。射精管管壁有平滑肌纤维，能产生有力的收缩，协助精液排出。

4. 男性尿道　详见本节第三部分。

考点 射精管的开口部位

（三）附属腺

附属腺包括精囊、前列腺、尿道球腺（图 6-1，图 6-8）。

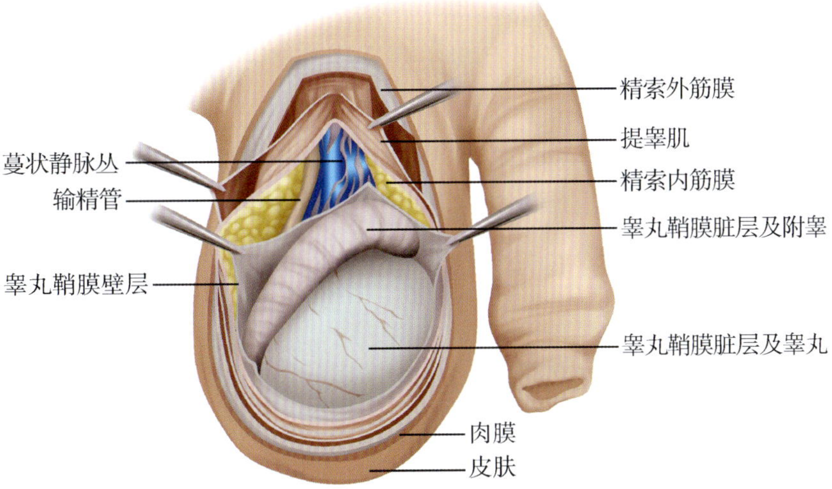

图 6-7　精索及阴囊结构

1. 精囊　又称精囊腺，是 1 对长椭圆形的囊状器官，位于膀胱底的后方，输精管壶腹的外侧，其排泄管与输精管的末端汇合成射精管。精囊分泌液体参与精液的组成。

2. 前列腺　是单一的实质性器官，位于膀胱颈与尿生殖膈之间，其前方为耻骨联合，后方为直肠壶腹。前列腺呈前后稍扁的栗子形，上端宽大，下端尖细，后面正中有一纵行浅沟称前列腺沟。尿道前列腺部纵行穿过前列腺。前列腺的排泄管直接开口于尿道前列腺部，其分泌物参与精液的组成。

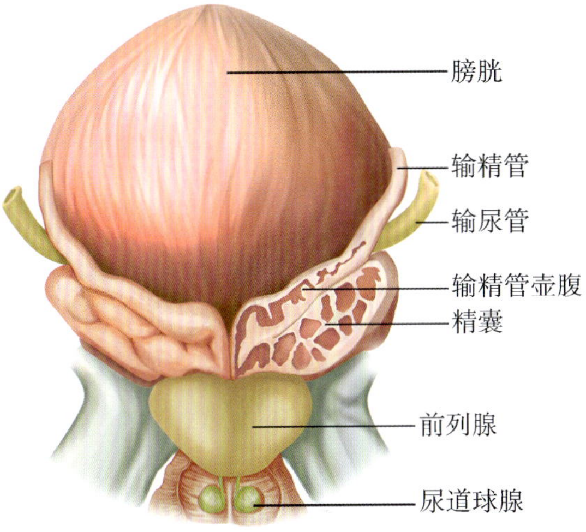

图 6-8　前列腺、精囊和尿道球腺（后面观）

前列腺由腺组织和平滑肌组织等构成。前列腺一般可分为 5 叶，即前、中、后叶和两侧叶（图 6-9）。前叶位于尿道前方和左、右侧叶之间；中叶位于尿道和射精管之间；左、右侧叶分别位于前叶、尿道、中叶的两侧；后叶位于中叶和侧叶的后方，是前列腺肿瘤的易发部位。

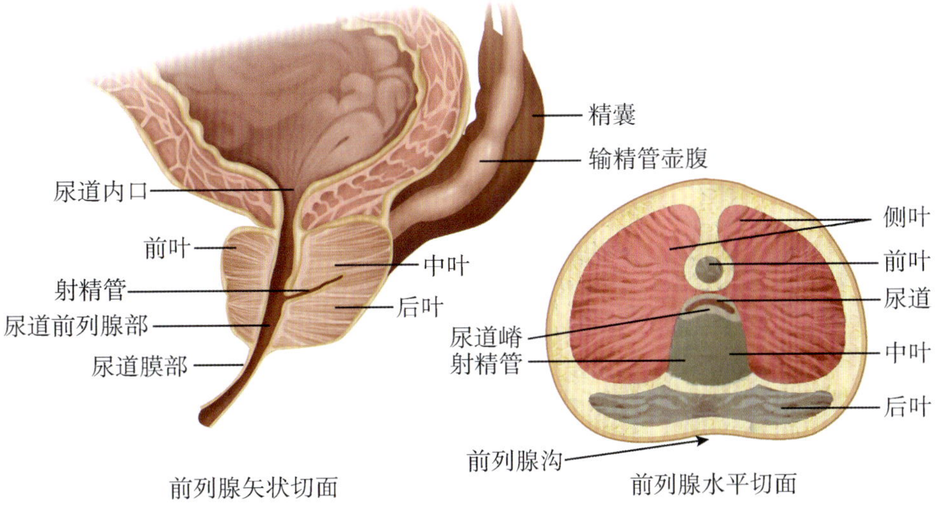

图 6-9　前列腺

小儿前列腺较小；自青春期开始，前列腺迅速增大，分泌活动增强；老年时腺组织退化，结缔组织增生，形成前列腺增生。前列腺增生多发生在中叶和侧叶，可压迫尿道，引起排尿困难甚至尿潴留。

3. 尿道球腺　是1对豌豆大小的球形器官，位于会阴深横肌内，其排泄管开口于尿道球部，分泌物参与精液的组成。

精液由男性生殖管道、附属腺的分泌物和睾丸产生的精子混合而成，为乳白色呈弱碱性液体。

精子的产生及精液排出途径可表示为：

精囊分泌物↘

睾丸生精小管产生精子→附睾→输精管→射精管→男性尿道→体外

前列腺分泌物↗↑↖尿道球腺分泌物

考点 精子的产生及精液排出途径

二、男性外生殖器

（一）阴囊

阴囊为位于阴茎后下方的皮肤囊袋，由皮肤和肉膜组成（图6-7，图6-10），被阴囊中隔分为左、右两腔，分别容纳同侧的睾丸、附睾等。阴囊的皮肤薄而柔软，颜色深暗，有少量阴毛；肉膜为浅筋膜，内含平滑肌纤维，可随外界环境温度的变化而舒缩，从而调节阴囊内的温度，有利于精子的生存和发育。

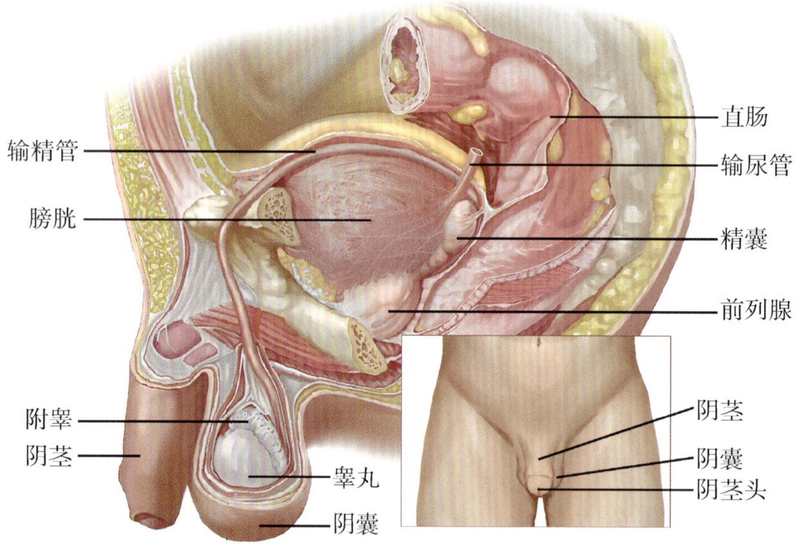

图6-10　阴囊和阴茎

（二）阴茎

阴茎是男性的性交器官，分阴茎头、阴茎体和阴茎根3部分（图6-11）。阴茎前端膨大为阴茎头；中部为圆柱形阴茎体，以韧带悬于耻骨联合的前下方；后端为阴茎根，藏于阴囊和会阴部皮肤的深面。

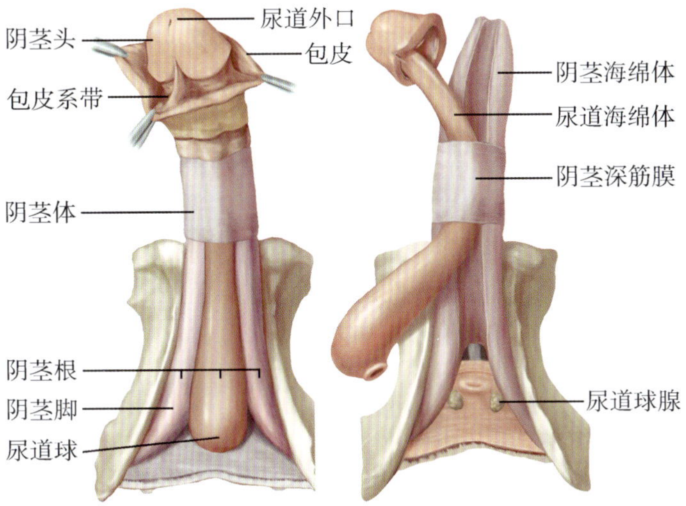

图 6-11　阴茎的组成

阴茎由背侧的2条阴茎海绵体和腹侧的1条尿道海绵体外被筋膜和皮肤构成（图6-11，图6-12）。两条阴茎海绵体紧密相连，前端嵌入阴茎头后面的凹陷内，后端称阴茎脚，分别附着于两侧的坐骨支和耻骨下支。尿道海绵体内有尿道纵行贯穿其全长。尿道海绵体的前端膨大，即阴茎头，有呈矢状位的尿道外口，后端膨大，称尿道球，位于两侧的阴茎脚之间，固定在尿生殖膈的下面。海绵体内部是由许多海绵体小梁和与血管相通的腔隙构成的，当腔隙充血时，阴茎可变粗变硬并勃起。

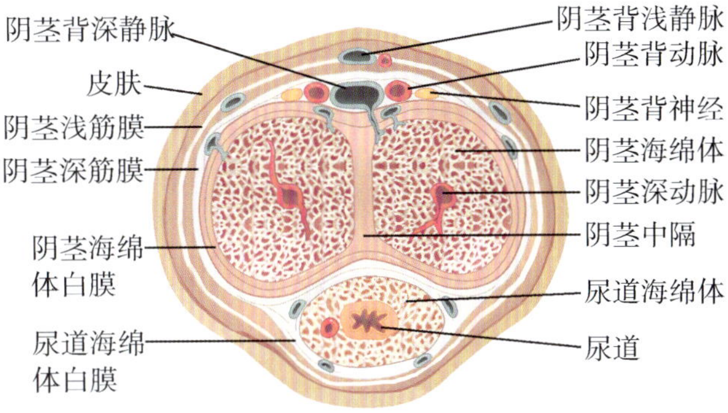

图 6-12　阴茎中部水平切面

阴茎的皮肤薄而柔软，富有伸展性，在阴茎体的前端形成双层游离的环形皱襞包绕阴茎头，称阴茎包皮（图6-13）。在阴茎头腹侧，连于尿道外口下端与包皮之间的皮肤皱襞，称包皮系带。临床上做包皮环切时应注意切勿伤及包皮系带，以免影响阴茎的正常勃起。

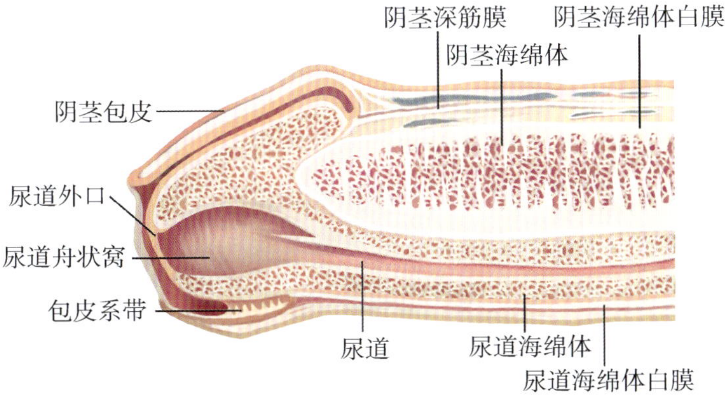

图 6-13　阴茎正中矢状面模式图

链 接

阴茎包皮

幼儿的阴茎包皮较长，包着整个阴茎头，有保护作用。随着年龄的增长，阴茎的发育，阴茎包皮逐渐向后退缩，包皮口逐渐扩大，阴茎头显露于外。成年后，阴茎包皮不能退缩完全暴露阴茎头，称包皮过长；若阴茎包皮口过小，阴茎包皮完全包着阴茎头，称包茎，应行包皮环切。由于阴茎包皮过长或包茎，包皮下可积聚许多皮脂腺的分泌物，形成包皮垢，长期刺激，可引起阴茎头感染甚至可诱发阴茎癌。

三、男性尿道

（一）男性尿道的分部

男性尿道兼有排尿和排精的双重功能，始于膀胱尿道内口，终于阴茎头的尿道外口（图6-2）。成年男性尿道长16～22cm，分为前列腺部、膜部、海绵体部3部。

1. 前列腺部　为尿道穿过前列腺的部分，长约3cm，其后壁有前列腺排泄管及射精管的开口。

2. 膜部　为尿道穿过尿生殖膈的部分，长约1.5cm，其周围有尿道括约肌环绕，该肌是骨骼肌，有控制排尿的功能。膜部位置较固定，骨盆骨折时，易损伤此部。

3. 海绵体部　为尿道穿过尿道海绵体的部分，长12～17cm。尿道球内的尿道称尿道球部，尿道球腺开口于此。阴茎头内尿道扩大，称尿道舟状窝（图6-13）。

临床上将尿道海绵体部称为前尿道，将尿道前列腺部和膜部合称为后尿道。

（二）男性尿道的形态特点

男性尿道全长有3处狭窄、3处扩大和2个弯曲（图6-2）。3处狭窄分别是尿道内口、尿道膜部、尿道外口，其中尿道外口是最狭窄的，尿道结石易嵌顿在狭窄处。3处扩大分别位于前列腺部、尿道球部和尿道舟状窝，其中前列腺部是尿道的最宽阔处。2个弯曲分别是耻骨下弯和耻骨前弯。耻骨下弯位于耻骨联合的后下方，凹面向前上方，由尿道的前列腺部、膜部和海绵体部的起始段形成，此弯曲固定，不能变直。耻骨前弯位于耻骨联合前下方，凹面向后下方，由尿道海绵体部的中段构成，阴茎勃起或将阴茎拉向腹壁时，此弯可变直而消失。临床上行膀胱镜检查或导尿时应注意这些解剖特点。

考点 男性尿道的分部、狭窄及弯曲

链 接

男性导尿应用解剖

男性导尿是将导尿管从尿道外口插入，依次经过男性尿道的海绵体部、膜部和前列腺部，最后经尿道内口插入膀胱（图6-2），共约20cm，见有尿液流出，再插入2cm即可。操作时，提起患者的阴茎，使之与腹壁间呈60°，使男性尿道的耻骨前弯消失，从而形成一个凹面向上的大弯，以减少导尿管插入的阻力。在男性尿道的3个狭窄处，动作要更加轻柔、缓慢，边插边顺时针或逆时针或左右转动导尿管，以利于导尿管顺利插入，防止导尿管在尿道内蜷缩，切忌用力过猛造成尿道黏膜损伤。如遇患者阴茎勃起、尿道海绵体充血，导致插管困难时，可让患者休息一会儿，待其恢复常态后再操作。

第2节 女性生殖系统

案例 6-2

患者，女，37岁。因反复下腹隐痛2年、加重1个月而就诊。患者2年前因人工流产后出现下腹疼痛，呈隐痛，自服抗生素治疗，效果欠佳。近1个月疼痛加重，伴腰痛，白带增多，乏力。查体：下腹压痛。B超：盆腔积液。临床诊断：慢性盆腔炎。

问题：1. 简述子宫的形态、位置及固定装置。

2. 从解剖学的角度解释女性易患慢性盆腔炎的原因。

女性内生殖器由生殖腺（卵巢）、生殖管道（输卵管、子宫、阴道）和附属腺（前庭大腺）组成（图6-14，图6-15）。女性外生殖器即女阴。会阴、乳房与生殖系统关系密切，也在本节叙述。

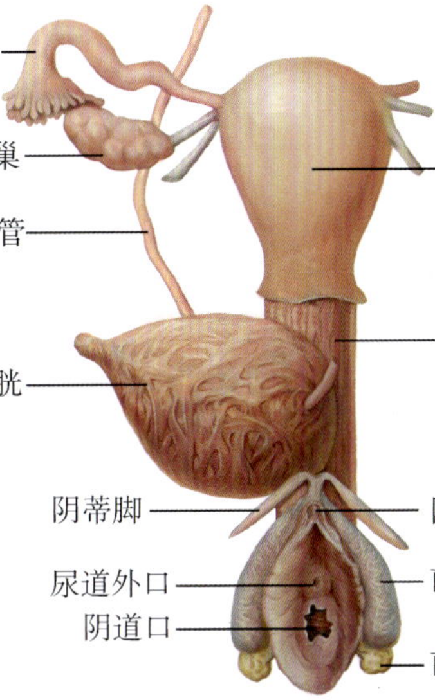

图6-14 女性生殖系统模式图

一、女性内生殖器

（一）卵巢

卵巢是女性生殖腺，有产生卵细胞，分泌雌激素、孕激素等功能。

1. 卵巢的位置和形态 卵巢左右各一，位于盆腔侧壁、髂总血管分叉处的卵巢窝内（图6-15）。卵巢呈扁卵圆形，分内、外侧面，上、下端和前、后缘。内侧面稍凸朝向盆腔；外侧面平坦贴于盆腔侧壁。上端与输卵管末端相接触，借卵巢悬韧带连于盆壁；下端借卵巢固有韧带连于子宫（图6-16）。前缘借卵巢系膜连于子宫阔韧带，称卵巢系膜缘，其中部有血管、淋巴管、神经等出入，称卵巢门；后缘游离，称独立缘。成年女子的卵巢约为4cm×2cm×3cm，幼女的卵巢较小，表面光滑；性成熟期卵巢最大，由于多次排卵，卵巢表面凹凸不平。更年期的卵巢缩小为2.0cm×1.5cm×0.5cm，至绝经期卵巢可萎缩至1.5cm×0.75cm×0.5cm。

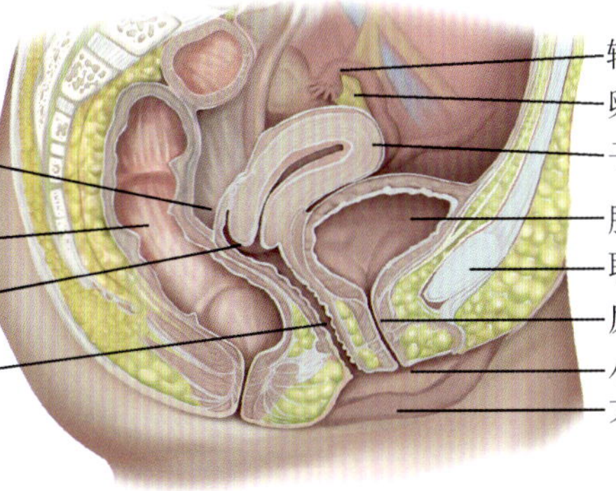

图6-15 女性盆腔正中矢状面

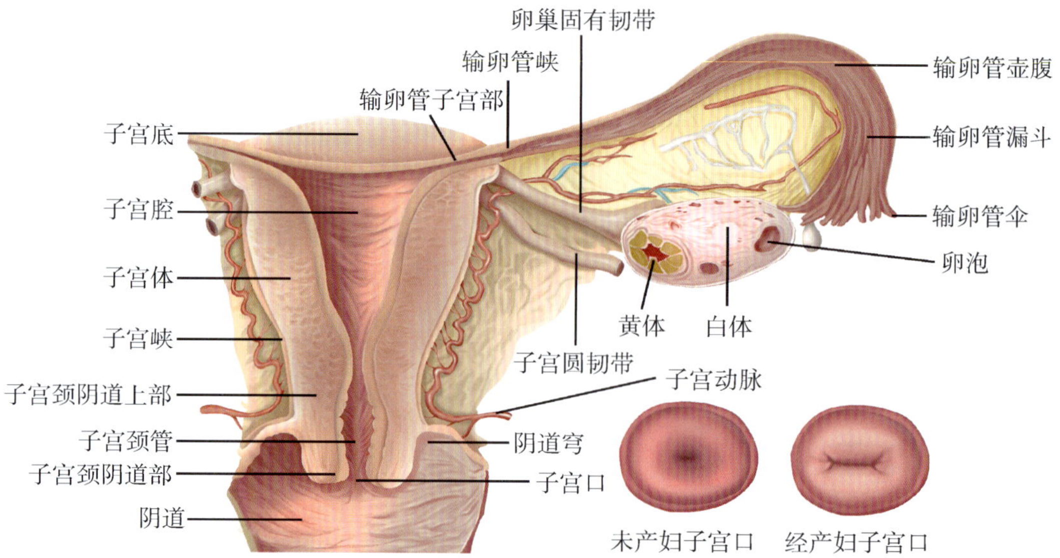

图 6-16　女性内生殖器（冠状面）

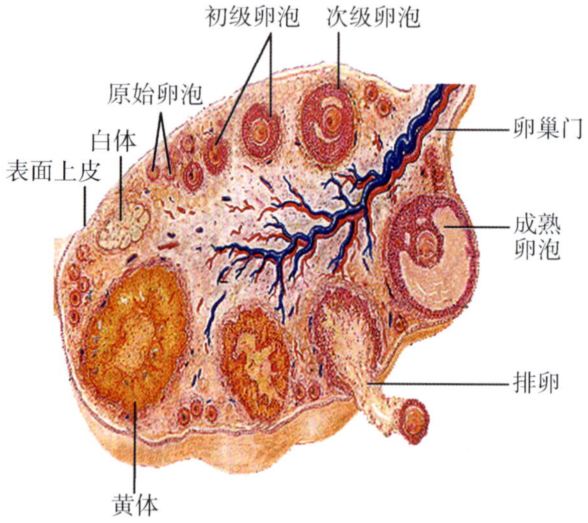

图 6-17　卵巢组织结构示意图

2. 卵巢的组织结构　卵巢表面覆盖有单层扁平上皮或单层立方上皮，上皮深部为薄层致密结缔组织构成的白膜。卵巢的实质分为外周的皮质和中央的髓质（图 6-17）。皮质较厚，由不同发育阶段的卵泡、黄体等构成，髓质较薄，为疏松结缔组织，内有血管、神经和淋巴管等。

（1）卵泡的发育　新生儿两侧卵巢有 70 万～200 万个原始卵泡，青春期开始时仅存约 4 万个。从青春期开始，卵巢在垂体促性腺激素作用下，每隔 28 天左右有 15 ～ 20 个原始卵泡同时开始生长发育，但通常只有 1 个优势卵泡发育成熟并排卵。女子一生两侧卵巢共排卵 400 多个，其余卵泡都在发育的不同阶段退化为闭锁卵泡。绝经期后卵巢不再排卵。卵泡发育是一个连续变化的过程，大致经过原始卵泡、初级卵泡、次级卵泡和成熟卵泡 4 个阶段，其中初级卵泡和次级卵泡又称生长卵泡。

1）原始卵泡：位于皮质浅层，是处于静止状态的卵泡，体积小，数量多，由一个初级卵母细胞和围绕其周围的一层扁平的卵泡细胞组成。由胚胎时期卵原细胞发育分化形成的初级卵母细胞，进入第一次减数分裂并长期停滞在分裂前期。卵泡细胞对初级卵母细胞起支持和营养作用。

2）初级卵泡：由原始卵泡发育形成，移向皮质深部（图 6-17，图 6-18）。卵泡细胞由扁平变成立方形或柱状，由单层增殖为多层；初级卵母细胞体积逐渐增大，并在其表面出现一层厚度均匀的嗜酸性膜，称透明带。随着初级卵泡的生长，其周围的结缔组织分化形成卵泡膜。

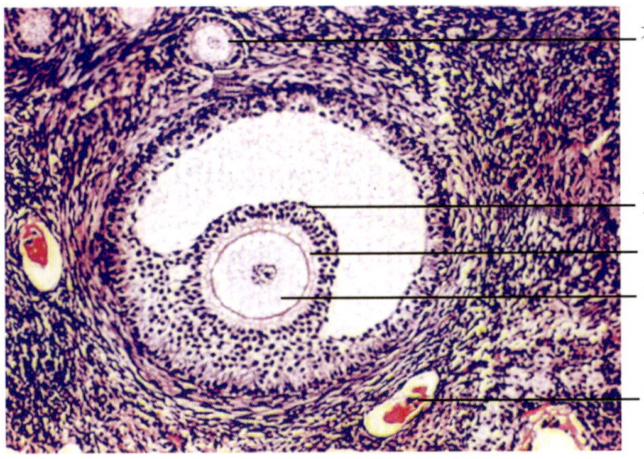

图 6-18 生长卵泡光镜结构像

3）次级卵泡：是卵泡细胞间出现液腔的生长卵泡，腔内充满卵泡液。随着卵泡继续生长，卵泡细胞之间出现的大小不等腔隙，逐渐融合成一个大的卵泡腔，其内充满卵泡液。由于卵泡液不断增多，卵泡腔不断扩大，使初级卵母细胞、透明带及其周围的卵泡细胞逐渐居于卵腔的一侧，形成一个圆形隆起突入卵泡腔，称卵丘（图 6-18）。紧靠透明带的一层高柱状卵泡细胞呈放射状排列，称放射冠。分布在卵泡腔周围的卵泡细胞排列紧密，称颗粒层，构成卵泡壁，卵泡细胞改称为颗粒细胞。随着次级卵泡的生长，卵泡膜分化成内、外两层，内层有多边形或梭形的膜细胞及毛细血管。

4）成熟卵泡：是卵泡发育的最后阶段，体积大，直径可达 2cm 以上，占据卵巢皮质全层并突向卵巢表面，卵泡液增多，卵泡腔变大，颗粒层变薄。在排卵前 36 ～ 48 小时，初级卵母细胞完成第一次减数分裂，形成一个次级卵母细胞和一个第一极体。次级卵母细胞迅速开始第二次减数分裂，并停滞在分裂中期。

次级卵泡和成熟卵泡具有内分泌功能，主要是颗粒细胞和膜细胞能协同合成雌激素。雌激素有激发并维持女性第二性征、促进女性生殖器官发育特别是促使子宫内膜增生等作用。

（2）排卵　在月经周期的第 14 天左右，成熟卵泡的卵泡壁破裂，次级卵母细胞连同透明带、放射冠与卵泡液一起脱离卵巢进入腹膜腔的过程称排卵。一般情况下，左右卵巢交替排卵。次级卵母细胞在排卵后 24 小时内未能受精，则退化被吸收；若受精，则继续完成第二次减数分裂，形成一个单倍体的卵细胞和一个第二极体。

（3）黄体的形成与退化　排卵后，残留在卵巢内的颗粒层和卵泡膜向卵泡腔内塌陷，在黄体生成素的作用下，逐渐发育成 1 个体积较大而又富有血管的内分泌细胞团，新鲜时呈黄色，称黄体（图 6-17）。黄体能分泌孕激素及少量的雌激素。孕激素有促进子宫内膜增生、子宫腺分泌、乳腺发育和抑制子宫平滑肌收缩等作用。黄体的发育，取决于排出的卵是否受精。如受精，黄体继续发育增大，可维持约 6 个月，称妊娠黄体；如未受精，黄体维持约 14 天即退化，称月经黄体。两种黄体最终都退化消失，逐渐被结缔组织取代成为白体。

考点 卵巢的位置、功能；排卵的概念；黄体的概念

（二）输卵管

输卵管是输送卵子的肌性管道，长 10 ～ 14cm，左、右各一，位于子宫底的两侧，包藏在子宫阔韧带的上缘内，其外侧端借输卵管腹腔口与腹膜腔相通，内侧端借输卵管子宫口与

子宫腔相通（图 6-14，图 6-16）。临床上将输卵管和卵巢统称为子宫附件。输卵管由外侧到内侧分为输卵管漏斗、输卵管壶腹、输卵管峡和输卵管子宫部 4 个部分。

1. 输卵管漏斗　是输卵管外侧端的膨大部分，其中央有输卵管腹腔口，开口于腹膜腔；其游离缘有许多细长的指状突起，称输卵管伞，覆于卵巢表面，有引导卵细胞进入输卵管的作用，也可作为手术中识别输卵管的标志。

2. 输卵管壶腹　约占输卵管全长的 2/3，管径粗而弯曲，血供较丰富。卵细胞多在此部受精。若受精卵未能移入子宫而在输卵管内发育，即为输卵管妊娠。

3. 输卵管峡　短直且腔窄，管壁厚，血管较少。输卵管炎易造成此部堵塞、狭窄而导致不孕。

4. 输卵管子宫部　是输卵管穿过子宫壁的部分，经输卵管子宫口与子宫腔相通。

输卵管的管壁由黏膜、肌层和浆膜组成。黏膜的上皮为单层柱状上皮，由分泌细胞和纤毛细胞组成。肌层由内环行和外纵行的两层平滑肌构成。纤毛的规律性定向摆动和平滑肌的节律性收缩均有助于卵子或受精卵向子宫腔方向运送。

考点 输卵管的分部及临床意义

（三）子宫

子宫是一个壁厚、腔小的肌性器官，是孕育胎儿、产生月经的场所。

1. 子宫的形态和分部　成人未孕子宫呈前后略扁的倒置梨形，长 7 ～ 9cm，最宽径约 4cm，厚 2 ～ 3cm。子宫分为子宫底、子宫体和子宫颈 3 部分（图 6-16）。子宫底为输卵管子宫口水平以上隆凸的部分。子宫颈为子宫下端呈细圆柱状的部分，成人长 2.5 ～ 3.0cm，是肿瘤的好发部位，它由突入阴道内的子宫颈阴道部和阴道以上的子宫颈阴道上部组成。子宫底与子宫颈之间的部分为子宫体。在子宫颈上端与子宫体相接处的较狭窄部分称子宫峡。在未妊娠期，子宫峡不明显，长约 1cm；在妊娠期，子宫峡逐渐伸展拉长变薄，形成子宫下段，妊娠末期可伸展至 7 ～ 11cm，产科常在此处行剖宫产术。未孕子宫内的腔隙较为狭窄，由位于子宫体内的子宫腔和位于子宫颈内的子宫颈管两部分组成。子宫腔呈底在上的前后略扁的三角形，两端通输卵管，尖端向下通子宫颈管。子宫颈管呈梭形，下借子宫口通阴道。未产妇，子宫口多呈圆形；经产妇，子宫口为横裂状。

2. 子宫的位置和固定装置

（1）子宫的位置　子宫位于盆腔中央，膀胱与直肠之间，下端突入阴道，两侧连有输卵管、子宫阔韧带等结构（图 6-15，图 6-16）。当膀胱空虚时，成年女性的子宫呈前倾前屈位。前倾是指整个子宫向前倾斜，子宫的长轴与阴道的长轴形成向前开放的钝角，稍大于 90°；前屈是指子宫体和子宫颈之间形成一个向前开放的钝角，约为 170°。膀胱和直肠的充盈程度可影响子宫的位置。子宫后倾后屈等子宫位置异常是女性不孕的原因之一。

（2）子宫的固定装置　子宫主要依靠盆底肌、阴道的承托和韧带的牵引固定等多种因素共同作用维持其正常位置（图 6-19）。重要的韧带有 4 对。

1）子宫阔韧带：由子宫前后面的两层腹膜向两侧延伸至盆壁构成，主要功能是限制子宫向两侧移动。子宫阔韧带两层间包有输卵管、卵巢、卵巢固有韧带、子宫圆韧带、血管、淋巴管、神经等。

2）子宫圆韧带：由平滑肌和结缔组织构成的圆索状结构，起自子宫与输卵管交界处下方，穿经腹股沟管，止于阴阜和大阴唇前端的皮下，是维持子宫前倾的主要结构。

3）子宫骶韧带：由平滑肌和结缔组织构成，起自子宫颈后外侧，向后绕过直肠的两侧，止于骶骨的前面，向后上方牵引子宫颈，对维持子宫前屈位有重要作用。

4）子宫主韧带：由平滑肌和结缔组织构成，连于子宫颈两侧缘与盆侧壁之间，是维持子宫颈正常位置、防止子宫脱垂的重要结构。

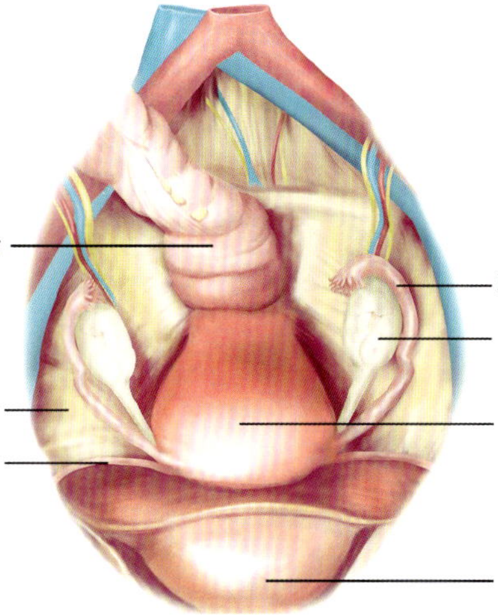

图 6-19 固定子宫的韧带

考点 子宫的形态、位置及固定子宫的韧带

3. 子宫壁的组织结构 子宫壁由内向外依次分为内膜、肌层和外膜。

（1）内膜 由单层柱状上皮和固有层构成。固有层较厚，内含大量分化程度低而增殖能力强的基质细胞、子宫腺、螺旋动脉等。子宫底和子宫体的内膜，根据其结构和功能特点，可分为功能层和基底层。功能层较厚，为靠近子宫腔的内膜部分，是胚泡植入的部位，也是月经来潮时发生脱落的部位。基底层较薄，为靠近肌层的内膜部分，该层在月经期和分娩时均不脱落，有较强的增生、修复能力，可产生新的功能层。

（2）肌层 肥厚，由平滑肌束和束间结缔组织组成，由内向外可分为黏膜下层、中间层和浆膜下层 3 部分。黏膜下层和浆膜下层较薄，主要由纵行平滑肌束构成；中间层较厚，由环形和斜行平滑肌束组成，并含有丰富的血管。妊娠时，在雌激素、孕激素等作用下，平滑肌细胞数量增加，体积增大，肌层显著增厚。分娩后，平滑肌细胞可逐渐变小，恢复原状，有部分平滑肌细胞凋亡。

（3）外膜 大部分为浆膜，只有子宫颈部分为纤维膜。

链 接

人工流产的危害

通过机械或药物等方式，人工终止妊娠的手术方法，称人工流产，包括早期人工流产和中期妊娠引产，可作为非意愿妊娠的补救措施或治疗性终止妊娠的手段，不能作为常用的节育方法。早期人工流产主要靠医生凭经验通过负压吸引术将早期妊娠产物自子宫腔吸出或通过钳夹术夹取胎盘及胎儿。人工流产手术过程中或术后可能发生的医疗并发症和医疗风险情况：子宫内膜基底层受损，子宫穿孔；妊娠组织残留，术后流血不止；习惯性流产、继发性不孕等。了解人工流产的危害，防止出现非意愿妊娠，尊重生命，爱惜身体。

4. 子宫内膜的周期性变化 自青春期开始，在卵巢分泌的雌激素和孕激素的周期性作用下，子宫底和子宫体的内膜功能层发生周期性变化，即每隔 28 天左右发生一次内膜剥脱、出血、修复和增生的过程，称月经周期。每个月经周期是从月经来潮的第 1 天起至下次月经来潮的前 1 天止，分为月经期、增生期和分泌期 3 个时期（图 6-20）。

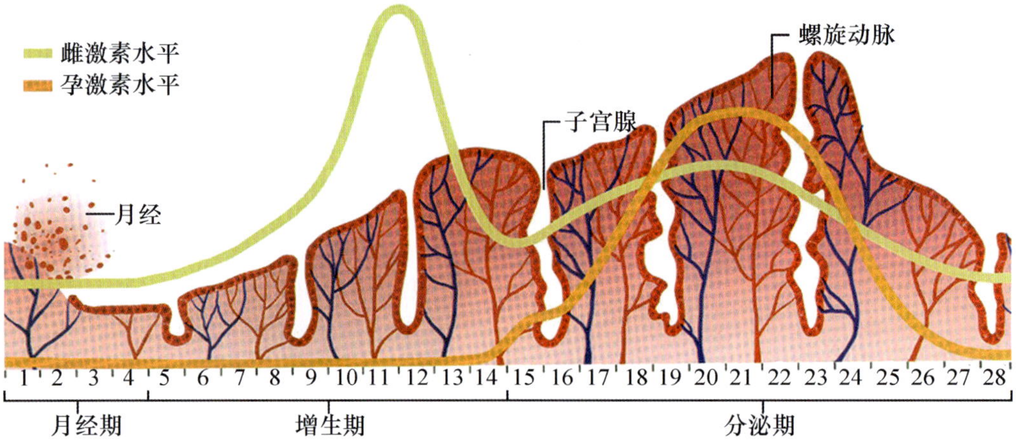

图 6-20　子宫内膜的周期性变化示意图

（1）月经期　是月经周期的第 1 ～ 4 天。由于排卵后，卵未受精，月经黄体退化，血液中孕激素和雌激素急剧减少，引起子宫内膜功能层中的螺旋动脉持续收缩，导致功能层缺血坏死。随后螺旋动脉又骤然短暂地扩张，毛细血管破裂，血液涌入功能层，与坏死脱落的功能层经阴道流出体外，称为月经。

（2）增生期　是月经周期的第 5 ～ 14 天。此期卵巢内又有一批卵泡开始向成熟卵泡生长发育，并分泌雌激素，故又称卵泡期。在雌激素的作用下，子宫内膜逐渐增厚，子宫腺和螺旋动脉均逐渐增长而出现轻度弯曲。至月经周期第 14 天时，卵巢内通常有 1 个卵泡发育成熟并排卵。

（3）分泌期　是月经周期的第 15 ～ 28 天。此期卵巢内黄体逐渐形成，故又称黄体期。在黄体分泌的孕激素和雌激素作用下，子宫内膜继续增厚，子宫腺变得肥大而弯曲，并处于分泌状态，固有层内组织液增多呈水肿状态，螺旋动脉增长变得更弯曲，基质细胞继续分裂增殖。若排出的卵已受精，妊娠黄体继续分泌孕激素和雌激素，子宫内膜继续增厚，为胚泡的植入和发育做准备；若未妊娠，功能层将脱落，转入下一个月经周期的月经期。

考点 月经周期的概念

（四）阴道

阴道是连接子宫和外生殖器、富有伸展性的肌性管道，是性交器官，也是排出月经、娩出胎儿的通道。

1. 阴道的位置　阴道位于小骨盆中央，前邻膀胱和尿道，后邻直肠，阴道下部穿经尿生殖膈（图 6-15）。尿生殖膈内的尿道阴道括约肌、肛提肌等对阴道有括约作用。

2. 阴道的形态　阴道有前壁、后壁和左、右侧壁，前壁较短，后壁较长，前、后壁常处于相贴状态。阴道上端宽阔，包绕子宫颈阴道部，在两者之间形成的环状凹陷，称阴道穹，可分为相互通连的前部、后部和左、右侧部。阴道穹后部最深，与其后上方的直肠子宫陷凹仅隔以阴道后壁和一层腹膜。当腹膜腔积液时，临床上常经阴道穹后部穿刺至直肠子宫陷凹进行引流。阴道下端较窄，以阴道口开口于阴道前庭。处女的阴道口周围附有黏膜皱襞称处女膜，一般呈环状、唇状或筛状；处女膜破裂后，阴道口周围留有处女膜痕。

3. 阴道的组织结构　阴道是由黏膜、肌层和外膜构成的。阴道黏膜形成许多横行皱襞，其上皮为复层扁平上皮，上皮的形态随月经周期发生变化。在雌激素作用下，阴道上皮细胞合成糖原增加，乳酸含量增多，使阴道 pH 下降，不利于致病菌生长，故有利于防止感染。

考点 阴道穹的概念及其临床意义

（五）前庭大腺

前庭大腺形如豌豆，左右各一，位于前庭球的后方、阴道口后外侧的深面，其导管开口于阴道前庭，分泌物有润滑阴道口的作用（图 6-14）。

二、女性外生殖器

女性外生殖器，即女阴，包括阴阜、大阴唇、小阴唇、阴道前庭、阴蒂和前庭球等（图 6-14，图 6-21）。

1. 阴阜　是耻骨联合前面的皮肤隆起，皮下富含脂肪，青春期后长有阴毛。

2. 大阴唇　为 1 对纵行隆起的皮肤皱襞，位于阴阜的后下方，青春期后长有阴毛。大阴唇的前端和后端左右互相连合，形成唇前连合和唇后连合。

3. 小阴唇　是一对较薄的皮肤皱襞，位于大阴唇内侧，表面光滑无毛。两侧小阴唇向前端延伸形成阴蒂包皮和阴蒂系带，后端汇合形成阴唇系带。阴唇系带在产妇分娩时易造成撕裂，应注意保护。

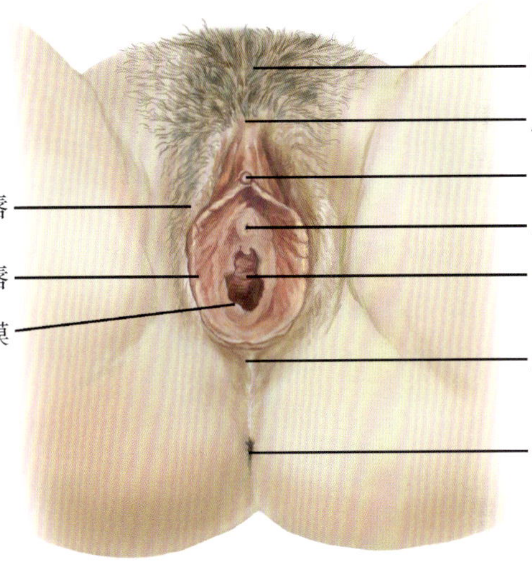

图 6-21　女性外生殖器

4. 阴道前庭　是位于两侧小阴唇之间的裂隙。前部有尿道外口，后部有阴道口，阴道口两侧各有一个前庭大腺导管的开口。

5. 阴蒂　位于唇前连合的后方，由两个阴蒂海绵体构成，后者与男性的阴茎海绵体是同源体。阴蒂脚附着于耻骨下支和坐骨支，两侧阴蒂脚向前汇合形成阴蒂体，表面覆盖阴蒂包皮。露出阴蒂包皮的部分为阴蒂头，含有丰富的神经末梢，感觉十分敏锐。

6. 前庭球　前庭球与男性的尿道海绵体是同源体，呈蹄铁形，分为较细小的中间部和较大的外侧部。中间部位于尿道外口与阴蒂体之间的皮下，外侧部位于大阴唇的皮下。

三、会　　阴

（一）会阴的概念

会阴有狭义和广义之分。广义会阴是指盆膈以下封闭骨盆下口的全部软组织（图 2-73，图 6-22），呈菱形，前界为耻骨联合下缘，后界为尾骨尖，两侧为耻骨下支、坐骨支、坐骨

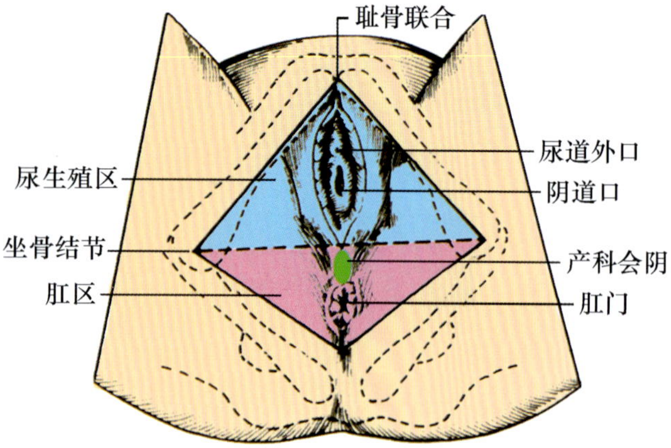

图 6-22 会阴（女性）

结节和骶结节韧带；狭义会阴是指肛门与外生殖器之间的软组织，在男性是阴囊根部与肛门之间的软组织；在女性是阴道前庭后端与肛门之间的软组织，临床上常称产科会阴（图 6-22）。产科会阴在分娩时伸展扩张较大，结构变薄，助产时应注意保护，避免撕裂。

考点 产科会阴的概念

（二）会阴的分区

通常以两侧坐骨结节之间的连线为界，把广义会阴分为尿生殖区和肛区（图 6-22）。尿生殖区，又称尿生殖三角，即两侧坐骨结节连线向前与耻骨联合下缘中点围成的三角区，男性有尿道通过，女性有尿道和阴道通过；肛区，又称肛三角，即两侧坐骨结节连线向后与尾骨尖围成的三角区，中央有肛管通过。

四、乳 房

乳房是人和哺乳动物特有的器官。人的乳房左右各一。男性乳房不发达，其乳头的位置较恒定，多位于第 4 肋间隙与锁骨中线相交处，常作为定位标志。女性乳房于青春期开始发育生长，妊娠期和哺乳期有分泌活动。下面重点叙述女性乳房。

（一）乳房的位置

乳房位于胸大肌和胸肌筋膜的表面，上起第 2 ～ 3 肋，下至第 6 ～ 7 肋，内侧缘至胸骨旁线，外侧缘可达腋中线。

（二）乳房的形态

成年未哺乳女性的乳房呈半球形，紧张而富有弹性，乳房表面中央的突起为乳头，通常位于第 4 肋间隙或第 5 肋与锁骨中线相交处。乳头的顶端有输乳管的开口，乳头周围有颜色较深的皮肤环形区称乳晕（图 6-23）。乳头和乳晕的皮肤薄弱，易损伤而感染，在哺乳期尤应注意。

（三）乳房的结构

乳房由皮肤、乳腺和脂肪组织等构成。乳腺被结缔组织分隔成 15 ～ 20 个乳腺叶，每个乳腺叶又分成了若干个乳腺小叶（图 6-24）。每个乳腺叶有一条输乳管，在近乳头处膨大为输乳管窦，其末端变细开口于乳头。乳腺叶和输乳管都是以乳头为中心呈放射状排列的，乳房手术时应尽量采取放射状切口，以减少对乳腺叶和输乳管的损伤。在乳腺内有许多结缔组织纤维束连于乳

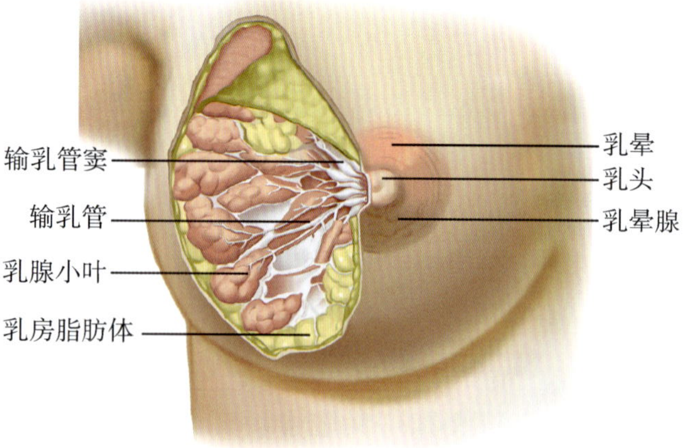

图 6-23 成年女性乳房的形态结构

房皮肤和乳腺深面的胸肌筋膜之间，称乳房悬韧带或Cooper韧带，对乳房起支持和固定作用。乳腺癌时，若肿瘤累及乳房悬韧带，可使其缩短而致肿瘤表面皮肤凹陷，出现酒窝征；若乳房皮下淋巴管被癌细胞堵塞，引起淋巴回流障碍，可出现真皮水肿，毛囊凹陷，乳房皮肤凹凸不平呈现橘皮样改变。

考点 乳房悬韧带的概念

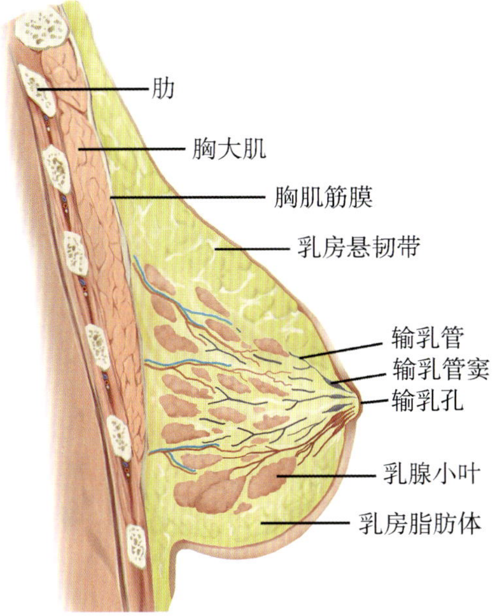

图 6-24　成年女性乳房（矢状切面）

自 测 题

一、单项选择题

A$_1$ 型题

1. 射精管开口于（　　）
   A. 尿道球　　B. 尿道膜部
   C. 尿道前列腺部　　D. 尿道海绵体部
   E. 输精管
2. 能发生周期性变化并产生月经的结构是（　　）
   A. 阴阜　　B. 阴道
   C. 输卵管　　D. 卵巢
   E. 子宫
3. 男性尿道最狭窄的部位在（　　）
   A. 前列腺部　　B. 尿道外口
   C. 尿道膜部　　D. 海绵体部
   E. 尿道内口
4. 乳腺手术应采用放射状切口，是因为（　　）
   A. 容易找到发病部位
   B. 有利于伤口的愈合
   C. 可减少对输乳管损伤
   D. 可避免切断悬韧带
   E. 便于延长切口
5. 防止子宫下垂的主要韧带是（　　）
   A. 子宫阔韧带　　B. 卵巢悬韧带
   C. 子宫骶韧带　　D. 子宫圆韧带
   E. 子宫主韧带

A$_2$ 型题

6. 产妇，27 岁，妊娠 39^{+1} 周。在医院分娩，经过一系列处理后，医生发现其子宫收缩力仍然异常，决定在子宫下段行剖宫产术。在妊娠期，形成子宫下段的结构是（　　）
   A. 子宫体　　B. 子宫颈

C. 子宫颈阴道部　　D. 子宫峡

E. 子宫底

二、填空题

1. 男性生殖腺是________，有产生________和分泌________的功能。
2. 前列腺位于________与________之间，其后方为________。
3. 固定子宫的韧带有__________、__________、__________和__________。

三、名词解释

1. 精索
2. 阴道穹
3. 产科会阴

四、简答题

1. 简述男性尿道的分部、狭窄及弯曲。
2. 简述子宫的位置和固定。

（高　洋　杨　鹏）

第 7 章
脉管系统

脉管系统是封闭的管道系统，包括心血管系统和淋巴系统两部分。心血管系统内流动着血液，淋巴系统内流动着淋巴，淋巴最终也注入心血管系统。

脉管系统的主要功能是将营养物质、氧和激素等输送到全身各部的组织细胞，同时将组织细胞产生的代谢产物运送至排泄器官排出体外，保证人体新陈代谢的正常进行。

第 1 节　心血管系统

案例 7-1

患者，女，71 岁。患慢性阻塞性肺疾病 13 年。近日因感染出现呼吸困难加重、腹胀、食欲缺乏、颈静脉怒张、肝肿大有压痛、下肢水肿等临床表现。初步诊断：慢性肺源性心脏病，右心衰竭。

问题： 1. 简述心的形态结构。

2. 简述体循环的循环途径。

一、概　　述

（一）心血管系统的组成

心血管系统由心和血管组成，血管包括动脉、毛细血管和静脉（图 7-1）。

1. 心　为中空的肌性器官，腔内充满血液，是推动血液循环的动力器官。心有 4 个腔，分别称左心房、右心房、左心室和右心室。左、右心房之间有房间隔，左、右心室之间有室间隔。同侧的心房与心室之间借房室口相通。心有节律性地舒张和收缩，不停地将血液纳入心房，流入心室，再从心室射入动脉，推动血液循环。

2. 动脉　是引导血液离心的血管。动脉在行程中不断分支，越分越细，最后移行为毛细血管。

3. 毛细血管　是连于微动脉与微静脉之间的微细血管，相互交织成网状。血液在毛细血管内流动缓慢，有利于血液与组织细胞之间进行物质交换。

4. 静脉　是引导血液回心的血管。它起始于毛细血管的静脉端，在回心的过程中不断接受属支，管径逐渐变粗，最后注入心房。

（二）血液循环

在神经体液调节下，血液由心泵出，经动脉、毛细血管、静脉，又返回心，如此周而复始地循环流动，称血液循环（图 7-2）。根据循环途径，血液循环可分体循环（大循环）和肺循环（小循环）。

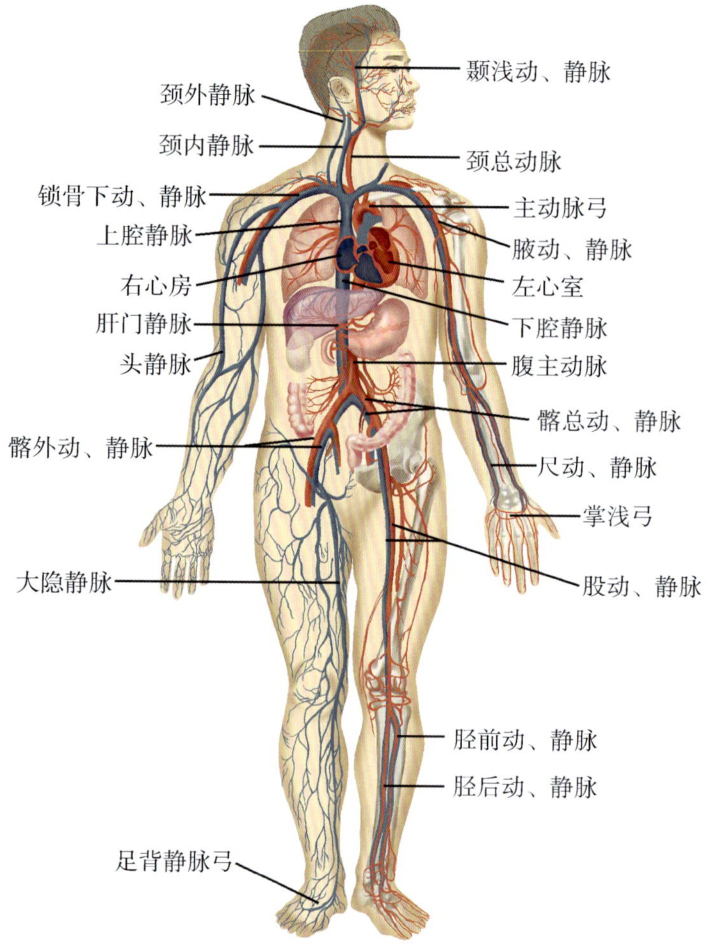

图 7-1 心血管系统概况

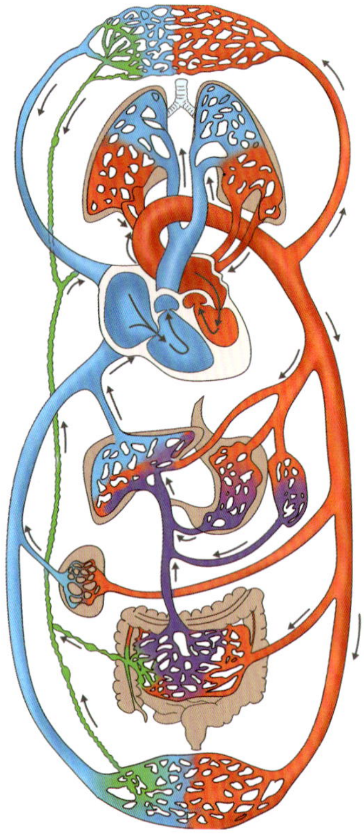

图 7-2 血液循环示意图

1. 体循环 从左心室射出的富含氧和营养物质的动脉血，经主动脉及其各级分支输送至全身毛细血管，血液在此与周围的组织细胞进行物质交换，成为含二氧化碳等代谢产物较多的静脉血，再经各级静脉，最后经上、下腔静脉及冠状窦流回右心房。

2. 肺循环 由右心室射出的静脉血入肺动脉干，经肺动脉在肺内的各级分支，流至肺泡毛细血管，血液在此与肺泡内的气体进行交换，成为动脉血，再经肺静脉流回左心房。

体循环与肺循环通过心互相衔接交通，同时进行。

考点 血液循环的概念和途径

二、心

（一）心的位置

心位于胸腔的中纵隔内，约 2/3 位于正中线的左侧，1/3 位于正中线的右侧（图 7-3）。心的上方连有出入心的大血管；下方邻膈；两侧与胸膜腔和肺相邻；后方平对第 5 ～ 8 胸椎，与食管和胸主动脉等相邻；前方对向胸骨体和第 2 ～ 6 肋软骨，此处大部分隔心包被肺和胸膜所遮盖，小部分与胸骨体下部和左侧第 4 ～ 6 肋软骨相邻。临床上进行心内注射时，常选在靠近胸骨左缘的第 4 肋间隙处进针，一般不会伤及胸膜和肺。

考点 心的位置

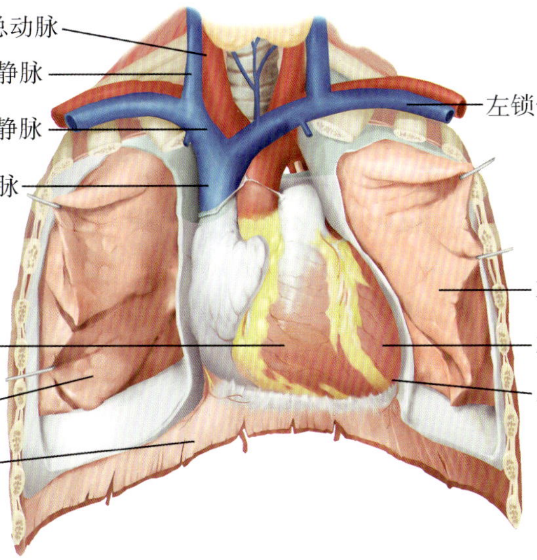

图 7-3 心的位置

（二）心的外形

心的外形呈近似倒置的、前后稍扁的圆锥体，大小与本人的拳头相当。心可分为一尖、一底、两面、三缘（图 7-4）。心尖朝向左前下方，由左心室构成。心尖的体表投影在左侧第 5 肋间隙锁骨中线内侧 1 ～ 2cm 处，在活体此处可触及心尖搏动。心底朝向右后上方，大部分由左心房、小部分由右心房构成。胸肋面（前面）朝向前上方，大部分由右心房和右心室构成，小部分由左心耳和左心室构成；膈面（下面）朝向后下方，大部分由左心室、小部分由右心室构成。心的右缘由右心房构成；左缘由左心室和左心耳构成；下缘由右心室和心尖构成，介于膈面与胸肋面之间，接近水平位。

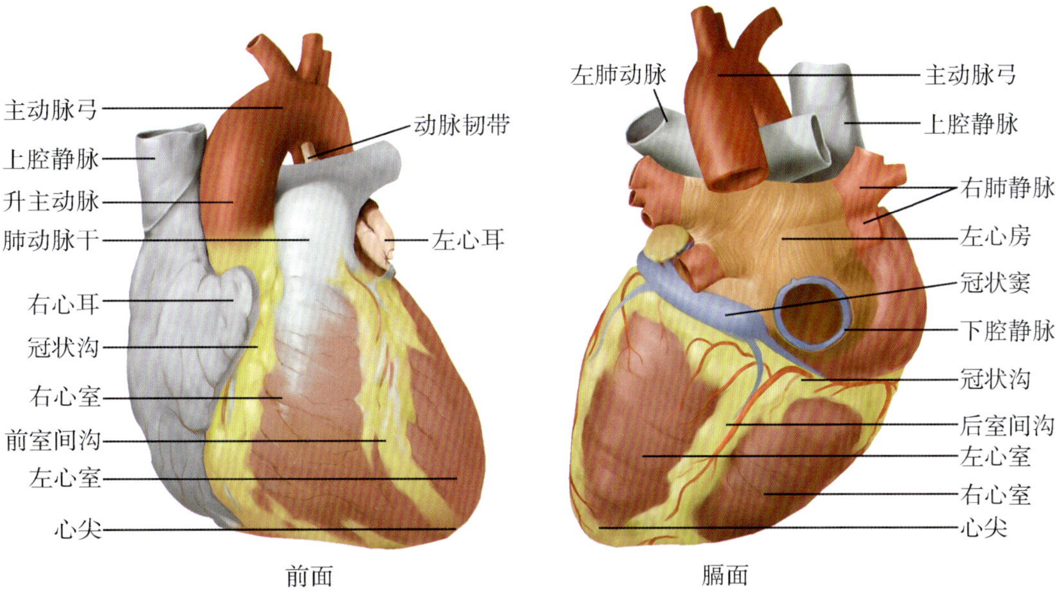

图 7-4 心的外形

心的表面有 3 条沟（图 7-4）。心的表面近心底处有略呈环形的冠状沟，是心房与心室在心表面的分界。在胸肋面有从冠状沟向下到心尖稍右侧的浅沟，称前室间沟。在膈面有从冠状沟向下到心尖稍右侧的浅沟，称后室间沟。前、后室间沟是左、右心室在心表面的分界。前、后室间沟在心尖右侧的汇合处稍凹陷，称心尖切迹。

考点 心尖的体表投影

（三）心的体表投影

心在胸前壁的体表投影，通常采用4点连线法来确定。①左上点：在左侧第2肋软骨下缘，距胸骨左缘约1.2cm处。②右上点：在右侧第3肋软骨上缘，距胸骨右缘约1cm处。③右下点：在右侧第7胸肋关节处。④左下点：在左侧第5肋间隙，距前正中线7～9cm或在锁骨中线内侧1～2cm处，即心尖的体表投影（图7-5）。

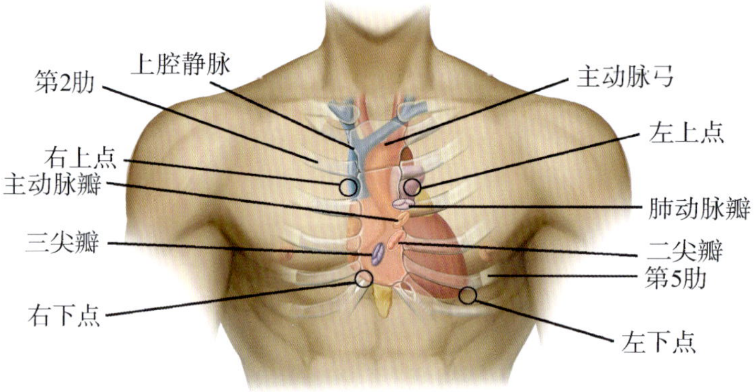

图7-5　心的体表投影

（四）心腔的结构

1. 右心房　位于心的右上部，它向左前方的突出部分称右心耳（图7-4，图7-6）。右心房有3个入口：上部有上腔静脉口，下部有下腔静脉口，在下腔静脉口与右房室口之间有冠状窦口，它们分别收集上半身、下半身和心壁大部分的静脉血。右心房的出口是右房室口，位于右心房的前下方，通向右心室。在房间隔右心房一侧的中下部有一卵圆形浅窝，称卵圆窝，是胚胎时期的卵圆孔在出生后闭锁留下的遗迹，此处薄弱，是房间隔缺损的好发部位。

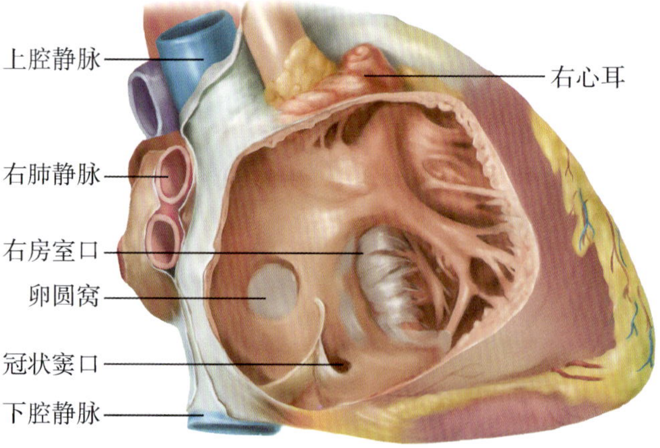

图7-6　右心房内面观

2. 右心室　位于右心房的左前下方，构成心胸肋面的大部分（图7-4）。

右心室的入口为右房室口。围绕右房室口周缘、由致密结缔组织构成的纤维环称三尖瓣环，其上附有 3 片近似三角形的瓣膜，称右房室瓣，又称三尖瓣，瓣膜的游离缘借数条腱索向下连于右心室壁的乳头肌上（图 7-7，图 7-8）。三尖瓣环、三尖瓣、腱索和乳头肌在结构和功能上是一个整体，合称三尖瓣复合体，它们共同保证血液在右房室口只能从右心房向右心室单向流动。心室收缩，室内压升高，血流推动三尖瓣关闭，由于乳头肌和腱索的作用，三尖瓣不能翻向右心房，从而防止血液逆流入右心房。

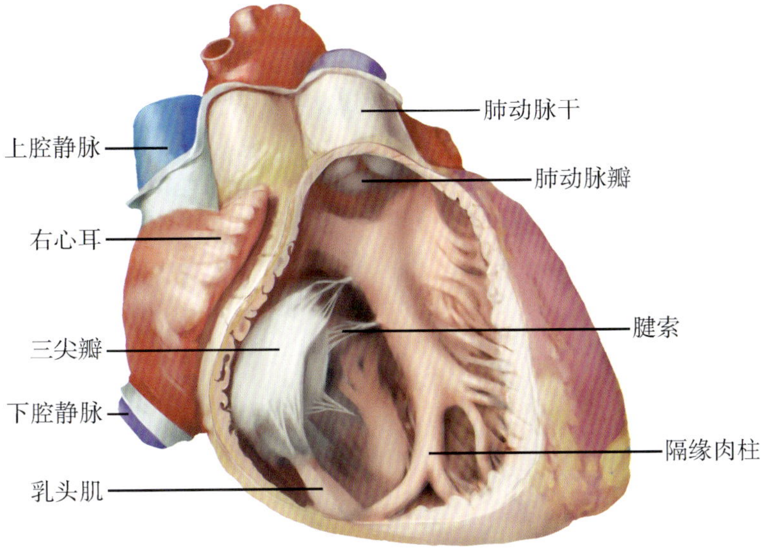

图 7-7　右心室内面观

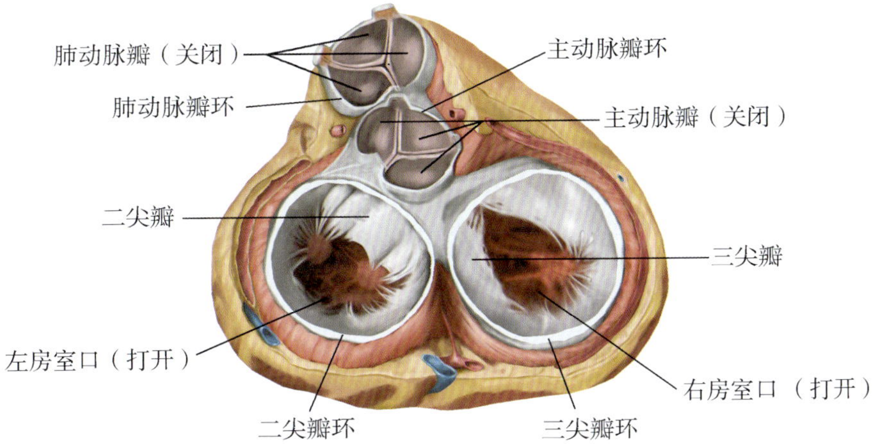

图 7-8　心瓣膜和纤维环（上面观）

右心室的出口为肺动脉口。围绕肺动脉口周缘有 3 个彼此相连的半月形的纤维环称肺动脉环，其上附有 3 个袋口向上的半月形的瓣膜，称肺动脉瓣（图 7-7，图 7-8）。心室收缩，室内压升高，血流冲开肺动脉瓣，射入肺动脉干；心室舒张，室内压下降，肺动脉瓣关闭，阻止血液从肺动脉干反流入右心室。

3. 左心房　位于右心房的左后方，构成心底的大部分（图 7-4，图 7-9）。左心房有 4 个入口，即左肺上、下静脉口和右肺上、下静脉口。左心房的出口是左房室口，位于左心房的前下方，通向左心室。

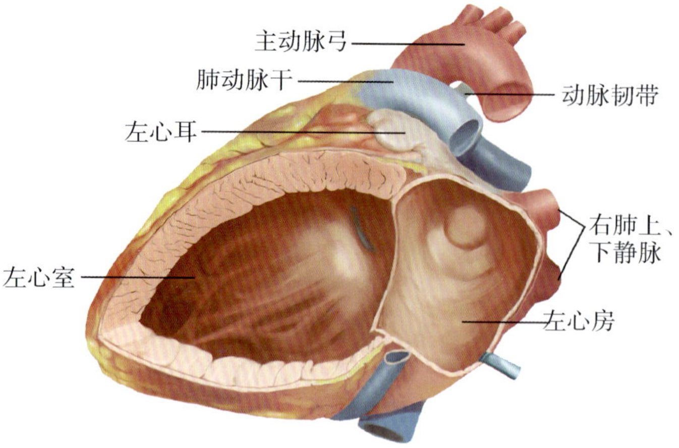

图 7-9 左心房和左心室的内面观

4. 左心室 位于右心室的左后下方，构成心尖及心的左缘（图 7-4，图 7-10）。左心室的入口即左房室口。围绕左房室口周缘、由致密结缔组织构成的纤维环称二尖瓣环，其上附有 2 片近似三角形的瓣膜，称左房室瓣，又称二尖瓣，瓣膜借腱索与左心室壁的乳头肌相连。二尖瓣环、二尖瓣、腱索和乳头肌共同构成二尖瓣复合体，其功能与三尖瓣复合体类似。左心室的出口为主动脉口。围绕主动脉口周缘有 3 个彼此相连的半月形的纤维环称主动脉环，其上附有 3 个袋口向上的半月形的瓣膜，称主动脉瓣，其形态和功能与肺动脉瓣类似。

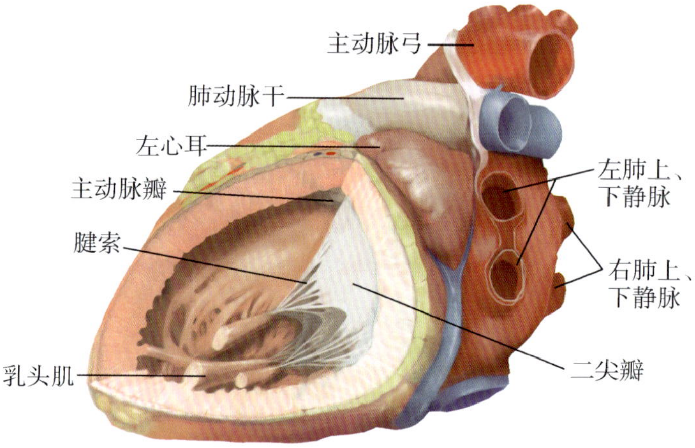

图 7-10 左心房外面观和左心室内面观

当心室收缩时，室内压升高，房内压<室内压>动脉压，二尖瓣和三尖瓣关闭，主动脉瓣和肺动脉瓣开放，血液射入动脉；当心室舒张时，室内压下降，房内压>室内压<动脉压，二尖瓣和三尖瓣开放，主动脉瓣和肺动脉瓣关闭，血液由心房流入心室。

（五）心壁的构造

1. 心壁的组织结构 心壁自内向外由心内膜、心肌层和心外膜构成。

（1）心内膜 是衬于心腔内面的一层光滑的薄膜，与血管内膜相延续。心瓣膜即由心内膜在房室口和动脉口处折叠而成。

（2）心肌层 是构成心壁的主体，主要由心肌细胞构成。心房肌较薄，心室肌肥厚，左心室肌最发达。心房肌与心室肌不相延续，分别附着于房室口周围的纤维环上。

（3）心外膜 位于心壁的最外层，为浆膜性心包的脏层。

2. 房间隔和室间隔 房间隔由心内膜及其间的心房肌纤维和结缔组织构成，卵圆窝是房间隔的最薄弱处。室间隔分为上、下两部分（图 7-11）：上部为室间隔膜部，较薄，缺乏肌层，由致密结缔组织和两侧的心内膜构成，为室间隔缺损的好发部位；下部为室间隔肌部，由心内膜和心肌构成，占室间隔的绝大部分，肌层较厚。

（六）心传导系

心传导系是由特殊心肌细胞构成的，其主要功能是产生和传导兴奋，控制心的节律性活动。特殊心肌细胞主要包括起搏细胞和浦肯野纤维，这些细胞可聚集成结或束，具有自动节律性（自律性），属于自律细胞。心传导系包括窦房结、房室交界区、房室束及其各级分支等（图 7-12）。

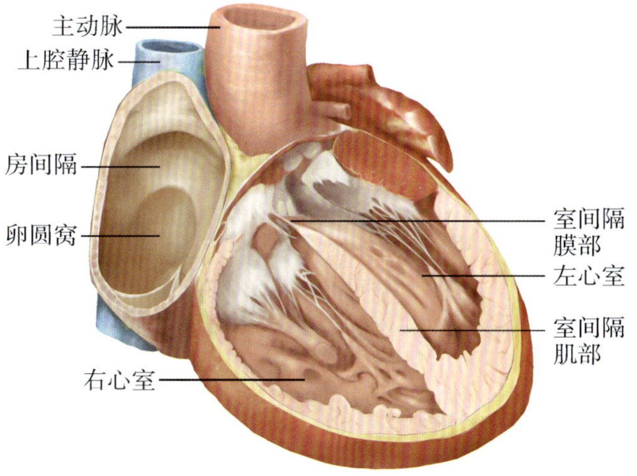

图 7-11　房间隔和室间隔

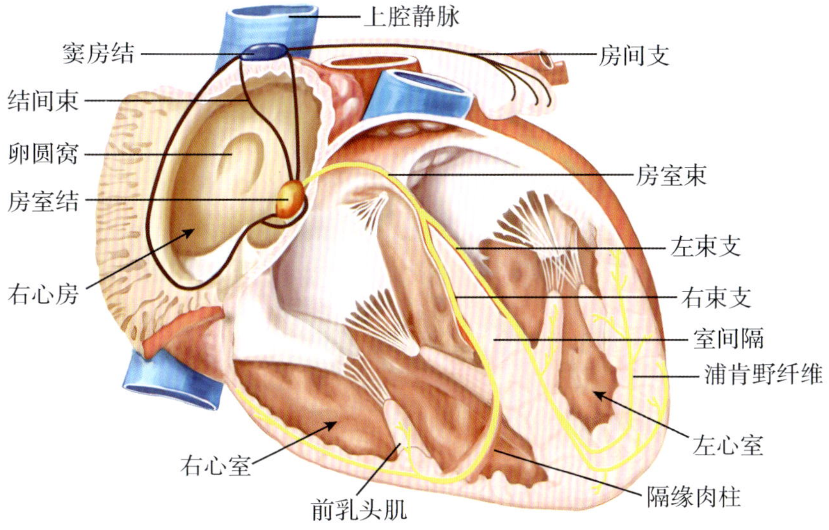

图 7-12　心传导系模式图

1. 窦房结　位于上腔静脉与右心房交界处的心外膜深面，多呈长梭形。窦房结内的起搏细胞自律性最高，每分钟约 100 次，但由于神经体液等因素影响，其自律性常表现为每分钟 70 次左右。窦房结是心的正常起搏点。

2. 房室交界区　又称房室结区，位于房间隔和室间隔之间的过渡、重叠区域内的心内膜深面，主要包括房室结等结构。房室结是房室交界区的中央部分，是一个矢状位的扁薄结构。房室结内的起搏细胞，其自律性每分钟约 50 次，为潜在起搏点。

房室交界区是窦房结发出的兴奋从心房传向心室的必经之路。兴奋经过房室交界区时传导速度缓慢，出现一个时间延搁，即房室延搁，使心室肌收缩发生在心房肌收缩完毕之后。

3. 房室束　又称希氏（His）束。浦肯野纤维组成房室束及其各级分支。房室束起自房室结前端，行至室间隔膜部的后下缘分为左束支和右束支，分别沿室间隔肌部左、右侧心内膜深面下行。房室束分支末端的浦肯野纤维与普通心室肌纤维相连，通过缝隙连接构成功能合胞体，使所有心室肌纤维同步舒缩。

考点　心传导系的组成

（七）心的血管

1. 动脉 心的动脉是发自升主动脉根部的左冠状动脉和右冠状动脉（图 7-13）。

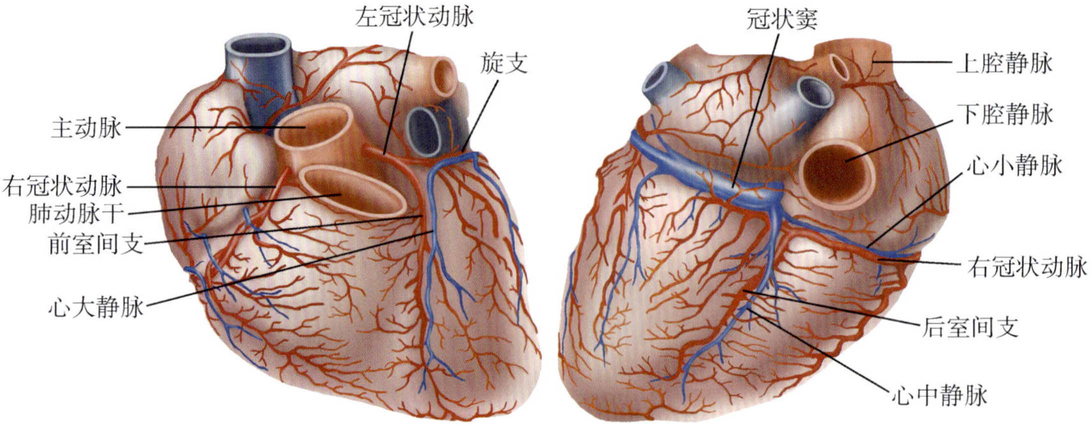

图 7-13 心的血管

（1）左冠状动脉 分为前室间支和旋支。前室间支主要分布于左心室前壁、右心室前壁的一小部分和室间隔前 2/3 等处。旋支主要分布于左心房、左心室侧壁、左心室后壁和窦房结（约占 40%）等处。

（2）右冠状动脉 沿冠状沟向右后方走行，其主干进入后室间沟，延续为后室间支。右冠状动脉主要分布于右心房、右心室前壁大部分、右心室侧壁和后壁全部、左心室后壁的一部分、室间隔后 1/3、窦房结（约占 60%）和房室结等处。

2. 静脉 心的静脉有心大静脉、心中静脉和心小静脉等，多与动脉伴行，大部分汇入冠状窦。冠状窦位于冠状沟的后部内，收集心壁大部分静脉血，经冠状窦口注入右心房。

（八）心包

心包是包裹心和大血管根部的膜性囊，分纤维心包和浆膜心包。

1. 纤维心包 较厚，由致密而坚韧的结缔组织构成，其上部与出入心脏的大血管外膜相续，下方附着于膈的中心腱（图 7-14）。

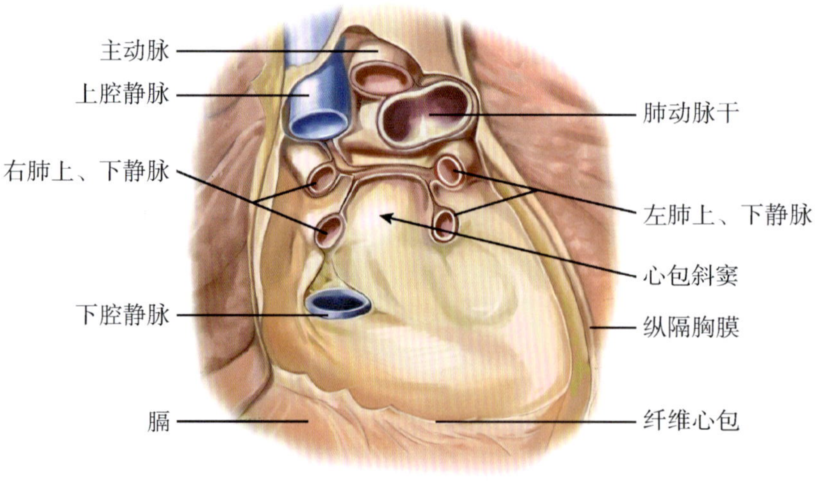

图 7-14 心包

2. 浆膜心包　薄而光滑，分为脏层和壁层。脏层紧贴心肌表面，形成心外膜。壁层紧贴在纤维心包的内面。脏、壁两层在出入心的大血管根部相互移行，形成的潜在性的密闭腔隙称心包腔，内含少量浆液，起润滑作用。

链　接

心包穿刺术

心包穿刺术是借助穿刺针直接刺入心包腔的诊疗技术。穿刺部位：①剑突下与左肋缘相交的夹角处。②左侧第五肋间，心浊音界内侧 1 ～ 2cm 处。手术目的：①大量心包积液出现心脏压塞症状者，穿刺抽液以解除压迫症状。②抽取心包积液协助诊断，确定病因。③心包腔内给药治疗（图 7-15）。

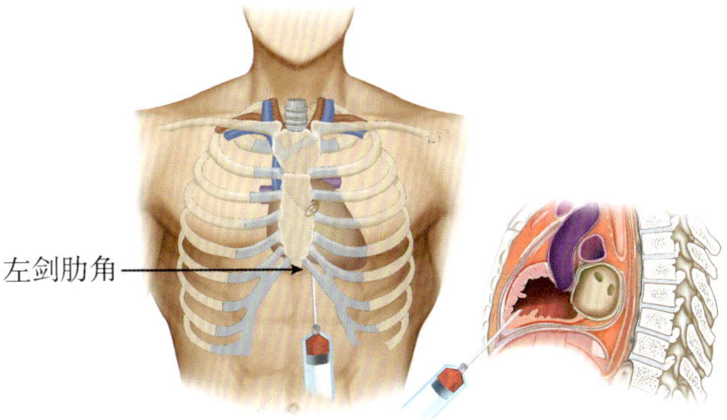

图 7-15　心包穿刺

三、血　　管

（一）血管吻合和侧支循环

人体的血管除经动脉→毛细血管→静脉相通外，还有动脉间吻合（图 7-16）、静脉间吻合，以及动、静脉间吻合。如动脉之间常吻合成动脉弓、动脉网或动脉环；静脉之间常吻合成静脉丛、静脉弓或静脉网。

在较大的动脉主干行程中常发出与主干平行的侧支，该支与同一主干远侧发出的反支或另一动脉主干的侧支相连，形成侧支吻合。当某一动脉主干发生阻塞时，血液可沿侧支吻合径路，流至阻塞部位远侧的分布区，以保证该部的血液供应，这种径路称侧支循环（图 7-16）。

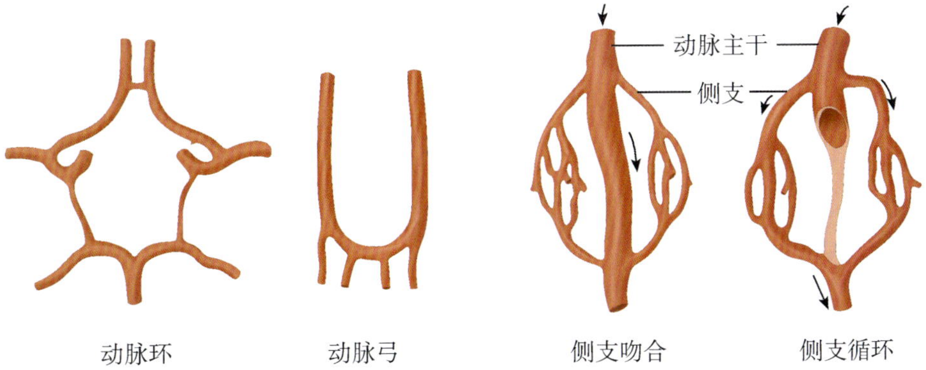

图 7-16　动脉间吻合和侧支循环示意图

（二）血管的组织结构

1. 动脉　可分为大动脉、中动脉、小动脉和微动脉 4 种类型。①大动脉：是靠近心脏的动脉，包括主动脉、肺动脉、头臂干、颈总动脉、锁骨下动脉和髂总动脉等。②中动脉：除

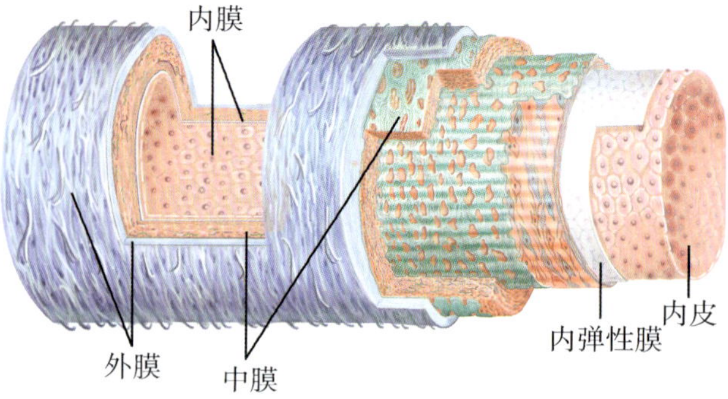

图 7-17　动脉和静脉管壁的组织结构模式图

大动脉外，凡在解剖学中有名称的动脉多为中动脉，管径一般大于 1mm。③小动脉：管径在 0.3 ～ 1mm 的动脉。④微动脉：管径在 0.3mm 以下的动脉。

动脉管壁自内向外可分为内膜、中膜和外膜 3 层（图 7-17）。①内膜：最薄，由内皮和少量结缔组织构成，内膜靠近中膜处有波浪状的内弹性膜。②中膜：较厚，由平滑肌纤维、弹性纤维和胶原纤维构成。③外膜：较薄，主要由疏松结缔组织构成。大动脉的中膜以弹性纤维为主，管壁具有较大的弹性，故大动脉又称弹性动脉。中动脉的中膜含有大量环形平滑肌，小动脉的中膜主要由平滑肌构成，因而中、小动脉称肌性动脉。

2. 静脉　静脉管壁也分为内膜、中膜和外膜（图 7-17），但 3 层膜之间的分界不明显。静脉可分为微静脉、小静脉、中静脉和大静脉 4 种类型。大静脉为靠近心脏的静脉，包括上腔静脉、下腔静脉、颈外静脉、头臂静脉、奇静脉、髂总静脉、门静脉、髂外静脉等。除大静脉外，凡在解剖学中有名称的静脉多为中静脉。

3. 毛细血管　是管径最细、分布最广的血管，位于微动脉与微静脉之间，彼此互相连通成网。毛细血管的管径一般为 6 ～ 8μm，可容许 1 个红细胞通过。毛细血管壁由内皮细胞及其基膜和周细胞构成（图 7-18）。横断面上，毛细血管一般由 1 ～ 2 个内皮细胞环绕构成，具有一定的通透性。根据毛细血管壁的构造特点，可把毛细血管分为 3 类（图 7-19）。

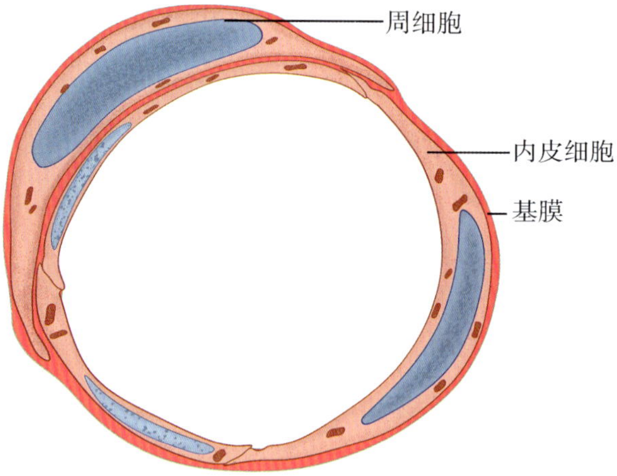

图 7-18　毛细血管超微结构模式图

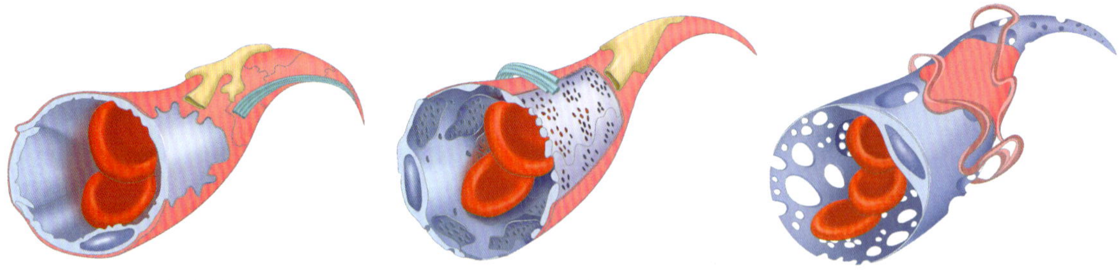

图 7-19　毛细血管的类型模式图

（1）连续毛细血管　内皮细胞和基膜连续完整，胞质中有许多质膜小泡，用以完成物质交换。连续毛细血管主要分布于结缔组织、肌组织、肺和中枢神经系统等处。

（2）有孔毛细血管 内皮细胞的基膜完整，内皮细胞不含核的部分很薄，有许多贯穿胞质的小孔，有利于物质交换。有孔毛细血管主要分布于胃肠黏膜、肾血管球和某些内分泌腺等处。

（3）血窦 又称窦状毛细血管，管腔较大，形状不规则，内皮细胞之间常有较大间隙，基膜不完整或缺如。血窦主要分布于肝、脾、骨髓和某些内分泌腺等处。

（三）肺循环的血管

1. 肺动脉干 短而粗，起自右心室，向左后上方斜行，在主动脉弓下方分为左、右肺动脉，分别经过左、右肺门入肺。在肺动脉干分叉处稍左侧与主动脉弓下缘之间的纤维性结缔组织索称动脉韧带（图7-4），是胚胎时期动脉导管闭锁后的遗迹。动脉导管若在出生6个月后尚未闭锁，则称动脉导管未闭，是常见的先天性心脏病。

2. 肺静脉 起自肺泡毛细血管网，在肺内逐级汇合，至肺门处形成左肺上、下静脉和右肺上、下静脉，出肺门后，注入左心房（图7-4，图7-9）。

（四）体循环的动脉

体循环动脉的分布具有一定规律，表现为：大多数动脉呈左、右对称性分布；动脉多走行于身体的屈侧、深部等安全的部位；动脉的分布形式与器官的形态、功能相适应；动脉常有静脉、神经伴行，构成血管神经束。

主动脉是体循环的动脉主干，按其行程分为升主动脉、主动脉弓和降主动脉（图7-20）。

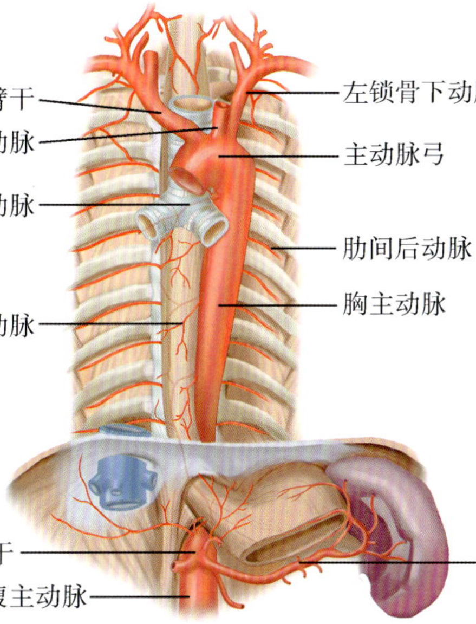

图7-20 主动脉及其分支

升主动脉起自左心室，向右前上方斜行至右侧第2胸肋关节后方移行为主动脉弓。升主动脉根部发出左、右冠状动脉，营养心。

主动脉弓接续升主动脉，弓形弯向左后方，移行为降主动脉。主动脉弓的凸侧自右向左发出头臂干、左颈总动脉和左锁骨下动脉。头臂干分为右颈总动脉和右锁骨下动脉。主动脉弓壁内含有压力感受器。在主动脉弓下方近动脉韧带处有2～3个粟粒状小体，称主动脉小球，是化学感受器。

降主动脉沿脊柱的左前方下行，穿膈的主动脉裂孔入腹腔，继续下行至第4腰椎体下缘处分为左、右髂总动脉。降主动脉以膈为界分为胸主动脉和腹主动脉。

考点 主动脉弓的分支

1. 颈总动脉 是头颈部的动脉主干（图7-21）。右颈总动脉起自头臂干，左颈总动脉起自主动脉弓。两侧颈总动脉均在食管、气管和喉的外侧上升，至甲状软骨上缘平面分为颈内动脉和颈外动脉。

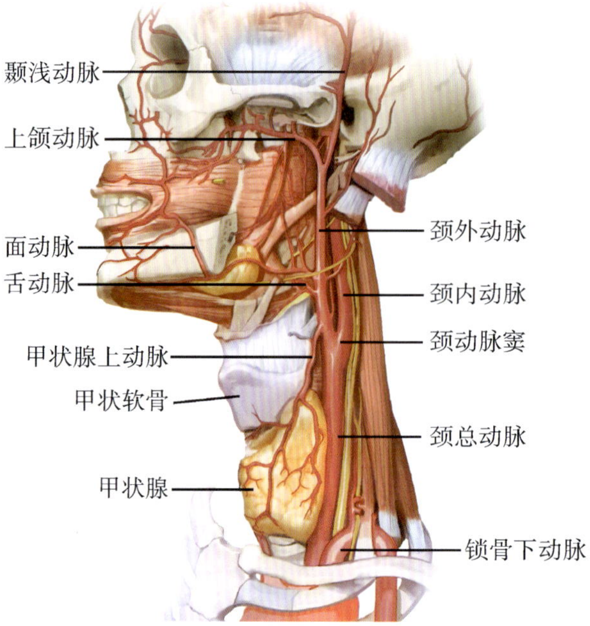

图 7-21 颈总动脉和颈外动脉

链 接

颈总动脉的应用解剖

体表可触及搏动的动脉有颈总动脉、面动脉、颞浅动脉、肱动脉、桡动脉、尺动脉、股动脉、腘动脉、足背动脉等，在临床工作中非常重要，可用于动脉压迫止血等（图 7-22）。

颈总动脉的上端位置表浅，通常在胸锁乳突肌前缘、环状软骨高度可触摸其搏动。当头面部大出血时，可将颈总动脉向后内压迫到第六颈椎横突上，进行临时性止血（图 7-22）。心搏骤停时判断大动脉搏动是否消失，常选用颈总动脉。

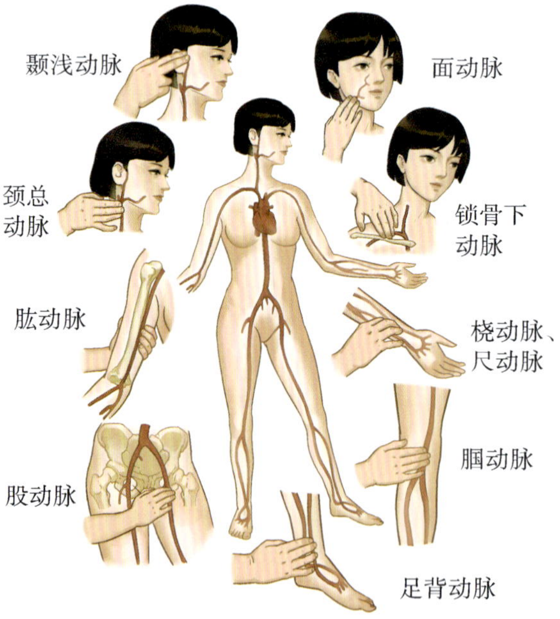

图 7-22 常见动脉压迫止血部位

（1）颈外动脉 起自颈总动脉，向上穿腮腺，分为颞浅动脉和上颌动脉两个终支（图 7-21）。颈外动脉的主要分支如下。

1）甲状腺上动脉：自颈外动脉起始处发出，行向前下方，分布到甲状腺上部和喉。

2）面动脉：在舌动脉稍上方发出，行向前上，经下颌下腺的深面，在咬肌前缘越过下颌骨下缘至面部，经口角和鼻翼外侧，向上至眼内眦，移行为内眦动脉。面动脉分布于面部软组织、下颌下腺和腭扁桃体等。面动脉在咬肌前缘与下颌骨下缘交界处可摸到动脉搏动。当面部出血时，可在该处进行压迫止血（图 7-22）。

3）颞浅动脉：为颈外动脉终支之一，在耳屏前方上行，越过颧弓根部至颞部，分布于额、颞、顶部软组织和腮腺。在外耳门前方颧弓根部可摸到颞浅动脉搏动，当头前外侧部出血时，可在该处压迫止血（图 7-22）。

4）上颌动脉：为颈外动脉的另一终支，在下颌颈处起自颈外动脉，前行入颞下窝，沿途分支分布于外耳道、中耳、硬脑膜、腭扁桃体、牙及牙龈、鼻腔和腭等处。其中分布到硬脑膜的一支称脑膜中动脉，它由上颌动脉发出后向上穿棘孔入颅腔，分前、后两支，紧贴颅骨内面走行，分布于硬脑膜。其中前支经过翼点内面，当颞区颅骨骨折时易受损伤，引起硬膜外血肿。

（2）颈内动脉　在甲状软骨上缘平面起自颈总动脉（图 7-21），向上直达颅底，穿颈动脉管入颅腔，分布于脑和视器（详见神经系统和感觉器）。颈内动脉在颅外不分支。

2. 锁骨下动脉　左侧起自主动脉弓，右侧起自头臂干。锁骨下动脉从胸锁关节后方斜向外至颈根部，呈弓状经胸膜顶前方，穿斜角肌间隙，至第 1 肋外缘移行为腋动脉。上肢出血时，可在锁骨中点上方的锁骨上窝处向下将锁骨下动脉压向第 1 肋骨进行止血（图 7-22）。

锁骨下动脉的主要分支有（图 7-23）：①椎动脉为锁骨下动脉最大的分支，向上依次穿经第 1 ～ 6 颈椎横突孔，经枕骨大孔入颅腔，左、右椎动脉汇合成一条基底动脉，分支分布于脊髓和脑（详见神经系统）。②胸廓内动脉起点与椎动脉相对，向下入胸腔，沿 1 ～ 6 肋软骨后面距胸骨外侧缘约 1cm 处下降。沿途发出分支分布于胸膜、心包、膈肌及乳房等处。③甲状颈干为一短干，在前斜角肌内侧缘起始，位于椎动脉外侧。起始后立即分为数支，其中一支为甲状腺下动脉，分布于甲状腺和喉等处。

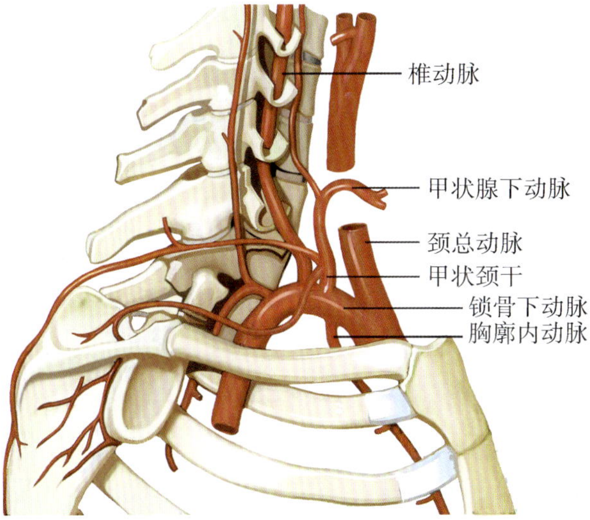

图 7-23　锁骨下动脉及其分支

（1）腋动脉　是上肢的动脉主干，在第 1 肋的外侧缘处续自锁骨下动脉，经腋窝的深部至背阔肌的下缘移行为肱动脉（图 7-24）。腋动脉的分支主要分布于肩部、胸前外侧壁及乳房等处。

（2）肱动脉　是腋动脉的直接延续，沿肱二头肌内侧缘下行，至肘窝中点处分为桡动脉和尺动脉（图 7-24，图 7-25）。肱动脉沿途分支分布于臂部和肘关节。在肘窝的内上方，肱二头肌腱的内侧可触及肱动脉的搏动，是临床上测量血压时听诊的部位。当前臂或手部出血时，可在臂中部内侧将肱动脉压向肱骨以暂时止血（图 7-22）。

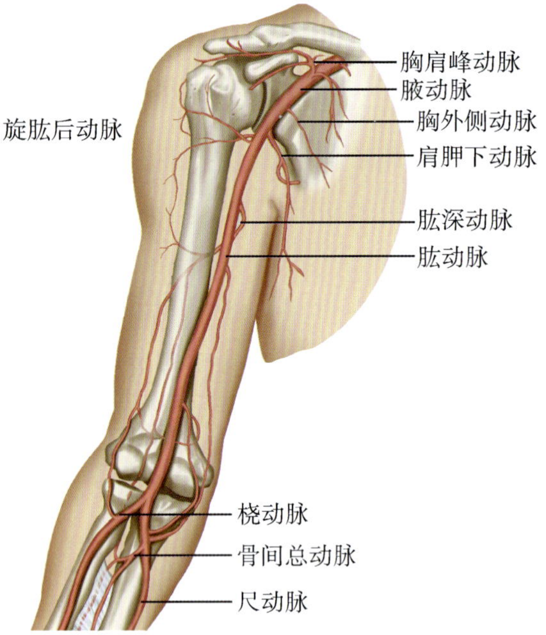

图 7-24 腋动脉及其分支

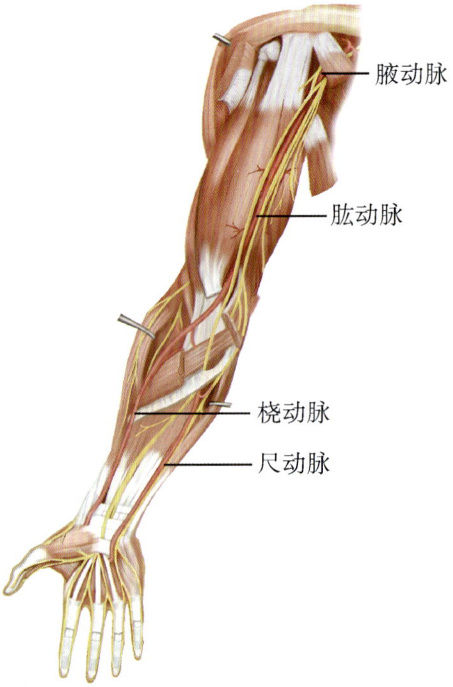

图 7-25 上肢的动脉

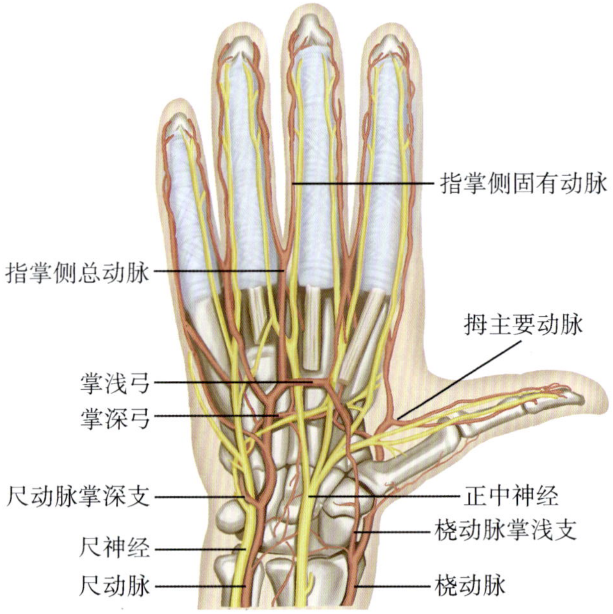

图 7-26 手的动脉

（3）桡动脉　由肱动脉分出（图 7-25），沿前臂前群肌之间（偏桡侧）下行，在桡腕关节上方处行于桡侧腕屈肌腱的外侧，此处位置表浅，可触到其搏动，是临床触摸脉搏的常用部位。

（4）尺动脉　由肱动脉分出，沿前臂前群肌之间（偏尺侧）下行，入手掌（图 7-25）。当手部出血时，可在腕掌侧面上方的桡侧和尺侧分别压迫桡动脉和尺动脉进行止血（图 7-22）。

（5）掌浅弓和掌深弓　掌浅弓由尺动脉终支和桡动脉的掌浅支吻合而成（图 7-26）。掌深弓由桡动脉终支与尺动脉掌深支吻合而成。掌浅弓、掌深弓发出较多分支，分布于手掌和手指。其中，指掌侧固有动脉位于第 2 ～ 5 指的两侧，手指出血时可在手指根部两侧压迫止血。

3. 胸主动脉　是胸部的动脉主干（图 7-20），分支有壁支和脏支 2 种。

（1）壁支　有肋间后动脉和肋下动脉。肋间后动脉共 9 对，走行在第 3 ～ 11 肋间隙中，主要分布于胸壁、腹壁上部、背部和脊髓等处（图 7-27）。肋下动脉行于第 12 肋下缘处。

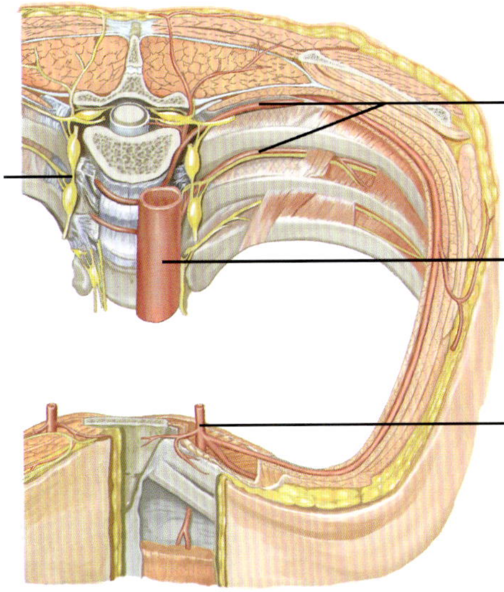

图 7-27　肋间后动脉

（2）脏支　较细小，主要有支气管动脉、食管动脉和心包支。

4. 腹主动脉　是腹部的动脉主干。腹主动脉发出壁支和脏支（图 7-28）。壁支主要有 4 对腰动脉，分布于腹后壁、腹前外侧壁和脊髓等。脏支分为成对和不成对两种。成对的有肾动脉、肾上腺中动脉和睾丸（或卵巢）动脉等；不成对的有腹腔干、肠系膜上动脉和肠系膜下动脉。

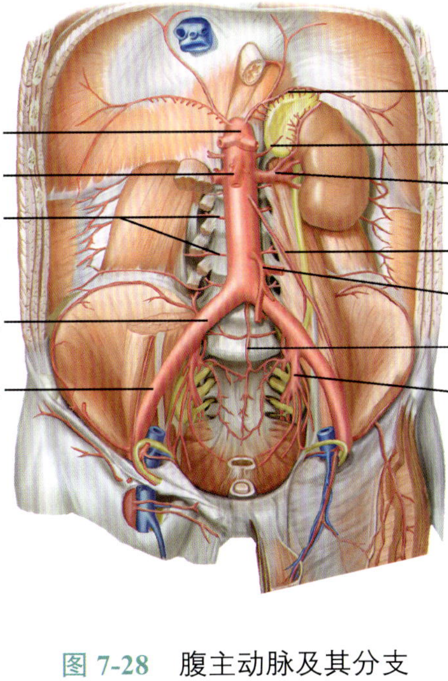

图 7-28　腹主动脉及其分支

（1）肾上腺中动脉　在第 1 腰椎体高度起自腹主动脉，分布于肾上腺。

（2）肾动脉　在第 1、2 腰椎体之间起自腹主动脉，横行向外由肾门入肾。

（3）睾丸动脉　细而长，在肾动脉起始处的稍下方起自腹主动脉，斜向下外，经腹股沟管入阴囊，又称精索内动脉，参与精索的组成，分布于睾丸和附睾。在女性则称卵巢动脉，分布于卵巢和输卵管。

（4）腹腔干　为粗而短的动脉干，在主动脉裂孔的稍下方起自腹主动脉前壁，随即分胃左动脉、肝总动脉和脾动脉 3 支（图 7-29）。其中，肝总动脉分为肝固有动脉和胃十二指肠动脉。肝固有动脉分左、右两支入肝，右支还发出胆囊动脉分布于胆囊。腹腔干的分支主要分布到食管的腹段、胃、十二指肠、肝、胆囊、胰、脾和网膜等处。

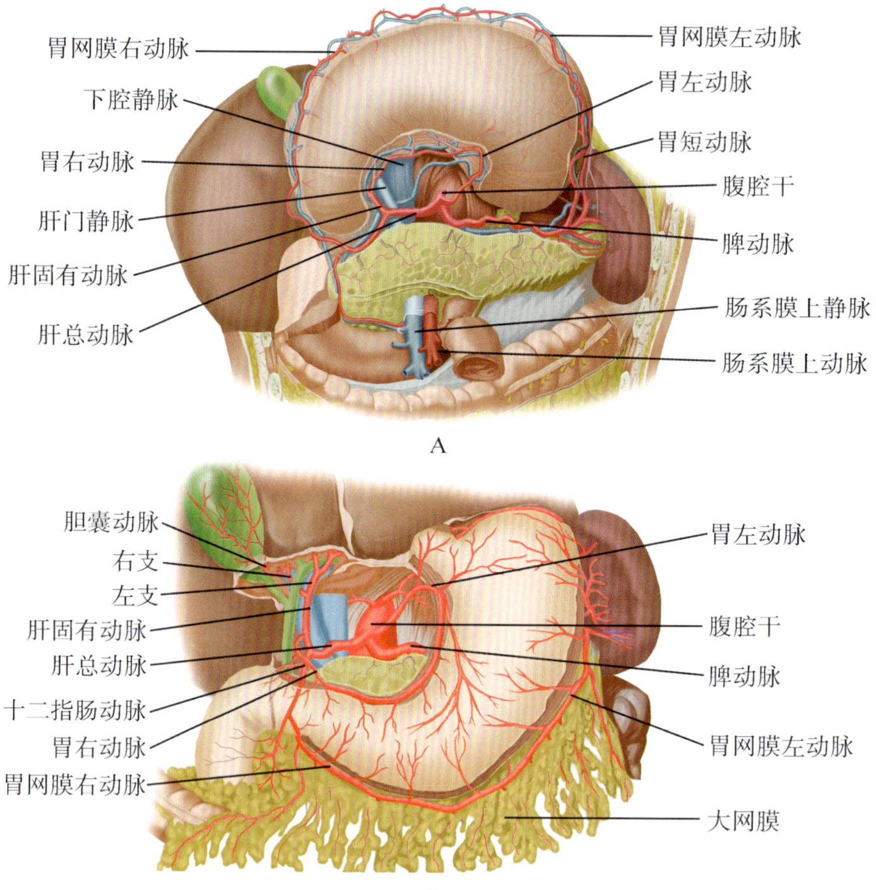

图 7-29　腹腔干及其分支

A. 胃的前面；B. 胃的后面

（5）肠系膜上动脉　在第 1 腰椎高度起自腹主动脉前壁，主要发出空肠动脉、回肠动脉、回结肠动脉、右结肠动脉、中结肠动脉等分支，分布到胰、十二指肠至横结肠之间的消化管（图 7-30）。从回结肠动脉发出的阑尾动脉，沿阑尾系膜游离缘至阑尾。

（6）肠系膜下动脉　平第 3 腰椎高度起自腹主动脉前壁（图 7-31），向左下行，进入乙状结肠系膜内，有 3 个分支。①左结肠动脉：分布于降结肠。②乙状结肠动脉：分布于乙状结肠。③直肠上动脉：分布于直肠上部。

5. 髂总动脉　左右各一，平第 4 腰椎体高度自腹主动脉发出，沿腰大肌的内侧向外下方斜行，至骶髂关节的前方分为髂内动脉和髂外动脉（图 7-28）。

（1）髂内动脉　为一短粗的干，沿盆腔侧壁下行，发出壁支和脏支（图 7-32）。壁支主要有闭孔动脉、臀上动脉和臀下动脉。脏支主要有直肠下动脉、膀胱下动脉、子宫动脉（女性）、阴部内动脉。髂内动脉分布于盆腔内脏器、盆壁、臀部、会阴及外生殖器等处。

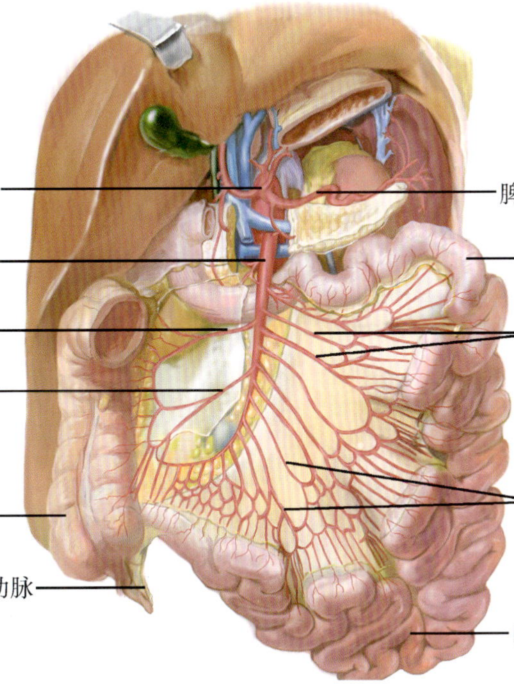

图 7-30　肠系膜上动脉及其分支

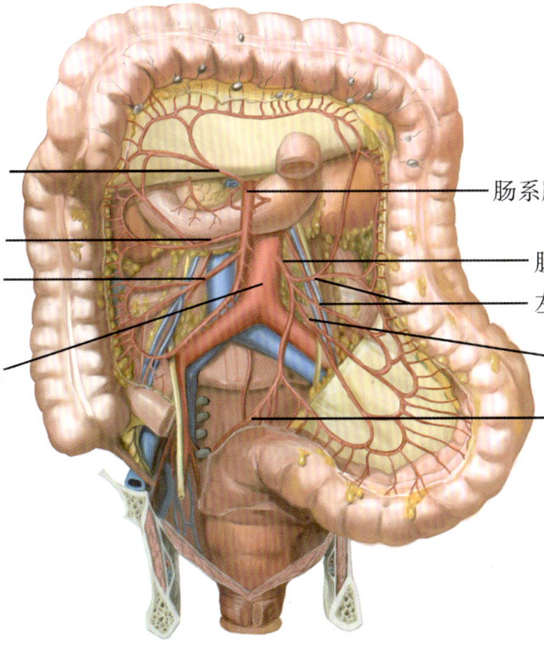

图 7-31　肠系膜下动脉及其分支

臀上动脉和臀下动脉分别经梨状肌上、下孔出骨盆至臀部，分布于臀肌和髋关节。子宫动脉自髂内动脉发出后，沿盆腔侧壁向内下方行走，在距子宫颈外侧约 2cm 处，从输尿管前上方跨过，达子宫颈两侧，分支分布于子宫、阴道、输卵管和卵巢。

（2）髂外动脉　在骶髂关节前方由髂总动脉发出后，沿腰大肌内侧缘下降，经腹股沟韧带中点深面至股部，移行为股动脉。

（3）股动脉　为髂外动脉的延续（图 7-33），在股三角内下行，经收肌管，穿过收肌腱裂孔入腘窝，移行为腘动脉，沿途发分支布于大腿肌和髋关节。在股三角内，股动脉位置表浅，在腹股沟韧带中点稍下方可触到其搏动。当下肢出血时可在此处将股动脉压向耻骨上支进行压迫止血（图 7-22）。

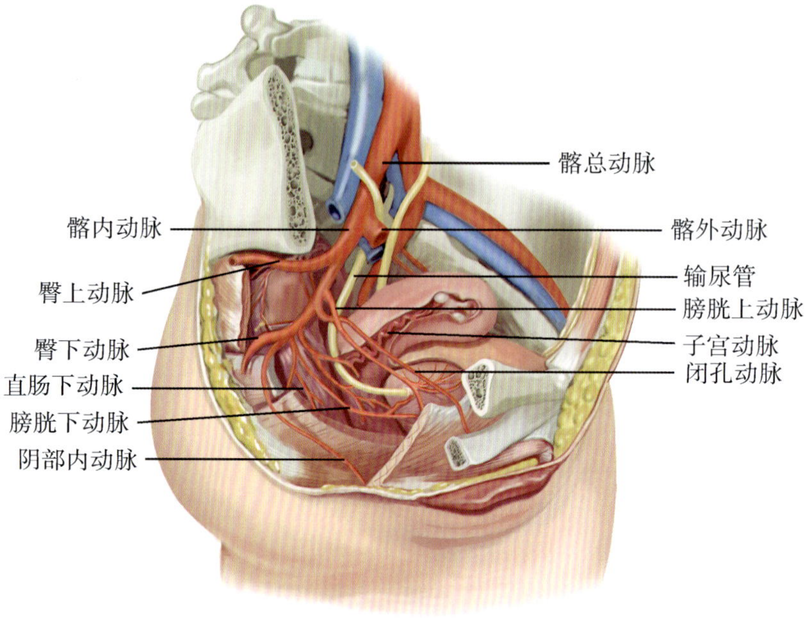

图 7-32 髂内动脉及其分支（女性）

（4）腘动脉　在腘窝深面下行（图 7-33），至腘窝下方分为胫前动脉和胫后动脉两个终支，并发出分支分布于膝关节及邻近肌。

（5）胫前动脉　由腘动脉发出后，穿小腿骨间膜至小腿前面，在小腿前群肌之间下行，至踝关节前方移行为足背动脉（图 7-34）。胫前动脉发出分支分布于小腿前群肌和附近皮肤。在踝关节前方，内、外踝连线的中点处可触及足背动脉搏动，足部出血时，可在该处向深部压迫足背动脉进行止血（图 7-22）。

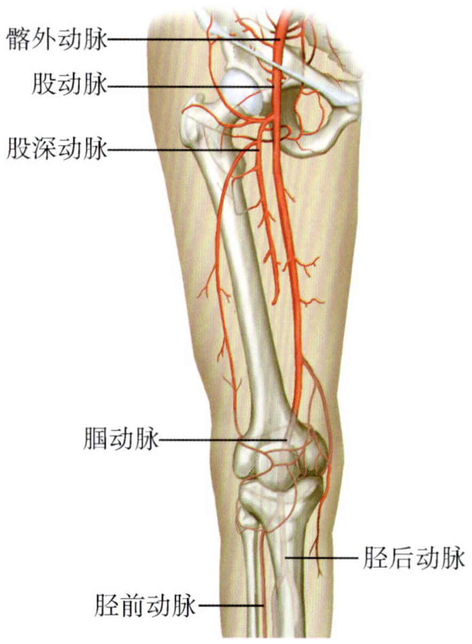

图 7-33 股动脉及其分支

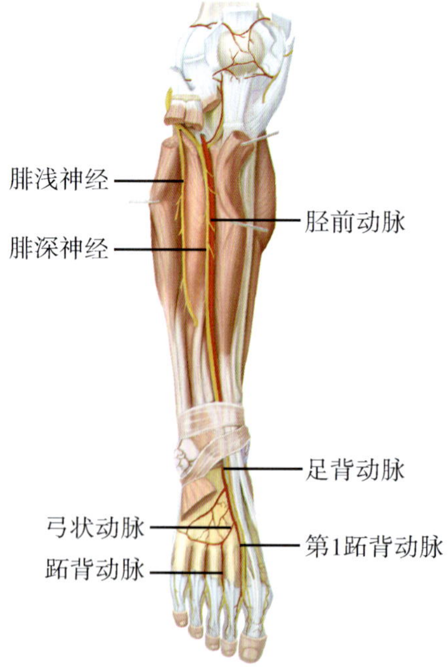

图 7-34 胫前动脉及其分支

（6）胫后动脉　是腘动脉的直接延续（图 7-35），沿小腿三头肌的深面下行，经内踝的后方进入足底，分为足底内侧动脉和足底外侧动脉（图 7-36）。

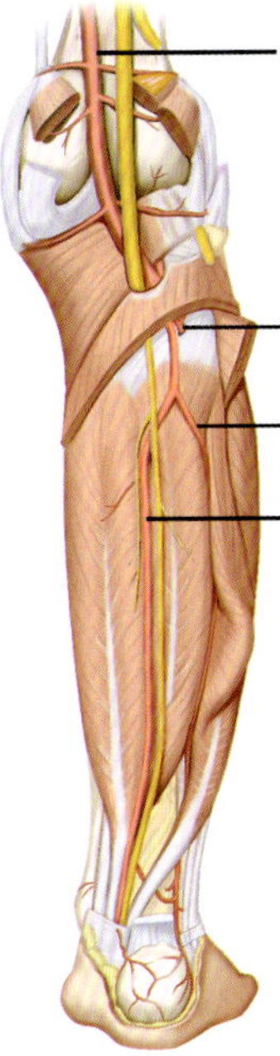

图 7-35　胫后动脉

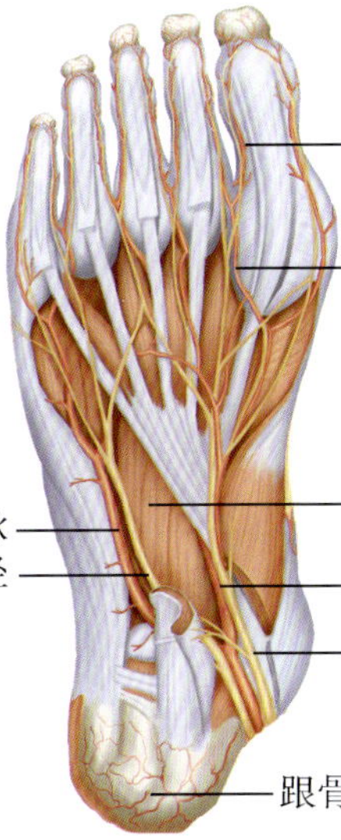

图 7-36　足底的动脉

（五）体循环的静脉

体循环的静脉特点：①数量多，可分为浅静脉和深静脉。浅静脉位于皮下组织内，故又称皮下静脉。浅静脉位置表浅，临床上常用于静脉内注射、输液和输血。深静脉多与动脉伴行，名称也基本相同。②静脉之间有丰富的吻合。浅静脉之间、深静脉之间、浅深静脉之间都有吻合支相通。③静脉管腔比相应的动脉大，管壁较薄，弹性小。④静脉管腔内有向心性开放的静脉瓣，可阻止血液逆流（图 7-37）。四肢的静脉瓣较多，而大静脉、肝门静脉和头颈部的静脉，一般无静脉瓣。

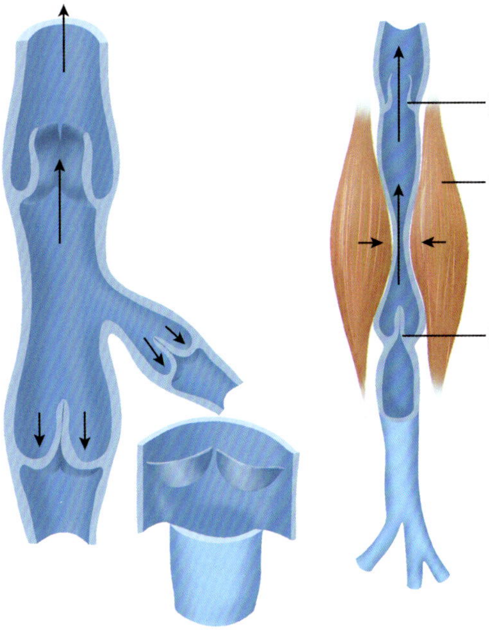

图 7-37　静脉瓣

体循环的静脉包括上腔静脉系、下腔静脉系（含肝门静脉系）和心静脉系。

1. 上腔静脉系　由上腔静脉及其属支组成（图 7-3，图 7-38），收集头颈部、上肢和胸部（心和肺除外）等上半身的静脉血。

（1）头颈部静脉　浅静脉包括面静脉、颞浅静脉和颈外静脉等，深静脉包括颅内静脉、颈内静脉和锁骨下静脉等（图 7-39）。

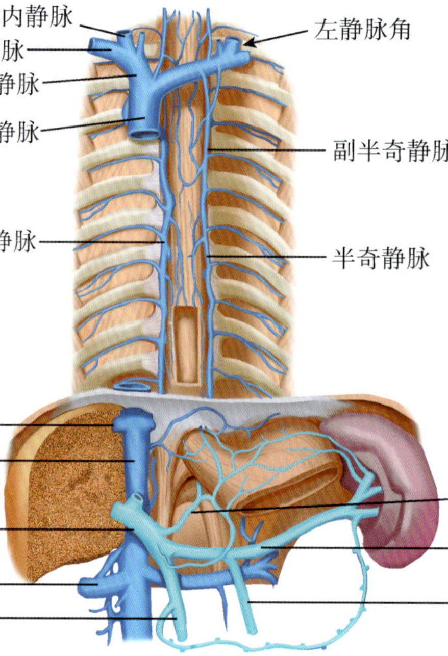

图 7-38 上、下腔静脉及其属支

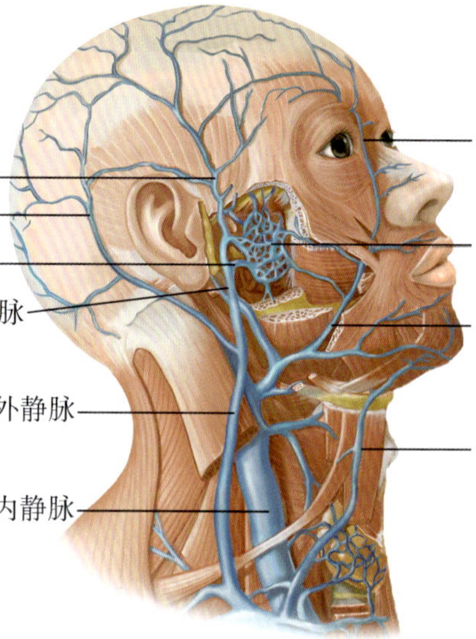

图 7-39 头颈部静脉

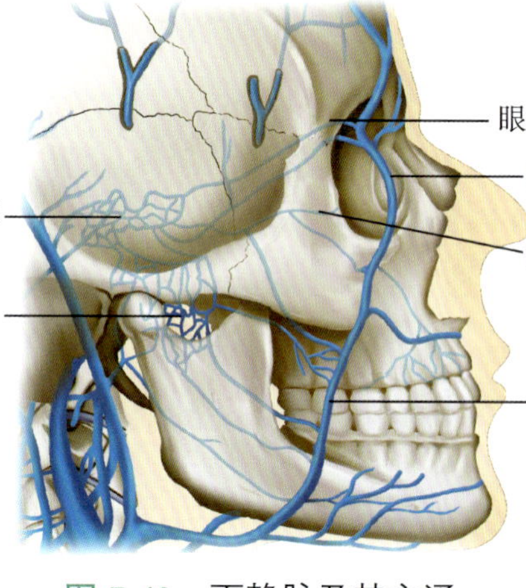

图 7-40 面静脉及其交通

1）颈内静脉：为颈部最大的静脉干，上端在颈静脉孔处续于乙状窦，在胸锁关节后方与锁骨下静脉汇合成头臂静脉。汇合处的夹角叫静脉角（图 7-38）。颈内静脉收集颅内、外和颈部器官的静脉血。颈内静脉在颅外的主要属支有面静脉。

2）面静脉：起自内眦静脉，与面动脉伴行，收集面前部软组织的静脉血。面静脉通过内眦静脉、眼静脉与颅内海绵窦相交通（图 7-40）。

面静脉在口角平面以上缺少静脉瓣，如口角平面以上面部发生化脓性感染时，若处理不当（如挤压化脓处），可导致颅内感染，故临床上将鼻根至两侧口角之间的三角形区域称“危险三角”。

3）颈外静脉：是颈部最大的浅静脉（图 7-39），沿胸锁乳突肌表面下行，在锁骨中点上方约 2cm 处穿深筋膜注入锁骨下静脉或静脉角。颈外静脉主要收集头皮和面部的静脉血。颈外静脉位置表浅而恒定，是临床上静脉插管或儿童采血的常用静脉。若心脏疾病或上腔静脉阻塞时，可引起颈静脉怒张。

4）锁骨下静脉：自第 1 肋外侧缘续于腋静脉，与同名动脉伴行，在胸锁关节后方与颈内静脉汇合成头臂静脉（图 7-38）。锁骨下静脉的主要属支是腋静脉和颈外静脉。锁骨下静脉位置较固定，管腔较大，临床上可经锁骨上或锁骨下入路进行锁骨下静脉导管插入。

考点 颈外静脉的位置及注入部位

（2）上肢静脉

1）上肢浅静脉：包括头静脉、贵要静脉、肘正中静脉及其属支（图 7-41）。临床上常用手背静脉网、前臂和肘部前面的浅静脉取血、输液和注射药物。①头静脉：起自手背静脉网的桡侧，沿前臂下部的桡侧、前臂上部和肘部的前面，以及肱二头肌外侧沟上行，再经三角肌与胸大肌之间的沟内穿深筋膜注入腋静脉或锁骨下静脉。②贵要静脉：起自手背静脉网的尺侧，沿前臂尺侧上行，至肘部转至前面，在肘窝处接受肘正中静脉，再经肱二头肌内侧沟行至臂中点平面，穿深筋膜注入肱静脉，或伴肱静脉上行注入腋静脉。③肘正中静脉：变异较多，通常在肘窝处连接头静脉和贵要静脉。

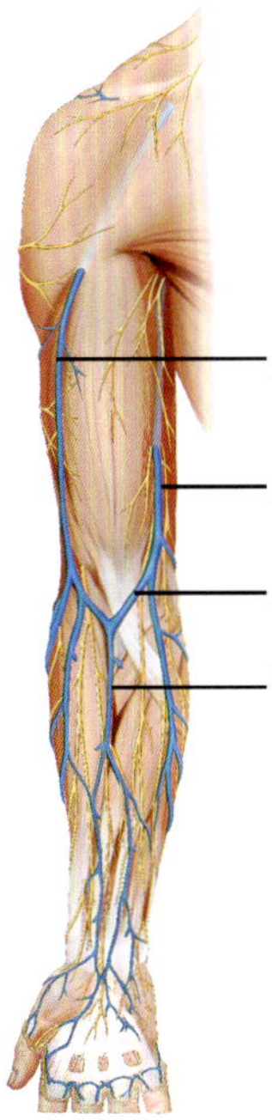

图 7-41　上肢的浅静脉

链　接

经外周静脉穿刺的中心静脉导管（PICC）

由外周静脉（贵要静脉、肘正中静脉、头静脉）穿刺插管，置入中心静脉导管，使其尖端定位于上腔静脉下 1/3 处。由于中心静脉导管的口径小、壁薄，有高度生物相容性，而且具有操作简便、危险性低、并发症较少、留置时间较长等优点，PICC 穿刺术应用于需要长期及反复静脉输液、肿瘤化疗、肠外营养等治疗。

2）上肢深静脉：与同名动脉伴行，且多为 2 条，最后经腋静脉续为锁骨下静脉。腋静脉收集上肢浅、深静脉的全部血液。

考点 上肢浅静脉的起始、行径及注入部位

（3）胸部静脉　主要有头臂静脉、上腔静脉、奇静脉及其属支（图 7-38）。

1）头臂静脉：由颈内静脉和锁骨下静脉在胸锁关节后方汇合而成（图 7-3）。头臂静脉还接受椎静脉、胸廓内静脉等注入。

2）上腔静脉：为上腔静脉系的主干，是一条短而粗的静脉干，由左、右头臂静脉汇合而成，沿升主动脉右侧下行并有奇静脉汇入，最终注入右心房（图 7-1，图 7-3）。

链 接

手臂输液港植入术

输液港是一种植入皮下、长期留置在体内的完全植入式静脉输液装置，由供穿刺的注射座及静脉导管两部分组成，用配套的一次性无损伤针穿刺注射座来建立输液通道。注射座连接插入上腔静脉的导管形成长期血管通路，发挥类似港口的作用，故称输液港。常用于长期静脉输注化学治疗（化疗）药物、完全肠外营养液等。

手臂输液港植入术是近年来在临床上应用的新型输液技术，多以手臂贵要静脉、肱静脉等作为入路植入中心静脉导管，注射座完全埋入手臂皮下。手臂输液港留置时间长，体表没有外露导管，避免了导管脱出和误拔的风险，注射座切口愈合后患者洗浴不受限制，能提高患者的生活质量。与胸壁输液港相比，手臂输液港创伤小，操作难度低，并发症发生率低。

3）奇静脉：起自右腰升静脉，穿膈肌后沿脊柱的右前方上行至第 4 胸椎体平面，向前绕右肺根上方注入上腔静脉（图 7-38）。奇静脉沿途收集右侧肋间静脉、食管静脉、支气管静脉和半奇静脉等处的血液。奇静脉上连上腔静脉，下借右腰升静脉连于下腔静脉，是沟通上腔静脉系和下腔静脉系的重要通道之一。

2. 下腔静脉系　由下腔静脉及其属支组成（图 7-1，图 7-42），主要收集腹部、盆部和下肢的静脉血。

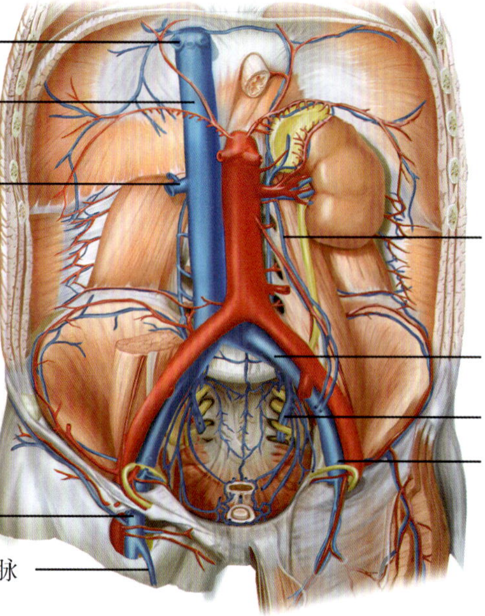

图 7-42　下腔静脉及其属支

（1）下肢静脉　浅静脉与深静脉之间的交通较丰富。

1）下肢浅静脉：包括大隐静脉和小隐静脉及其属支。①大隐静脉：起自足背静脉弓的内侧端，经内踝的前方，沿小腿内侧面、膝关节内后方、大腿内侧面上行，在腹股沟韧带下方注入股静脉（图 7-42，图 7-43）。大隐静脉在内踝前方的位置表浅而恒定，是临床上输液和注射的常用部位。②小隐静脉：在足外侧缘起自足背静脉弓，经外踝的后方，沿小腿的后面上行至腘窝下角处穿过深筋膜，经腓肠肌内、外侧头之间注入腘静脉（图 7-44）。

考点 下肢浅静脉的名称、起始及注入部位

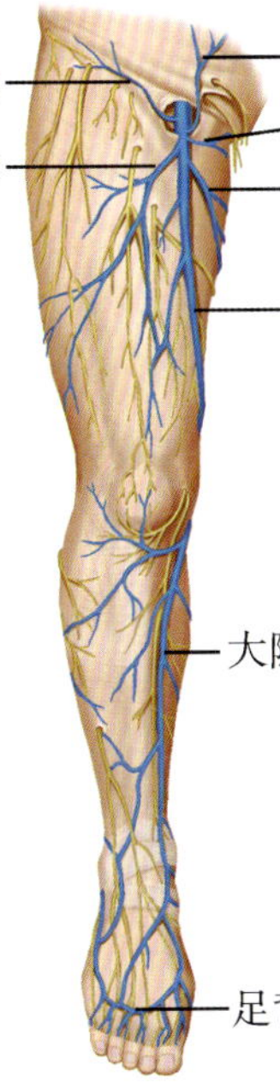

图 7-43　大隐静脉

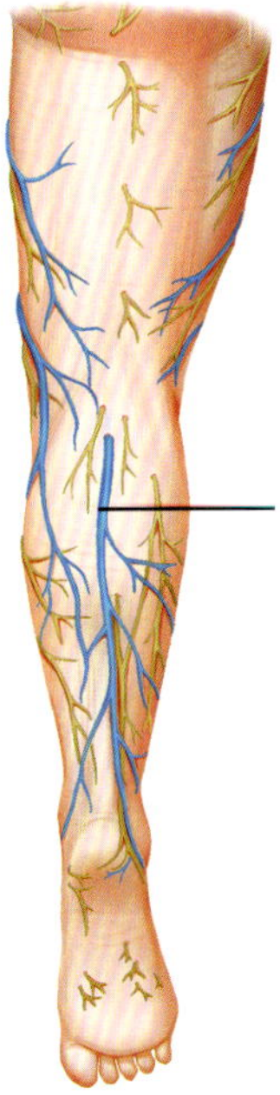

图 7-44　小隐静脉

2）下肢深静脉：与同名动脉伴行，收集同名动脉分布区域的静脉血，最后经股静脉延续为髂外静脉。股静脉在腹股沟韧带的稍下方位于股动脉内侧（图 7-42），临床上常在此处进行静脉穿刺插管。

链　接

浅静脉穿刺术

浅静脉穿刺术的目的主要有采血、输液、输血、注射药物等。临床工作中，浅静脉穿刺术选择的血管主要有手背静脉网、贵要静脉、头静脉、肘正中静脉、颈外静脉、足背静脉弓、小隐静脉、大隐静脉，小儿头皮静脉等。由于年龄不同，静脉壁的厚度、弹性及硬度有所不同，根据年龄及病情可选择不同部位的静脉，婴幼儿常选用头皮静脉和颈外静脉，成人常选用手背静脉网和足背静脉弓。

（2）腹盆部静脉　主要有髂外静脉、髂内静脉、下腔静脉和肝门静脉及其属支（图 7-38，图 7-42）。

1）髂外静脉：是股静脉的直接延续，与同名动脉伴行。收集同名动脉分布区域的血液。

2）髂内静脉：与髂内动脉伴行，其属支收集各同名动脉分布区域回流的血液。来自盆腔器官的静脉都起自相应器官周围或壁内的静脉丛，如直肠静脉丛、阴道静脉丛、子宫静脉丛等。

3）髂总静脉：是盆部的静脉主干，由髂内静脉和髂外静脉在骶髂关节的前方汇合而成。

4）下腔静脉：由左、右髂总静脉在第 4 或第 5 腰椎体右前方汇合而成，沿腹主动脉右侧和脊柱右前方上行，经肝的腔静脉沟，穿膈的腔静脉孔入胸腔，再穿纤维心包注入右心房

（图 7-1，图 7-38）。

下腔静脉的属支分壁支和脏支 2 种，多数与同名动脉伴行。壁支包括 4 对腰静脉等。脏支有睾丸（卵巢）静脉、肾静脉、肾上腺静脉、肝静脉等。①睾丸静脉起自蔓状静脉丛。由睾丸和附睾的小静脉所吻合形成的蔓状静脉丛参与构成精索，经腹股沟管进入盆腔，汇成睾丸静脉。右睾丸静脉以锐角汇入下腔静脉，左睾丸静脉以直角注入左肾静脉。这是精索静脉曲张多发生于左侧的原因之一。因静脉血回流受阻，精索静脉曲张严重者可导致不育。卵巢静脉起自卵巢静脉丛，在卵巢悬韧带内上行，注入部位同睾丸静脉。②肾静脉直接注入下腔静脉。左肾静脉比右肾静脉长，跨越腹主动脉的前面。左肾静脉接受左肾上腺静脉和左睾丸（卵巢）静脉。③肾上腺静脉，左侧注入左肾静脉，右侧直接注入下腔静脉。④肝静脉由小叶下静脉汇合而成。肝左静脉、肝中静脉和肝右静脉在腔静脉沟处注入下腔静脉。肝静脉收集肝固有动脉和肝门静脉进入肝内的血液。

5）肝门静脉系：由肝门静脉及其属支所组成（图 7-38，图 7-45），收集腹腔内除肝以外不成对脏器的静脉血，即食管腹段、胃、小肠、大肠（齿状线以下的肛管除外）、胰、胆囊和脾的静脉血。肝门静脉系的起始端和末端分别与毛细血管相连，一般无静脉瓣，当肝门静脉压力升高时，血液可以发生逆流。

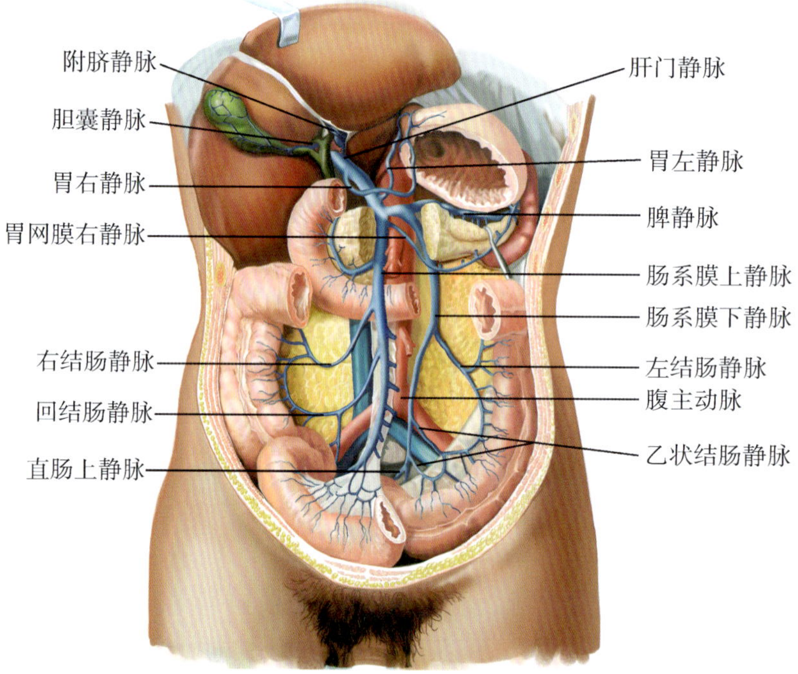

图 7-45 肝门静脉及其属支

肝门静脉是一条粗短的静脉干，多由肠系膜上静脉和脾静脉在胰颈后方汇合而成（图 7-45），向右上方注入肝。肝门静脉的属支主要有肠系膜上静脉、脾静脉、肠系膜下静脉、胃左静脉、胃右静脉、胆囊静脉和附脐静脉等，多与同名动脉伴行。附脐静脉左右 2 支，起自脐周静脉网，沿肝圆韧带侧缘上行注入肝门静脉。

肝门静脉系与上、下腔静脉系之间的吻合部位，主要有食管静脉丛、直肠静脉丛、脐周静脉网等（图 7-46）。正常情况下，肝门静脉系与上、下腔静脉系之间交通支细小，血流量少，各属支分别将血液按正常方向分别引流至所属静脉。如因肝硬化等原因引起肝门静脉高压，肝门静脉回流受阻，部分血液可通过上述吻合部位建立侧支循环，经上、下腔静脉回流入右心房。由于血流量增大，交通支变得粗大弯曲，出现静脉曲张，甚至破裂出血。如食管静脉丛曲张、破裂，可引起呕血；如直肠静脉丛曲张、破裂，可引起便血；当脐周静脉网曲张时，可出现腹壁静脉怒张。

考点 肝门静脉的主要属支及其收集范围

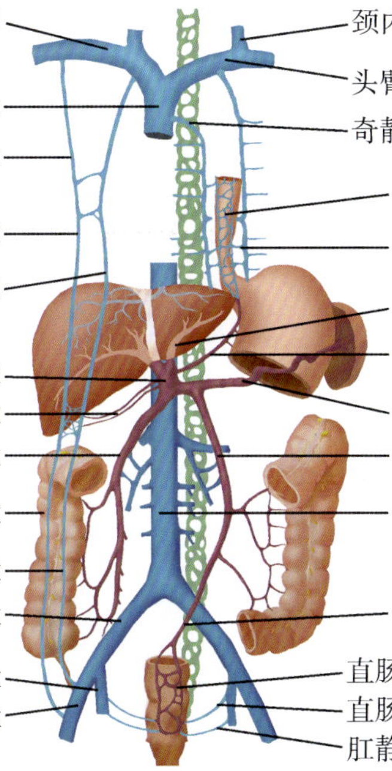

图 7-46　肝门静脉系与上、下腔静脉系吻合示意图

第2节　淋巴系统

案例 7-2

患者，女，51岁。因右侧乳房外上部出现一个无痛性肿块，肿块增长较快而入院。体格检查：右乳房外上部肿块约3cm×4cm大小，质硬，边界不清，活动度差，肿块表面皮肤出现橘皮样改变；右侧腋窝可触及淋巴结肿大。初步诊断：乳腺癌。

问题： 1. 乳腺癌常通过淋巴转移，请简述淋巴系统的组成。

2. 简述乳房皮肤出现橘皮样改变的原因。

淋巴系统（图 7-47）由淋巴管道、淋巴组织和淋巴器官组成。血液中小分子血浆成分从毛细血管动脉端渗入到组织间隙，生成组织液。组织液与细胞进行物质交换后，大部分在毛细血管静脉端回流入静脉，小部分则进入毛细淋巴管成为淋巴（图 7-48）。淋巴沿着各级淋巴管道向心流动，途中经过若干淋巴结的过滤，最后注入静脉。淋巴系统是心血管系统的辅助系统，协助静脉引流组织液。此外，淋巴组织和淋巴器官参与免疫应答，能识别和清除外来入侵抗原及体内突变或衰老细胞，维持内环境稳定。

一、淋巴管道

淋巴管道可分为毛细淋巴管、淋巴管、淋巴干和淋巴导管。

（一）毛细淋巴管

毛细淋巴管是淋巴管道的起始部分（图 7-47），它以膨大的盲端起于组织间隙，管壁由内皮细胞构成，内皮细胞之间有较大的间隙。故毛细淋巴管具有比毛细血管更大的通透性，蛋白质、细菌和肿瘤细胞等较易进入毛细淋巴管。毛细淋巴管分布较广，除上皮、软骨、角膜、晶状体、脑和脊髓等处外，几乎遍布全身。

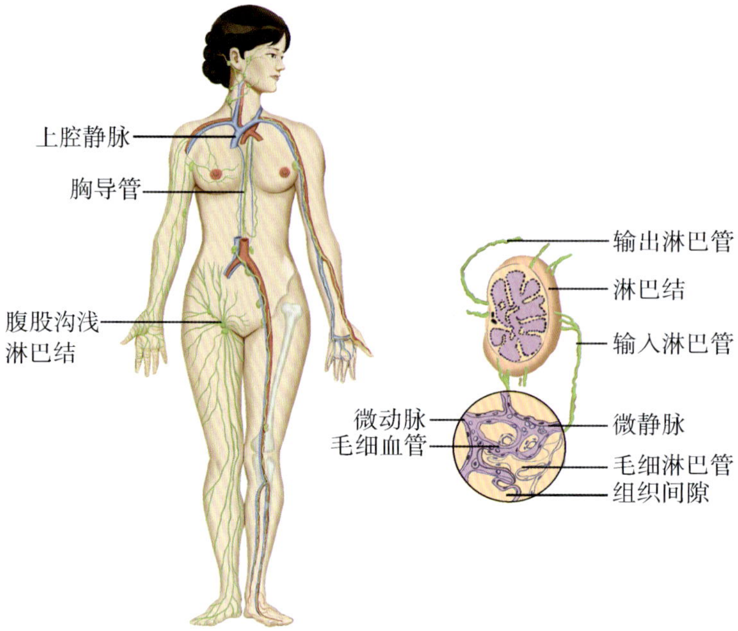

图 7-47 淋巴系统模式图

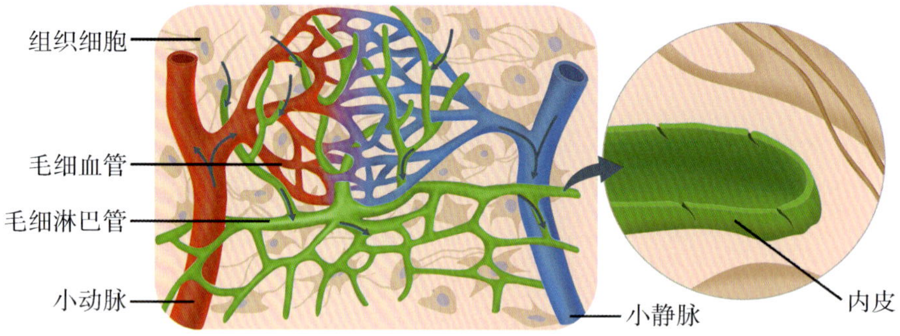

图 7-48 毛细血管及毛细淋巴管模式图

（二）淋巴管

淋巴管由毛细淋巴管汇合而成。其结构与静脉相似，有丰富的瓣膜。淋巴管在向心的行程中，一般都经过一个或多个淋巴结。淋巴管分浅淋巴管和深淋巴管，二者之间交通丰富。浅淋巴管行于皮下，深淋巴管与深部的血管伴行。

（三）淋巴干

全身各部的浅、深淋巴管经过一系列的淋巴结中继后，最后汇合成较大的淋巴干。全身共有 9 条淋巴干（图 7-49）：头颈部的淋巴管汇合成左、右颈干；上肢及部分胸壁的淋巴管汇合成左、右锁骨下干；胸腔脏器及部分胸、腹壁的淋巴管汇合成左、右支气管纵隔干；下肢、盆部和腹腔成对器官及部分腹壁的淋巴管汇合成左、右腰干；腹腔内不成对器官的淋巴管则汇合成 1 条肠干。

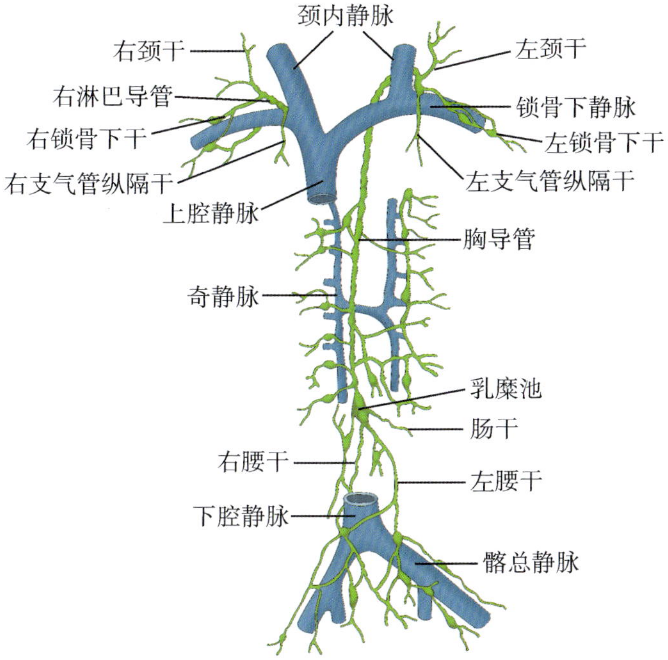

图 7-49　淋巴干和淋巴导管示意图

（四）淋巴导管

全身 9 条淋巴干最后汇合成 2 条淋巴导管，即胸导管和右淋巴导管（图 7-49，图 7-50）。

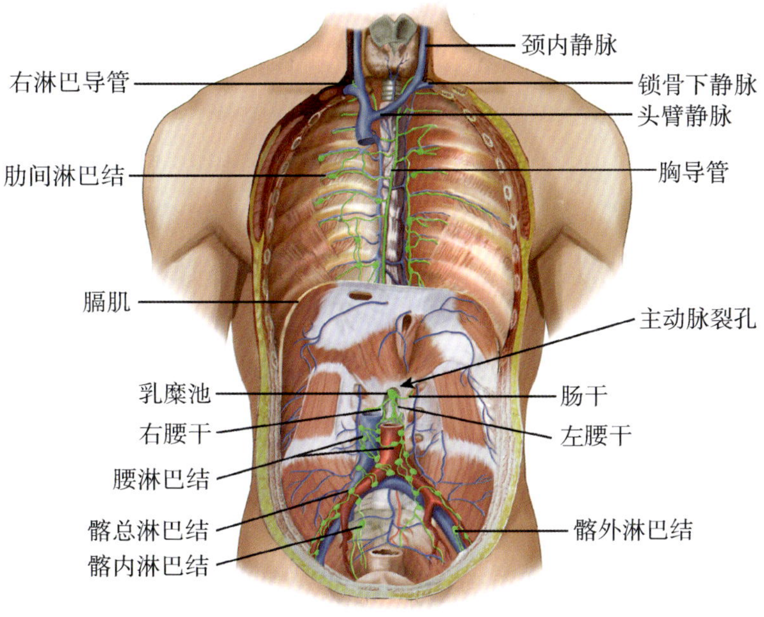

图 7-50　胸导管和腹盆部淋巴结

1. 胸导管　是全身最大的淋巴导管，通常起于第 1 腰椎体前方的乳糜池。乳糜池为胸导管起始部的膨大处，由左、右腰干和肠干汇合而成。胸导管经膈的主动脉裂孔入胸腔，上行到左颈根部，接纳左颈干、左锁骨下干和左支气管纵隔干，注入左静脉角。胸导管收集下半身及左侧上半身的淋巴，即全身 3/4 区域的淋巴。

考点　胸导管的起始、注入部位及收集范围

2. 右淋巴导管　为一短干，由右颈干、右锁骨下干和右支气管纵隔干汇合而成，注入右静脉角。右淋巴导管收集右侧上半身的淋巴，即全身右上 1/4 区域的淋巴。

考点 右淋巴导管的注入部位及收集范围

二、淋巴组织和淋巴器官

淋巴组织以网状细胞和网状纤维为支架，网孔内充满巨噬细胞、淋巴细胞等免疫细胞，是免疫应答的场所。淋巴组织分为弥散淋巴组织和淋巴小结 2 类。除淋巴器官外，消化、呼吸、泌尿和生殖管道，以及皮肤等处含有丰富的淋巴组织，具有防御屏障的作用。

淋巴器官主要由淋巴组织构成，分中枢淋巴器官和外周淋巴器官。中枢淋巴器官是免疫细胞发生、分化、发育和成熟的场所，包括胸腺和骨髓。外周淋巴器官是成熟淋巴细胞（T 细胞、B 细胞）定居的场所，也是淋巴细胞对外来抗原产生免疫应答的主要部位，包括淋巴结和脾等。

（一）淋巴结

1. 淋巴结的形态　淋巴结一般为灰红色的圆形或椭圆形小体，大小不等，质地较软。淋巴结的一侧隆凸，有数根输入淋巴管进入；另一侧向内凹陷为淋巴结门，有输出淋巴管和血管、神经等出入。

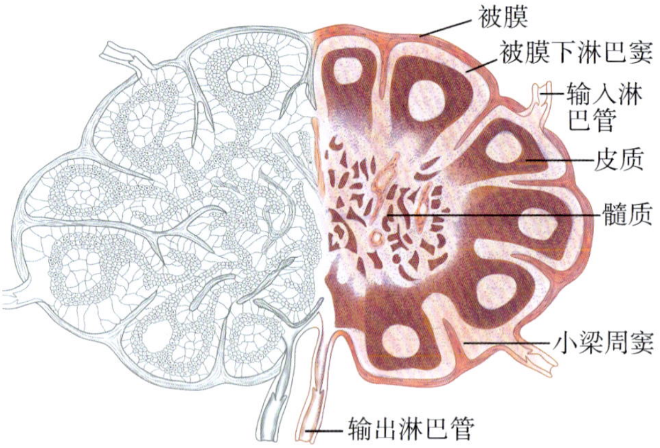

图 7-51　淋巴结组织结构示意图

2. 淋巴结的组织结构　淋巴结的表面为结缔组织被膜，被膜向实质内伸入，形成许多小梁。淋巴结的实质由淋巴组织构成，分为皮质和髓质两部分，两者无截然界限（图 7-51）。

（1）皮质　位于被膜下方，由浅层皮质、副皮质区和皮质淋巴窦构成。

1）浅层皮质：主要含淋巴小结及小结之间的弥散淋巴组织。淋巴小结是以 B 细胞为主密集而成的圆形或椭圆形小体，边界清楚。淋巴小结受抗原刺激后增大、增多，是体液免疫应答的重要标志。

2）副皮质区：位于皮质的深层，为较大片的弥散淋巴组织，主要由 T 细胞聚集而成。

3）皮质淋巴窦：又称皮窦，包括被膜下淋巴窦和小梁周窦，窦壁由扁平的内皮细胞围成，窦腔内有许多巨噬细胞等，是淋巴结内淋巴流经的通路。

（2）髓质　由髓索和其间的髓质淋巴窦组成。髓索是互相连接的条索状淋巴组织，主要由 T 细胞、B 细胞、巨噬细胞和大量的浆细胞等构成。髓质淋巴窦又称髓窦，腔内有较多的巨噬细胞，也是淋巴流经的通路。

3. 淋巴结的功能

（1）滤过淋巴　当淋巴缓慢地流经淋巴结，若淋巴内含有细菌、病毒、毒素等抗原，可被淋巴窦内的巨噬细胞吞噬清除。

（2）参与免疫应答　淋巴结内的 T 细胞和 B 细胞受抗原的刺激后分别参与细胞免疫应

答和体液免疫应答。

4. 全身主要的淋巴结群　淋巴结数目较多，有浅、深之分，常成群分布于人体的一定部位，并接受一定器官或一定部位的淋巴。当细菌、癌细胞、毒素、寄生虫等随淋巴到达相应部位的淋巴结群时，可引起有关淋巴结群的肿大或疼痛，所以熟悉淋巴结群的位置及其引流范围，具有一定的临床意义。

（1）头颈部淋巴结　多位于头颈交界处和颈内、外静脉的周围，主要包括下颌下淋巴结、颈外侧浅淋巴结、锁骨上淋巴结和颈外侧深淋巴结等（图 7-52，图 7-53）。胃癌或食管癌患者，癌细胞可通过胸导管经左颈干逆流转移到左锁骨上淋巴结，临床上检查患者时，常可在胸锁乳突肌后缘与锁骨上缘所形成的夹角处触摸到肿大的左锁骨上淋巴结。颈外侧深淋巴结主要沿颈内静脉排列，引流头颈部的淋巴，其输出管汇成颈干。

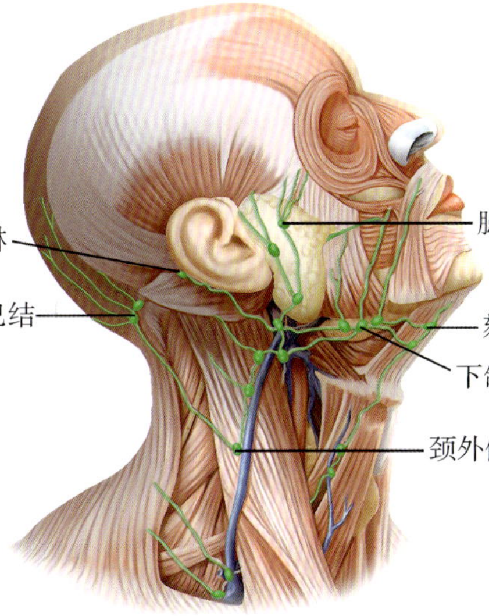

图 7-52　头颈部的淋巴管和淋巴结（1）

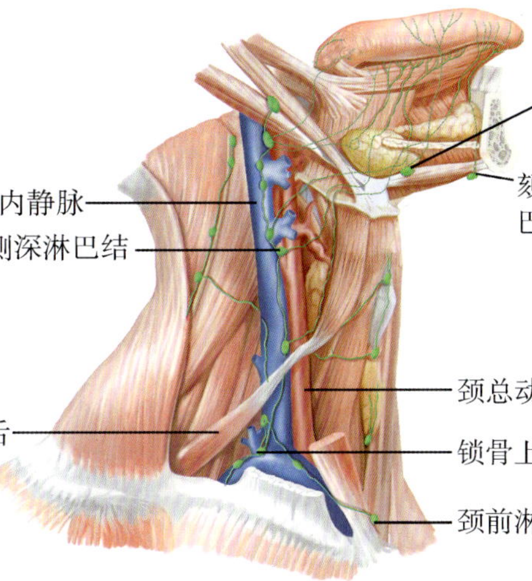

图 7-53　头颈部的淋巴管和淋巴结（2）

（2）上肢淋巴结　上肢的浅、深淋巴管直接或间接地注入腋淋巴结。腋淋巴结位于腋窝内（图 7-54），引流上肢、乳房、胸前外侧壁和腹壁上部等处的淋巴，其输出管汇合成锁骨下干。乳腺癌常转移至腋淋巴结，引起腋淋巴结肿大。

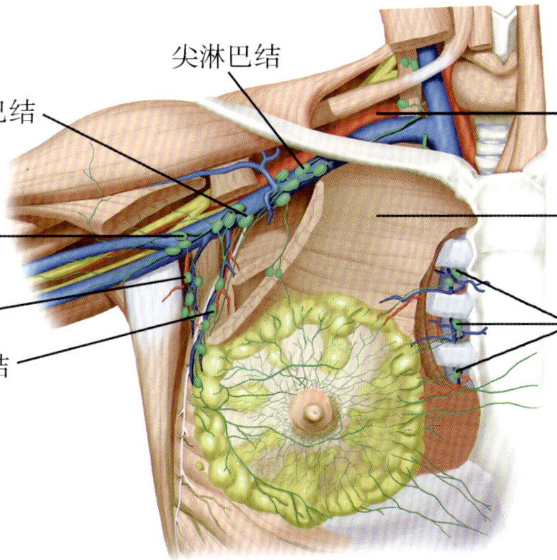

图 7-54　腋淋巴结和乳房淋巴管

（3）胸部淋巴结　位于胸腔脏器周围和胸壁内（图 7-55），主要包括支气管肺门淋巴结（肺门淋巴结）、气管旁淋巴结、纵隔前淋巴结、胸骨旁淋巴结等，主要引流胸腔脏器和脐以上胸腹壁深层的淋巴。气管旁淋巴结、纵隔前淋巴结和胸骨旁淋巴结的输出淋巴管汇合成支气管纵隔干。

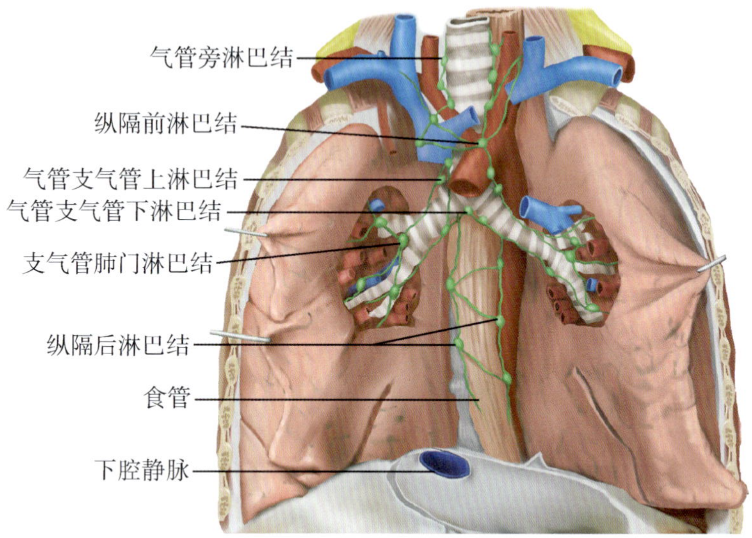

图 7-55　胸腔器官的淋巴结

（4）腹部淋巴结　位于腹后壁和腹腔脏器周围（图 7-56），主要有腰淋巴结、腹腔淋巴结、肠系膜上淋巴结和肠系膜下淋巴结（图 7-57）等。腰淋巴结沿腹主动脉和下腔静脉排列，引流腹后壁深层结构和腹腔成对器官的淋巴，并收纳髂总淋巴结的输出淋巴管。其输出淋巴管汇合成腰干。腹腔淋巴结、肠系膜上淋巴结和肠系膜下淋巴结分别位于腹腔干、肠系膜上动脉根部和肠系膜下动脉根部周围，引流同名动脉分布范围的淋巴。它们的输出淋巴管汇合成肠干。

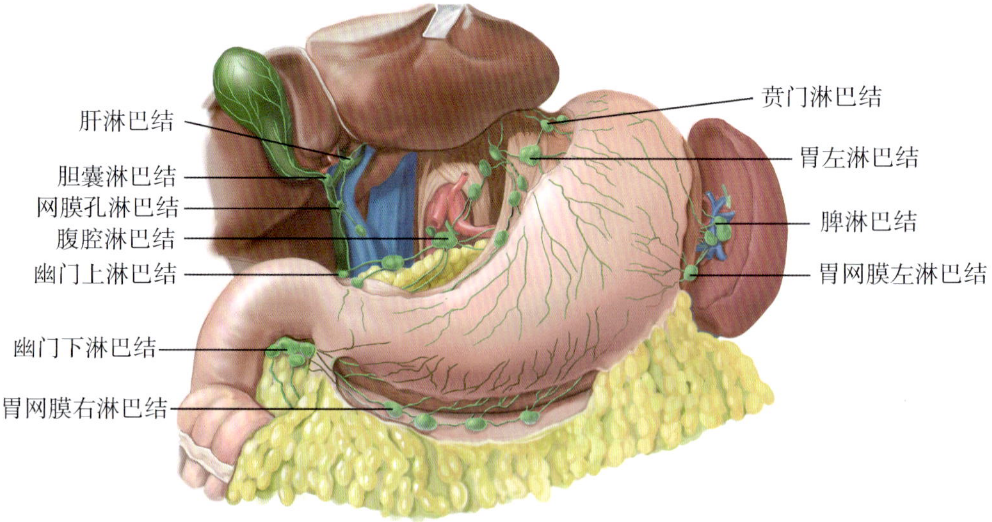

图 7-56　沿腹腔干及其分支排列的淋巴结

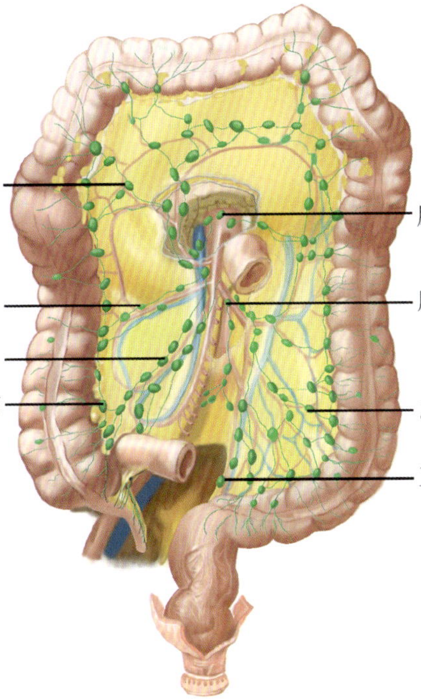

图 7-57 肠系膜上、下淋巴结

（5）盆部淋巴结 主要有髂内淋巴结、髂外淋巴结和髂总淋巴结等，分别沿同名动脉排列。髂内淋巴结与髂外淋巴结引流同名动脉分布范围的淋巴。髂总淋巴结收纳髂内淋巴结和髂外淋巴结的输出淋巴管，引流下肢、盆壁、盆腔脏器及腹壁下部等处的淋巴。髂总淋巴结的输出淋巴管注入腰淋巴结（图 7-58）。

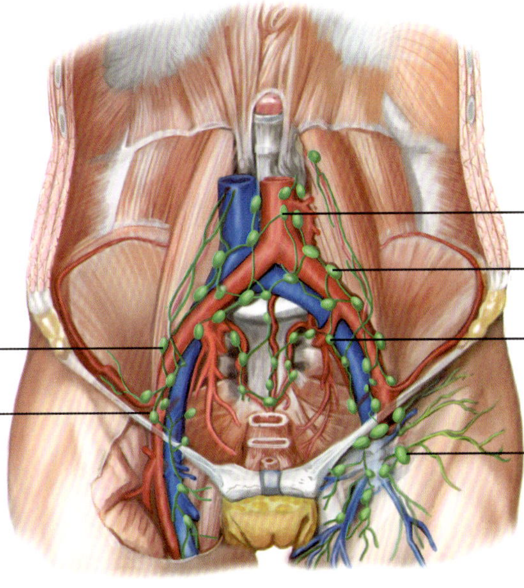

图 7-58 盆部及腹股沟淋巴结

（6）下肢淋巴结 主要有腘淋巴结、腹股沟浅淋巴结、腹股沟深淋巴结等（图 7-58）。腘淋巴结沿小隐静脉末端和腘血管排列，其输出淋巴管沿股血管上行，注入腹股沟深淋巴结。腹股沟浅淋巴结位于腹股沟韧带下方，部分与腹股沟韧带平行排列，部分沿大隐静脉末端排列，引流腹前外侧壁下部、外生殖器和下肢等处的淋巴，其输出管主要注入腹股沟深淋巴结。腹股沟深淋巴结沿股静脉根部排列，收纳腹股沟浅淋巴结的输出管及下肢的深淋巴管，其输出淋巴管注入髂外淋巴结。

（二）脾

1. 脾的位置和形态　脾位于左季肋区，胃底与膈之间，第 9 ～ 11 肋的深面，其长轴与左侧第 10 肋一致。正常情况下，在左肋弓下不能触及脾。脾略呈扁椭圆形，暗红色，质软而脆，受暴力打击容易破裂。脾可分为膈、脏两面，前、后两端和上、下两缘（图 7-59）。脾的膈面光滑隆凸，与膈相贴；脏面凹陷，近中央处为脾门，是脾的血管、神经和淋巴管出入处。脾的上缘较锐，朝向前上方，前部有 2 ～ 3 个脾切迹。脾肿大时，脾切迹是触诊脾的标志。

考点 脾的位置

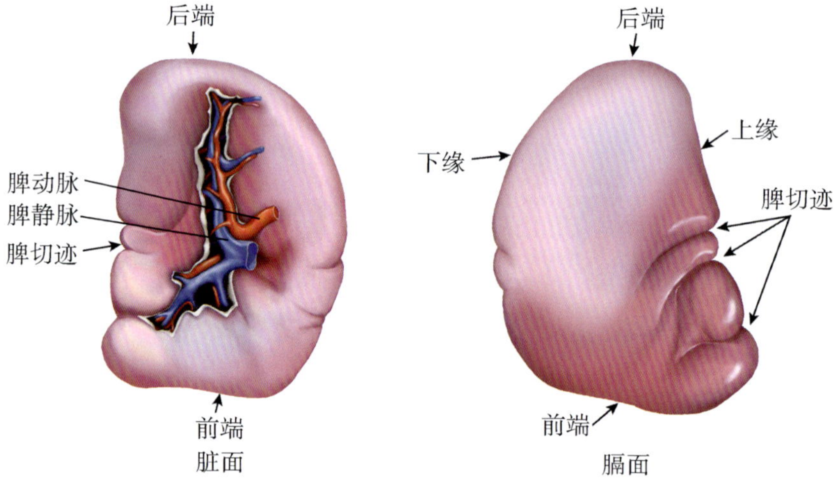

图 7-59　脾的形态

2. 脾的组织结构　脾的被膜较厚，由间皮和富含弹性纤维及平滑肌纤维的致密结缔组织构成。被膜结缔组织伸入脾实质内形成小梁，构成脾的支架。脾的实质分为白髓和红髓两部分。

（1）白髓　主要是密集的淋巴细胞，由动脉周围淋巴鞘、淋巴小结和边缘区构成（图 7-60）。①动脉周围淋巴鞘：是围绕在中央动脉周围的、以 T 细胞为主的厚层弥散淋巴组织。②淋巴小结：又称脾小体，位于动脉周围淋巴鞘的一侧，主要由大量 B 细胞构成。③边缘区：位于白髓与红髓交界处，是血液内抗原及淋巴细胞进入白髓的重要通道，具有很强的吞噬滤过作用。

（2）红髓　由脾索和脾血窦构成（图 7-60）。①脾索：是由富含血细胞的淋巴组织构成的索条状结构，并相互交织成网，脾索内含有较多的网状细胞、淋巴细胞、巨噬细胞和树突状细胞。②脾血窦：是位于脾索之间的腔大而不规则的腔隙，窦内充满血液。窦壁由长杆状内皮细胞沿其长轴排列而成，呈栅形、多孔状。脾血窦外侧有较多巨噬细胞。

3. 脾的功能

（1）滤过血液　血液流经脾时，脾内的巨噬细胞可吞噬和清除血液中的异物、病菌，以及衰老、死亡的红细胞和血小板。当脾功能亢进时可引起红细胞和血小板减少。

（2）参与免疫应答　脾内的T细胞、B细胞和巨噬细胞等都参与机体的免疫应答。

（3）造血功能　胚胎早期的脾有造血功能。成年后，脾内仍有少量造血干细胞，当机体严重缺血或某些病理状态下，脾可以恢复造血功能。

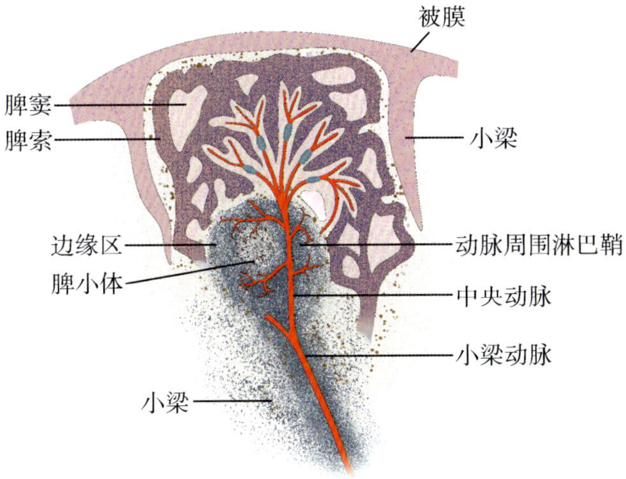

图7-60　脾组织结构示意图

链接

单核吞噬细胞系统

单核吞噬细胞系统是人体内除中性粒细胞外，所有具有吞噬功能的细胞的总称，包括结缔组织中的巨噬细胞、血液中的单核细胞、肝内的巨噬细胞、肺内的巨噬细胞、神经系统内的小胶质细胞和淋巴结、脾、骨髓中的巨噬细胞等。单核吞噬细胞系统均起源于血液中的单核细胞，都具有吞噬和清除侵入体内的病菌、异物和体内衰老死亡的细胞的功能，并参与免疫反应，对机体具有重要的防御作用。

（三）胸腺

1. 胸腺的位置和形态　胸腺位于胸腔内上纵隔前份，在胸骨柄的后方。胸腺可分为左、右两叶，呈不对称的扁条状，质软（图7-61）。胸腺有明显的年龄变化，幼儿期较大，进入青春期后逐渐退化缩小，到老年时期胸腺明显缩小，胸腺实质被脂肪组织取代，T细胞发育成熟减少，导致老年人的免疫功能减退。

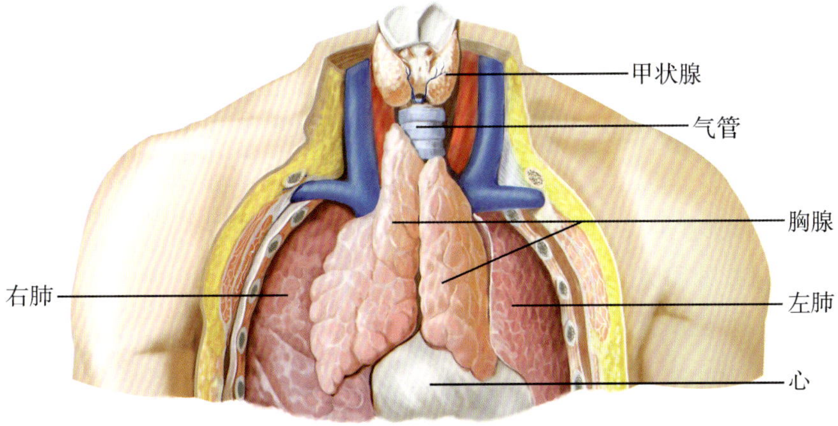

图7-61　胸腺

2. 胸腺的组织结构　胸腺表面的被膜伸入胸腺实质内，将胸腺实质分隔成许多不完全分离的小叶。每个小叶又可分为周边的皮质和中央的髓质2部分。胸腺实质主要由胸腺细胞和胸腺上皮细胞等构成。胸腺上皮细胞又称上皮性网状细胞，能分泌胸腺素和胸腺生成素等，从而促进胸腺细胞发育。胸腺细胞是胸腺内处于不同分化发育阶段的 T 细胞。绝大部分胸腺细胞最后发生凋亡，被巨噬细胞吞噬清除，小部分胸腺细胞发育成熟为初始 T 细胞。

3. 胸腺的功能　胸腺是中枢淋巴器官，兼具内分泌功能。胸腺是T细胞分化、成熟的场所，是形成初始 T 细胞的场所。初始 T 细胞具有正常的免疫应答潜能，离开胸腺随血液循环至外周淋巴器官内。

链　接

免疫系统

免疫系统由免疫器官（淋巴器官）、免疫组织（淋巴组织）、免疫细胞（如淋巴细胞、树突状细胞、NK 细胞、单核吞噬细胞系统、粒细胞、肥大细胞等）及免疫分子（如免疫球蛋白、补体、各种膜分子及细胞因子等）组成。以上成分通过血液循环及淋巴循环互相联系，构成免疫系统的完整网络。免疫系统主要有三大功能。①免疫防御：识别和清除外源的病原微生物，包括细菌、病毒、真菌和寄生虫等。②免疫监视：识别和清除体内突变的肿瘤细胞和病毒感染细胞。③免疫自稳：识别和清除体内衰老、坏死的细胞和免疫复合物，维持内环境的稳定。

自 测 题

一、单项选择题

A_1 型题

1. 体循环起于（　　）

A. 左心房　　B. 左心室
C. 卵圆窝　　D. 右心室
E. 右心房

2. 心的正常起搏点是（　　）

A. 心尖　　B. 窦房结
C. 房室结　　D. 房室束
E. 浦肯野纤维

3. 临床常用于计数脉搏的血管是（　　）

A. 锁骨下动脉　　B. 腋动脉
C. 肱动脉　　D. 桡动脉
E. 掌浅弓

4. 关于胸导管的描述，错误的是（　　）

A. 管道较长，起于乳糜池
B. 乳糜池由左、右腰干和肠干汇合成
C. 行经膈的主动脉裂孔入胸腔
D. 注入右静脉角
E. 收集全身约 3/4 的淋巴

5. 肝门静脉系的属支不包括（　　）

A. 肝静脉　　B. 脾静脉
C. 胃左静脉　　D. 肠系膜上静脉
E. 肠系膜下静脉

A_2 型题

6. 患者，男，33 岁。因左侧胸腰部疼痛 2 小时急诊就诊。患者因骑自行车时被汽车撞倒，左季肋区疼痛，头晕、心悸、气短，不能行走，紧急就医。诊断：脏器破裂？下列结构中，器官破裂可能性较大的是（　　）

A. 肾　　B. 胃
C. 胰　　D. 脾
E. 心

二、填空题

1. 从主动脉弓发出的分支自右向左分别为________、________和________。

2. 体循环的静脉包括________、________和________ 3 部分。

3. 淋巴结皮质由________、________和________构成。

三、名词解释

1. 血液循环
2. 颈动脉窦
3. 脾切迹

四、简答题

1. 列出常用于压迫止血的动脉。
2. 列出常用于穿刺输液的浅静脉。

（赖　伟　万爱军）

第8章
感　觉　器

感觉器由感受器及其附属结构组成，包括视器、前庭蜗器、嗅器、味器和皮肤等。本章主要介绍视器、前庭蜗器和皮肤。

感受器由感觉神经末梢与其周围的其他组织共同构成，能感受机体内、外环境的各种刺激，并将刺激转化为神经冲动，由感觉神经传入中枢，经大脑皮质产生相应的感觉。

链　接

感受器的分类

感受器种类多，形态和功能也各不相同。根据感受器所在部位和接受刺激的来源，可分3类。①内感受器：分布于内脏和心血管等处，感受机体内在的物理和化学刺激，如压力、温度、渗透压、离子和化合物浓度等刺激。②外感受器：分布于视器、前庭蜗器、皮肤、黏膜等处，感受外界环境的刺激，如光、声、触、压、痛、温度等刺激。③本体感受器：分布于肌、肌腱、关节和内耳位置觉感受器等处，感受机体运动和位置变化时的刺激。

第1节　视　　器

案例 8-1

患者，男，12岁。双眼视力下降1年余。视物时，眼睛须贴近物体才能看清，看稍远的物体就较模糊，且有逐渐加重的趋势，给生活和学习带来不便。检查：右裸眼视力0.3，左裸眼视力0.2。眼科专科其他检查未见异常。临床诊断：近视。

问题： 1. 该患者视近物清楚，问物像经过哪些结构落在视网膜上？

2. 简述眼屈光系统的组成。

视器，又称眼，由眼球和眼副器两部分组成。眼球接受光波的刺激，并将其转化为神经冲动，经视觉传导通路传至端脑视觉中枢产生视觉；眼副器对眼球起保护、运动和支持作用。

一、眼　　球

眼球是视器的主要部分，近似球形，位于眶内，其后端借视神经连于间脑，由眼球壁和眼球内容物构成（图8-1）。

（一）眼球壁

眼球壁由外向内分为眼球纤维膜、眼球血管膜和视网膜3层。

1. 眼球纤维膜　由坚韧的致密结缔组织构成，由前向后分为角膜和巩膜2部分（图8-1）。

（1）角膜　为眼球纤维膜的前1/6，无色透明，富有弹性，有屈光作用。角膜无血管，有丰富的感觉神经末梢。

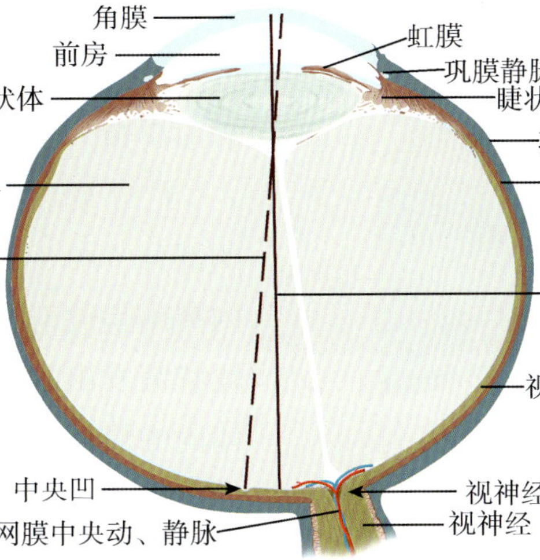

图 8-1　眼球的水平切面示意图（左侧）

眼科专家潘作新

潘作新是我国著名眼科学专家，一级教授，潘氏手术的创始人。面对广大沙眼患者眼睑内翻、睫毛倒置的痛苦，他早期克服医疗设备匮乏等重重困难，开展眼科实验和研究，改良手术方式，首创眼睑板切断法，用于矫治沙眼并发症，被载入眼科学教科书，给无数患者带来福音。

作为眼科医生，他深知眼角膜能让某些患者"重获新生"。他倡议捐献眼角膜，并率先垂范立下遗嘱。1983 年他去世后，他的眼角膜被成功移植给了山东一位农民患者。他的生命虽然停止，但他"留得光明在人间"的愿望得以实现。

（2）巩膜　为眼球纤维膜的后 5/6，乳白色不透明，厚而坚韧，具有保护眼球内容物和维持眼球形态的作用。在巩膜与角膜交界处的深部有一个环形小管，称巩膜静脉窦，是房水流出的通道。老年人的巩膜因脂肪沉积略呈黄色。

2. 眼球血管膜　位于眼球纤维膜的内面，富含血管和色素细胞，呈棕黑色，又称色素膜，具有营养眼球内组织及遮光等作用。眼球血管膜由前向后分为虹膜、睫状体和脉络膜 3 部分（图 8-1）。

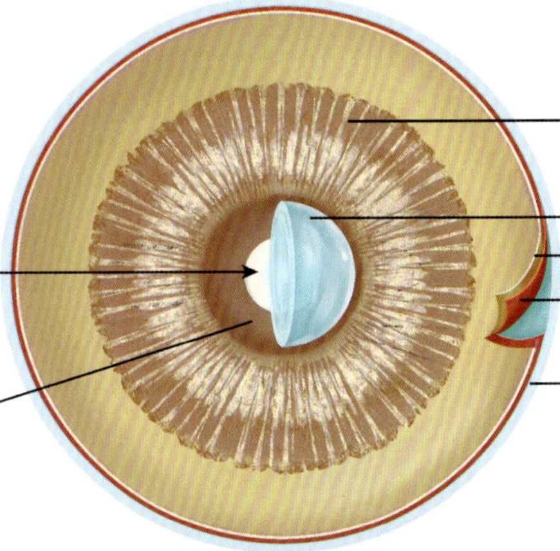

图 8-2　眼球前半部后面观

（1）虹膜　位于眼球血管膜最前部（图 8-1，图 8-2），呈冠状位，为圆盘形薄膜，其中央的圆孔称瞳孔，直径为 2.5 ～ 4.0mm。虹膜内有环绕瞳孔周缘排列的瞳孔括约肌和呈放射状排列的瞳孔开大肌，它们分别受副交感神经和交感神经支配，能分别缩小和开大瞳孔，从而调节进入眼球内的光量。在弱光下或视远物时，瞳孔开大；在强光下或视近物时，瞳孔缩小。在活体上，透过角膜可见虹膜及瞳孔。虹膜的颜色取决于色素的种类和多少，有种族差异。黄种人的虹膜多呈棕色。

角膜与晶状体之间的间隙称眼房。虹膜将眼房分为较大的前房和较小的后房，二者借瞳

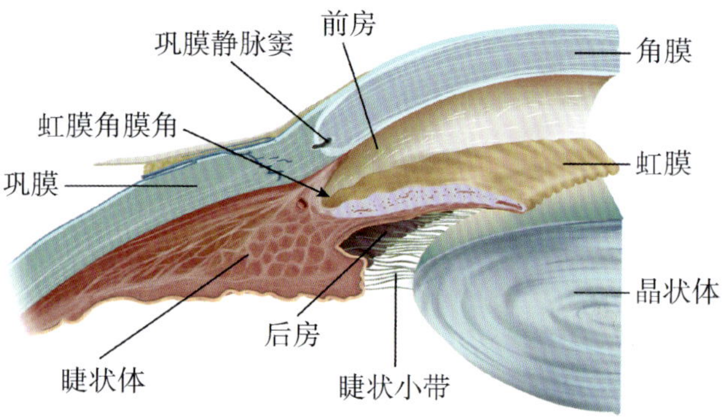

图 8-3 虹膜角膜角示意图

孔相交通。在前房的周边，虹膜与角膜交界处的环形区域，称虹膜角膜角（图 8-3），又称前房角。

（2）睫状体 是眼球血管膜中部最肥厚的部分（图 8-2，图 8-3）。睫状体前部有向内突出呈放射状排列的皱襞，称睫状突。由睫状突发出的睫状小带与晶状体相连。睫状体内的睫状肌，受副交感神经支配。睫状体有调节晶状体曲度和产生房水的作用。

（3）脉络膜 为眼球血管膜的后 2/3，富含血管和色素细胞。脉络膜可营养眼球内组织并吸收分散光线。

3. 视网膜 位于眼球血管膜的内面，由前向后分为视网膜虹膜部、视网膜睫状体部和视网膜视部（图 8-1）。前两部分别贴附于虹膜和睫状体的内面，无感光作用，称视网膜盲部。视网膜视部紧贴在脉络膜内面，有感光作用。在视网膜后部中央偏鼻侧、视神经的起始处，有境界清楚呈椭圆形的盘状结构，称视神经盘（图 8-4），又称视神经乳头。视神经盘中央有视网膜中央动、静脉穿过，无感光作用，为生理盲点。在视神经盘的颞侧稍偏下方约 3.5mm 处，有一个黄色小区，由密集的视锥细胞构成，称黄斑。黄斑中央凹陷称中央凹，对被视物体细微结构的分辨能力强。

考点 黄斑和视神经盘的概念

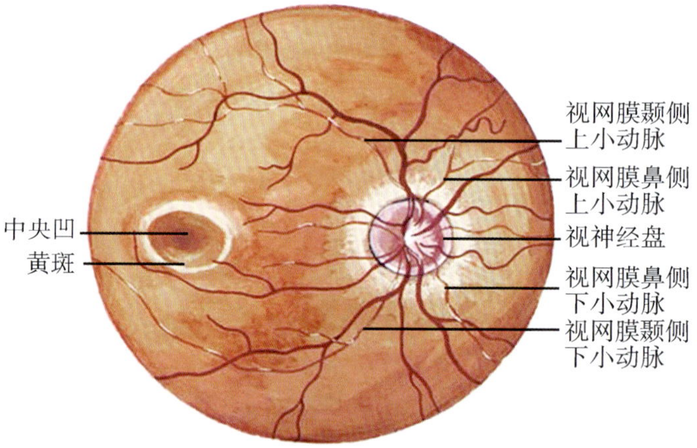

图 8-4 眼底像模式图

视网膜视部分两层（图 8-5），外层为色素上皮层，由单层色素上皮细胞构成，紧贴脉络膜内面；内层为神经层，由外向内主要为感光细胞、双极细胞和节细胞。感光细胞包括视锥细胞和视杆细胞。视锥细胞主要分布于视网膜的中央部，对光的敏感度较低，感受强光，对被视物体细微结构的分辨能力较高，能分辨颜色，在白天或明亮处视物时起主要作用；视杆细胞主要分布于视网膜的周边部，对光的敏感度较高，感受弱光，对被视物体细微结构的分辨能力较低，不能分辨颜色，在夜间或暗处视物时起主要作用。双极细胞将来自感光细胞的神经冲动传导至节细胞。节细胞的轴突在视神经盘处汇集，穿脉络膜和巩膜后构成视神经。视网膜视部的内、外两层之间有一潜在性间隙，是造成视网膜脱离的解剖学基础。

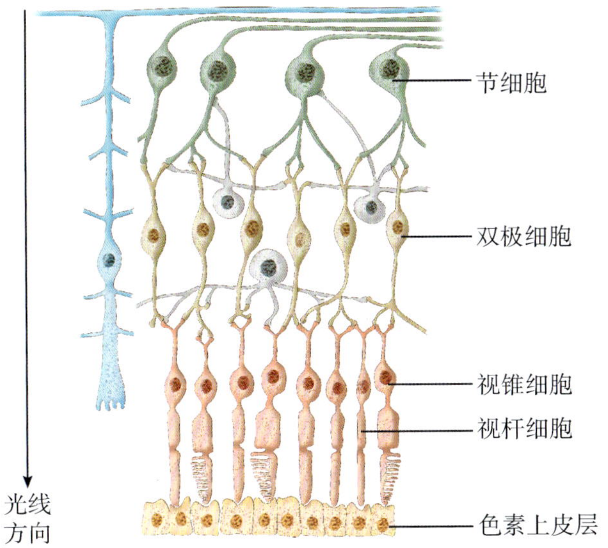

图 8-5　视网膜组织结构模式图

（二）眼球内容物

眼球内容物包括房水、晶状体和玻璃体（图 8-1）。它们与角膜共同组成眼的屈光系统。

1. 房水　是充填于眼房内的无色透明的液体。房水具有屈光、维持眼内压、营养角膜和晶状体等作用。房水由睫状体产生（图 8-1，图 8-3），进入眼后房，经瞳孔至眼前房，然后经虹膜角膜角进入巩膜静脉窦，最后汇入眼静脉。病理情况下房水代谢紊乱或循环不畅可造成眼内压增高，临床上称青光眼。

考点 房水的产生部位及循环途径

2. 晶状体　位于虹膜与玻璃体之间（图 8-1，图 8-3），借睫状小带与睫状体相连，为富有弹性的双凸透镜状无色透明体，没有血管和神经分布。晶状体可因疾病或创伤而变混浊，临床上称白内障。

晶状体是眼屈光系统的主要装置，其曲度随所视物体的远近不同而改变。视近物时，睫状肌收缩，使睫状突内伸，睫状小带松弛，晶状体借助于自身的弹性而变凸，屈光力加强，使物像清晰地聚焦于视网膜上。视远物时，则与此相反。随着年龄的增长，睫状肌逐渐萎缩，晶状体弹性逐渐减退，晶状体调节能力逐渐减弱，近距离视物困难，出现老视，即老花眼。老年人晶状体弹性减退，透明度降低，甚至混浊，形成老年性白内障。

3. 玻璃体　为无色透明的胶状物质（图 8-1），充填于晶状体与视网膜之间，具有屈光和支撑视网膜的作用。

考点 眼屈光系统的组成

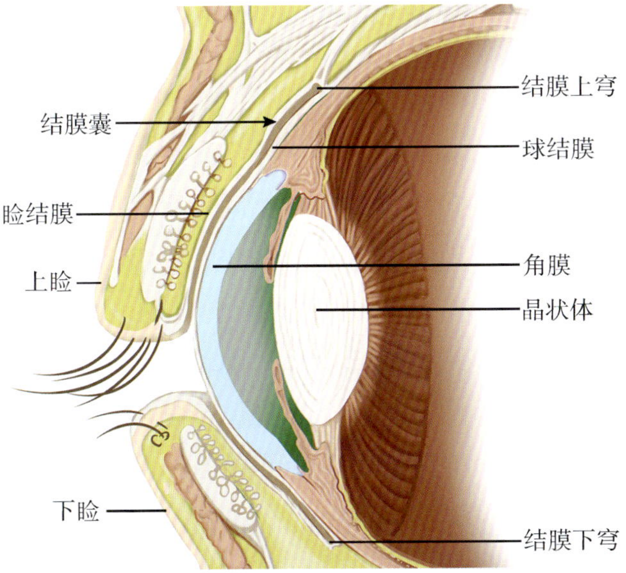

图 8-6　眼睑与结膜

二、眼　副　器

眼副器包括眼睑、结膜、泪器和眼球外肌等结构。

（一）眼睑

眼睑，俗称眼皮，位于眼球前方，分为上睑和下睑（图 8-6）。上、下睑之间的裂隙称睑裂，睑裂的内、外侧端分别称内眦和外眦。眼睑的游离缘称睑缘，长有睫毛。睫毛的根部有睫毛腺。睫毛毛囊或睫毛腺的急性炎症称睑腺炎。上、下睑缘近内眦处各有

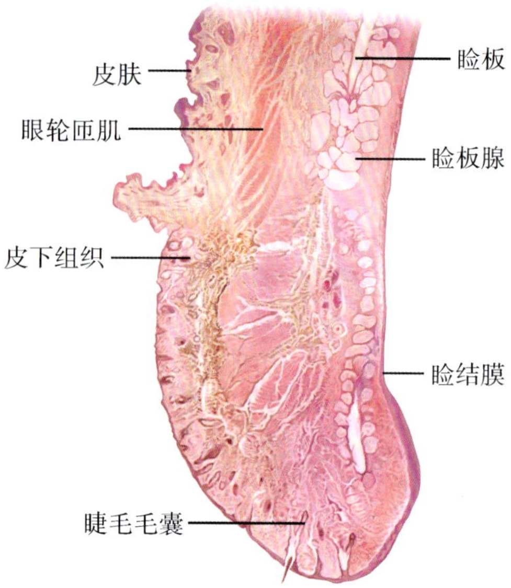

图 8-7 眼睑

一个小孔，称泪点。

眼睑由浅至深分为皮肤、皮下组织、肌层、睑板和睑结膜 5 层（图 8-7）。皮肤薄，皮下组织疏松，易发生水肿。睑板内有睑板腺。若睑板腺导管阻塞，形成睑板腺囊肿，亦称霰粒肿。

（二）结膜

结膜是一层薄而透明、富含血管的黏膜（图 8-6）。按所在部位分为 3 部。①睑结膜：衬覆于上、下睑的内面。②球结膜：覆盖于巩膜前部的表面，球结膜与巩膜连接多疏松易移动。③结膜穹窿：为睑结膜与球结膜的移行处，分为结膜上穹和结膜下穹。当上、下睑闭合时，整个结膜形成的囊状腔隙，称结膜囊，经睑裂与外界相通。

（三）泪器

泪器由分泌泪液的泪腺和排出泪液的泪道组成（图 8-8）。

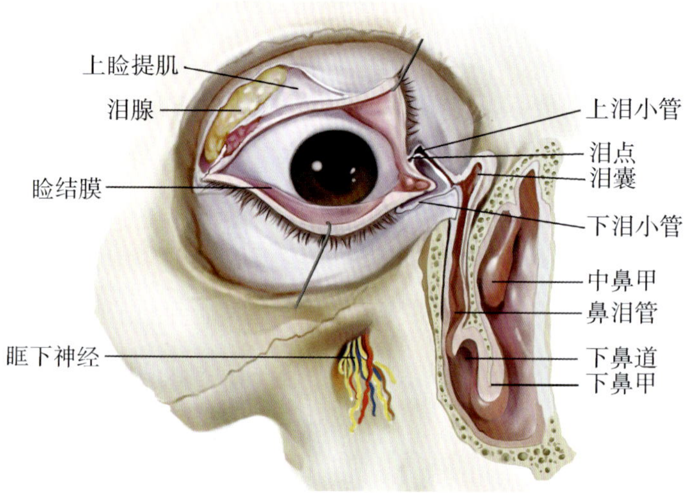

图 8-8 泪器

1. 泪腺 位于眼眶外上方的泪腺窝内，有 10 ～ 20 条排泄管开口于结膜上穹的外侧份。泪腺分泌的泪液，借眨眼活动涂抹于眼球表面，多余的泪液经泪道流至鼻腔。泪液有湿润清洁角膜、冲洗结膜囊内异物及抑制细菌生长等作用。

2. 泪道 包括泪点、泪小管、泪囊和鼻泪管。泪点是泪道的起始部，泪点异常可引起溢泪症。泪小管为连接泪点与泪囊的小管，分上泪小管和下泪小管。泪囊是位于眶内侧壁前下部泪囊窝内的膜性囊，上端为盲端，下端移行为鼻泪管。鼻泪管开口于下鼻道。

（四）眼球外肌

眼球外肌为骨骼肌，是视器的运动装置。一侧眼球外肌，有 7 块，包括运动眼球的 4 块直肌、2 块斜肌和 1 块运动眼睑的上睑提肌（图 8-9）。眼球外肌收缩时，上睑提肌提上睑，上直肌使瞳孔转向上内，下直肌使瞳孔转向下内，内直肌使瞳孔转向内侧，外直肌使瞳孔转向外侧，下斜肌使瞳孔转向上外，上斜肌使瞳孔转向下外（图 8-10）。眼球的正常运动是由两眼数块眼球外肌协同作用的结果。当某一眼球外肌麻痹时，可出现斜视和复视现象。

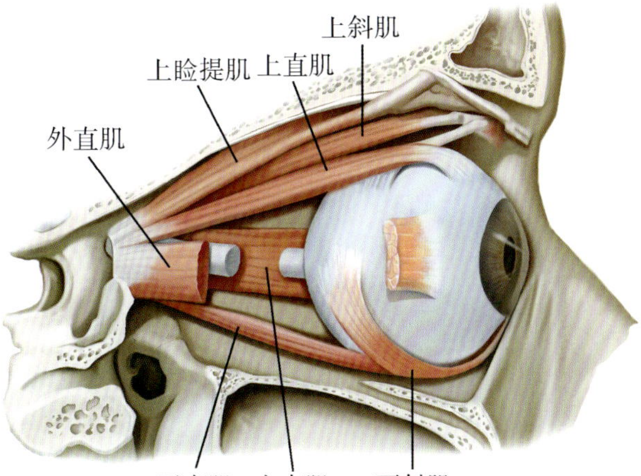

图 8-9 眼球外肌（外侧面观）

三、眼的血管和神经

（一）眼的血管

1. 眼的动脉　眼的血液供应来自眼动脉。眼动脉是颈内动脉入颅后的分支，经视神经管出颅入眶，分布于眼球及眼副器等处。视网膜中央动脉是眼动脉的重要分支，它穿行于视神经内，至视神经盘处分为视网膜颞侧上、下小动脉和视网膜鼻侧上、下小动脉（图 8-4），营养视网膜内层。临床上常用检眼镜观察视网膜中央动脉的分支，这对某些疾病的诊断及预后的判断，具有重要意义。

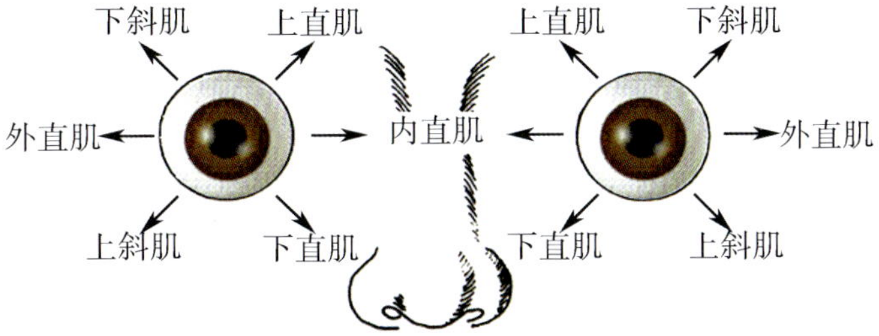

图 8-10 眼球外肌运动方向示意图

2. 眼的静脉　与同名动脉伴行。眼静脉内无瓣膜，向前经内眦静脉与面静脉形成吻合，向后注入海绵窦，故面部感染处理不当可经内眦静脉、眼静脉侵入海绵窦引起颅内感染。

（二）眼的神经

眼的神经分布来源较多。视神经起于视网膜，传导视觉冲动；视器的感觉神经来自三叉神经的眼神经；眼球外肌由动眼神经、滑车神经和展神经支配；瞳孔括约肌和睫状肌由动眼神经内的副交感纤维支配；瞳孔开大肌由交感神经支配；眼睑内的眼轮匝肌受面神经支配；泪腺的分泌由面神经内的副交感神经纤维支配。

第 2 节 前庭蜗器

案例 8-2

患儿，男，6 岁。1 周前因受凉而出现上呼吸道感染症状，服药后有所好转，近日体温突然高达 39℃，并伴右外耳道黄色脓液流出而来院就诊。耳镜检查：鼓膜弥漫性充血。血常规检查：白细胞 13×10^9/L，中性粒细胞 0.87。临床诊断：急性化脓性中耳炎。

问题：1. 幼儿患急性上呼吸道感染后为何易引起中耳炎？
2. 简述鼓膜的形态结构。

前庭蜗器，又称耳，按部位分为外耳、中耳和内耳 3 部分（图 8-11）。外耳和中耳是收集和传导声波的装置，内耳接受声波和位觉的刺激。听觉感受器和位觉感受器位于内耳。

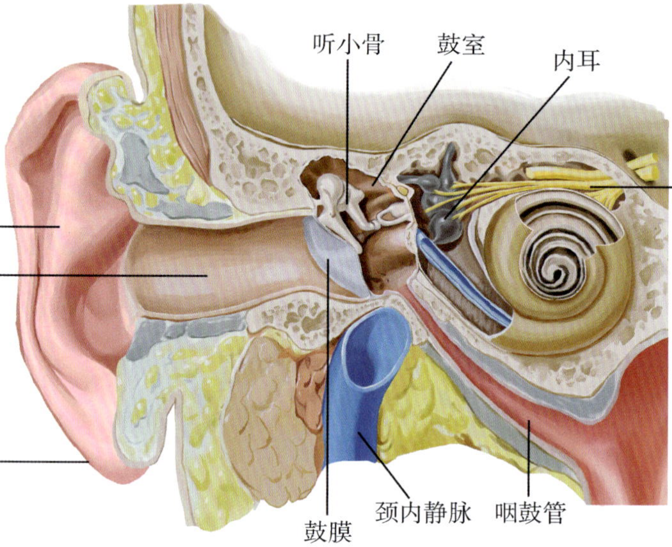

图 8-11 前庭蜗器示意图

一、外 耳

外耳包括耳郭、外耳道和鼓膜 3 部分。

（一）耳郭

耳郭位于头部的两侧，凸面向后，凹面朝向前外（图 8-11）。耳郭的凹面有外耳门与外耳道相连。耳郭的大部分以弹性软骨为支架，外覆皮肤，皮下组织少。耳郭的下部为耳垂，无软骨，仅含结缔组织和脂肪。外耳门前方的隆起为耳屏。

（二）外耳道

外耳道是外耳门至鼓膜之间的管道（图 8-11），由外侧的软骨部和内侧的骨性部组成，长 2.0 ～ 2.5cm。外耳道呈弯曲状，由外向内，先向前上，继而稍向后，最后弯向前下。检查成人鼓膜时，需将耳郭向后上方牵拉，使外耳道变直，以便观察鼓膜。而婴儿外耳道短而直，鼓膜近于水平位，故检查时需将耳郭拉向后下方。

外耳道的皮肤内含感觉神经末梢、毛囊、皮脂腺和耵聍腺。外耳道的皮下组织少，皮肤与软骨膜、骨膜结合紧密，不易移动，故外耳道皮肤疖肿时，疼痛剧烈。

（三）鼓膜

鼓膜是位于外耳道与鼓室之间的椭圆形半透明薄膜（图 8-11，图 8-12），构成鼓室外侧壁的大部分，与外耳道底呈 45° ～ 50° 。鼓膜中央部向内凹陷称鼓膜脐，为锤骨柄的附着处。鼓膜上 1/4 的三角形区薄而松弛，称松弛部，在活体呈淡红色；下 3/4 坚实而紧张，称紧张部，在活体呈灰白色。紧张部的前下方有一个三角形反光区称光锥，中耳的病变会导致光锥的改变或消失。

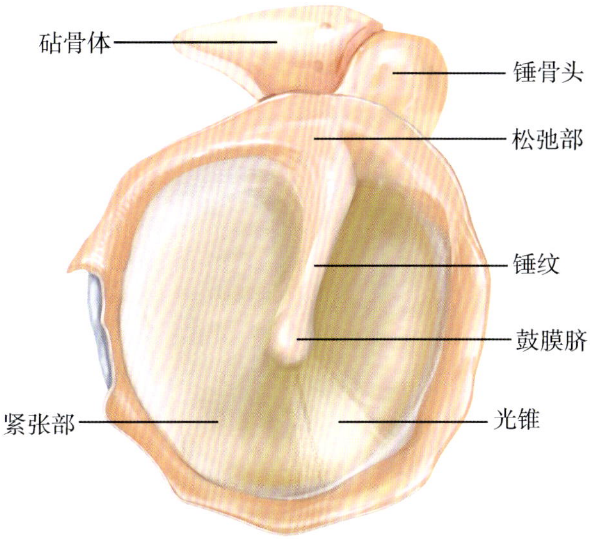

图 8-12 鼓膜

二、中 耳

中耳由鼓室、咽鼓管、乳突窦和乳突小房组成（图 8-11）。

（一）鼓室

鼓室是颞骨岩部内不规则的含气小腔（图 8-13，图 8-14）。鼓室的外侧壁大部分由鼓膜构成。鼓室的内侧壁即内耳的外侧壁，其中部有圆形的隆起，称岬。岬的后上方有一个卵圆形小孔，称前庭窗，又称卵圆窗。岬的后下方有一个圆形小孔，称蜗窗，又称圆窗，在活体上有第二鼓膜封闭。鼓室向前借咽鼓管通向鼻咽部，向后经乳突窦通向乳突小房。鼓室的黏膜与咽鼓管、乳突窦和乳突小房的黏膜相延续。

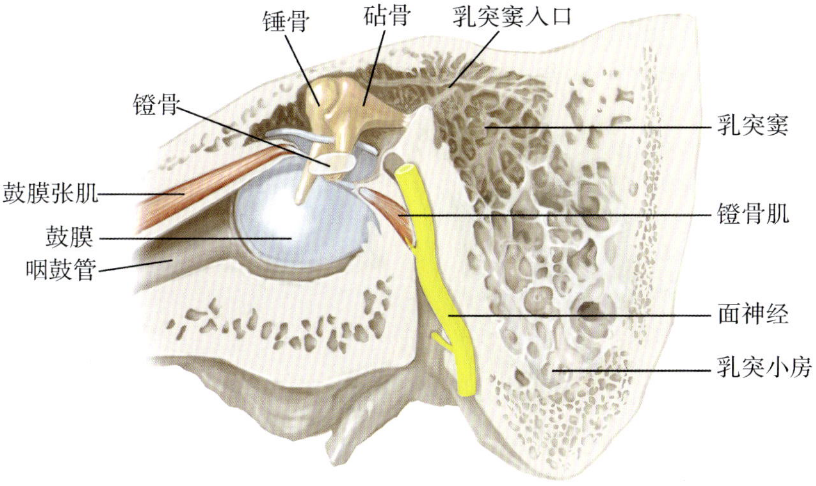

图 8-13 鼓室外侧壁

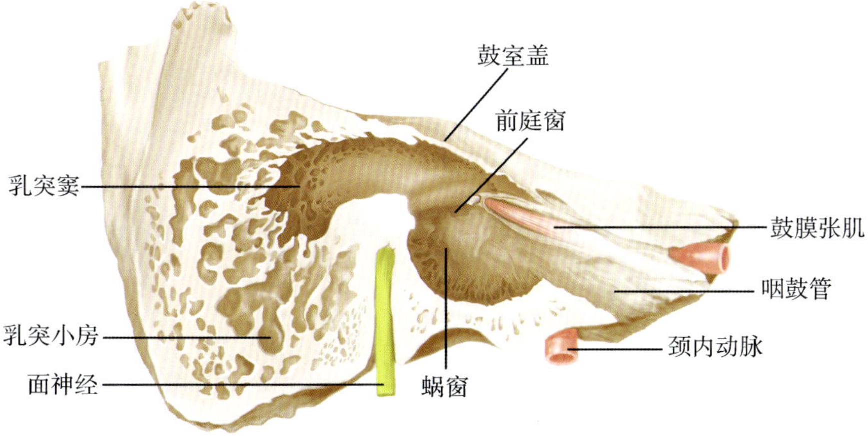

图 8-14 鼓室内侧壁

鼓室内有听小骨、韧带、肌、血管和神经等。听小骨位于鼓室内，由外侧向内侧依次为锤骨、砧骨和镫骨（图 8-15）。它们在鼓膜与前庭窗之间以关节和韧带连成听骨链。锤骨与鼓膜相连，镫骨与前庭窗相接。

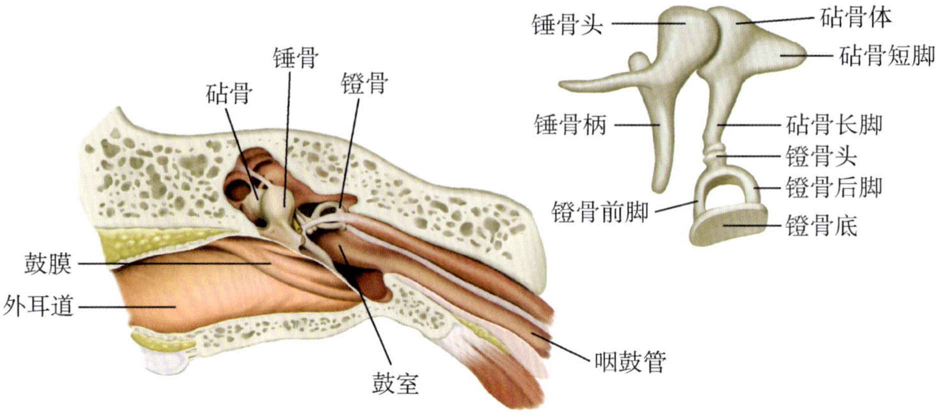

图 8-15　听小骨

（二）咽鼓管

咽鼓管为连通鼓室与鼻咽部的通道（图 8-15），长 3.5 ～ 4.0cm。咽鼓管的黏膜与鼓室和鼻咽部的黏膜相延续。咽鼓管的外侧端开口于鼓室前壁，内侧端开口于鼻咽部侧壁的咽鼓管咽口。咽鼓管咽口平时关闭，当吞咽或呵欠时，此口张开，空气进入鼓室，使鼓室与外界气压相等，鼓膜内、外压力平衡。与成人咽鼓管相比，幼儿咽鼓管短而平，管径较大，故咽部感染易经咽鼓管侵入鼓室。

考点 幼儿咽鼓管的特点

（三）乳突窦和乳突小房

乳突窦位于鼓室与乳突小房之间，向前开口于鼓室后壁，向后与乳突小房相连通（图 8-13，图 8-14）。乳突小房为颞骨乳突内的许多含气小腔，经乳突窦与鼓室相连通。中耳炎可经乳突窦侵入乳突小房而引起乳突炎。

三、内　　耳

内耳构造复杂，又称迷路，由骨迷路和膜迷路两部分组成（图 8-11，图 8-16）。骨迷路是颞骨岩部骨密质围成的不规则腔隙，膜迷路是套在骨迷路内的膜性管和囊，两者的形状基本相似。骨迷路与膜迷路之间充满外淋巴，膜迷路内充满内淋巴，内、外淋巴之间互不相通。

（一）骨迷路

骨迷路由后外向前内依次分为骨半规管、前庭和耳蜗 3 部分（图 8-16），三者形态各异，彼此连通。

1. 骨半规管　为 3 个半环形的骨管，相互垂直排列，按其位置分别称前、后、外骨半规管。每个骨半规管都有 2 个骨脚连于前庭，其中一个骨脚膨大，膨大部称骨壶腹。

2. 前庭　位于骨迷路中部，略呈椭圆形，其内侧壁为内耳道底，外侧壁上有前庭窗和蜗窗，前庭窗与镫骨底相连，蜗窗上有第二鼓膜覆盖。前庭向前通耳蜗，向后通骨半规管。

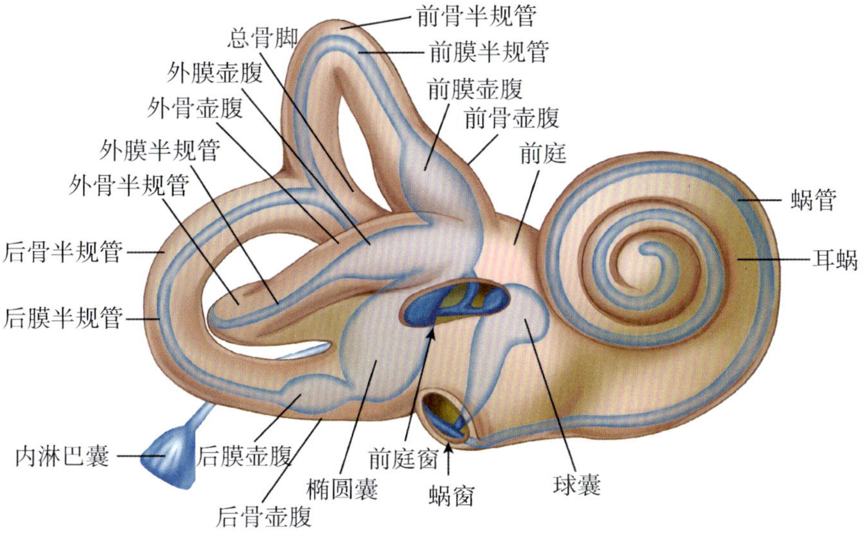

图 8-16 骨迷路和膜迷路

3. 耳蜗 位于前庭的前方，形似蜗牛壳。蜗底朝向内耳道底，蜗顶朝向前外方。耳蜗由蜗螺旋管环绕蜗轴约两圈半构成。蜗螺旋管被蜗轴发出的骨螺旋板和膜迷路分隔成 3 条管道，即近蜗顶侧的前庭阶，近蜗底侧的鼓阶，中间为膜性的蜗管（图 8-17）。前庭阶和鼓阶在蜗顶处借蜗孔彼此相通。

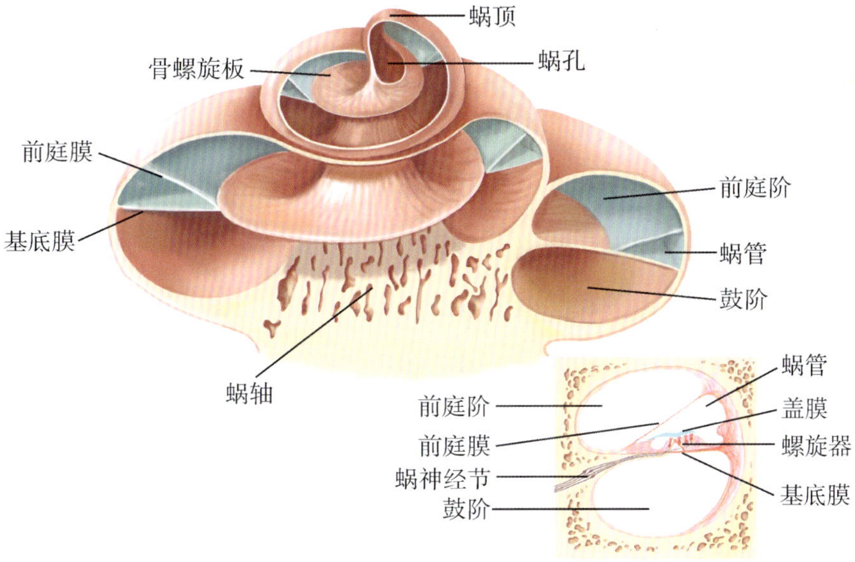

图 8-17 耳蜗轴切面

（二）膜迷路

膜迷路由椭圆囊和球囊、膜半规管与蜗管 3 部分组成（图 8-16，图 8-17）。

1. 膜半规管 位于同名骨半规管内，形态与骨半规管相似。在骨壶腹内，膜半规管有相应膨大的膜壶腹。膜壶腹壁上有隆起的壶腹嵴，是位觉感受器，能感受头部旋转变速运动引起的刺激。

2. 椭圆囊和球囊 位于前庭内，为相互连通的两个囊。囊内壁分别有椭圆囊斑和球囊斑，它们也是位觉感受器，能感受头部静止的位置和直线变速运动引起的刺激。椭圆囊与膜半规管相通，球囊与蜗管相连。

3. 蜗管　套在蜗螺旋管内，连于骨螺旋板的游离缘，断面呈三角形，上壁为前庭膜，下壁为基底膜。基底膜上有螺旋器，又称 Corti 器，是听觉感受器。

考点 壶腹嵴、椭圆囊斑、球囊斑和螺旋器的位置及功能

四、声波的传导

声波可通过气传导和骨传导两条途径传入内耳。

（一）气传导

气传导主要是声波经外耳道引起鼓膜振动，再经听骨链和前庭窗传入耳蜗的过程，是声波传导的主要途径。耳郭收集声波，声波经外耳道传至鼓膜，引起鼓膜振动，继而使听骨链随之运动，经镫骨底传至前庭窗，引起前庭阶内的外淋巴波动。外淋巴的波动经前庭膜传至内淋巴，内淋巴的波动刺激基底膜螺旋器，产生神经冲动，经蜗神经传入中枢，产生听觉（图 8-18）。前庭阶外淋巴的波动也可经蜗孔引起鼓阶外淋巴的波动，传至蜗窗时，第二鼓膜外凸而缓冲波动。

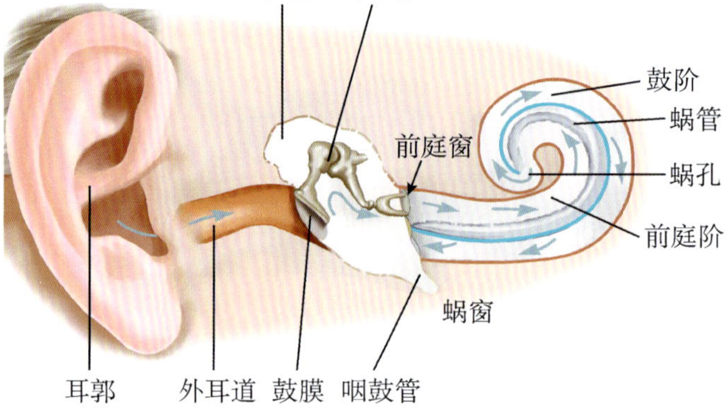

图 8-18　声波的传导

此外，声波使鼓膜振动，也可引起鼓室内的空气振动，经蜗窗第二鼓膜传入耳蜗，这一途径也属气传导，能引起鼓阶内的外淋巴波动，使基底膜振动以兴奋螺旋器。但在正常情况下并不重要，在听骨链运动障碍时可发挥一定作用，此时的听力较正常时明显下降。

（二）骨传导

骨传导是声波直接作用于颅骨，经颅骨和耳蜗骨壁传入耳蜗的过程。声波的冲击经颅骨和骨迷路传入，使耳蜗内的外淋巴和蜗管内的内淋巴波动，刺激基底膜上的螺旋器产生神经兴奋，引起较弱的听觉。骨传导在引起正常听觉中的作用极小。

第 3 节　皮　　肤

皮肤覆盖于身体表面，是人体面积最大的器官，由表皮和真皮构成，借皮下组织与深部

组织相连（图 8-19）。皮肤内有丰富的感觉神经末梢，能感受外界的多种刺激。皮肤具有保护深部组织、参与免疫应答、感受刺激、调节体温，以及排泄和吸收等多种功能。

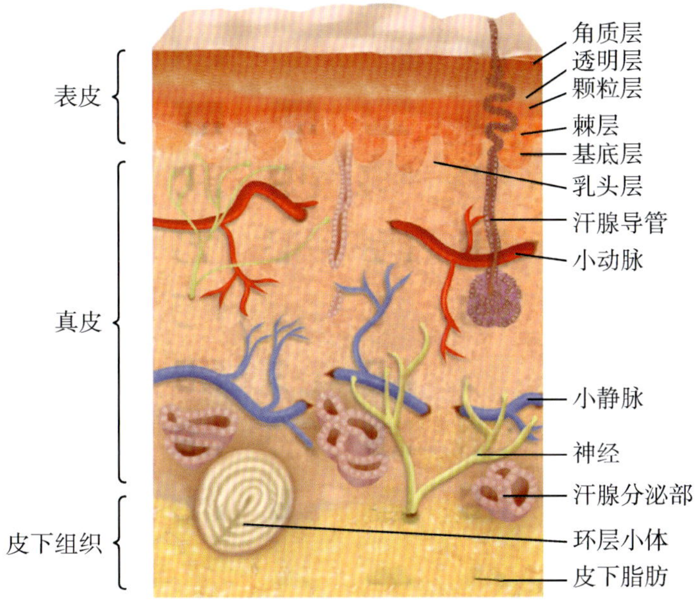

图 8-19　手指掌面皮肤组织结构模式图

一、表　皮

表皮是皮肤的浅层，由角化的复层扁平上皮构成。人体各部的表皮厚薄不一，薄者仅有 0.07mm，厚者可达 0.8 ～ 1.5mm，以手掌和足底表皮为最厚。表皮细胞分为角质形成细胞和非角质形成细胞两大类。前者为表皮的主要细胞，后者散在分布于角质形成细胞之间。

1. 角质形成细胞　手掌和足底的表皮结构，由基底至表面可以清楚地分为基底层、棘层、颗粒层、透明层和角质层 5 层结构（图 8-19）。

（1）基底层　附着于基底膜上，由一层矮柱状基底细胞组成。基底细胞是表皮的干细胞，不断分裂、增殖形成的部分子细胞脱离基膜后向浅层迁移，逐渐分化成表皮的其余几层细胞。在皮肤的创伤愈合中，基底细胞具有重要的再生修复作用。

（2）棘层　由 4 ～ 10 层体积较大的多边形细胞组成。核大而圆，胞质呈弱嗜碱性，游离核糖体多，具有旺盛的合成功能。

（3）颗粒层　由 3 ～ 5 层梭形细胞组成，细胞核和细胞器逐渐退化。细胞的主要特征是胞质内出现许多大小不等、形状不规则的强嗜碱性透明角质颗粒。

（4）透明层　由 2 ～ 3 层扁平细胞组成。细胞界限不清，细胞核和细胞器均已消失，胞质均质透明，呈嗜酸性。

（5）角质层　由多层扁平的角质细胞组成。细胞已完全角化，轮廓不清，无细胞核和细胞器，胞质均质状，呈嗜酸性。浅层细胞逐渐脱落形成皮屑。表皮细胞的更新周期为 3 ～ 4 周。

2. 非角质形成细胞　包括黑素细胞、梅克尔细胞和朗格汉斯细胞（图 8-20）。

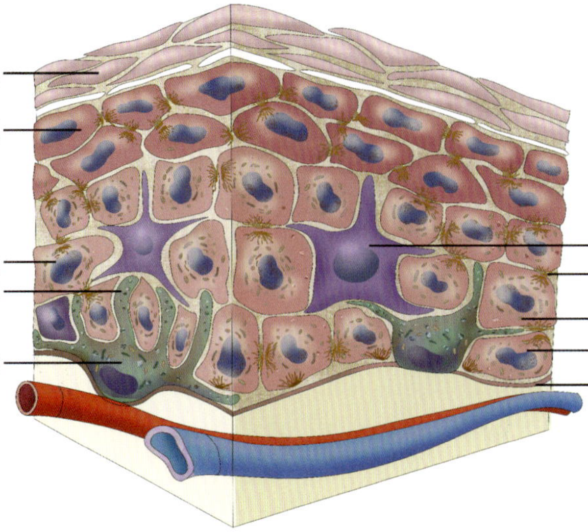

图 8-20 角化的复层扁平上皮超微结构模式图

（1）黑素细胞 多散在分布于基底细胞之间，是生成黑色素的细胞。黑色素能吸收紫外线，可保护皮肤和深部组织免受损伤。

（2）梅克尔细胞 主要分布于基底细胞之间，可能是一种感受触觉刺激的感觉细胞。

（3）朗格汉斯细胞 散在分布于棘层浅部，能将皮肤中的抗原物质呈递给 T 细胞，是一种抗原呈递细胞，具有重要的免疫功能。

医者仁心

中国工程院院士陈洪铎

陈洪铎是我国皮肤性病学界第一位中国工程院院士，也是我国皮肤科朗格汉斯细胞功能研究的主要奠基人。1982 年，在国外完成了学业的他，归心似箭。他说：“我是为了振兴中国的医学事业出国学习的。我的事业在自己的祖国。”回国后，他带领团队在朗格汉斯细胞生物学功能基础研究与临床转化、角质形成细胞免疫功能研究等方面取得丰硕成果。

二、真　　皮

真皮位于表皮与皮下组织之间，分为乳头层和网织层，两者间无明确分界。身体各部的真皮厚薄不一，一般为 1 ～ 2mm。

1. 乳头层 为紧邻表皮的薄层疏松结缔组织，向表皮突起形成真皮乳头。乳头层内含有丰富的毛细血管和游离神经末梢，在手指掌侧的真皮乳头层内含有较多的触觉小体。

2. 网织层 为乳头层深面较厚的致密结缔组织，内有粗大的胶原纤维束交织成网，并有许多弹性纤维，赋予皮肤较大的韧性和弹性。网织层内还有较多血管、淋巴管、神经等，深部常见环层小体。

皮下组织位于真皮的下方，即解剖学所称的浅筋膜，由疏松结缔组织和脂肪组织构成，将皮肤与深部组织相连，使皮肤具有一定的移动性。皮下组织的厚度因个体、年龄、性别和部位而有较大的差异。一般腹部、臀部较厚，可达 3cm 以上；眼睑、阴茎和阴囊等部位较薄。临床上将药液注射入皮下组织的给药方法称皮下注射（图 8-21）。

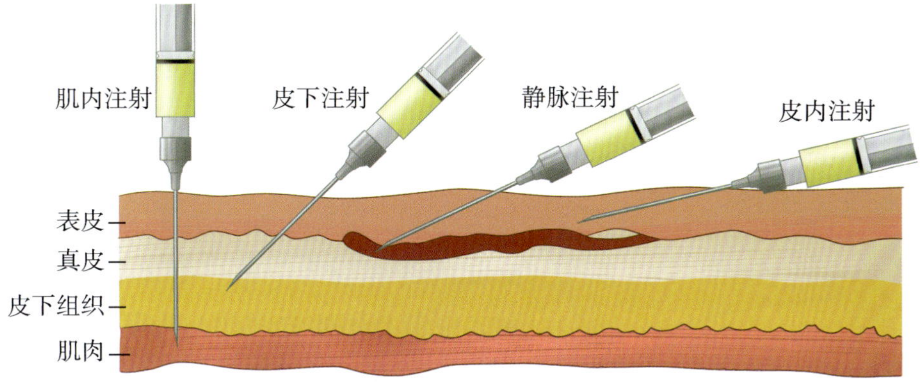

图 8-21 注射方法示意图

链 接

皮内注射和皮下注射

皮内注射（图 8-21），是将少量药液注射于表皮与真皮之间的方法，药液能缓慢吸收入血。此方法常用于预防接种（如卡介苗）、药物过敏试验（如青霉素类、头孢类）等。

皮下注射是将少量药液注射于皮下组织的方法，药液能较快速吸收入血。此方法常用于预防接种（如麻疹疫苗、乙脑疫苗）和一些不能或不宜经口服给药的情况（如胰岛素的脐周皮下注射）。

三、皮肤的附属器

皮肤有毛、皮脂腺、汗腺和指（趾）甲等由表皮衍生而来的附属器。

1. 毛　人体皮肤除手掌、足底等处外，均有毛分布。毛分为毛干、毛根和毛球 3 部分（图 8-22）。露出皮肤的部分为毛干，埋在皮肤内的部分为毛根，包在毛根外面的为毛囊，毛根和毛囊的下端膨大为毛球。毛球是毛和毛囊的生长点。在毛与皮肤表面呈钝角的一侧，有一束平滑肌连接毛囊与真皮，收缩时能使毛竖立，故称竖毛肌。竖毛肌受交感神经支配，在寒冷、惊恐或愤怒时收缩，使毛竖立，从而产生“鸡皮疙瘩”。

2. 皮脂腺　多位于毛囊与竖毛肌之间（图 8-22），为泡状腺，导管开口于毛囊或直接开口于皮肤表面。皮脂腺排出的皮脂有润滑皮肤和保护毛发的作用。皮脂腺的发育和分泌活动受性激素的调节，青春期分泌最为活跃。

3. 汗腺　遍布于全身大部分皮肤内，手掌和足底最多，分泌部位于真皮深层和皮下组织内，导管开口于皮肤表面（图 8-22）。汗腺分泌是机体散热的主要方式，具有调节体温、湿润皮肤和排出废物等作用。此外，在腋窝、乳晕、

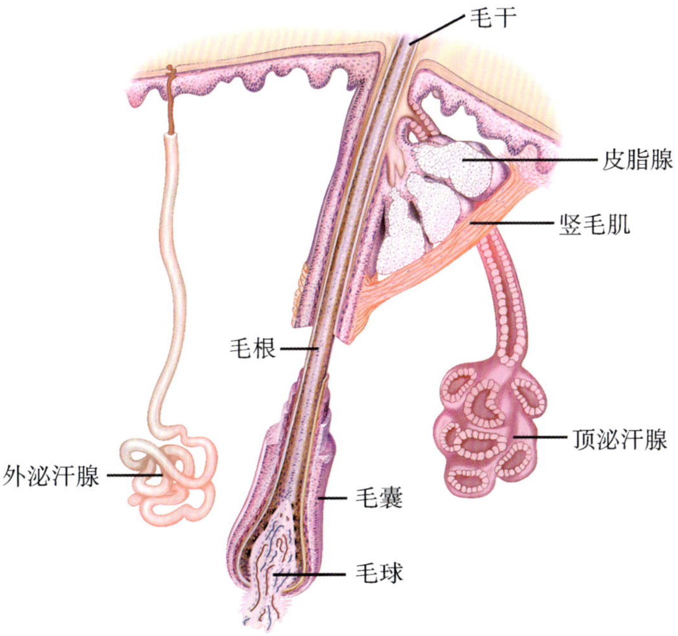

图 8-22 皮肤附属器示意图

会阴部等处还有大汗腺，分泌物被细菌分解后产生特殊的气味。腋窝大汗腺分泌过盛而致气味过浓时，则形成腋臭。大汗腺的分泌受性激素的影响，青春期分泌活跃。

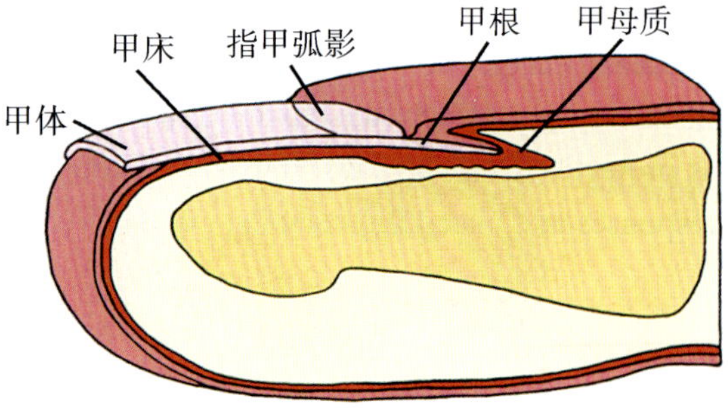

图 8-23 指（趾）甲纵切面示意图

4. 指（趾）甲 位于手指和足趾的背面，主要由甲体和甲根构成（图 8-23）。露出体表的部分为甲体，甲体下面的组织为甲床，甲的近端埋在皮肤内的部分为甲根。甲体周缘的皮肤皱襞为甲襞，甲襞与甲体之间的沟为甲沟。甲根附着处的上皮为甲母质，是甲体的生长区。指（趾）受损或拔除后，如甲母质仍保留，则指（趾）甲仍能再生。

自 测 题

一、单项选择题

A_1 型题

1. 能感受弱光的细胞是（　　）
   A. 色素上皮细胞　B. 视杆细胞
   C. 视锥细胞　D. 双极细胞
   E. 节细胞
2. 不属于眼副器的是（　　）
   A. 眼睑　B. 角膜
   C. 结膜　D. 泪器
   E. 眼球外肌
3. 临床上检查成人外耳道和鼓膜时，需将耳郭拉向（　　）
   A. 上方　B. 下方
   C. 后上方　D. 后下方
   E. 以上均不是
4. 内耳的听觉感受器是（　　）
   A. 球囊斑　B. 螺旋器
   C. 壶腹嵴　D. 椭圆囊斑
   E. 骨壶腹
5. 皮肤表皮中，下列哪层细胞有活跃增殖能力（　　）
   A. 基底层　B. 棘层
   C. 颗粒层　D. 透明层
   E. 角质层

A_2 型题

6. 患儿，女，9 岁。因视物模糊 2 周来院就诊。患儿用眼不当，看书时离书很近，看电视时喜欢斜视，经检查诊断为眼屈光不正。下列结构中，不属于眼屈光系统的是（　　）
   A. 房水　B. 玻璃体
   C. 虹膜　D. 角膜
   E. 晶状体

二、填空题

1. 眼球内容物包括________、________和________。
2. 骨迷路由后外向前内依次分为________、________、________3 部分。
3. 皮肤的附属器包括________、________、________和________。

三、名词解释

1. 视神经盘
2. 黄斑
3. 螺旋器

四、简答题

1. 简述房水的产生及其循环途径。
2. 简述咽鼓管的位置、作用，以及幼儿咽鼓管的特点。

（冯燕娟　王　超）

第9章 神经系统

第1节 概　　述

一、神经系统的组成和功能

神经系统分为中枢神经系统和周围神经系统两部分（图9-1）。中枢神经系统包括脑和脊髓，分别位于颅腔和椎管内。周围神经系统包括与脑相连的脑神经和与脊髓相连的脊神经。周围神经系统又可根据分布区域分为分布于体表、骨、骨连结、骨骼肌的躯体神经和分布于内脏、心血管、平滑肌、腺体的内脏神经，两者均包含感觉（传入）神经纤维和运动（传出）神经纤维，其中内脏运动神经又分为交感神经和副交感神经。

神经系统控制和调节人体内各器官、系统的活动，使人体成为一个有机的整体，在人体活动的调节中起主导作用。

考点 神经系统的组成

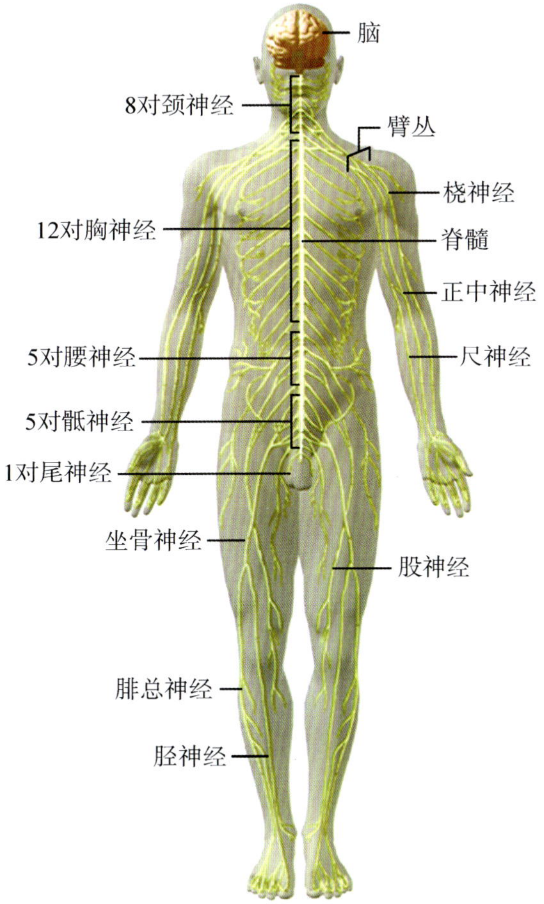

图9-1　神经系统概况

二、神经系统常用术语

（一）灰质和白质

在中枢神经系统中，神经元胞体及其树突聚集的部位，在新鲜标本中色泽灰暗，称灰质。在中枢神经系统中，神经纤维聚集的部位，在新鲜标本中色泽白亮，称白质。

（二）神经核和神经节

在中枢神经系统内，形态和功能相似的神经元胞体聚集成团或柱，称神经核。在周围神经系统内，神经元胞体聚集处称神经节。

（三）纤维束和神经

在中枢神经系统内，起止、行程和功能基本相同的神经纤维聚集成束，称纤维束。在周围神经系统中，神经纤维聚集成粗细不等的索状结构，称神经。

（四）网状结构

在中枢神经系统中，灰质、白质混杂交织的区域，神经纤维交织呈网状，其间有分散或成群的神经元胞体，该区域称网状结构。

第 2 节　中枢神经系统

案例 9-1

患者，女，71 岁。因情绪激动出现头痛伴左侧肢体运动障碍入院。高血压史 13 年。体格检查：左侧肢体瘫痪、鼻唇沟变浅，伸舌时舌尖偏向左侧，左侧半身感觉减退。CT 检查示右侧内囊出血。

问题： 1. 简述内囊的概念。

2. 解释患者出现上述临床表现的原因。

一、脊　　髓

（一）脊髓的位置和外形

脊髓位于椎管内，上端在枕骨大孔处与延髓相连，下端在成人平第 1 腰椎体下缘，新生儿可达第 3 腰椎体下缘。

脊髓呈前后略扁的圆柱状，全长粗细不等，有颈膨大和腰骶膨大（图 9-2）。脊髓下端变细呈圆锥状，称脊髓圆锥。脊髓圆锥末端被一条由软脊膜所形成的终丝连于尾骨的背面。

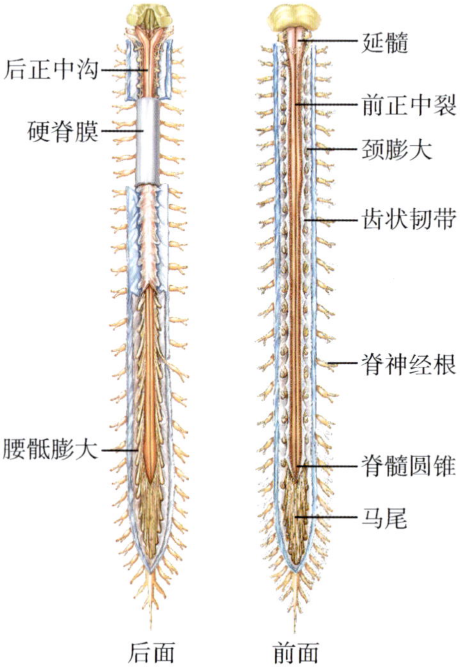

图 9-2　脊髓的外形

脊髓表面有纵贯其全长的 6 条沟、裂：位于前面正中的称前正中裂，较深；位于后面正中的称后正中沟，较浅。前正中裂的两侧有前外侧沟；后正中沟的两侧有后外侧沟。前后外侧沟内分别连有脊神经的前根和后根

（图 9-3）。前、后根在椎间孔处合成脊神经，后根上有膨大的脊神经节。

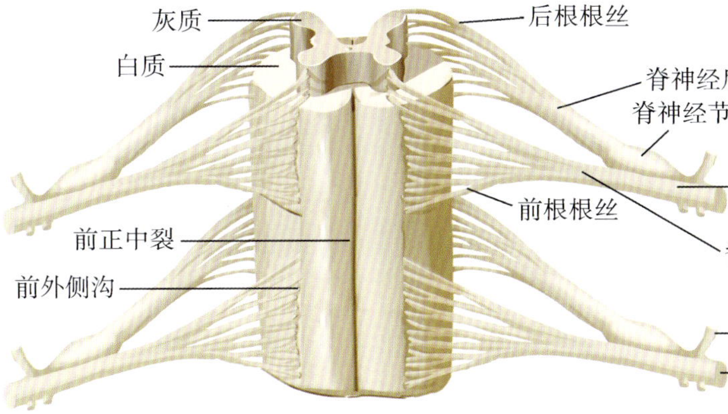

图 9-3 脊髓立体结构示意图

脊神经共有 31 对，每一对脊神经所附着的一段脊髓即是一个脊髓节段。因此脊髓可分为 31 个节段（图 9-4），即颈髓（C）8 个节段、胸髓（T）12 个节段、腰髓（L）5 个节段、骶髓（S）5 个节段和尾髓（Co）1 个节段。

在胚胎早期，脊髓和椎管长度基本相等，各脊髓节段与相应的椎骨大致平齐，所有的脊神经根均几乎呈水平方向伸向相应的椎间孔。自胚胎第 4 个月开始，因为脊髓生长的速度慢于脊柱，所以脊髓长度短于椎管，结果导致脊髓节段的位置由上向下逐渐高于相应的椎骨，神经根向下斜行一段距离后才到达相应的椎间孔。腰、骶和尾神经根几乎垂直下行，围绕终丝形成马尾（图 9-2）。临床上，常取第 3、4 或第 4、5 腰椎棘突间隙行腰椎穿刺，可避免损伤脊髓。

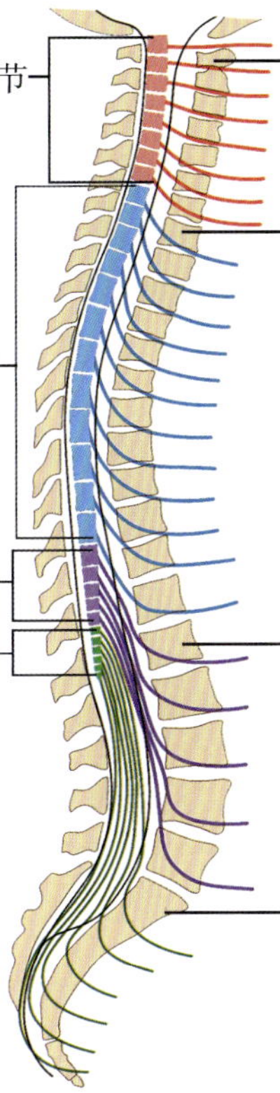

图 9-4 脊髓节段与椎骨的关系

考点 脊髓的位置

（二）脊髓的内部结构

脊髓各节段内部结构大致相似，主要由中央的灰质和周围的白质构成，在灰质正中有一纵行小管称中央管。

1. 灰质　横切面上近似呈 H 形，左、右对称（图 9-3，图 9-5）。灰质的前部宽短，称前角（前柱），含躯体运动神经元；灰质的后部狭长，称后角（后柱），主要含与感觉有关的联络神经元；在脊髓 T_1 ～ L_3 节段的前、后角（柱）之间有向外突出的侧角（侧柱），含交感神经元，是交感神经的低级中枢；在脊髓 S_2 ～ S_4 节段相当于侧角处，含骶副交感核，是副交感神经在脊髓的低级中枢。

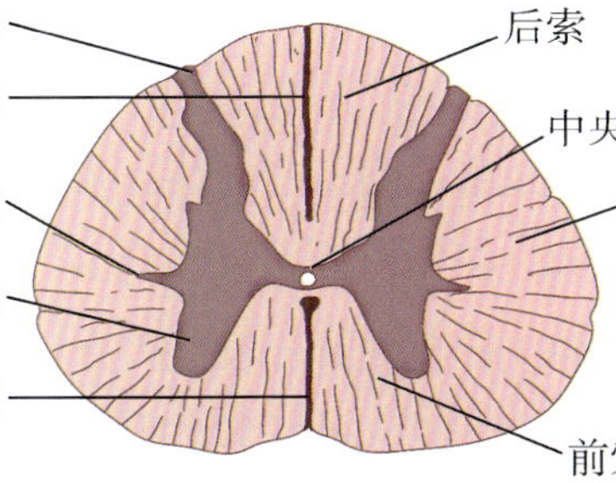

图 9-5 脊髓横断面（胸髓节段）

2. 白质　位于灰质的周围，借脊髓表面的沟裂分为左右对称的前索、外侧索和后索，由很多上、下行纤维束组成（图 9-6）。

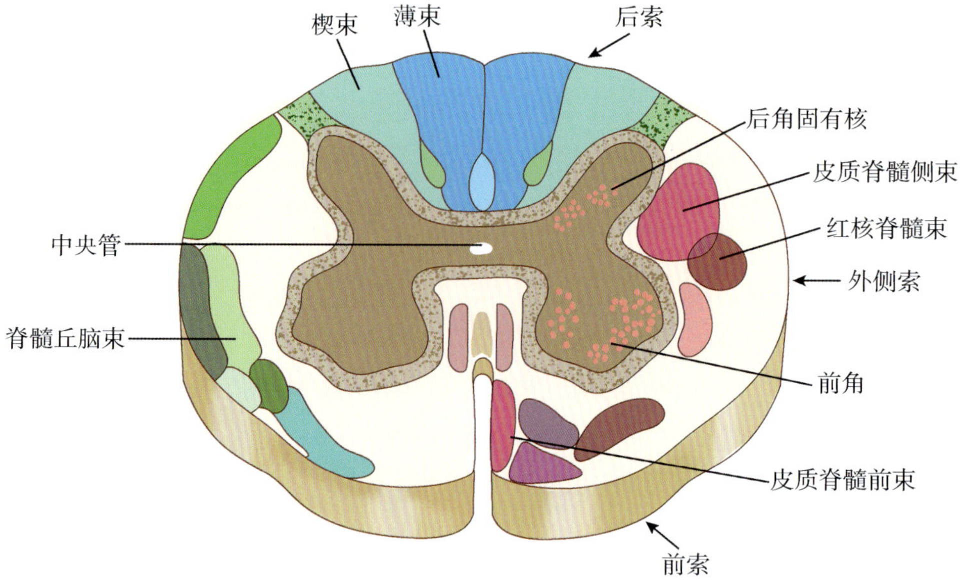

图 9-6　脊髓横断面示意图

（1）上行纤维束　主要有传导躯干、四肢的本体感觉和精细触觉的薄束、楔束，位于后索；传导躯干、四肢的痛觉、温度觉、粗触觉、压觉的脊髓丘脑束，位于外侧索和前索。

（2）下行纤维束　主要有将大脑皮质的神经冲动传至脊髓前角躯体运动神经元、管理骨骼肌随意运动的皮质脊髓侧束和皮质脊髓前束，分别位于外侧索和前索。

（三）脊髓的功能

1. 传导功能　脊髓内的上、下行纤维束是脑与躯干、四肢的感受器、效应器发生联系的重要枢纽。

2. 反射功能　脊髓内有膝反射、排尿反射、排便反射等多种躯体反射、内脏反射的低级中枢。

二、脑

脑位于颅腔内，包括端脑、间脑、中脑、脑桥、延髓和小脑 6 部分（图 9-7）。通常把中脑、脑桥和延髓合称为脑干。

（一）脑干

脑干位于枕骨大孔前上方，上接间脑，下续脊髓，背侧与小脑相连（图 9-7）。

1. 脑干的外形

（1）腹侧面（图 9-8）　延髓腹侧面上部，前正中裂的两侧各有一纵行隆起称锥体，由大脑皮质发出的下行锥体束（主要为皮质脊髓束）纤维构成。在锥体的下端，大部分皮质脊髓束纤维左、右交叉，形成锥体交叉。脑桥腹侧面宽阔膨隆，称基底部，正中线上有纵行浅沟，称基底沟。基底部的两侧逐渐缩窄，连接小脑。中脑腹侧面有一对柱状结构，称大脑脚，其间的凹窝称脚间窝。

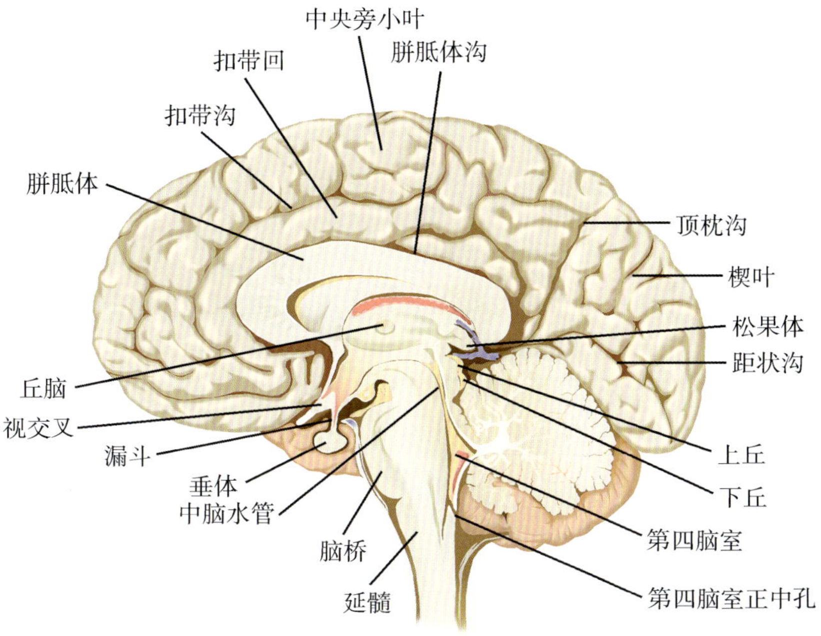

图 9-7　脑的正中矢状面

（2）背侧面（图 9-9）　延髓背侧面下部的后正中沟两侧各有两个纵行隆起，内侧的称薄束结节，内有薄束核；外侧的称楔束结节，内有楔束核。延髓背侧面上部和脑桥共同形成菱形的凹窝，称菱形窝，即第四脑室底部。中脑背侧面有 2 对隆起，上方的 1 对为上丘，内含视觉反射中枢；下方的 1 对为下丘，内含听觉反射中枢。

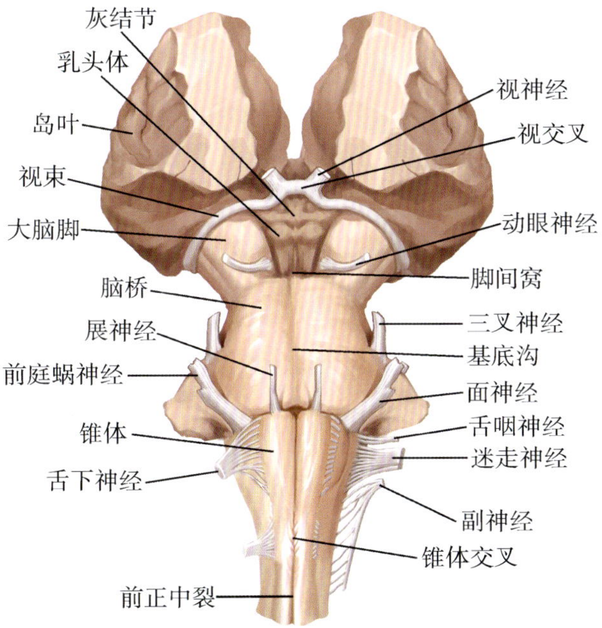

图 9-8　脑干的外形（腹侧面）

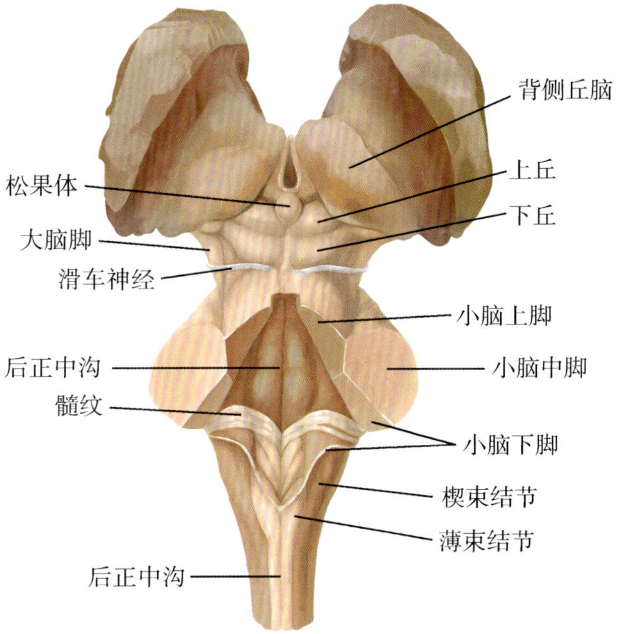

图 9-9　脑干的外形（背侧面）

与脑干相连的脑神经有 10 对。其中，动眼神经和滑车神经与中脑相连；三叉神经、展神经、面神经和前庭蜗神经与脑桥相连；舌咽神经、迷走神经、副神经和舌下神经与延髓相连。

2. 脑干的内部结构　包括灰质、白质、网状结构等。

（1）灰质　主要位于背侧部，并被纵横走行的纤维所贯穿，分散形成许多团状或柱状的神经核。神经核大致分为两类：一类与脑神经相连，称脑神经核（图 9-10）；另一类与脑神经不直接相关，称非脑神经核，包括延髓内的薄束核、中脑内的黑质等中继核，以及脑干网状结构内的网状核等。

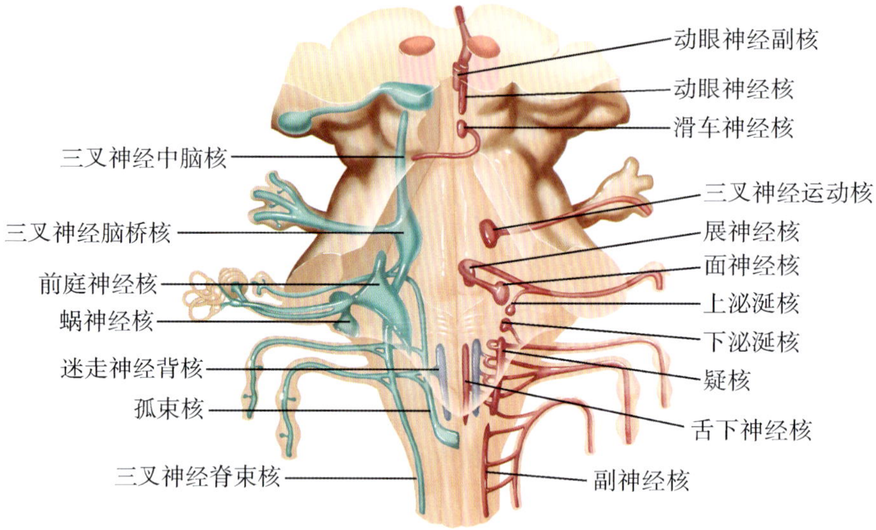

图 9-10　脑神经核在脑干背面的投影示意图

（2）白质　多位于腹侧部和外侧部，由功能不同的纤维束构成。一类为上行纤维束，包括内侧丘系、脊髓丘系、三叉丘系等；另一类为下行纤维束，主要是锥体束等。

（3）脑干网状结构　脑干内，除了明显的脑神经核、中继核和长的纤维束外，尚有神经纤维纵横交织成网状，其间散在有大小不等的神经元胞体，这些结构称脑干网状结构。

3. 脑干的功能

（1）传导功能　大脑皮质与脊髓、小脑相互联系的上行、下行纤维束都要经过脑干，脑干具有传导神经冲动的功能。

（2）反射功能　脑干内有多个反射中枢，如延髓有心血管中枢和呼吸中枢，合称生命中枢，脑桥有角膜反射中枢，中脑有瞳孔对光反射中枢。

（3）脑干网状结构功能　有维持大脑皮质觉醒、调控睡眠、调节骨骼肌张力和内脏活动等功能。

（二）小脑

1. 小脑的位置　小脑位于颅后窝内，在脑桥和延髓的后上方（图 9-7）。小脑与延髓、脑桥之间的腔室，称第四脑室（图 9-7）。

考点　小脑的位置

2. 小脑的外形　小脑中间的狭窄部为小脑蚓，两侧的膨大部为小脑半球（图 9-11）。小脑半球下面近枕骨大孔处的椭圆形隆起，称小脑扁桃体。

3. 小脑的内部结构　小脑表层的灰质，称小脑皮质。小脑皮质深面的白质，称小脑髓质。在小脑髓质深部有小脑核，包括顶核、球状核、栓状核和齿状核 4 对，其中齿状核最大。

4. 小脑的功能　主要有维持躯体平衡、调节肌张力和协调肌群随意运动的功能。

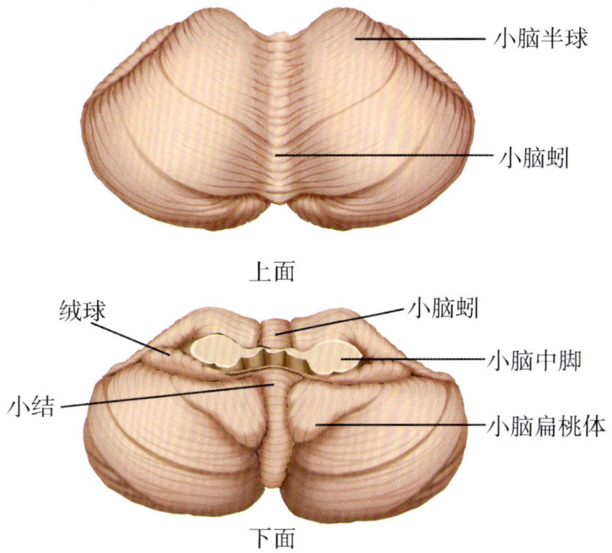

图 9-11　小脑的外形

（三）间脑

间脑位于中脑与端脑之间，主要包括背侧丘脑、后丘脑和下丘脑等。间脑内的腔室称第三脑室。

1. 背侧丘脑　又称丘脑，为一对卵圆形的灰质团块，借丘脑间黏合相连，位于间脑背侧份。背侧丘脑灰质团块内部有由白质构成的内髓板，在水平面上呈 Y 形，将灰质团块分为 3 部分：前核群、内侧核群和外侧核群（图 9-12）。外侧核群腹侧部的后部，称腹后核。腹后核又可分为腹后内侧核和腹后外侧核，前者接受三叉丘系等纤维，后者接受内侧丘系和脊髓丘系的纤维。

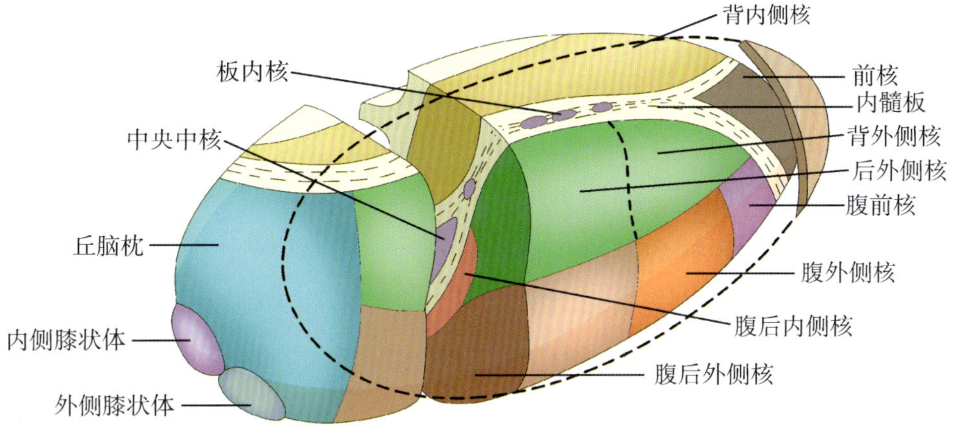

图 9-12　背侧丘脑核团模式图

2. 后丘脑　位于背侧丘脑的后下方，包括内侧膝状体和外侧膝状体（图 9-12）。内侧膝状体与听觉传导有关，外侧膝状体与视觉传导有关。

3. 下丘脑　位于背侧丘脑的前下方，构成第三脑室下壁和侧壁的下部，包括视交叉、灰结节、乳头体等（图 9-13）。灰结节前下方与垂体等结构相连。

下丘脑内有许多核团，其中视上核和室旁核能分泌抗利尿激素和催产素，并通过无髓神经纤维运送至神经垂体储存。

下丘脑是调节内脏活动的较高级中枢，并对内分泌、体温、摄食、情绪、水及电解质平衡等起重要的调节作用。

（四）端脑

端脑是脑的最高级部位，主要由左、右两大脑半球组成。两侧大脑半球之间的深裂，称大脑纵裂，裂底有连接两侧大脑半球的白质板，称胼胝体。端脑与小脑之间的裂隙称大脑横裂。

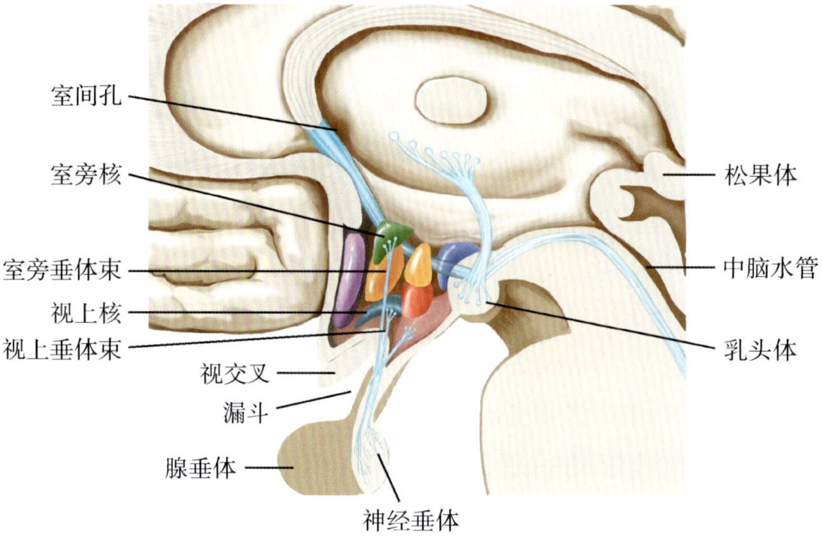

图 9-13　下丘脑的主要核团

1. 大脑半球的外形和分叶　大脑半球表面有凹陷的沟、裂和隆起的脑回。每侧大脑半球分为上外侧面、内侧面和下面，借助 3 条叶间沟分为 5 叶。

（1）大脑半球的叶间沟　在大脑半球的上外侧面，由前下行向后上的沟，称外侧沟；由大脑半球上缘中点行向前下的沟，称中央沟（图 9-14）。在大脑半球的内侧面，由胼胝体末端稍后方斜向后上的沟，称顶枕沟（图 9-15）。

（2）大脑半球的分叶　中央沟前面为额叶，中央沟后面为顶叶，外侧沟下面为颞叶，顶枕沟后面为枕叶，外侧沟深面为岛叶（图 9-16）。

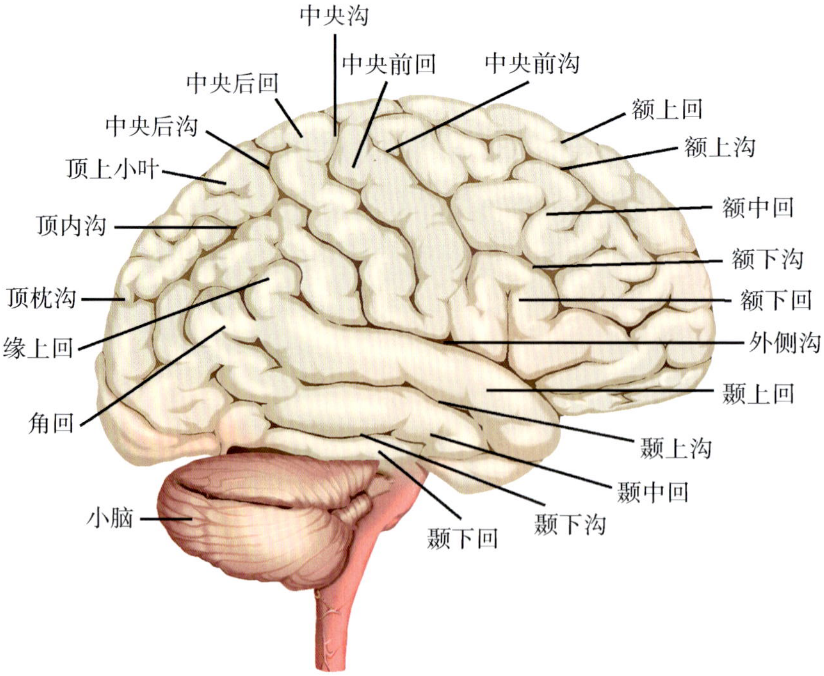

图 9-14　大脑半球上外侧面

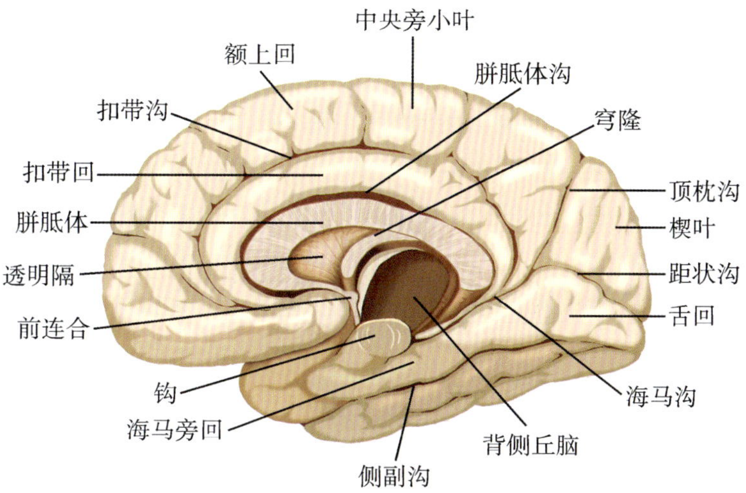

图 9-15　大脑半球内侧面

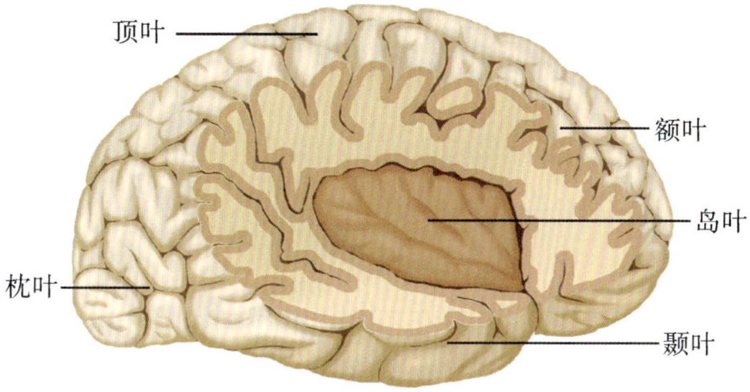

图 9-16　岛叶

2. 大脑半球主要的沟和回

> **歌诀助记｜大脑半球叶间沟和分叶歌**
> 三条主沟位半球，中央外侧顶枕沟。
> 额顶枕颞岛五叶，分界便靠叶间沟。

（1）上外侧面　在额叶，中央沟前方与之平行的沟，称中央前沟，两沟之间为中央前回。在中央前沟的前方有额上、下沟，将中央前回以外的额叶分为额上、中、下回。在顶叶，中央沟后方与之平行的沟，称中央后沟，两沟之间为中央后回。围绕颞叶颞上沟末端的脑回，称角回，也属于顶叶。在颞叶，外侧沟的下方且大致与外侧沟平行的沟，称颞上沟，两沟之间为颞上回（图 9-14）。在颞上回有伸入外侧沟的几条短而横行的脑回，称颞横回。

（2）内侧面　胼胝体背面是扣带回，其中部上方是中央旁小叶。在胼胝体后下方，有与顶枕沟呈 T 形相交的距状沟（图 9-15）。

（3）下面　额叶下面有一对椭圆形的嗅球（图 9-17），向后延伸成嗅束，它们与嗅觉传导有关。颞叶下面在海马沟与侧副沟之间有海马旁回，其前端弯曲称钩。

扣带回、海马旁回等结构合称边缘叶（图 9-15）。

3. 大脑半球的内部结构　大脑半球内的腔室称侧脑室。大脑半球表层的灰质，称大脑皮质。大脑皮质深部的白质，称大脑髓质。大脑髓质深部有基底核。

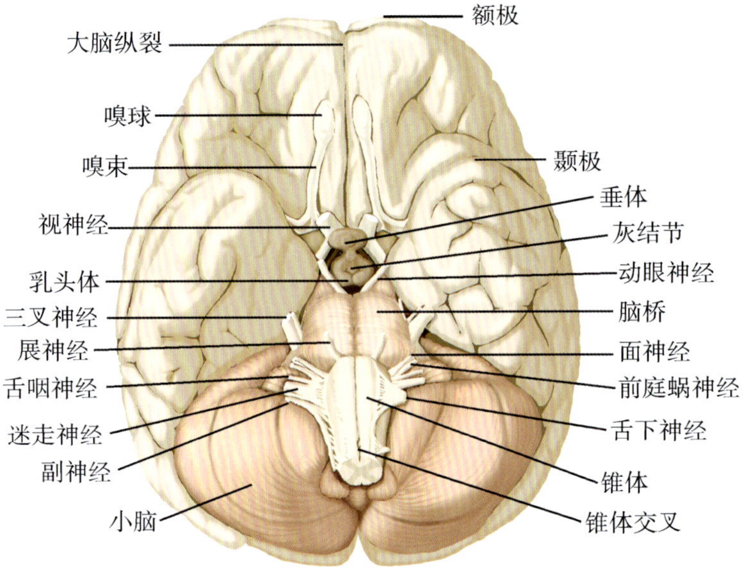

图 9-17 脑的底面

（1）大脑皮质功能区 大脑皮质功能区是大脑皮质控制人体各种功能活动的相对定位区，是人体各种功能活动的最高中枢（图 9-18）。

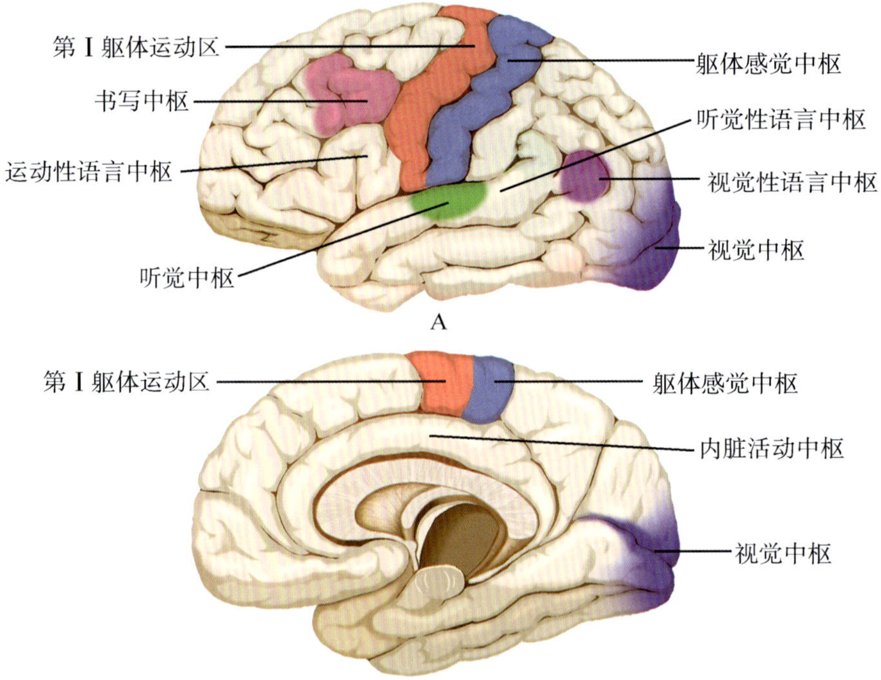

图 9-18 大脑皮质功能区

A. 左侧大脑半球上外侧面 B. 右侧大脑半球内侧面

1）第Ⅰ躯体运动区（躯体运动中枢）：位于中央前回和中央旁小叶前部，管理对侧半身骨骼肌的随意运动。具有上下倒置（头面部正立）分布、左右交叉管理、代表区面积大小与运动精细程度成正比的特点（图 9-19）。

2）第Ⅰ躯体感觉区（躯体感觉中枢）：位于中央后回和中央旁小叶后部，接受对侧半身的感觉冲动，形成不同部位相应的感觉。具有上下倒置（头面部正立）分布、左右交叉管理、代表区面积大小与感觉灵敏度成正比的特点（图 9-20）。

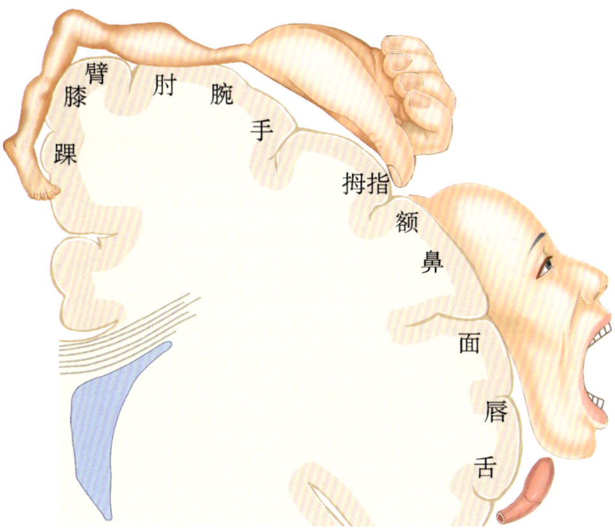

图 9-19 人体各部在第Ⅰ躯体运动区的定位

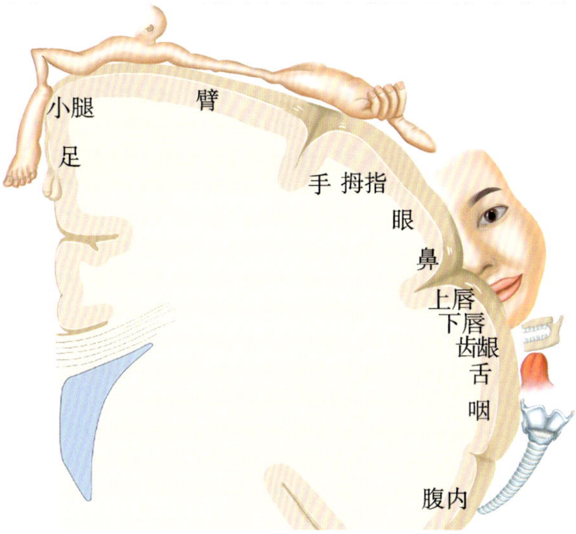

图 9-20 人体各部在第Ⅰ躯体感觉区的定位

3）第 1 视区（视觉中枢）：位于枕叶内侧面距状沟两侧，接受视网膜传来的视觉冲动。

4）第 1 听区（听觉中枢）：位于颞横回，接受双侧内耳传来的听觉冲动。

5）语言中枢：为人类所特有，常位于左侧大脑半球，管理语言功能。①运动性语言中枢：又称说话中枢，位于额下回后部，紧靠中央前回的下部，若受损，患者与发音有关的肌肉并不瘫痪，能发音，但不能说出代表具体含义的话，称运动性失语症。②书写中枢：位于额中回后部，若受损，患者的手能运动，但丧失了书写文字符号的能力，称失写症。③听觉性语言中枢：又称听话中枢，位于颞上回后部，若受损，患者没有听觉障碍，能听到别人的讲话，但自己讲话混乱而割裂，不能理解别人讲话的意思，称感觉性失语症。④视觉性语言中枢：又称阅读中枢，位于角回，若受损，患者没有视觉障碍，但不理解文字符号的含义，称失读症（视觉性失语症）。

（2）基底核 包括纹状体和杏仁体等（图 9-21，图 9-22）。

歌诀助记 | 语言中枢位置歌

颞上听，额下动，额中书写角视通。

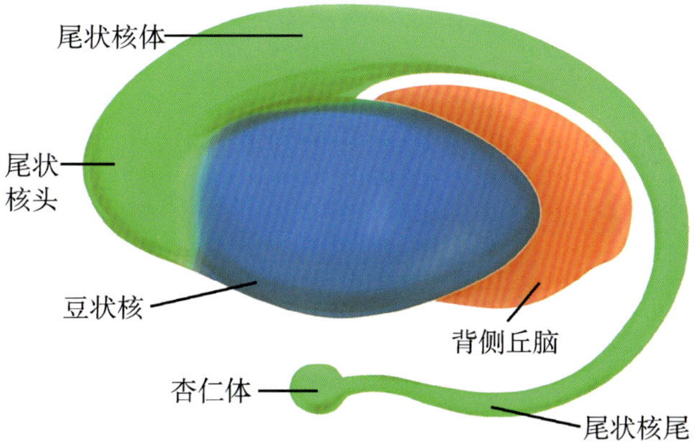

图 9-21 基底核和内囊空间位置示意图（左侧）

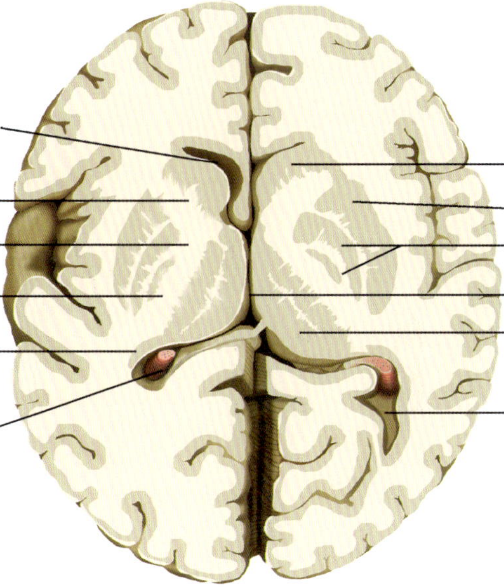

图 9-22 基底核、背侧丘脑和内囊

1）纹状体：由尾状核和豆状核组成，其前端互相连接。尾状核是由前向后弯曲的圆柱体，分为头、体、尾 3 部分。豆状核位于岛叶深部，在水平切面上呈三角形，被两个白质薄板层分为 3 部分，外侧部最大称壳，中间部和内侧部合称苍白球。在种系发生上，苍白球为旧的结构，称旧纹状体，尾状核和壳是较新的结构，合称新纹状体。纹状体是锥体外系的重要组成部分，有调节肌张力、协调肌群的运动等功能。

考点 纹状体的概念

2）杏仁体：连于尾状核的末端，参与边缘系统的构成，与情绪、内脏活动等有密切关系。

（3）大脑髓质　由 3 类纤维组成。

1）联络纤维：是联系同侧大脑半球内各部分皮质的纤维，长短不一，包括上纵束等。

2）连合纤维：是连合左、右大脑半球皮质的纤维，包括胼胝体等。

3）投射纤维：由大脑皮质与皮质下各中枢间的上、下行纤维组成。它们大部分经过内囊（图 9-22，图 9-23）。

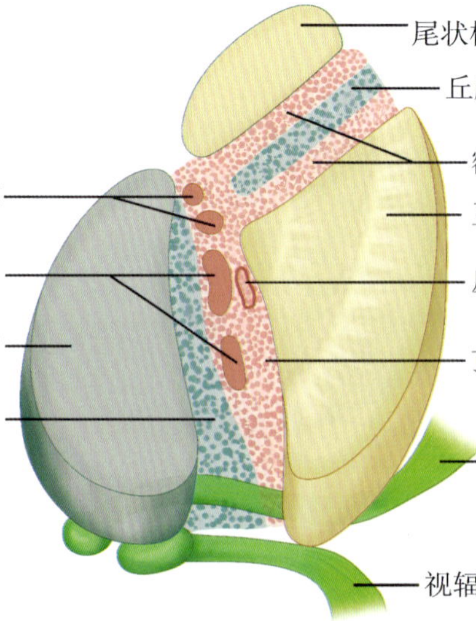

图 9-23 内囊

内囊是位于背侧丘脑、尾状核与豆状核之间的白质板。内囊在水平切面上呈向外开放的 V 字形，分 3 部分：尾状核头和豆状核之间的部分称内囊前肢，内有上行的丘脑前辐射和下行的额桥束通过；豆状核与背侧丘脑之间的部分称内囊后肢，内有皮质脊髓束、丘脑中央辐射、视辐射和听辐射通过；前、后肢的交界处，称内囊膝，有皮质核束通过。一侧内囊损伤时，患者可出现对侧半躯体运动障碍（皮质脊髓束、皮质核束损伤）、对侧半躯体感觉障碍（丘脑中央辐射损伤）和双眼对侧半视野偏盲（视辐射损伤）的“三偏”综合征。

考点 内囊的位置、分部及各部通过的纤维束

第 3 节　周围神经系统

案例 9-2

患者，男，23 岁。因骑摩托车不慎摔倒，右肘部着地受伤而急诊住院。查体：右臂中下部压痛、肿胀，右上肢活动障碍；右虎口区皮肤感觉消失，不能伸腕和掌指关节，抬前臂时呈“垂腕”状。X 线片显示：右臂肱骨中、下 1/3 交界处骨折。临床诊断：右臂肱骨中、下 1/3 交界处骨折合并桡神经损伤。

问题：1. 为什么肱骨中、下 1/3 交界处骨折易合并桡神经损伤？

2. 为什么患者会出现“垂腕”？

一、脊　神　经

（一）概述

脊神经共 31 对，包括颈神经 8 对、胸神经 12 对、腰神经 5 对、骶神经 5 对和尾神经 1 对。每条脊神经都含有躯体感觉纤维、躯体运动纤维、内脏感觉纤维和内脏运动纤维 4 种成分。每条脊神经都由运动性的前根和感觉性的后根在椎间孔处汇合而成（图 9-3），故每条脊神经都是混合性神经。脊神经出椎间孔后主要分为前支和后支。后支较细小，就近发出分支分布于项部、背部、腰骶部的肌肉和皮肤。前支较粗大，除胸神经前支外，其余脊神经前支先交织成 4 个神经丛，即颈丛、臂丛、腰丛和骶丛，再由这些神经丛发出分支分布于相应区域。

链　接

注射性神经损伤和体位性神经损伤

临床护理工作中，若护理人员对人体解剖结构不熟悉或不遵循护理操作规范，肌内注射时将药物直接注入神经干或其周围，或静脉注射时药物漏至血管外神经干周围，可引起注射性神经损伤，严重者可导致残疾。若护理人员护理不规范，患者在麻醉、昏迷等状态下肢体位于不适当位置，或患者长时期处于强迫性体位，可引起体位性神经损伤。

（二）脊神经的前支和神经丛

1. 颈丛　由第 1 ～ 4 颈神经的前支组成，位于胸锁乳突肌的深面，发出浅支和深支。

颈丛浅支位置表浅，自胸锁乳突肌后缘中点浅出，呈放射状分布于颈部、头后部、耳部及肩部的皮肤（图 9-24）。颈部表浅手术时，可在胸锁乳突肌后缘中点麻醉颈丛浅支。

颈丛的深支主要是膈神经（图 9-25）。膈神经由胸廓上口入胸腔，下行至膈，其运动纤维支配膈，感觉纤维主要分布于胸膜、心包及膈下面的腹膜，右膈神经的感觉纤维还分布于肝、胆囊和胆道。

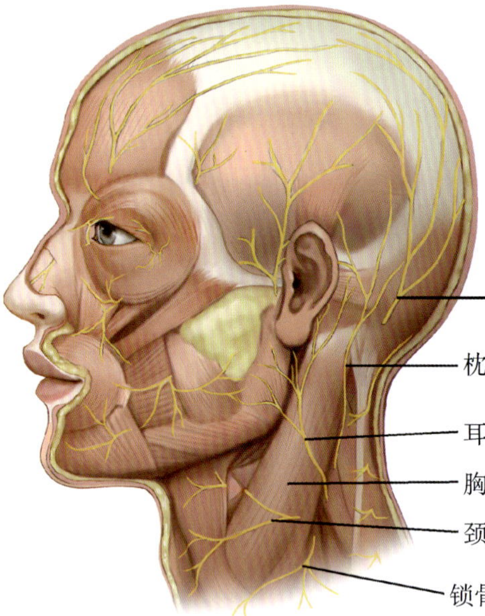

图 9-24　颈丛皮支的分布

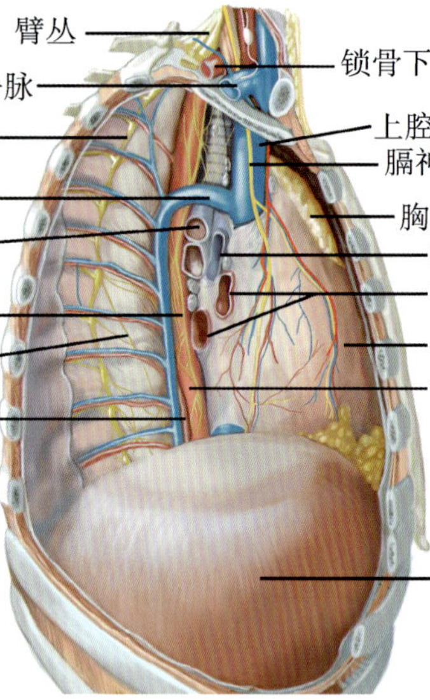

图 9-25　膈神经

2. 臂丛　由第 5 ～ 8 颈神经前支和第 1 胸神经前支的大部分纤维组成。臂丛在锁骨中点后方比较集中，位置表浅，常作为臂丛阻滞麻醉的部位。臂丛的主要分支如下（图 9-26）。

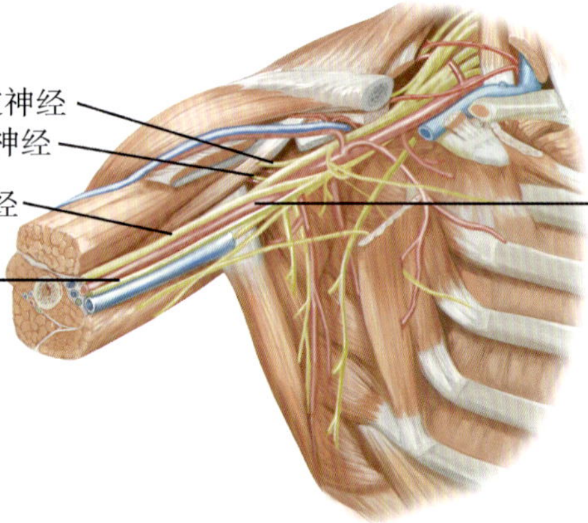

图 9-26　臂丛及其分支

链　接

注射性臂丛神经损伤和体位性臂丛神经损伤

受损部位和原因：①臂丛在锁骨深面的上、下方比较集中。上肢手术时，常进行臂丛麻醉，如操作不当将麻醉药直接注入神经干，则可造成损伤。②肩关节处于解剖学位置时臂丛呈松弛状态，当肩关节外展并后伸时，臂丛及 5 大分支均受到牵拉。若患者处于麻醉或昏迷状态，肩关节过度外展并伴有旋转位，头部过度偏向对侧时易造成臂丛后束、桡神经或腋神经近段等神经牵拉伤。

损伤后表现：出现受损神经所支配的肌肉运动障碍和分布区域皮肤感觉障碍。

（1）腋神经　绕肱骨外科颈行向后外，分布于三角肌等处。肱骨外科颈骨折时，易伤及腋神经，致三角肌瘫痪，臂不能外展。

（2）肌皮神经　肌支支配肱二头肌等臂肌前群；皮支分布于前臂外侧部的皮肤。

（3）正中神经　肌支支配前臂肌前群桡侧大部分肌和部分手肌；皮支分布于掌心、鱼际、桡侧三个半指掌面皮肤等（图 9-27）。

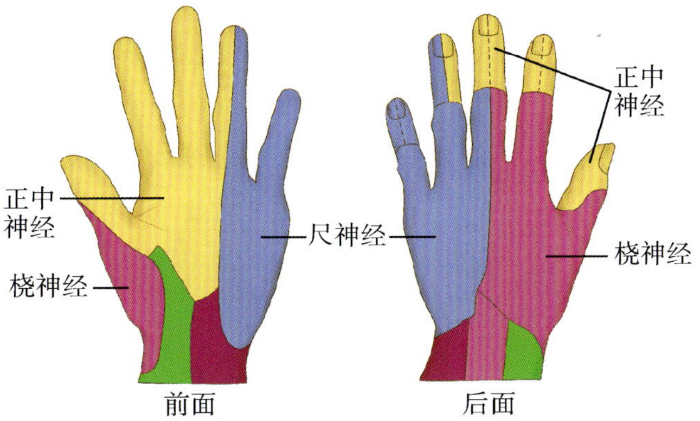

图 9-27　手部皮肤的神经分支示意图

链　接

注射性正中神经损伤

受损部位和原因：正中神经位居肘窝正中，位置表浅，肘正中静脉常斜跨其浅层。在肘窝段做静脉注射时，若针刺神经或药液外漏可致正中神经损伤。

损伤后表现：前臂不能旋前，屈腕力减弱，拇指、示指不能屈曲，拇指不能对掌，鱼际肌萎缩，手掌变平呈“猿掌”（图 9-28）。手的掌心、鱼际、桡侧三个半指掌面皮肤等处感觉障碍。

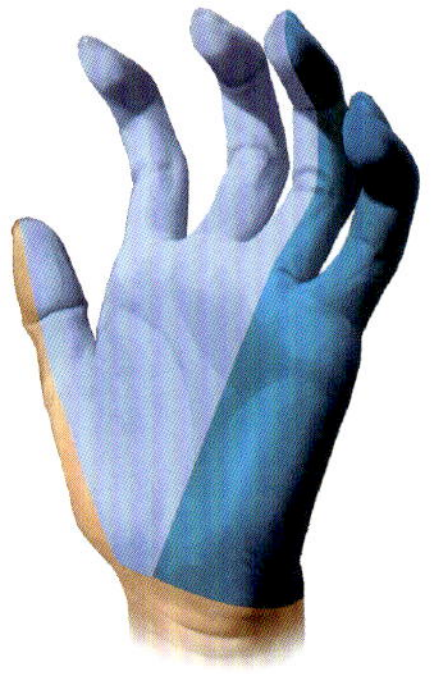

图 9-28　猿掌

（4）尺神经　肌支支配前臂肌前群尺侧小部分肌、部分手肌。皮支分布于尺侧一个半指掌侧皮肤及相应的手掌皮肤、手背尺侧半皮肤及尺侧两个半指背部分皮肤（图 9-27）。

链　接

体位性尺神经损伤

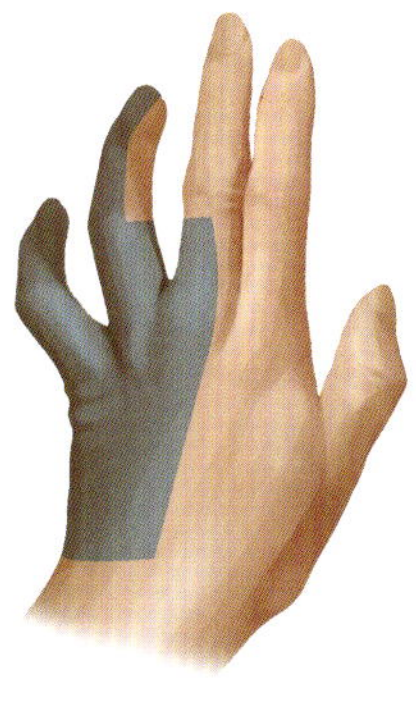

图 9-29　爪形手

受损部位和原因：①当臂部外展并后伸时，臂内侧若贴于床沿、担架边缘等硬物体上，易伤及尺神经。②在肱骨内上髁后方的尺神经沟处，尺神经的位置表浅又贴近骨面，如果该处受到有棱角硬物撞击或长时间置于手术台边缘，也易伤及尺神经。

损伤后表现：屈腕力减弱，拇指不能内收，各指不能互相靠拢，小鱼际肌和骨间肌萎缩，第 4、5 指远侧指骨间关节不能屈曲，掌指关节过伸，出现“爪形手”（图 9-29）。手掌和手背内侧缘，以及小指等处感觉障碍明显。

（5）桡神经　肌支支配臂肌后群、前臂肌后群和肱桡肌；皮支分布于臂和前臂后面的皮肤、手背桡侧半及桡侧两个半指背部分皮肤（图 9-27）。

链 接

注射性桡神经损伤和体位性桡神经损伤

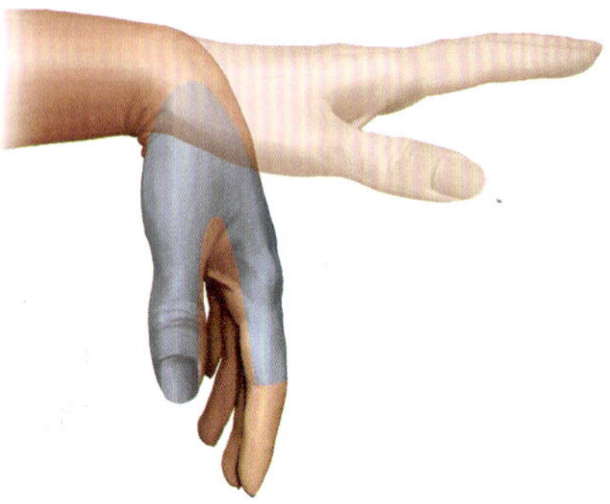

图 9-30 垂腕

受损部位和原因：①三角肌中、下 1/3 区的后部肌层较薄，桡神经在该部位的深面由内上向外下走行，在此区进行肌内或皮下注射时，若进针过深，可造成桡神经损伤。②桡神经在肱骨中段沿桡神经沟旋向外下，此段桡神经紧贴骨面。如果上肢保持外展位，臂中段后外侧面置于床沿、手术台边缘、担架边缘时，可伤及桡神经。

损伤后表现：前臂伸肌瘫痪，表现为不能伸腕和伸指，抬前臂时呈“垂腕”状（图 9-30）。第 1、2 掌骨间背面皮肤感觉障碍明显。

3. 胸神经前支　共 12 对。第 1 ～ 11 对胸神经前支行于相应的肋沟内，称肋间神经；第 12 对胸神经前支行于第 12 肋下方，称肋下神经。胸神经前支发出肌支分布于肋间内、外肌及腹壁前外侧群肌；皮支在胸、腹壁皮肤的分布有明显的节段性，呈环带状分布（图 9-31）。其分布规律是：T_2 在胸骨角平面，T_4 在乳头平面，T_6 在剑突平面，T_8 在肋弓下缘平面，T_{10} 在脐平面，T_{12} 在脐与耻骨联合上缘连线的中点平面。了解胸神经的分布规律，在麻醉平面的判断、脊髓疾病的定位诊断等方面有重要的临床意义。

考点 胸神经前支的节段性分布概况

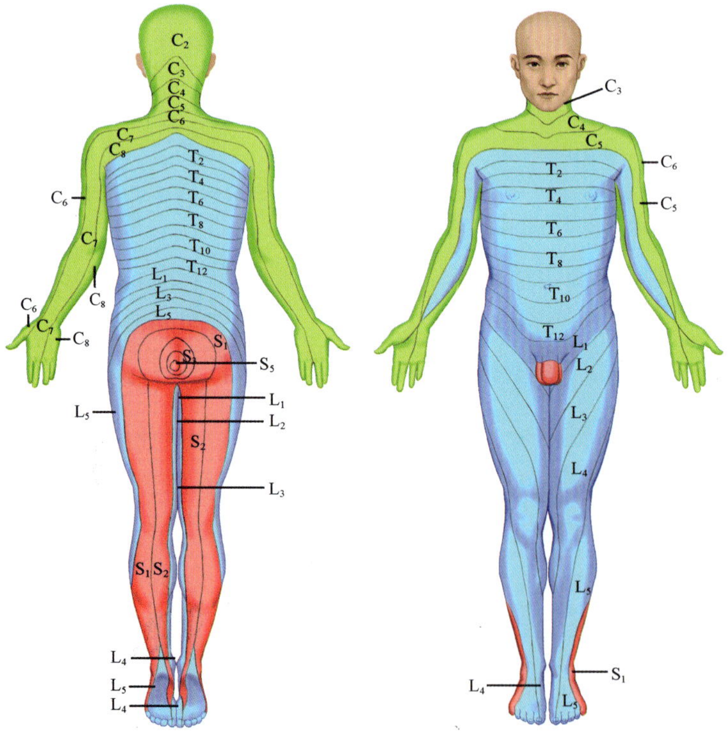

图 9-31 体表神经的节段性分布

4. 腰丛　由第 12 胸神经前支的一部分及第 1 ～ 3 腰神经前支和第 4 腰神经前支的一部

分组成，位于腰大肌的深面。腰丛主要分支如下（图 9-32）。

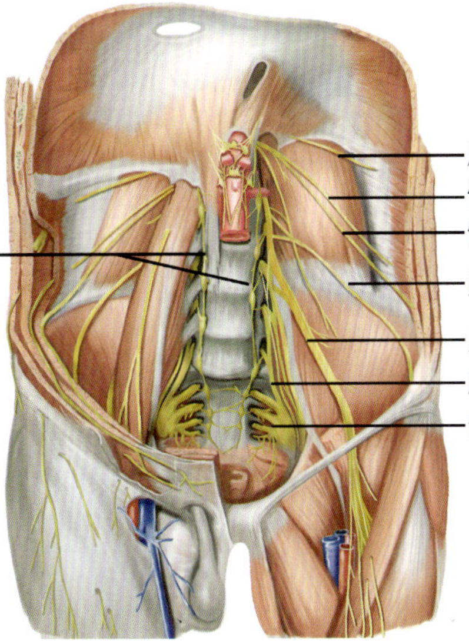

图 9-32　腰、骶丛及其分支

（1）股神经　经腹股沟韧带深面进入股三角内，位于股动脉外侧。肌支支配股四头肌、缝匠肌等；皮支分布于大腿前面、小腿内侧面及足内侧缘皮肤。

（2）闭孔神经　穿闭孔到大腿内侧，分布于大腿内侧群肌及皮肤。

5. 骶丛　由第 4 ～ 5 腰神经前支组成的腰骶干和全部的骶、尾神经前支组成（图 9-32），位于骶骨和梨状肌前面。骶丛分支布于臀部、会阴、下肢相应部位的肌和皮肤，坐骨神经为其主要的分支（图 9-33）。

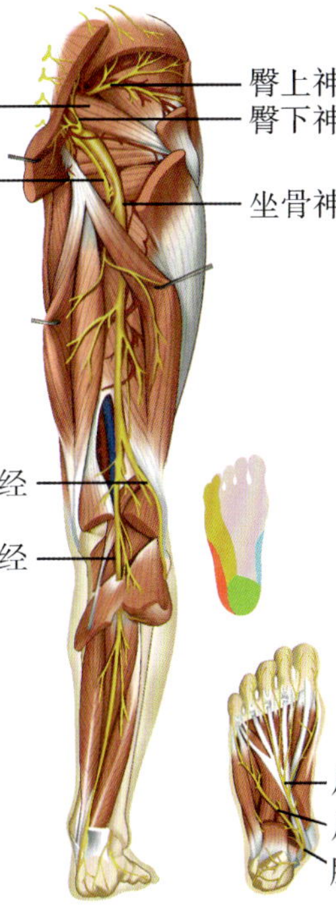

图 9-33　下肢后面的神经

坐骨神经为全身最粗长的神经，经梨状肌下孔出骨盆，在臀大肌深面，经股骨大转子与坐骨结节连线的中点下行至股后部，于股二头肌深面达腘窝，在腘窝上角附近分为胫神经和腓总神经（图 9-33）。坐骨神经在大腿后部发出肌支支配股二头肌、半腱肌和半膜肌。做臀部肌内注射时，应注意选择正确的部位，以免损伤坐骨神经。

链　接

注射性坐骨神经损伤和体位性坐骨神经损伤

受损部位和原因：①臀部肌内注射抗生素等药物时，若注射部位偏内下，误将药物直接注入坐骨神经或其周围，造成坐骨神经损伤。②坐骨神经在臀大肌下缘处位置较浅，昏迷或瘫痪患者臀下放置便盆时间过长或便盆边缘放置于臀大肌下缘处，易伤及坐骨神经。

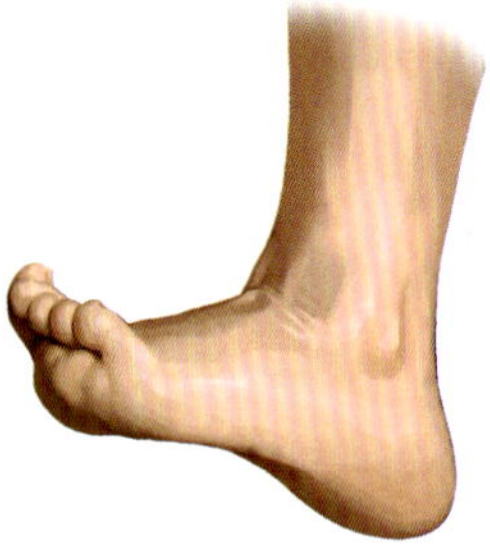
图 9-34 钩状足

损伤后表现：坐骨神经损伤主要引起放射性疼痛，大腿后群肌、小腿肌、足肌瘫痪，小腿大部分皮肤感觉障碍。若损伤范围局限于胫神经，则小腿后群肌收缩无力而导致小腿前群肌、小腿外侧群肌过度牵拉，使足呈背屈和外翻位，出现钩状足畸形（图 9-34），小腿后面和足底感觉障碍明显。

（1）胫神经　沿腘窝的中线下降，经小腿三头肌深面至内踝的后方达足底，分为足底内侧神经和足底外侧神经。胫神经分布于小腿肌后群及小腿后面的皮肤。足底内、外侧神经布于足底肌和皮肤。

（2）腓总神经　沿腘窝的外侧缘下降，绕至腓骨颈的外下方，分为腓浅神经和腓深神经。腓浅神经发出肌支支配小腿肌外侧群，皮支布于小腿外侧、足背和部分足趾的皮肤。腓深神经发出肌支支配小腿肌前群，皮支布于第 1、2 趾相对缘的皮肤。

考点 坐骨神经的行程及分布

链　接

体位性腓总神经损伤

受损部位和原因：腓总神经绕腓骨颈处位置表浅，表面仅覆有皮肤和浅筋膜。若长时间处于侧卧位伴下肢屈曲，小腿外侧面受压或垫在硬物上，易伤及腓总神经。

损伤后表现：足不能背屈，趾不能伸，足下垂且内翻，呈“马蹄”内翻足畸形（图 9-35），行走时呈“跨阈步态”。小腿外侧面和足背等处感觉障碍明显。

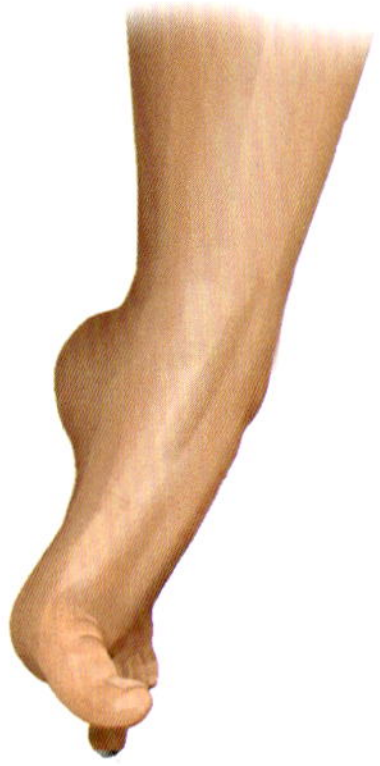
图 9-35 内翻足

二、脑 神 经

（一）概述

脑神经（图 9-36）共 12 对，用罗马数字表示其顺序：Ⅰ嗅神经、Ⅱ视神经、Ⅲ动眼神经、Ⅳ滑车神经、Ⅴ三叉神经、Ⅵ展神经、Ⅶ面神经、Ⅷ前庭蜗神经、Ⅸ舌咽神经、Ⅹ迷走神经、Ⅺ副神经、Ⅻ舌下神经。

根据脑神经内所含纤维成分的不同，将其分为感觉性脑神经（Ⅰ、Ⅱ、Ⅷ）、运动性脑神经（Ⅲ、Ⅳ、Ⅵ、Ⅺ、Ⅻ）和混合性脑神经（Ⅴ、Ⅶ、Ⅸ、Ⅹ）。

歌诀助记｜脑神经的名称和性质

Ⅰ嗅Ⅱ视Ⅲ动眼，Ⅳ滑Ⅴ叉Ⅵ（外）展，Ⅶ面Ⅷ前Ⅸ舌咽，迷副舌下十二全。

Ⅰ、Ⅱ、Ⅷ对司感觉，Ⅴ、Ⅶ、Ⅸ、Ⅹ属混合，其余五对管运动，Ⅲ、Ⅶ、Ⅸ、Ⅹ副交感。

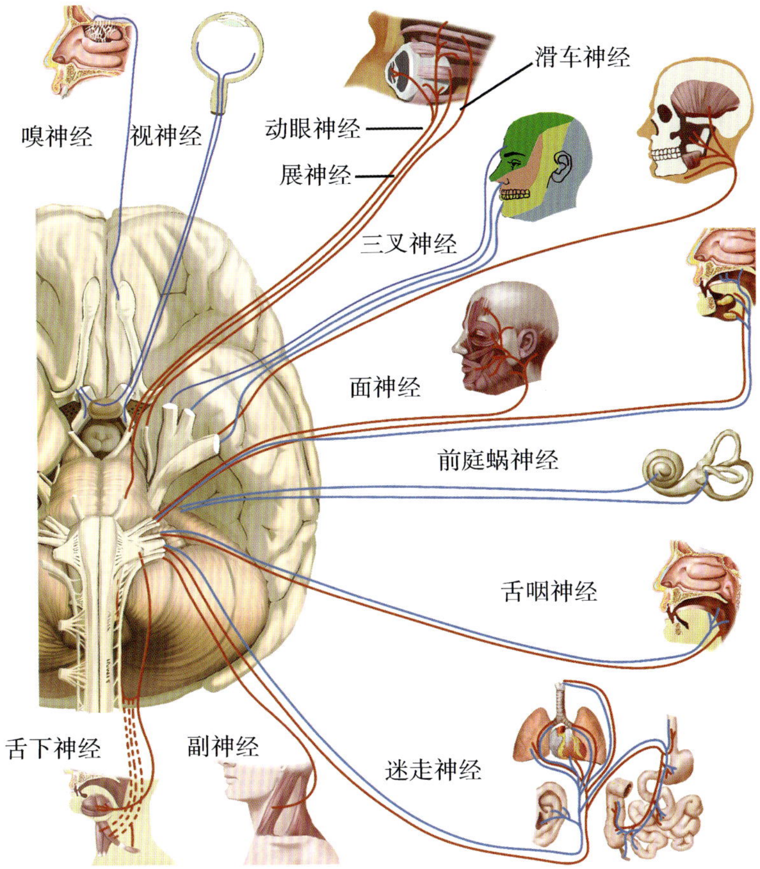

图 9-36 脑神经模式图

（二）十二对脑神经

1. 嗅神经 起于鼻腔内黏膜的嗅细胞，穿筛孔连于端脑嗅球，传导嗅觉。

2. 视神经 起于视网膜，经视神经管入颅腔，经视交叉、视束连于间脑外侧膝状体，传导视觉。

3. 动眼神经 由中脑发出，进入眶内。躯体运动纤维支配上直肌、下直肌、内直肌、下斜肌和上睑提肌；内脏运动纤维（副交感纤维）支配瞳孔括约肌和睫状肌。

4. 滑车神经 由中脑发出，进入眶内，支配上斜肌。

5. 三叉神经 连于脑桥，分为眼神经、上颌神经和下颌神经 3 支（图 9-37）。

（1）眼神经 分布于泪腺、眼球结膜、鼻背及睑裂以上的皮肤。

（2）上颌神经 分布于上颌窦、鼻腔和口腔顶的黏膜、上颌牙和牙龈及睑裂与口裂间的皮肤。

（3）下颌神经 为混合神经，其感觉纤维布于下颌的牙、牙龈、口腔底、舌前 2/3 黏膜及口裂至下颌骨下缘的皮肤；其运动纤维支配咬肌等咀嚼肌。

6. 展神经 由脑桥发出，进入眶内，支配外直肌。

7. 面神经 连于脑桥。躯体运动纤维出颅，支配面肌；躯体感觉纤维传导小部分耳部皮肤的浅感觉及面肌的本体感觉冲动。内脏感觉纤维布于舌前 2/3 味蕾；内脏运动纤维支配下颌下腺、舌下腺和泪腺的分泌。

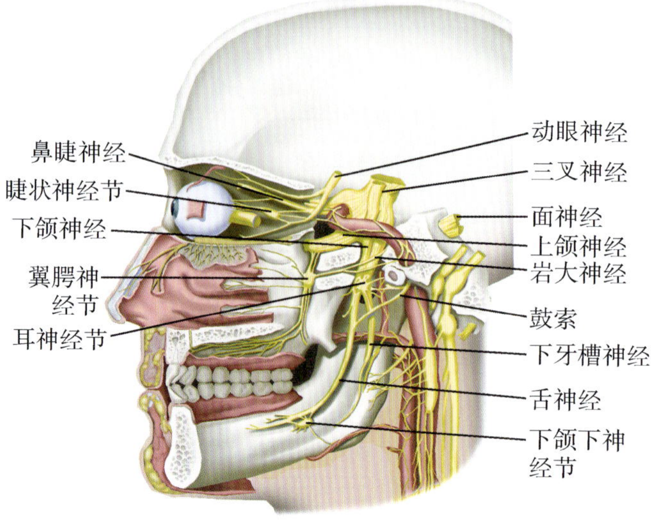

图 9-37　三叉神经

8. 前庭蜗神经　连于脑桥，由前庭神经和蜗神经组成，分布于内耳。前庭神经传导位置（平衡）觉，蜗神经传导听觉。

9. 舌咽神经　连于延髓。内脏感觉纤维分布于舌后 1/3 的黏膜和味蕾、咽、颈动脉窦和颈动脉小球，内脏运动纤维支配腮腺的分泌，躯体感觉纤维分布于耳后皮肤，躯体运动纤维支配咽肌。

10. 迷走神经　连于延髓，随食管穿膈达腹腔（图 9-38）。迷走神经在颈、胸、腹部发出许多分支，分布于呼吸道、心、肺、肝、胆囊、脾、胰、肾、胃、结肠左曲以上肠管。其主要分支如下。

（1）喉上神经　在颈部发自迷走神经干，下行分内、外两支（图 9-38，图 9-39）。外支支配环甲肌；内支穿甲状舌骨膜入喉，分布于舌根、会厌和声门裂以上的喉黏膜。

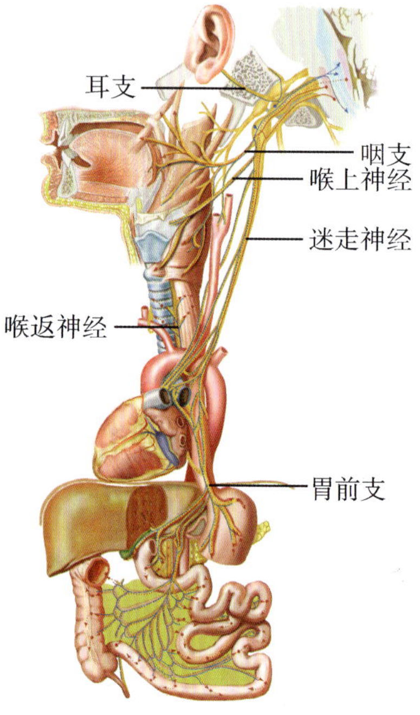

图 9-38　迷走神经

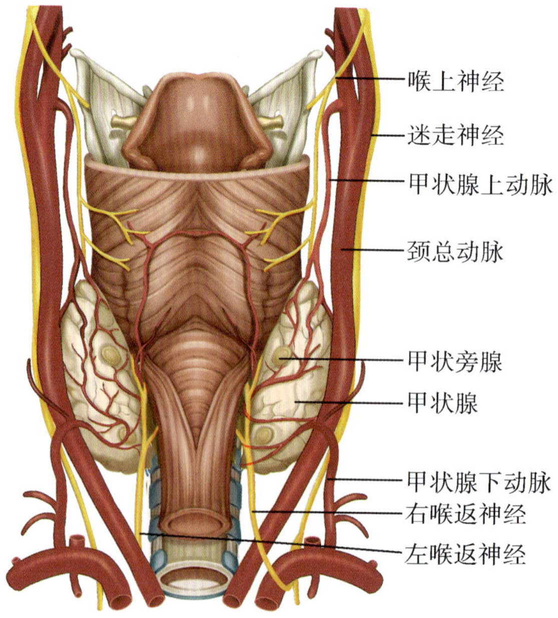

图 9-39　喉上神经和喉返神经

（2）喉返神经　右喉返神经在颈根部发自主干，勾绕右锁骨下动脉；左喉返神经在上纵隔发自主干，勾绕主动脉弓（图 9-38，图 9-39）。二者返回颈部，沿食管与气管之间的沟上行入喉，运动纤维支配除环甲肌以外的所有喉肌；感觉纤维分布于声门裂以下的喉黏膜。

11. 副神经　由延髓发出，支配胸锁乳突肌和斜方肌。

12. 舌下神经　自延髓出脑，支配舌肌。一侧舌下神经完全损伤，同侧舌肌瘫痪，伸舌时，因患侧颏舌肌瘫痪，健侧颏舌肌的伸舌力量大于患侧，故舌尖偏向患侧。

三、内脏神经

内脏神经分布于内脏、心血管和腺体，可分为内脏运动神经和内脏感觉神经。

（一）内脏运动神经

内脏运动神经通常不受意识控制，故又称自主神经系统，分为交感神经和副交感神经（表 9-1）。内脏运动神经自低级中枢至效应器的神经通路由两级神经元组成。第 1 级神经元称节前神经元，胞体位于脑或脊髓内，由它们发出的纤维称节前纤维；第 2 级神经元称节后神经元，由它们发出的纤维称节后纤维（图 9-40）。

表 9-1　交感神经与副交感神经的区别

项目	交感神经	副交感神经
低级中枢位置	脊髓第 1 胸节～第 3 腰节的侧角	脑干内的副交感神经核、脊髓第 2 ～ 4 骶节的骶副交感神经核
神经节	椎旁神经节和椎前神经节	器官旁神经节和器官内神经节
节前、节后纤维	节前纤维短，节后纤维长	节前纤维长，节后纤维短
分布范围	广泛，除分布于头颈、胸腔、腹腔、盆腔器官外，还分布于全身的血管、汗腺和竖毛肌	较局限，汗腺、竖毛肌、大部分血管及肾上腺髓质无副交感神经分布

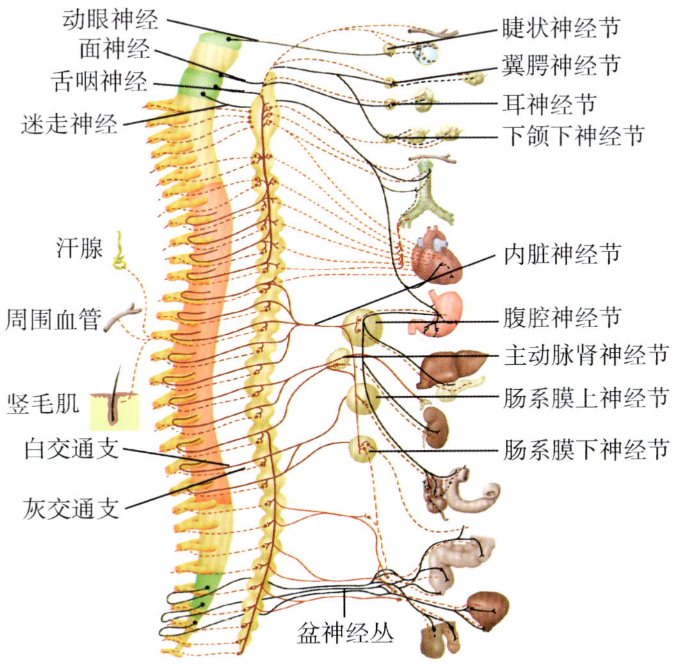

图 9-40　内脏运动神经概况

1. 交感神经

（1）低级中枢　为交感神经节前神经元胞体，位于脊髓 T_1 ～ L_3 节段侧角内。

（2）交感神经节　位于脊柱两侧的椎旁节，共有 22 ～ 24 对和 1 个奇节；位于脊柱的前方的椎前节，包括腹腔神经节、主动脉肾神经节等。

（3）交感神经节前纤维　是脊髓侧角交感神经节前神经元发出的纤维。它们随脊神经前根出椎间孔后，到达椎旁节或椎前节更换神经元。

（4）交感神经节后纤维　是椎旁节或椎前节内的节后神经元发出的纤维，分布于相应的器官。

考点　交感神经的低级中枢

2. 副交感神经

（1）低级中枢　为副交感神经节前神经元胞体，包括位于脑干内的 4 对副交感神经核（动眼神经副核、上泌涎核、下泌涎核和迷走神经背核）和脊髓 S_2 ～ S_4 节段的骶副交感核。

（2）副交感神经节　包括器官旁节和器官内节。器官旁节位于所支配器官的附近；器官内节位于所支配器官的壁内，数量较多。

（3）副交感神经节前纤维　是脑干副交感核和脊髓骶副交感核内的节前神经元发出的纤维。脑干副交感核发出的神经纤维分别加入第Ⅲ、Ⅶ、Ⅸ、Ⅹ对脑神经，脊髓骶副交感核发出的纤维加入盆内脏神经，到达器官旁节或器官内节更换神经元。

（4）副交感神经节后纤维　是器官旁节或器官内节的节后神经元发出的纤维，分布于相应的器官。

考点　副交感神经的低级中枢

（二）内脏感觉神经

内脏感觉神经将内脏、心血管等处的感觉传入相应的中枢，参与完成对内脏活动的调节。

当内脏器官发生病变时，常在体表的一定区域产生感觉过敏或疼痛，这种现象称牵涉痛（图 9-41）。如心绞痛时，常在胸前区及左臂内侧皮肤感到疼痛；肝胆疾病时，常在右肩部感到疼痛。

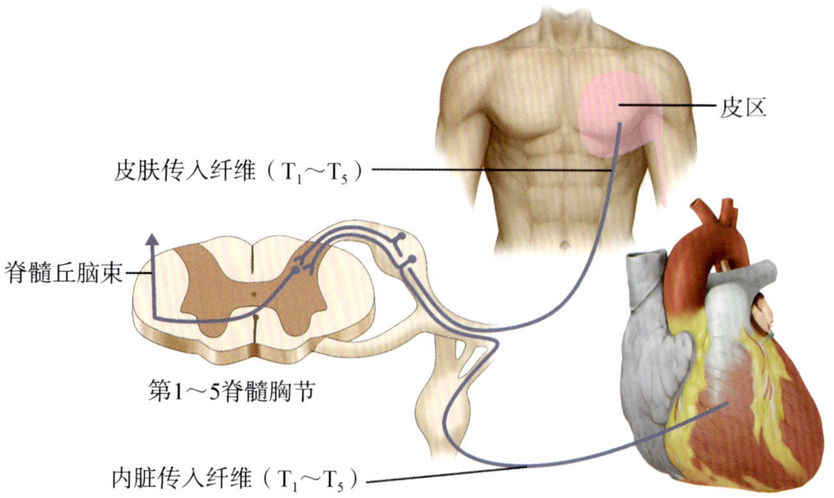

图 9-41　心传入神经与皮肤传入神经中枢投射联系

第 4 节 神经系统传导通路

神经系统传导通路是大脑皮质与感受器、效应器之间的通路，包括感觉（上行）传导通路和运动（下行）传导通路两大类。感觉传导通路的作用是将感受器接受刺激而产生的神经冲动传至大脑皮质，产生感觉；运动传导通路的作用是将大脑皮质发出的冲动传至效应器，引起相应的生理效应。

一、感觉传导通路

（一）躯干和四肢的意识性本体感觉及精细触觉传导通路

本体感觉又称深感觉，是指肌、肌腱和关节的位置觉、运动觉和振动觉。精细触觉是指辨别物体的纹理粗细和体表两点之间距离的感觉。

第 1 级神经元胞体位于脊神经节内，其周围突分布于躯干和四肢的肌、腱、关节及皮肤的感受器，中枢突经后根进入脊髓后索，其中来自 T_5 以下的中枢突形成薄束，来自 T_4 以上的形成楔束，两束上行至延髓；第 2 级神经元胞体在延髓的薄束核和楔束核内，发出的纤维交叉至对侧，形成内侧丘系上行到达背侧丘脑；第 3 级神经元胞体在背侧丘脑腹后外侧核，发出的纤维经内囊投射到大脑皮质中央后回上 2/3 部和中央旁小叶后部（图 9-42）。

（二）躯干和四肢的痛温觉、粗略触觉和压觉传导通路

第 1 级神经元胞体在脊神经节，其周围突布于躯干和四肢皮肤的感受器，中枢突经后根进入脊髓；第 2 级神经元胞体在脊髓后角内，发出的纤维先上升 1 ～ 2 个脊髓节段后再交叉至对侧，经脑干形成脊髓丘脑束上行到达背侧丘脑；第 3 级神经元胞体在背侧丘脑腹后外侧核，发出的纤维经内囊投射到大脑皮质中央后回上 2/3 部和中央旁小叶后部（图 9-43）。

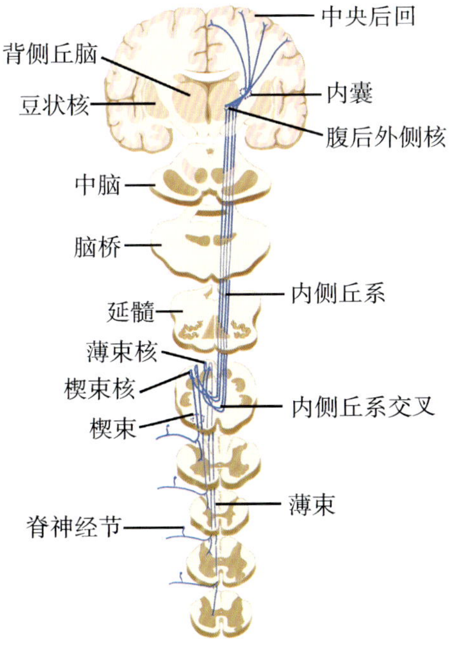

图 9-42 躯干和四肢的意识性本体感觉和精细触觉传导通路

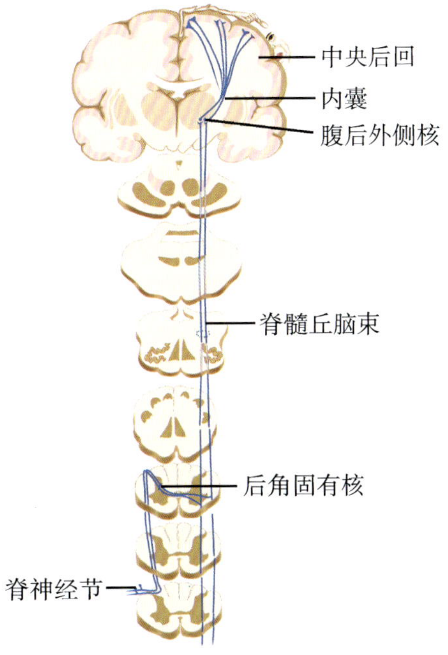

图 9-43 躯干和四肢的痛温觉、粗略触觉和压觉传导通路

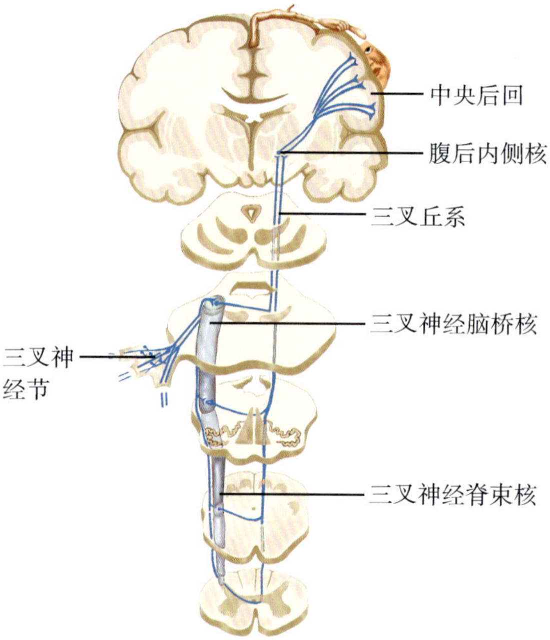

图 9-44 头面部的痛温觉和触压觉传导通路

（三）头面部的痛温觉和触压觉传导通路

第 1 级神经元胞体位于三叉神经节内，其周围突经三叉神经分布于头面部皮肤、黏膜的感受器，中枢突进入脑干；第 2 级神经元胞体在三叉神经感觉核群内，发出的纤维交叉至对侧，形成三叉丘系上行到达背侧丘脑；第 3 级神经元胞体在背侧丘脑腹后内侧核，发出的纤维经内囊投射到中央后回下 1/3 部（图 9-44）。

（四）视觉传导通路

视网膜的感光细胞（视锥细胞、视杆细胞）感受光刺激后，并将其转换为神经冲动，经第 1 级神经元双极细胞传给第 2 级神经元节细胞；节细胞发出的纤维组成视神经进入颅腔，来自视网膜鼻侧半的纤维左、右相互交叉，来自视网膜颞侧半的纤维不交叉，构成视交叉，来自对侧视网膜鼻侧半的纤维和来自同侧视网膜颞侧半的纤维组成一侧视束，到达外侧膝状体；第 3 节神经元胞体在外侧膝状体，发出的纤维组成视辐射，经内囊投射到枕叶距状沟两侧的皮质（图 9-45）。

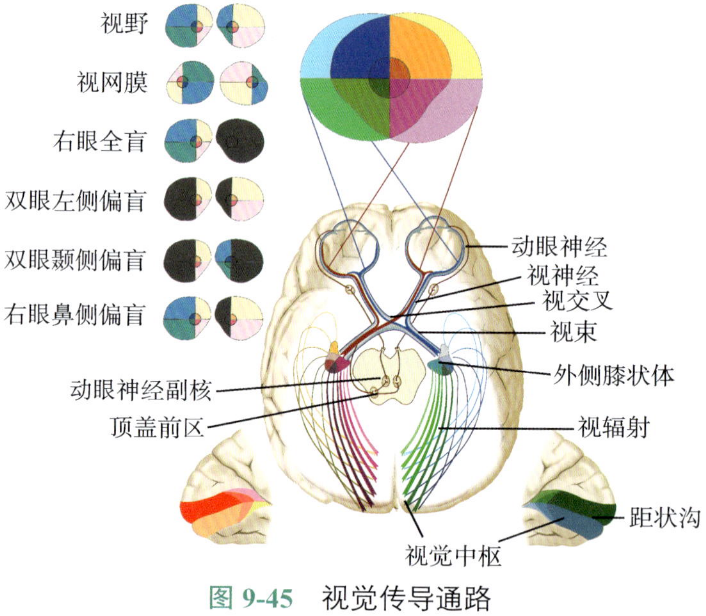

图 9-45 视觉传导通路

视束的一部分纤维进入中脑的上丘，参与瞳孔对光反射。

二、运动传导通路

运动传导通路包括锥体系和锥体外系。

（一）锥体系

锥体系由上运动神经元和下运动神经元两级神经元组成。上运动神经元是位于中央前回和中央旁小叶前部大脑皮质中的锥体细胞，其轴突组成下行的锥体束。其中，终止于脑干内脑神经躯体运动核的下行纤维称皮质核束，终止于脊髓灰质前角运动神经元的下行纤维称皮质脊髓束。下运动神经元为脑干内脑神经躯体运动核和脊髓前角运动神经元，其轴突分别构成脑神经和脊神经的躯体运动纤维。

1. 皮质核束　主要由中央前回下 1/3 部的锥体细胞的轴突集合而成，下行经内囊膝至脑干（图 9-46），小部分纤维终止于对侧的面神经核下部（支配睑裂以下面肌）和舌下神经核（支配舌肌），大部分纤维陆续终止于左右两侧的其他的脑神经躯体运动核。由脑神经躯体运动核发出的纤维随脑神经支配头、颈、咽、喉等处的骨骼肌。

面神经核下部和舌下神经核只接受对侧皮质核束支配，其他脑神经躯体运动核均接受双侧皮质核束支配。一侧上运动神经元受损，可致对侧睑裂以下的面肌和对侧舌肌瘫痪，表现为对侧鼻唇沟消失，口角下垂并歪向病灶侧，流涎，不能鼓腮露齿，伸舌时舌尖偏向病灶对侧，临床上常称核上瘫（图 9-47，图 9-48）。一侧面神经核的神经元受损，可致病灶侧所有的面肌瘫痪，表现为额横纹消失，眼不能闭，口角下垂并歪向健侧，流涎等；一侧舌下神经核的神经元受损，可致病灶侧全部舌肌瘫痪，表现为伸舌时舌尖偏向病灶侧，两者均为下运动神经元损伤，故统称核下瘫（图 9-47，图 9-48）。

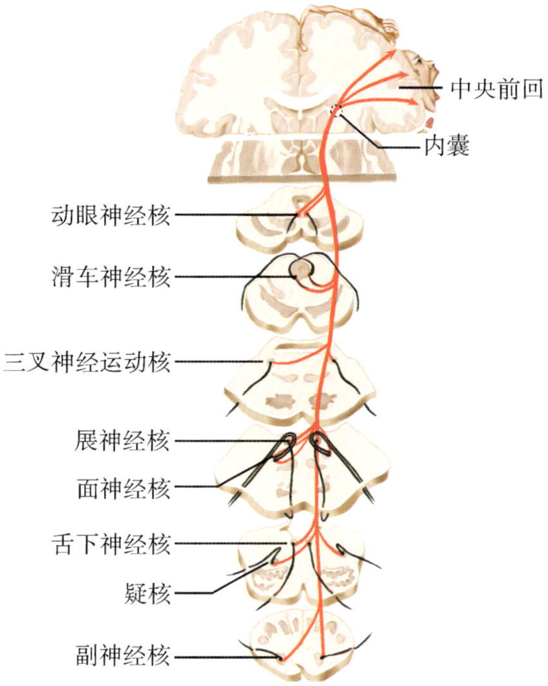

图 9-46　锥体系中的皮质核束

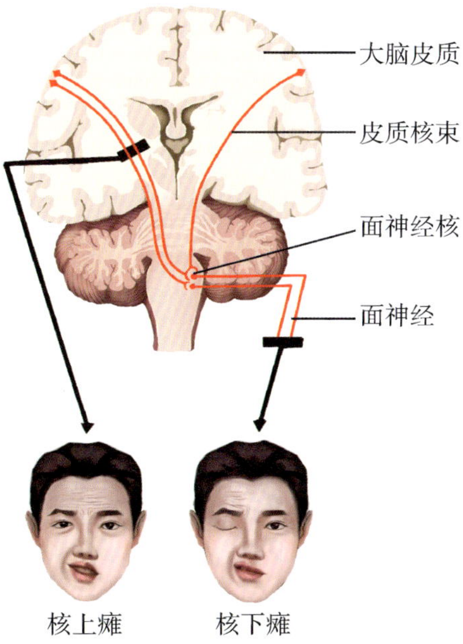

图 9-47　面肌瘫痪

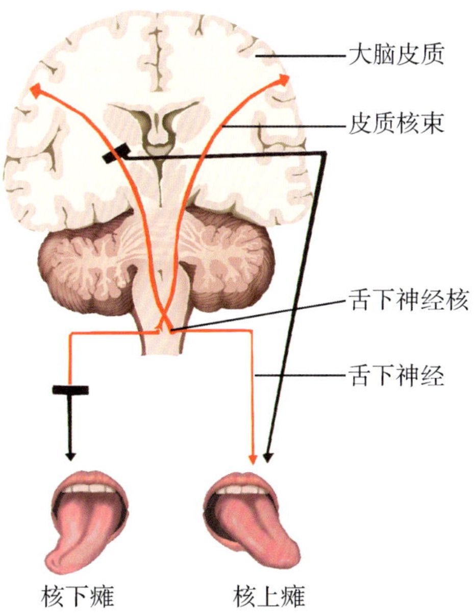

图 9-48　舌肌瘫痪

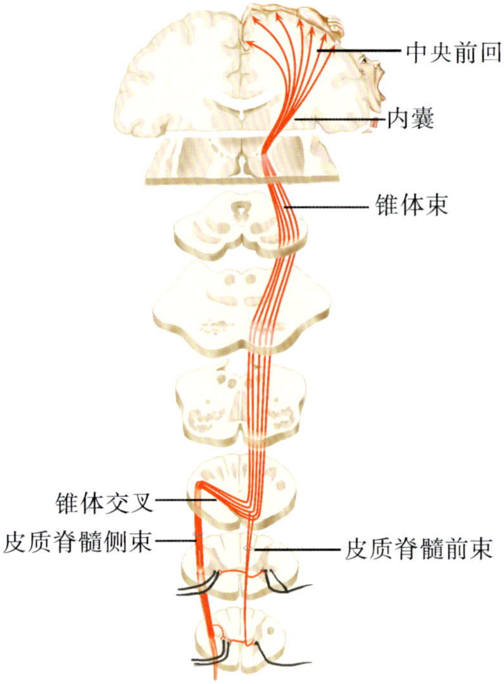

图 9-49 锥体系中的皮质脊髓束

2. 皮质脊髓束 由中央前回上 2/3 部和中央旁小叶前部的锥体细胞的轴突集合而成，下行经内囊后肢、中脑的大脑脚和脑桥的基底部下行至延髓集聚成锥体（图 9-49）。在锥体下端，大部分纤维交叉（形成锥体交叉）至对侧，形成皮质脊髓侧束，在下行过程中逐节终止于同侧的脊髓前角运动神经元，支配四肢肌；小部分未交叉的纤维则形成皮质脊髓前束，该束终止于颈髓和上胸髓，在下行过程中大部分纤维逐节交叉至对侧，终止于脊髓前角运动神经元，支配躯干肌和上肢近端肌；皮质脊髓前束中有一部分纤维始终不交叉而终止于同侧的脊髓前角运动神经元，支配躯干肌。所以，四肢肌仅受对侧大脑半球的皮质支配，躯干肌受两侧大脑半球的皮质支配。故一侧皮质脊髓束在内囊损伤时，主要引起对侧肢体的瘫痪，躯干肌运动不受明显影响。

（二）锥体外系

锥体外系是指锥体系以外的影响和控制躯体运动的所有传导通路。其结构复杂，联系广泛，主要包括大脑皮质、纹状体、背侧丘脑、小脑、脑干网状结构等结构及它们之间的纤维联系，主要有调节肌张力、协调肌群运动、维持体态姿势、完成习惯性和节律性动作（如在走路时双臂自然协调地摆动）等功能。

第 5 节 脑和脊髓的被膜、血管及脑脊液循环

案例 9-3

患者，男，66 岁。因剧烈头痛伴喷射状呕吐 1 小时急诊就诊。患者 1 小时前不明原因突然出现剧烈头痛，伴有喷射状呕吐，很快出现意识模糊。查体：脑膜刺激征阳性。头颅 CT 平扫检查显示高密度出血征象。临床诊断：蛛网膜下隙出血。

问题： 1. 简述蛛网膜下隙的概念。

2. 简述脑脊液的产生和循环途径。

一、脑和脊髓的被膜

脑和脊髓的外面均包有 3 层被膜，由外向内依次为硬膜、蛛网膜和软膜，具有支持、保护脑和脊髓的作用。

（一）硬膜

硬膜由厚而坚韧的致密结缔组织构成，包裹脊髓的部分称硬脊膜，包裹脑的部分称硬脑膜（图 9-50，图 9-51）。

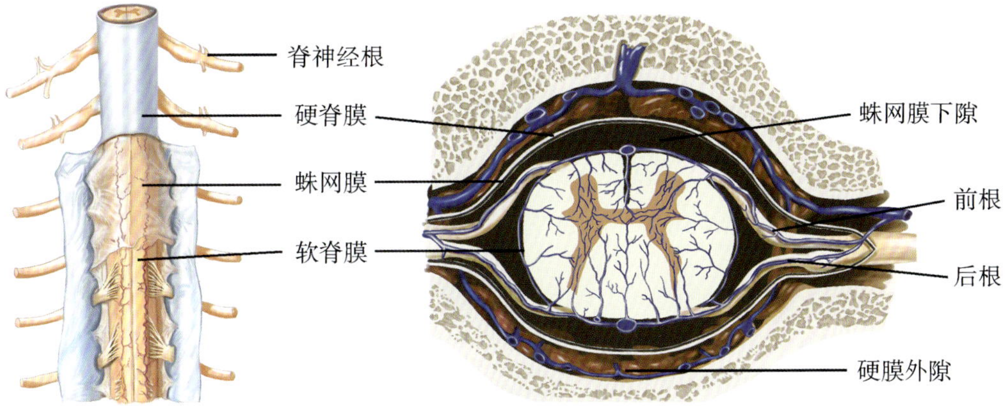

图 9-50 脊髓被膜

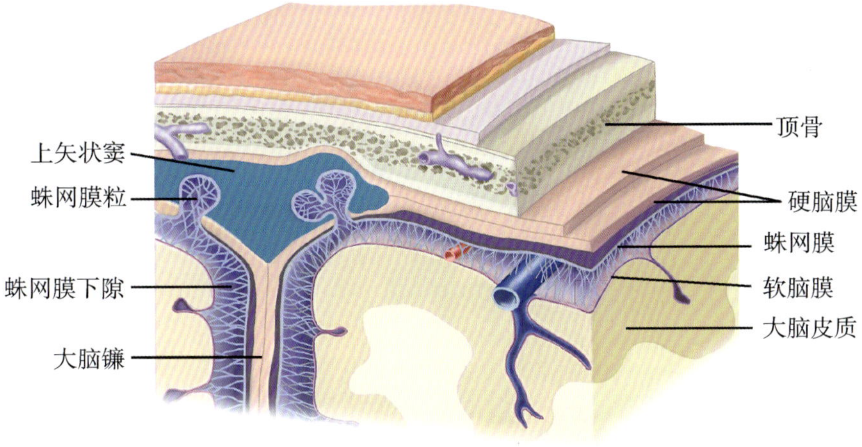

图 9-51 脑的被膜和蛛网膜粒

1. 硬脊膜　上端附于枕骨大孔边缘并与硬脑膜延续，下端止于尾骨。硬脊膜与椎管内面的骨膜之间的狭窄腔隙，称硬膜外隙（图 9-50），内有椎内静脉丛、淋巴管、脂肪及脊神经根等。临床上进行硬膜外麻醉，就是将麻醉药物注入此间隙，以阻滞脊神经的传导。

考点 硬膜外隙的概念及其临床意义

2. 硬脑膜　坚韧而有光泽，有如下特点。

（1）硬脑膜由内、外两层构成（图 9-51）。外层为颅骨内面的骨膜，与颅盖骨连接疏松，易于分离，当硬脑膜血管损伤时，可在硬脑膜与颅骨之间形成硬膜外血肿。在颅底处硬脑膜与颅底结合紧密，当颅底骨折时，易将硬脑膜连同蛛网膜一起撕裂，导致脑脊液外漏。如颅前窝骨折时，脑脊液可流入鼻腔而形成脑脊液鼻漏。

（2）硬脑膜内层在某些部位形成一些板状结构，对脑起固定和承托作用。主要有伸入大脑纵裂之内的大脑镰和伸入大脑横裂之内的小脑幕（图 9-52）。小脑幕前缘游离，称幕切迹。当小脑幕上部因颅脑病变而引起颅内压增高时，易形成小脑幕切迹疝，压迫邻近的大脑脚和动眼神经。

（3）硬脑膜在某些部位内、外两层彼此分开，衬以内皮细胞形成特殊的颅内静脉管道，称硬脑膜窦。主要的硬脑膜窦有上矢状窦、下矢状窦、直窦、窦汇、横窦、乙状窦和海绵窦等（图 9-52，图 9-53）。硬脑膜窦收集脑的静脉血经乙状窦入颈内静脉。

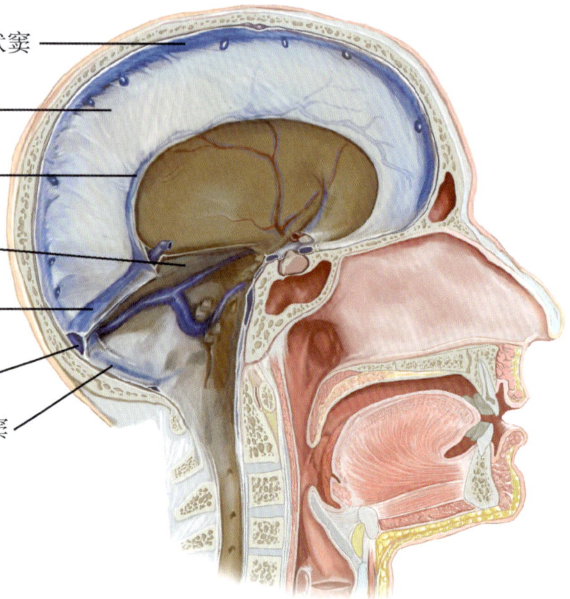

图 9-52 硬脑膜和硬脑膜窦

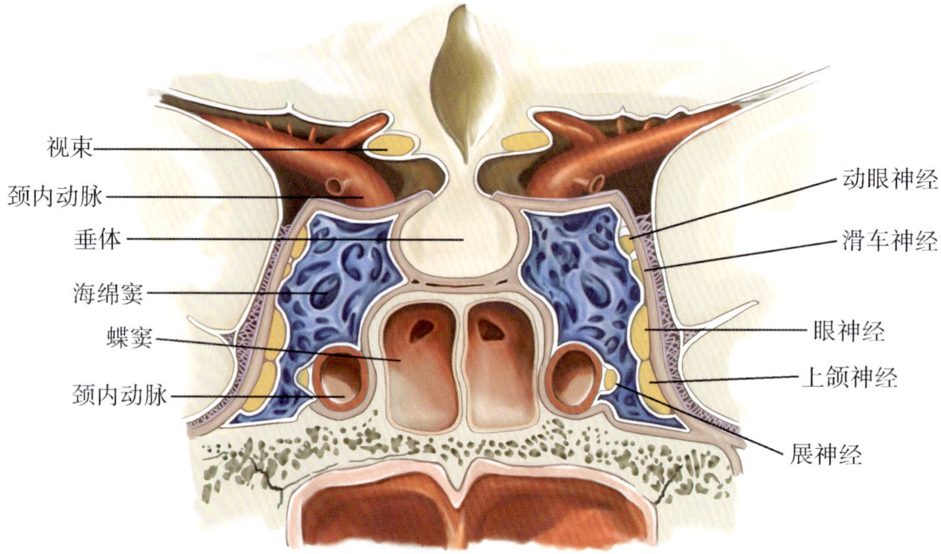

图 9-53 海绵窦（冠状切面）

（二）蛛网膜

蛛网膜位于硬膜与软膜之间，为一层缺乏血管和神经的半透明结缔组织薄膜。蛛网膜与软膜之间的腔隙，称蛛网膜下隙（图 9-50，图 9-51），其内充满脑脊液。蛛网膜下隙在某些部位扩大称蛛网膜下池，如位于小脑与延髓之间的小脑延髓池，位于脊髓末端与第 2 骶椎水平之间的终池。终池内无脊髓，只有马尾和终丝泡在脑脊液中。临床上常在终池或小脑延髓池进行穿刺，抽取脑脊液进行检查。

脑蛛网膜在上矢状窦的两侧形成许多突起，突入上矢状窦内，称蛛网膜粒（图 9-51）。

脑脊液经蛛网膜粒渗入硬脑膜窦内，回流入静脉。

考点 蛛网膜下隙的概念及其临床意义

链 接

腰椎穿刺术

腰椎穿刺术是将穿刺针刺入蛛网膜下隙，抽取脑脊液进行检查或注射药物进行临床诊断或治疗的一项技术。根据脊髓的位置，成人常选择在第 3、4 腰椎棘突间隙，小儿选择在第 4、5 腰椎棘突间隙进行穿刺，可不伤及脊髓。左、右髂嵴最高点的连线经过第 4 腰椎棘突，该标志线上方或下方的棘突间隙作为穿刺点均可。穿刺针由浅入深依次穿经皮肤、浅筋膜、棘上韧带、棘间韧带、黄韧带、硬膜外隙、硬脊膜、蛛网膜而达蛛网膜下隙。

（三）软膜

软膜为一层薄而透明、富有血管的结缔组织薄膜，紧贴在脑和脊髓的表面（图 9-50，图 9-51），并伸入它们的沟裂内，分别称软脑膜和软脊膜。在脑室的一定部位，软脑膜及其反复分支成丛的血管，与室管膜上皮一起突入脑室，形成脉络丛。脉络丛是产生脑脊液的主要结构。

二、脑脊液及其循环

（一）脑室

脑室是脑部互相连接的腔室的统称，包括侧脑室、第三脑室和第四脑室，各脑室之间有小孔或管道相通，其中充满脑脊液（图 9-54）。

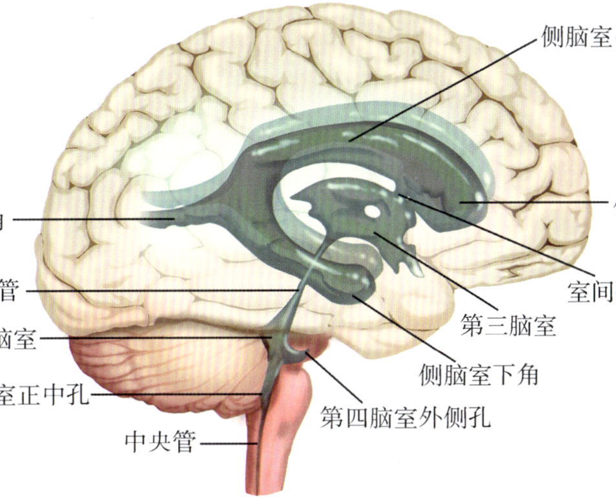

图 9-54 脑室投影图

1. 侧脑室 左右各一，分别位于左、右大脑半球内。侧脑室经室间孔通第三脑室。

2. 第三脑室 为位于背侧丘脑、下丘脑之间的矢状位窄腔。第三脑室向前借左、右室间孔分别与左、右侧脑室相通，向后下借中脑导水管与第四脑室相通。

3. 第四脑室 为位于延髓、脑桥与小脑之间的腔室（图 9-7）。第四脑室上通中脑水管，下连脊髓中央管，室内脑脊液经左、右第四脑室外侧孔，以及第四脑室正中孔流入蛛网膜下隙。

（二）脑脊液及其循环途径

脑脊液是脑室脉络丛产生的无色透明的液体，充满于脑室、蛛网膜下隙和脊髓中央管内，对脑和脊髓有保护、营养、运输代谢产物及调节颅内压等作用（图 9-55）。成人脑脊液总量平均约 150ml，处于不断产生、循环和回流的平衡状态中。

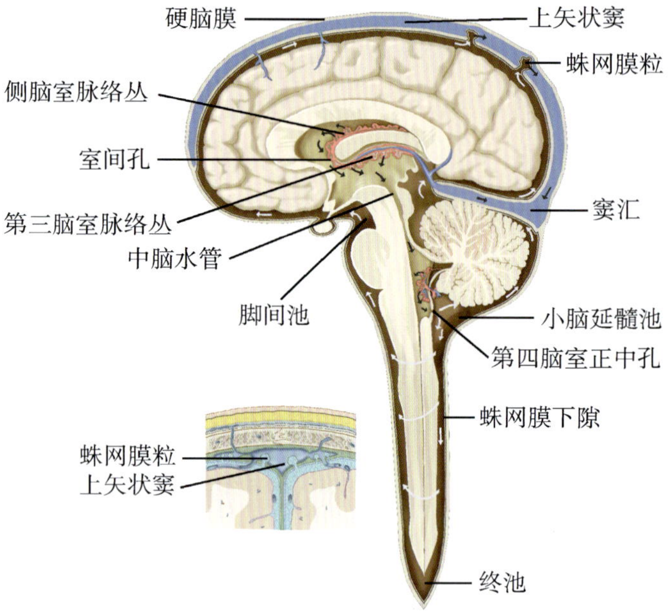

图 9-55　脑脊液循环模式图

由侧脑室脉络丛产生的脑脊液经室间孔流至第三脑室，与第三脑室脉络丛产生的脑脊液一起，经中脑水管流入第四脑室，再汇合第四脑室脉络丛产生的脑脊液一起经第四脑室正中孔和外侧孔流入蛛网膜下隙，然后再经蛛网膜粒渗透入上矢状窦，回流入静脉。脑脊液循环发生障碍时，可导致脑积水和颅内压增高，甚至危及生命。

考点 脑脊液的产生部位及循环途径

三、脑和脊髓的血管

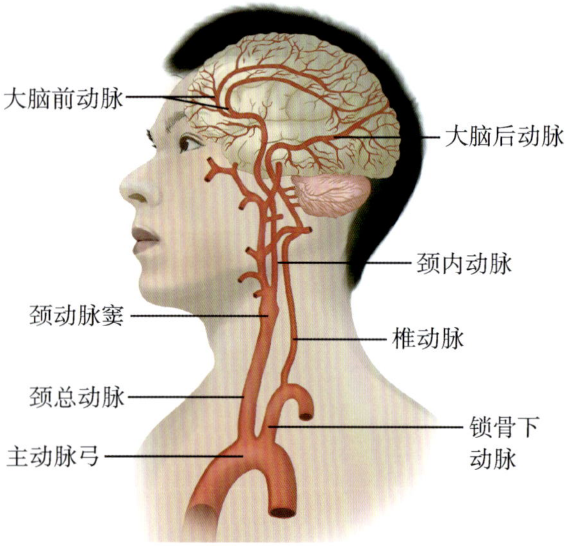

图 9-56　脑的动脉来源

（一）脑的血管

1. 脑的动脉　来自颈内动脉和椎动脉（图 9-56）。颈内动脉供应大脑半球前 2/3 和部分间脑；椎动脉供应大脑半球后 1/3、部分间脑、脑干和小脑。脑的动脉分为皮质支和中央支。皮质支营养大脑皮质及其深面的髓质，中央支营养基底核、内囊及间脑等。

（1）颈内动脉　自颈动脉管入颅腔后，分支营养脑和视器等，主要分支如下。

1）大脑前动脉：与对侧的同名动脉借前交通动脉相连，在大脑纵裂内沿胼胝体上方向后行

（图 9-57）。皮质支主要分布于顶枕沟以前的大脑半球内侧面及上外侧面上部的部分；中央支主要供应尾状核、豆状核前部和内囊前肢。

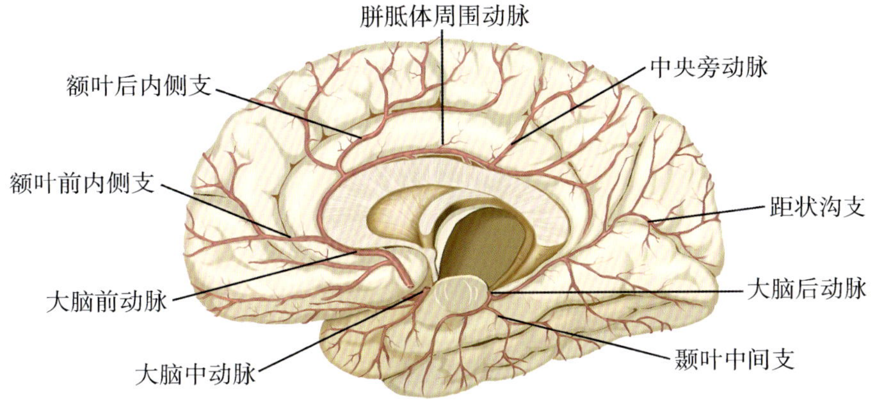

图 9-57 大脑半球的动脉（内侧面）

2）大脑中动脉：可视为颈内动脉的直接延续，向外入外侧沟内（图 9-58）。皮质支主要分布于大脑半球上外侧面大部分和岛叶；中央支主要供应尾状核、豆状核、内囊膝及内囊后肢的前部（图 9-59）。在高血压动脉硬化时，中央支易破裂而导致脑出血。

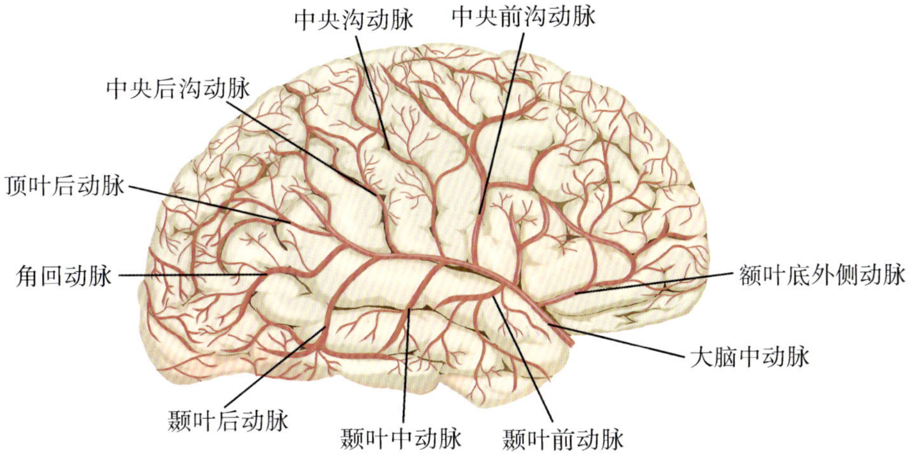

图 9-58 大脑半球的动脉（上外侧面）

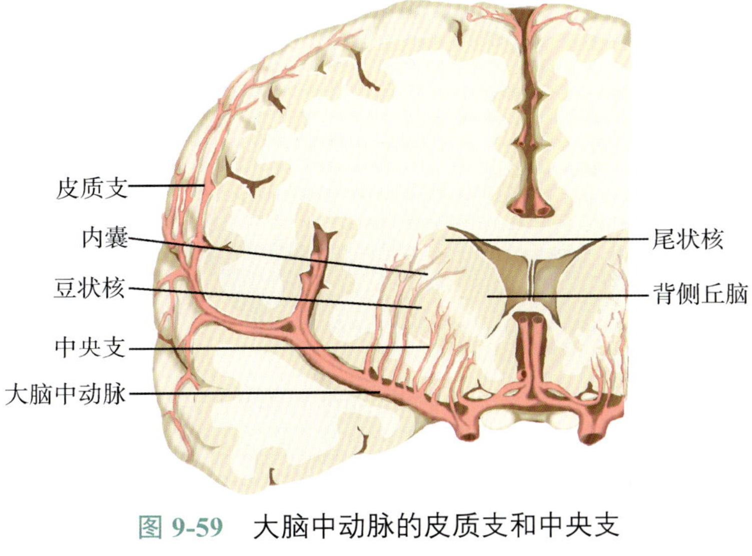

图 9-59 大脑中动脉的皮质支和中央支

3）后交通动脉：在视束下面后行，与大脑后动脉吻合。

（2）椎动脉　起自锁骨下动脉，向上穿经第 6 ～ 1 颈椎的横突孔，经枕骨大孔入颅后窝，在脑桥与延髓交界处的腹侧面，左、右椎动脉汇合成一条基底动脉（图 9-60）。基底动脉沿脑桥腹侧面的基底沟上行至脑桥上缘，分为左、右大脑后动脉。椎动脉和基底动脉发出分支营养脑和脊髓的相应部位。

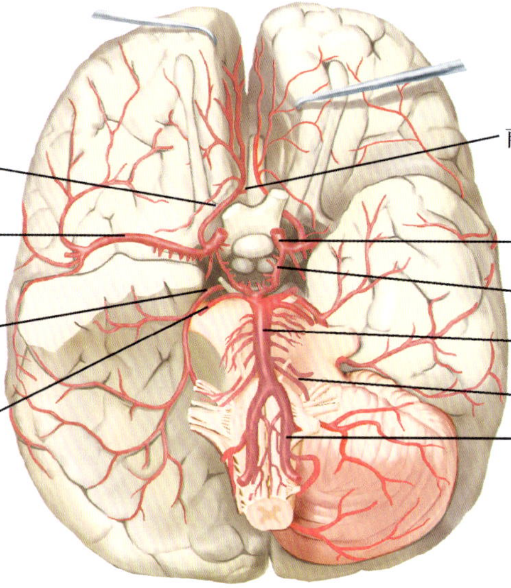

图 9-60　脑底的动脉

（3）大脑动脉环　又称 Willis 环，环绕视交叉、灰结节和乳头体，由前交通动脉、两侧大脑前动脉、两侧颈内动脉、两侧后交通动脉和两侧大脑后动脉吻合而成（图 9-60）。当大脑动脉环中的某一处发生阻塞时，可在一定程度上通过此环使血液重新分配而起代偿作用。

2. 脑的静脉　不与动脉伴行，主要收集脑的静脉血，最后汇入颈内静脉（图 9-61）。

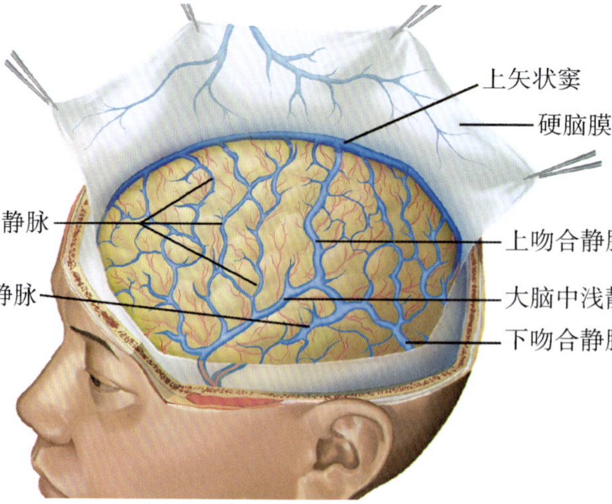

图 9-61　脑的静脉（浅组）

（二）脊髓的血管

1. 动脉 包括从椎动脉分出的脊髓前、后动脉和一些节段性动脉（图 9-62）。

2. 静脉 静脉血先汇集于脊髓前、后静脉，再注入硬膜外隙内的椎内静脉丛。

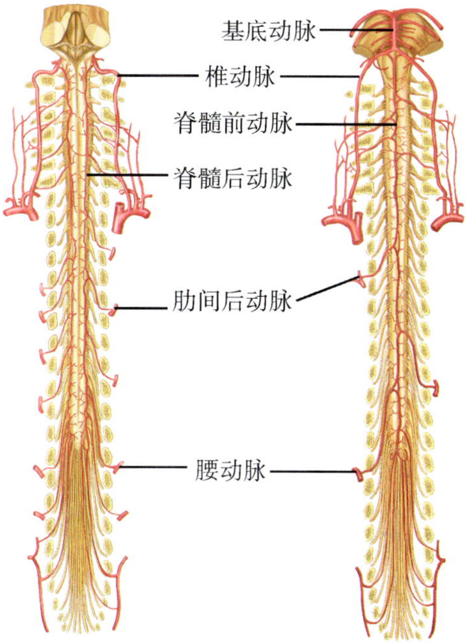

图 9-62 脊髓的动脉

四、血 - 脑屏障

血 - 脑屏障位于血液与脑、脊髓的神经组织之间，由连续毛细血管的内皮细胞、基膜和神经胶质膜构成（图 1-29）。星形胶质细胞的突起末端扩展形成脚板，贴附在毛细血管壁上，形成神经胶质膜。血 - 脑屏障可阻止血液中某些物质进入神经组织，以维持中枢神经系统内环境的相对稳定。

自 测 题

一、单项选择题

A_1 型题

1. 躯体运动中枢位于（ ）
   A. 中央前回
   B. 中央后回
   C. 中央前回和中央旁小叶前部
   D. 中央后回和中央旁小叶后部
   E. 边缘叶

2. 连于脑干背面的脑神经是（ ）
   A. 展神经 B. 滑车神经
   C. 副神经 D. 动眼神经
   E. 舌下神经

3. 支配咀嚼肌的神经是（ ）
   A. 三叉神经 B. 面神经
   C. 舌咽神经 D. 迷走神经
   E. 舌下神经

4. 脊髓的下端平面在成人是（ ）
   A. 第 12 胸椎下缘
   B. 第 1 腰椎下缘
   C. 第 2 腰椎下缘
   D. 第 3 腰椎下缘
   E. 第 4 腰椎下缘

5. 硬膜外麻醉是将药物注入（ ）
   A. 中央管内 B. 小脑延髓池
   C. 蛛网膜下隙 D. 上矢状窦
   E. 硬膜外隙

A_2 型题

6. 患者，男，77 岁。因右下肢畸形伴疼痛 3 小时急诊就诊。患者 3 小时前不幸滑倒，立即出现右下肢变形，疼痛剧烈，送医院经 X 线检查发现右下肢腓骨颈骨折。该处骨折最易损伤的神经是（ ）
   A. 腓总神经 B. 股神经
   C. 坐骨神经 D. 胫神经
   E. 腓深神经

二、填空题

1. 脑干自上而下分为_______、_______、_______ 3 部分。

2. 一侧大脑半球通常可分为_______、_______、_______、_______、_______ 5 个叶。

3. 脑和脊髓的外面均包有3层被膜，由外向内依次为________、________和________。

三、名词解释

1. 马尾
2. 小脑扁桃体
3. 硬膜外隙

四、简答题

1. 内囊由什么动脉供血？一侧内囊损伤可出现哪些临床表现？为什么？
2. 右手拇指指腹被针刺时，痛觉是如何传导至大脑皮质的？

（韩　磊　万爱军）

第 10 章 内分泌系统

内分泌系统由内分泌腺和分布于其他器官内的内分泌组织和细胞组成（图 10-1）。内分泌腺是指在结构上独立存在、肉眼可见的内分泌器官，包括甲状腺、甲状旁腺、肾上腺、垂体、松果体和胸腺等。在内分泌腺中，腺细胞排列成索状、网状、团块状或围成滤泡，没有导管，有丰富的毛细血管。内分泌细胞包括聚集成群的胰岛细胞、睾丸间质细胞、卵巢黄体细胞等，以及散在分布于消化管、呼吸道、肾等器官内的内分泌细胞。

内分泌细胞分泌的高效能的生物活性物质，称激素。大多数内分泌细胞分泌的激素通过血液循环作用于特定的细胞。每种激素作用的特定器官或特定细胞，称这种激素的靶器官或靶细胞。内分泌系统的功能主要是通过激素维持人体内环境稳态，促进生长发育，调节新陈代谢、生殖及衰老等活动。

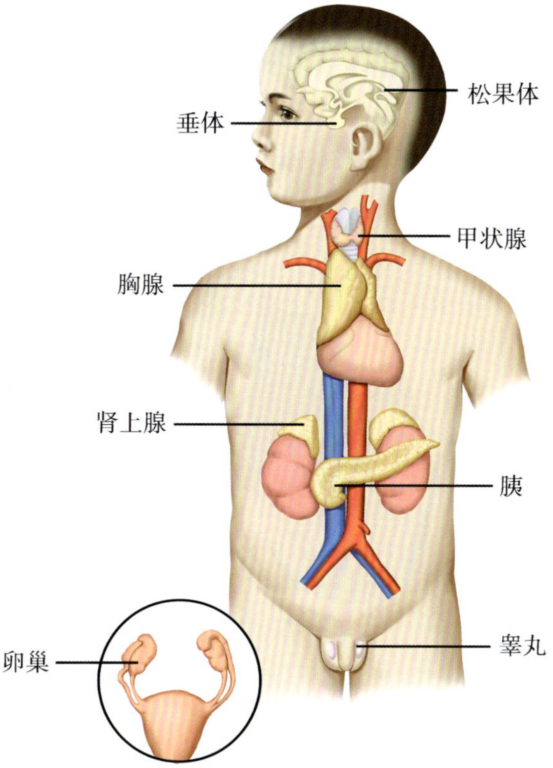

图 10-1　内分泌系统概况

考点 内分泌系统的组成

第 1 节　垂　　体

一、垂体的位置和形态

垂体位于颅中窝蝶骨体的垂体窝内，重约 0.5g，呈椭圆形，上端借漏斗与下丘脑相连（图 9-13，图 9-53），表面包以结缔组织被膜。垂体由前部的腺垂体和后部的神经垂体组成（图 10-2）。腺垂体包括远侧部、中间部和结节部 3 部分，神经垂体包括神经部和漏斗两部分。通常将腺垂体的远侧部称垂体前叶，腺垂体的中间部和神经垂体的神经部合称垂体后叶。

二、垂体的组织结构

（一）腺垂体

腺垂体的细胞大多排列成团索状。在 HE 染色切片中，依据腺细胞着色的差异，将其分为嗜酸性细胞、嗜碱性细胞和嫌色细胞（图 10-3）。

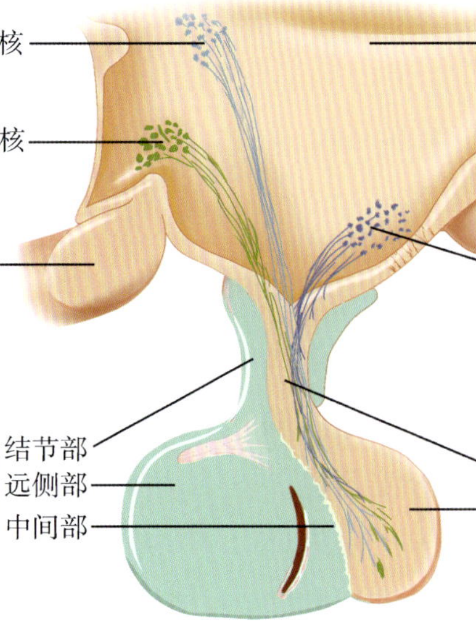

图 10-2　垂体（矢状切面）

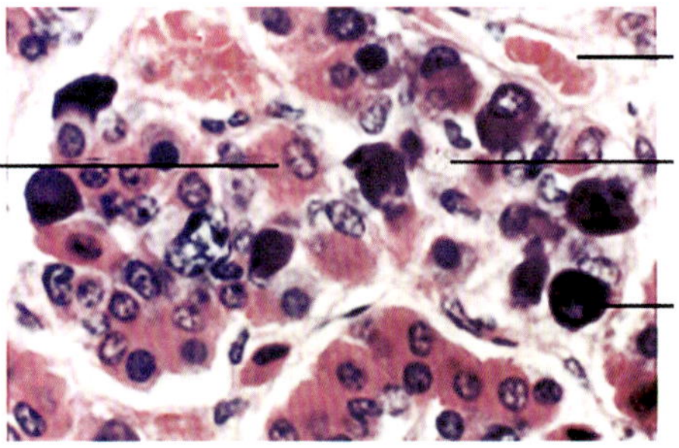

图 10-3　腺垂体远侧部光镜结构像

1. 嗜酸性细胞　数量较多，呈圆形或椭圆形，胞质呈嗜酸性。嗜酸性细胞可分泌：①生长激素，主要是促进生长发育，尤其是促进骨的生长。如果分泌过多，在幼年时可引起巨人症，在成人出现肢端肥大症；如果儿童时期分泌不足，可引起侏儒症。②催乳素，能促进乳腺发育和乳汁分泌。

2. 嗜碱性细胞　数量较少，呈椭圆形或多边形，胞质呈嗜碱性。嗜碱性细胞可分泌：①促甲状腺激素，能促进甲状腺滤泡的增生和甲状腺激素的合成与释放。②促肾上腺皮质激素，可促进肾上腺皮质束状带分泌糖皮质激素。③促性腺激素，包括卵泡刺激素和黄体生成素。卵泡刺激素在女性可促进卵泡的发育，在男性则刺激生精小管的支持细胞合成雄性结合蛋白以促进精子的发生；黄体生成素在女性促进排卵和黄体形成，在男性则刺激睾丸间质细胞分泌雄激素，故又称间质细胞刺激素。

3. 嫌色细胞　数量多，体积小，功能尚不清楚。

考点　腺垂体分泌的激素

（二）神经垂体

神经垂体主要由大量的无髓神经纤维和散在的神经胶质细胞组成，并含有较丰富的窦状毛细血管，本身不能合成与分泌激素，只能储存和释放激素。下丘脑视上核和室旁核内的神经内分泌细胞合成的抗利尿激素和催产素，通过无髓神经纤维运送到神经垂体储存，并可直接释放入血。抗利尿激素的主要作用是促进肾远曲小管和集合管对水的重吸收，使尿量减少。催产素可引起妊娠子宫平滑肌的收缩，促进乳腺的分泌。

第 2 节　甲　状　腺

案例 10-1

患者，女，40 岁。发现颈部肿大 1 年，近日常感心悸、失眠、怕热、多汗，食量加大但体重却减轻而来院就诊。体格检查：体温 37.8℃，脉搏 116 次 / 分，呼吸 22 次 / 分，血压 120/75mmHg，甲状腺弥漫性、对称性肿大。实验室检查：游离 T_3 升高、游离 T_4 升高。临床诊断：甲状腺功能亢进。

问题： 1. 简述甲状腺的位置和形态。

2. 简述甲状腺分泌的激素名称及主要功能。

一、甲状腺的位置和形态

甲状腺是人体内最大的内分泌腺，位于颈前部（图 10-4，图 10-5），略呈 H 形，分为左、右两个侧叶及中间的甲状腺峡。峡的上缘常有锥状叶向上伸出。甲状腺借结缔组织固定于喉软骨上，吞咽时可随喉上下移动。

甲状腺的左、右侧叶分别贴于喉和气管的两侧，上达甲状软骨中部，下抵第 6 气管软骨环，峡部位于第 2 ～ 4 气管软骨的前方，临床急救进行气管切开时要尽量避免损伤甲状腺峡。

二、甲状腺的组织结构

甲状腺表面包有薄层结缔组织被膜，腺实质主要由大量的甲状腺滤泡及滤泡旁细胞组成。滤泡间有少量的结缔组织和丰富的毛细血管。

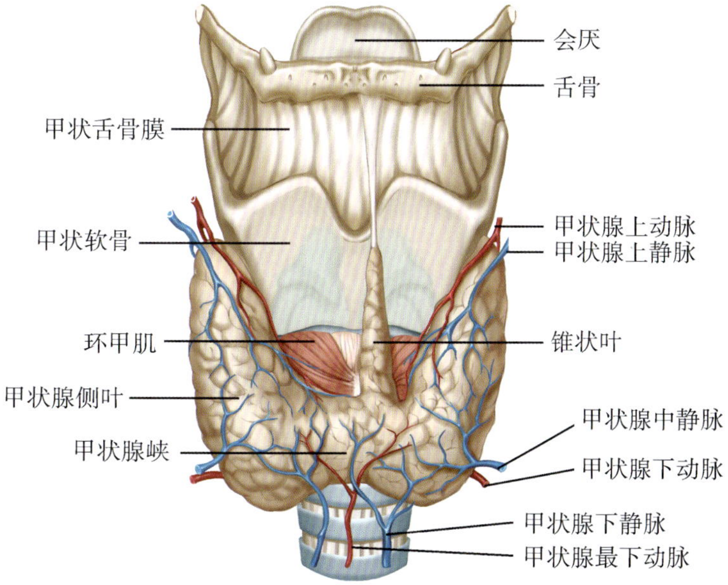

图 10-4　甲状腺（前面观）

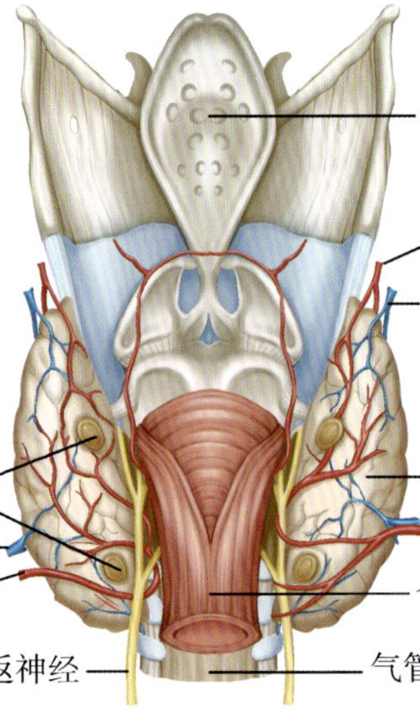

图 10-5 甲状腺和甲状旁腺（后面观）

（一）甲状腺滤泡

甲状腺滤泡大小不等，呈圆形或不规则形（图 10-6）。滤泡主要由单层立方形的滤泡上皮细胞围成，滤泡腔内充满均质状、嗜酸性的胶质，是滤泡上皮细胞的分泌物，即碘化甲状腺球蛋白。

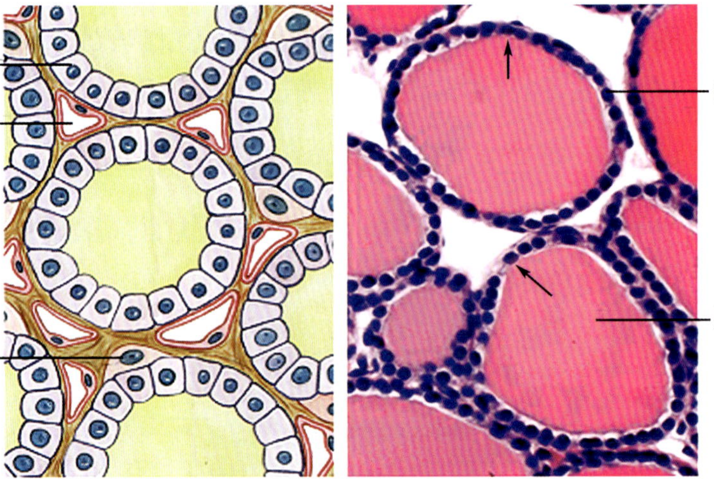

图 10-6 甲状腺组织结构

A. 甲状腺组织结构模式图；B. 甲状腺光镜结构像（↑滤泡旁细胞）

滤泡上皮细胞能合成分泌甲状腺激素。甲状腺激素主要包括四碘甲腺原氨酸（T_4）和三碘甲腺原氨酸（T_3）。甲状腺激素能促进机体的新陈代谢，提高神经系统的兴奋性，促进生长发育，尤其对婴幼儿的骨骼和中枢神经系统的发育有显著影响。若婴幼儿期甲状腺激素分泌不足，可导致呆小症。

（二）滤泡旁细胞

滤泡旁细胞位于甲状腺滤泡之间和滤泡上皮细胞之间，细胞较大，着色较淡（图 10-6）。

滤泡旁细胞可分泌降钙素，降钙素主要是通过抑制破骨细胞的活动和促进成骨细胞的活动，以及增强肾对钙、磷的排泄而产生降低血钙和血磷的效应。

考点 甲状腺分泌的激素

歌诀助记｜甲状腺的细胞歌

滤泡上皮单层排，甲状腺素由此来，
促进生长和代谢，多则亢进少则呆；
还有滤泡旁细胞，分泌激素降血钙。

第 3 节　甲 状 旁 腺

一、甲状旁腺的位置和形态

甲状旁腺为黄豆大小的扁椭圆形腺体，一般有上、下两对，通常贴附于甲状腺侧叶的后面，有的甲状旁腺埋入甲状腺的实质内（图 10-5）。

二、甲状旁腺的组织结构

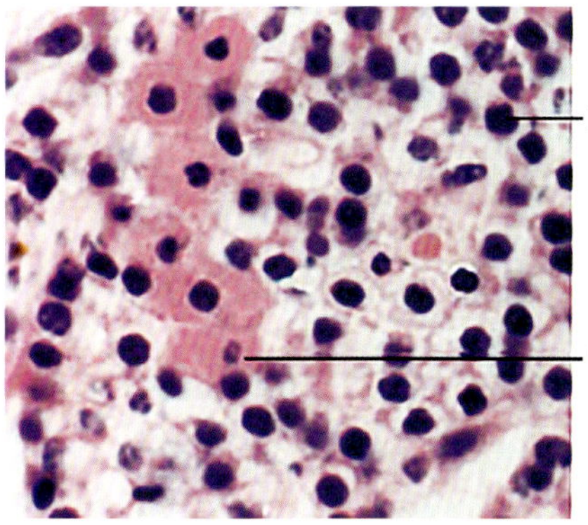

图 10-7　甲状旁腺光镜结构像

甲状旁腺实质内有主细胞和嗜酸性细胞 2 种腺细胞（图 10-7）。腺细胞排列成索团状。主细胞数量多，能合成分泌甲状旁腺激素。甲状旁腺激素主要通过影响肾小管和集合管对钙、磷的重吸收，以及促进骨钙入血而产生升高血钙和降低血磷的效应。嗜酸性细胞常单个或成群分布于主细胞之间，目前功能不明。

第 4 节　肾　上　腺

一、肾上腺的位置和形态

肾上腺左、右各一，位于肾的内上方。左侧近似半月形，右侧为三角形（图 10-8）。

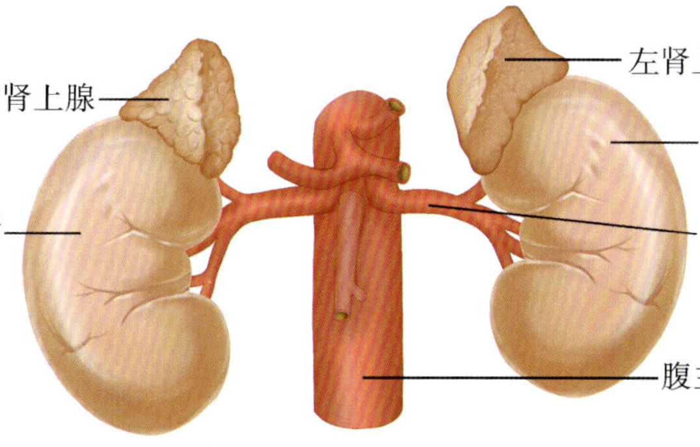

图 10-8　肾和肾上腺

二、肾上腺的组织结构

肾上腺表面包有结缔组织被膜，其实质由周围部的皮质和中央部的髓质 2 部分构成（图 10-9）。

（一）肾上腺皮质

根据细胞的形态结构和排列特征，肾上腺皮质由外向内分为球状带、束状带和网状带3部分（图10-9），三者之间无明显界限。

1. 球状带　细胞呈锥形，聚集成球状团块，分泌盐皮质激素，主要是醛固酮，能调节钠、钾和水的代谢。

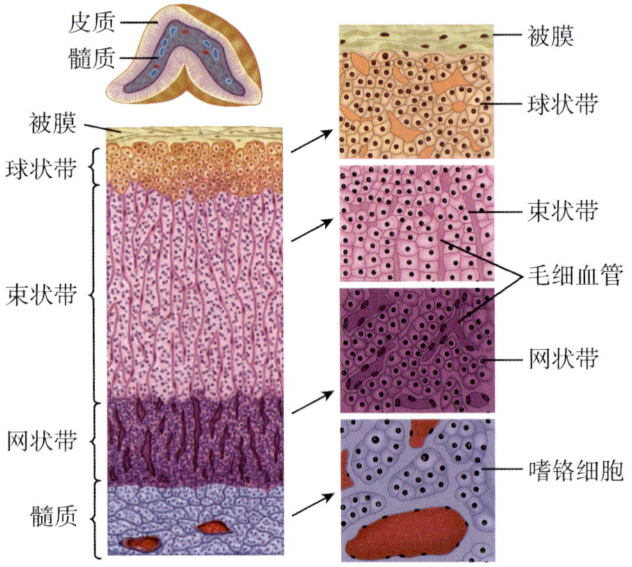

图10-9　肾上腺光镜结构仿真图

2. 束状带　细胞呈多边形，排列成索状，能分泌糖皮质激素，主要为皮质醇，有调节糖、蛋白质和脂肪的代谢，参与应激反应等作用。

3. 网状带　细胞排列成索，并相互吻合成网，主要分泌雄激素，也分泌少量雌激素和糖皮质激素。

（二）肾上腺髓质

肾上腺髓质主要由索状或团状的髓质细胞组成（图10-9），还有少量散在分布的交感神经节细胞。髓质细胞呈多边形，胞质内有嗜铬反应呈阳性的颗粒，故又称嗜铬细胞。髓质细胞能分泌肾上腺素和去甲肾上腺素等。肾上腺素和去甲肾上腺素能参与应急反应，对心脏和血管都有作用，但也不尽相同。肾上腺素对心肌的作用较强，使心肌收缩力增强，心率加快，在临床上被用作强心药。去甲肾上腺素对血管收缩的作用较强，使血压升高，在临床上可被用作升压药。

考点 肾上腺分泌的激素

自 测 题

一、单项选择题

A_1 型题

1. 不属于内分泌腺的是（　　）
   A. 甲状旁腺　　B. 垂体
   C. 甲状腺　　D. 肾上腺
   E. 胆腺

2. 关于肾上腺的叙述，错误的是（　　）
   A. 有排泄导管
   B. 左侧形似半月
   C. 实质分皮质和髓质两部分
   D. 位于肾的上方
   E. 右侧呈三角形

3. 位于颈前部，呈H形的内分泌腺是（　　）
   A. 垂体　　B. 肾上腺
   C. 下颌下腺　　D. 甲状腺
   E. 松果体

4. 降钙素是由（　　）
   A. 中性粒细胞分泌
   B. 甲状腺滤泡上皮细胞分泌
   C. 甲状旁腺主细胞分泌

D. 间质细胞分泌

E. 甲状腺滤泡旁细胞分泌

5. 肾上腺皮质束状带细胞分泌（　　）

A. 糖皮质激素　　B. 催乳素

C. 盐皮质激素　　D. 肾上腺素

E. 雄激素

A_2 型题

6. 患者，男，27 岁。身材矮小，智力正常，诊断为侏儒症。原因是儿童时期哪种激素分泌不足（　　）

A. 肾上腺素　　B. 甲状腺素

C. 生长激素　　D. 促甲状腺素

E. 促性腺激素

二、填空题

1. 垂体位于颅中窝的________内，由前部的________和后部的________组成。

2. 甲状腺的侧叶贴于________和________的两侧。

3. 肾上腺髓质可分泌________和________，其中，在临床上被用作强心药的是________。

三、名词解释

1. 激素

2. 神经垂体

3. 滤泡旁细胞

四、简答题

1. 简述腺垂体分泌的激素。

2. 简述肾上腺皮质的组织结构及分泌的激素。

（杨　鹏　冯燕娟）

第11章
胚胎学概要

人体胚胎从受精卵开始到胎儿发育成熟并出生，历时38周（约266天），分为胚前期、胚期和胎期3个阶段。①从受精至第2周末二胚层胚盘出现为胚前期。②从第3周至第8周末为胚期。此期末，胚的外形发育已初具人形，各器官的雏形已经形成。③从第9周至出生为胎期。胎儿逐渐长大，各器官继续发育成形，部分器官出现一定的功能活动。

第1节　胚胎早期发育

案例 11-1

患者，女，25岁，已婚。停经8周，突发左下腹部疼痛，面色苍白。妇科检查：子宫略大，左侧附件区压痛明显，拒按。经阴道穹后部穿刺有鲜血。临床诊断：异位妊娠。

问题： 1. 何谓异位妊娠？最常见的异位妊娠发生在何处？

2. 正常情况下胚泡植入的部位位于何处？

一、生殖细胞的成熟

生殖细胞的成熟是指具有受精能力的精子和卵子的成熟过程，主要通过减数分裂来完成。

（一）精子的成熟与获能

精子由睾丸生精小管产生。从青春期开始，在促性腺激素的作用下，生精小管内的精原细胞不断分裂增殖，其中一部分变成初级精母细胞。1个初级精母细胞经过两次减数分裂和复杂的形态结构变化，可形成4个精子（图11-1）。精子生成后被运送至附睾内进一步成熟，获得运动能力。精子排出体外时，由于精子头部的外表面覆盖着一层来自精液的一种糖蛋白，能阻止顶体酶的释放，这时精子虽有运动能力，却无穿过卵子周围放射冠和透明带的能力。精子在通过女性生殖管道时，这些糖蛋白被去除，获得了释放顶体酶、穿入卵子而使其受精的能力，此现象称精子获能。精子在女性生殖管道内的受精能力一般可维持24小时。

（二）卵子的成熟

卵子始于卵巢的卵原细胞。在胚胎时期，卵原细胞发育分化为初级卵母细胞，随即进入第一次减数分裂并长期停滞在分裂前期。进入青春期后，在促性腺激素的作用下，初级卵母细胞分批发育（图11-1）。在排卵前36～48小时，初级卵母细胞完成第一次减数分裂。排卵时，处于第二次减数分裂中期的次级卵母细胞从卵巢排出。次级卵母细胞被输卵管伞“拾取”并被运送至输卵管壶腹部。次级卵母细胞若遇到精子，并受到精子穿入其内的激发完成第二次减数分裂，则形成成熟的卵子。若未遇到精子，则在排卵后12～24小时退化。

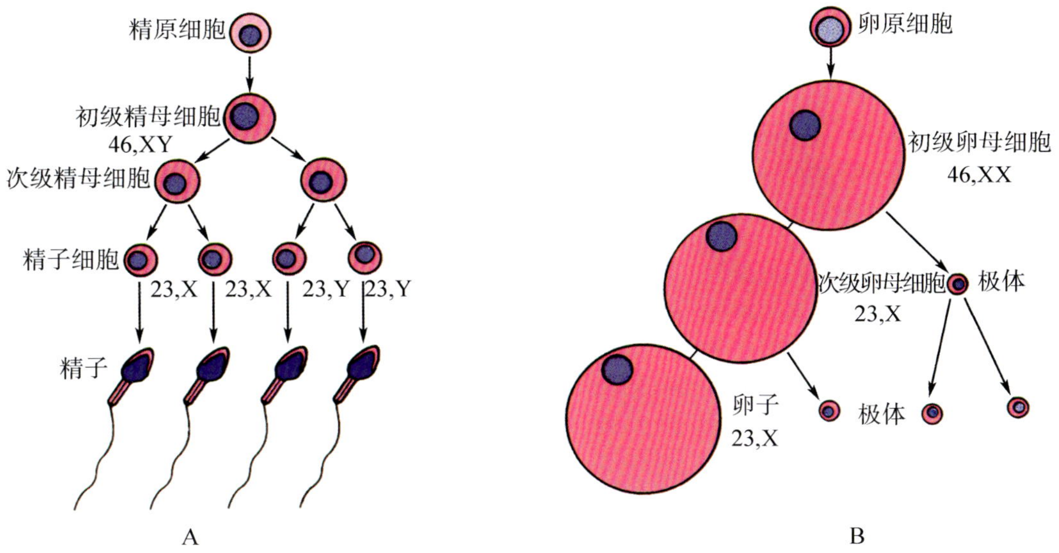

图 11-1　生殖细胞发生示意图

A. 精子的发生；B. 卵子的发生

二、受　精

受精是指精子与卵子结合形成受精卵的过程。受精一般发生在输卵管壶腹部，且在排卵后的 12 小时之内（图 11-2）。

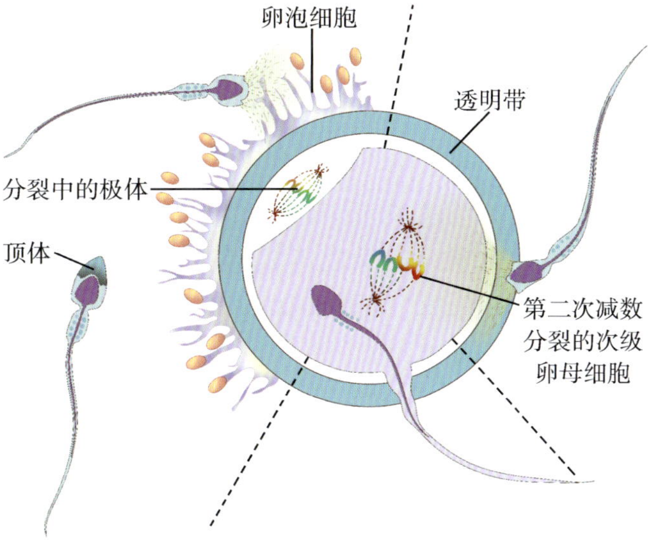

图 11-2　受精过程示意图

（一）受精的过程

正常成年男性一次射精可射出上亿个精子，其中 300 ～ 500 个强壮精子能抵达一侧输卵管壶腹部，最终只有一个精子能与卵子结合，其他精子的作用也必不可少。众多的获能精子接触到放射冠时，共同释放顶体酶，开始溶蚀解放射冠和透明带，其中一个精子首先在透明带中溶蚀出一条孔道，于是该精子头部首先与次级卵母细胞接触，两者的细胞膜融合，随即精子的细胞质及细胞核进入次级卵母细胞内（图 11-2）。精卵结合后，透明带结构立即发生变化，从而阻止其他精子穿越透明带，保证人类正常的单精受精。同时，次级卵母细胞迅速完成第二次减数分裂，形成成熟的卵子。此时精子和卵子的细胞核膨大，分别称雄原核和雌原核（图 11-3）。雄原核和雌原核逐渐在细胞中部靠拢，核膜消失，染色体混合，形成受精卵。

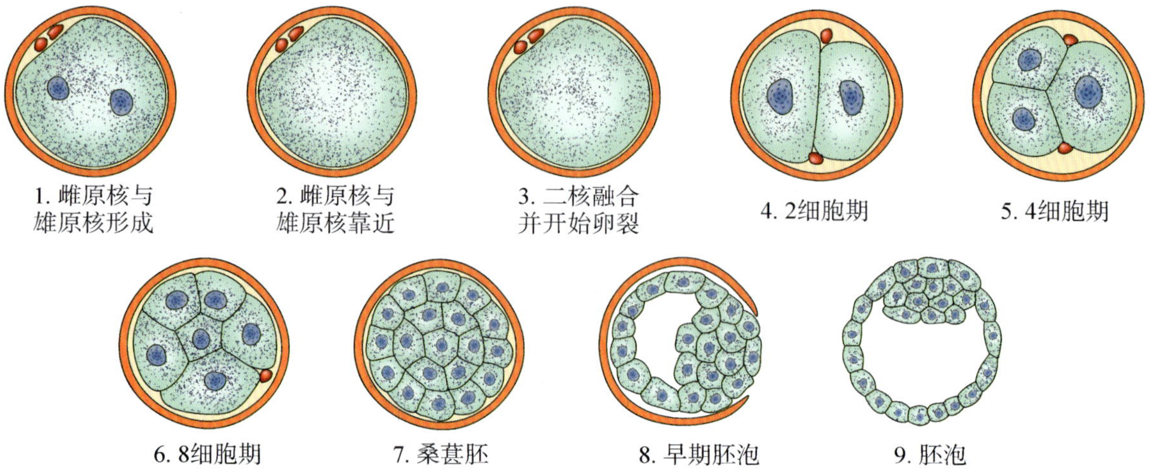

图 11-3 卵裂和胚泡形成模式图

应用避孕套、输卵管或输精管结扎等措施，可阻止精子与卵子相遇，从而阻止受精，达到避孕目的。

（二）受精的意义

1. 受精标志着新生命的开始。精子与卵子结合形成受精卵，进行快速的细胞分裂，启动胚胎发育的进程，逐步发育成为一个新个体。

2. 受精决定新个体的遗传性别。含有 Y 染色体的精子与卵子结合形成的受精卵，受精卵核型为 46，XY，发育为男性；含有 X 染色体的精子与卵子结合，受精卵核型为 46，XX，发育为女性。

3. 达到遗传与变异的统一。受精卵内染色体数目恢复成 23 对，保持人类染色体数目的恒定；来自双亲的遗传物质的重新组合，使新个体既具有双亲的遗传特点，又具有与亲代不完全相同的性状。

考点 受精的概念及部位

医者仁心

培育试管婴儿的张丽珠

1982 年，针对不孕不育症，已经 61 岁的妇产科医生张丽珠毅然投入到试管婴儿的自主研究中。她说：“当时真是一穷二白，我们对人卵的认识也少得可怜！”“下决心搞这个技术是因为接到很多患者的来信，诉说没有孩子的痛苦。”她把患者当作亲人，为了解决他们的痛苦，她带领同事们攻克了一道道技术难关，从采集卵子、体外受精、胚胎培养到胚胎移植……经过不懈的努力，终于在 1988 年 3 月 10 日迎来了试管婴儿的诞生！这是我国生殖医学发展的里程碑！也为无数家庭带来了福音和希望！

三、卵　裂

受精卵一旦形成，便进行细胞分裂，同时缓慢地向子宫方向运行。受精卵早期的细胞分裂，称卵裂（图 11-3）。卵裂形成的细胞，称卵裂球。卵裂是在透明带内进行的，随着卵裂球的体积越来越小，至受精后的第 3 天，形成了由 12 ～ 16 个卵裂球构成的实心胚，形似桑葚，称桑葚胚。

四、胚泡的形成

约在受精后的第 4 天，桑葚胚进入子宫腔，其细胞继续分裂，当卵裂球数目达到 100 个左右时，其间出现若干小腔隙，它们逐渐汇合成一个腔，此时透明带溶解，胚呈囊泡状，称胚泡（图 11-3，图 11-4）。胚泡中心为胚泡腔。胚泡壁由单层细胞构成，称滋养层，将来主要发育成胎儿的附属结构。位于胚泡腔内一侧的一群细胞，称内细胞群，将来可发育成胎儿。随着胚泡的形成，透明带最后溶解消失，胚泡与子宫内膜接触，开始植入。

考点 胚泡的结构

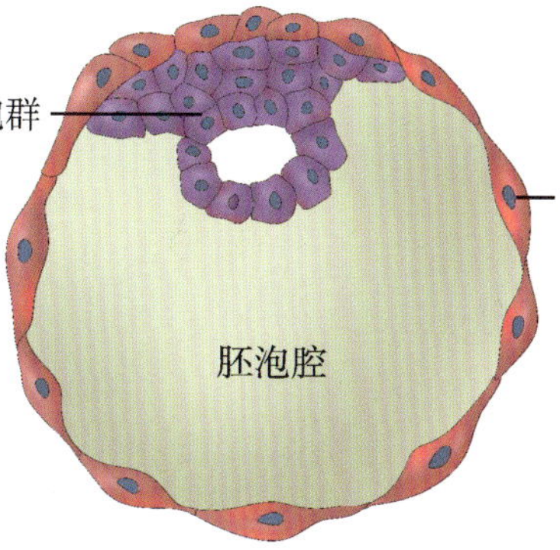

图 11-4　胚泡结构模式图

五、植　　入

胚泡逐渐进入子宫内膜的过程称植入，又称着床。植入于受精后第 5 ～ 6 天开始，于第 11 ～ 12 天完成。

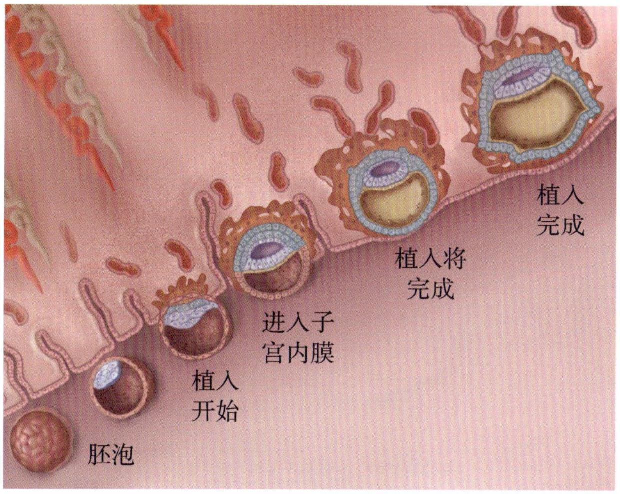

图 11-5　植入过程

1. 植入过程　胚泡植入时，内细胞群一侧的滋养层先与子宫内膜接触，分泌蛋白水解酶，在子宫内膜溶蚀出一个缺口，胚泡沿此缺口逐渐埋入子宫内膜的功能层。当胚泡全部埋入子宫内膜后，子宫内膜表面缺口修复，植入完成（图 11-5）。在植入过程中，与子宫内膜接触的滋养层细胞迅速增殖，分化为外层的合体滋养层和内层的细胞滋养层。

植入时的子宫内膜正处于分泌期，植入后子宫内膜进一步增厚，血液供应更丰富，腺体分泌更旺盛。植入后的子宫内膜改称蜕膜。根据蜕膜与胚的位置关系，将其分为 3 部分：位于胚的深面的蜕膜称底蜕膜，覆盖在胚的子宫腔侧的蜕膜称包蜕膜，子宫其余部分的蜕膜称壁蜕膜（图 11-6）。

若胚泡不能适时到达子宫腔、子宫腔内有异物干扰、子宫有炎症或母体内分泌紊乱等情况，均会影响植入的完成。口服避孕药，在子宫腔放置节育环等常用的避孕方法就是人为地干扰植入而达到避孕目的。

2. 植入部位　通常胚泡植入的部位在子宫体或子宫底，多见于子宫体后壁（图 11-7）。若胚泡的植入部位为近子宫颈处，则将来在此处形成的胎盘称前置胎盘，自然分娩时堵塞产道，导致胎儿娩出困难，需行剖宫产。

胚泡在子宫腔以外部位植入并发育的妊娠现象，称异位妊娠，习惯称宫外孕，包括输卵管妊娠、卵巢妊娠、腹腔妊娠及子宫颈妊娠等，以输卵管妊娠最常见。

考点 植入的概念及部位；蜕膜的分部

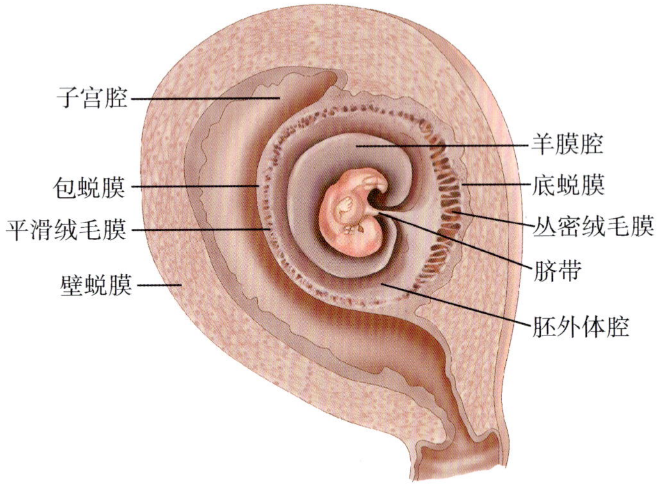

图 11-6 胚胎与子宫蜕膜的关系示意图

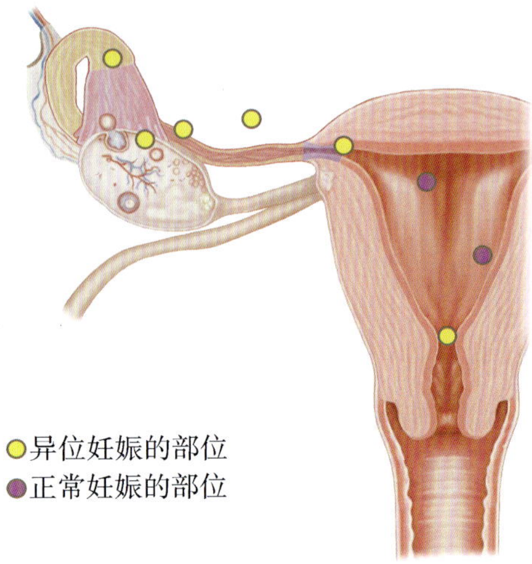

图 11-7 胚泡植入的部位

六、三胚层的形成、分化与胚体的形成

（一）三胚层的形成

1. 二胚层胚盘形成 第 2 周初，在植入过程中，内细胞群增殖分化，逐渐形成由背侧的上胚层和腹侧的下胚层组成的二胚层胚盘（图 11-8，图 11-9）。邻近滋养层的一层柱状细胞称上胚层，靠近胚泡腔一侧的一层立方细胞称下胚层。

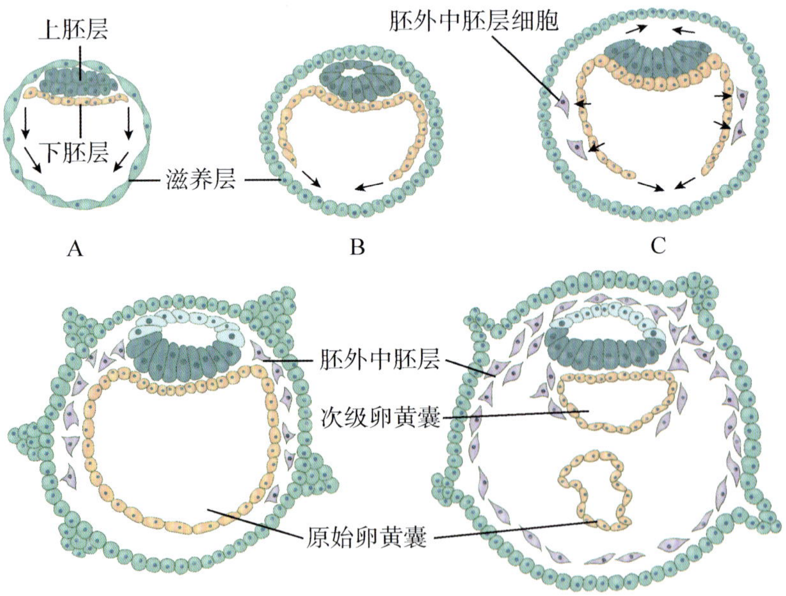

图 11-8 二胚层胚盘形成示意图

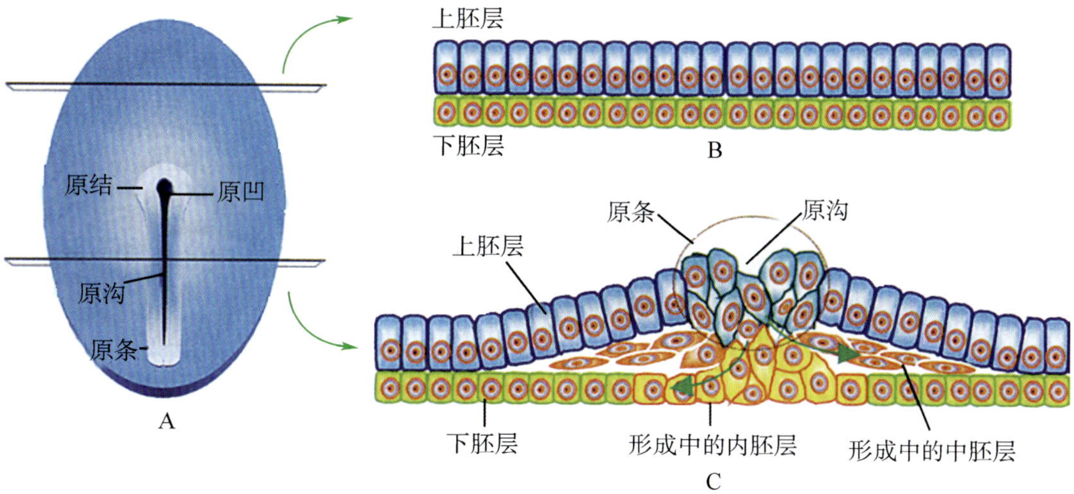

图 11-9 三胚层胚盘形成示意图

A. 胚盘背侧面观；B. 二胚层胚盘横切面；C. 三胚层形成横切面

随后，由于上胚层细胞增殖，其内出现一个小腔隙，其中贴靠细胞滋养层的一层扁平形的上胚层细胞，称羊膜细胞，它们形成最早的羊膜，与上胚层其余部分围成一个充满羊水的羊膜腔。下胚层的腹侧形成一个卵黄囊。

在细胞滋养层与卵黄囊、羊膜腔之间出现松散分布的细胞和细胞外基质，形成胚外中胚层。继而胚外中胚层细胞间出现腔隙，随后腔隙逐渐汇合增大，在胚外中胚层内形成一个大腔，称胚外体腔（图 11-10）。

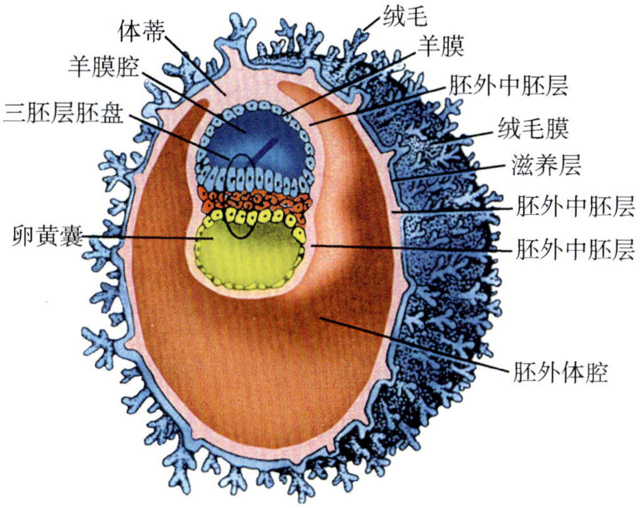

图 11-10 第 3 周初胚的立体模式图

随着胚外体腔的扩大，胚盘与滋养层之间仅有少量的胚外中胚层相连，这部分胚外中胚层，称体蒂。体蒂将发育为脐带的主要部分。

2. 三胚层胚盘形成　第 3 周初，上胚层的部分细胞增殖较快，在二胚层胚盘一端的中轴线上聚集形成一条纵行细胞柱，称原条（图 11-9，图 11-11）。原条的出现决定了胚盘的中轴及其头尾方向，原条所在的一端为尾端。原条的头端略膨大，称原结。原结的中心出现浅凹，称原凹。原条的中线出现浅沟，称原沟。

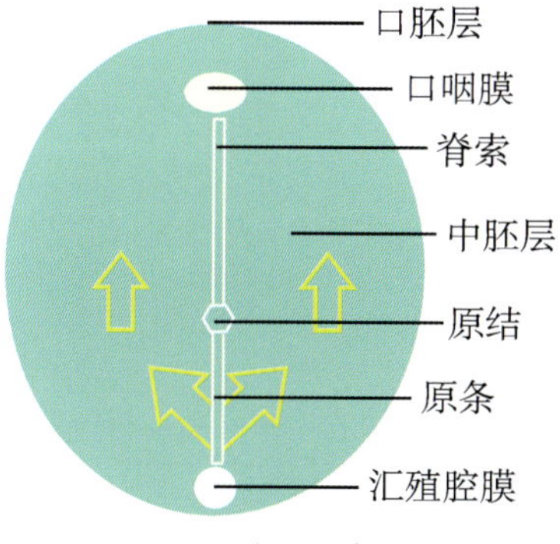

图 11-11 原条细胞扩展方向示意图

原沟深部的细胞不断增殖，并在上、下胚层之间向周边扩展迁移，一部分细胞在上、下胚层之间形成一层新的细胞层，称中胚层；另一部分细胞进入下胚层，并逐渐全部置换了下胚层的细胞，形成一层新的细胞层，称内胚层（图 11-9）。在内胚层和中胚层出现之后，原上胚层改称外胚层。3 个胚层均起源于上胚层。

从原凹沿中轴线向胚盘头端增殖迁移的细胞在内、外胚层之间形成一条单独的中胚层细胞索，称脊索（图 11-11）。在脊索的头侧和原条的尾侧各有一个无中胚层的小区，此处内、外胚层相贴，分别称口咽膜和泄殖腔膜。随着胚体发育，原条完全消失，脊索大部分退化消失，脊索仅残留为椎间盘中央部的髓核。若原条细胞残留，胎儿出生后在骶尾部可形成由多种组织构成的畸胎瘤。

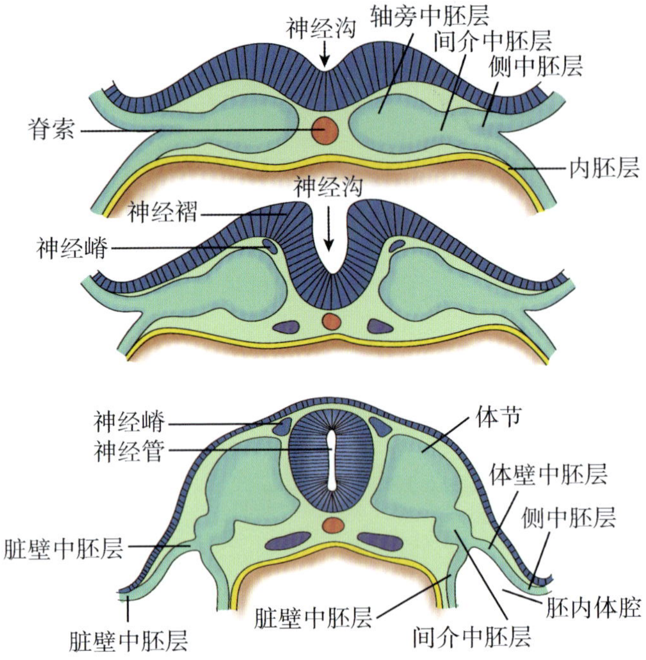

图 11-12 神经管的形成及中胚层分化示意图

在第 3 周末，三胚层胚盘形成，人体的各种组织器官均来自三胚层胚盘。

（二）三胚层的分化

在第 4 ～ 8 周，内、中、外 3 个胚层逐渐分化形成各种组织和器官的原基，从而奠定人体各器官、系统发生的基础。

1. 外胚层的分化　在脊索诱导下，与脊索相对的外胚层细胞分裂增生呈板状，称神经板。神经板中央沿长轴向脊索方向凹陷形成神经沟，沟两侧边缘隆起称神经褶（图 11-12）。两侧神经褶在神经沟中段靠拢融合，并向头尾方向延续，在头尾两端分别形成前神经孔和后神经孔（图 11-13）。在第 4 周，前、后神经孔闭合，神经沟完全闭合为神经管。神经管将分化为脑、脊髓等。外胚层的其余部分，将分化为周围神经、皮肤的表皮及其附属器等。如果前、后神经孔未闭合，将会分别导致无脑畸形和脊髓裂。

2. 中胚层的分化　位于脊索两侧的中胚层，由内向外依次分化为轴旁中胚层、间介中胚层和侧中胚层（图 11-12）。轴旁中胚层细胞增殖形成节段状的体节，将分化为背侧的皮肤真皮、骨骼肌和中轴骨骼（如脊柱）等；间介中胚层将分化为泌尿生殖系统的主要器官；侧中胚层又分为体壁中胚层和脏壁中胚层，侧中胚层内部所形成的胚内体腔，将分化为心包腔、胸膜腔和腹膜腔。

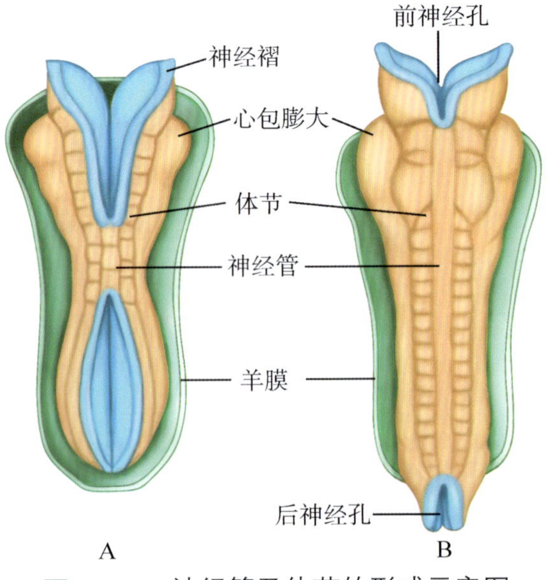

图 11-13 神经管及体节的形成示意图
A. 约 22 天；B. 约 23 天

3. 内胚层的分化　内胚层被包入胚体形成原肠。原肠可分为前肠、中肠、后肠 3 部分（图 11-14）。原肠将分化为消化管、消化腺、呼吸道和肺等处的上皮组织。

（三）胚体的形成

早期胚盘为扁平的盘状结构。伴随三胚层的分化，胚盘边缘向腹侧卷折形成头褶、尾褶和左右侧褶，扁平形胚盘逐渐变为圆柱形胚体。至第 8 周末，胚体外表可见四肢及眼、耳、鼻等，初具人形。

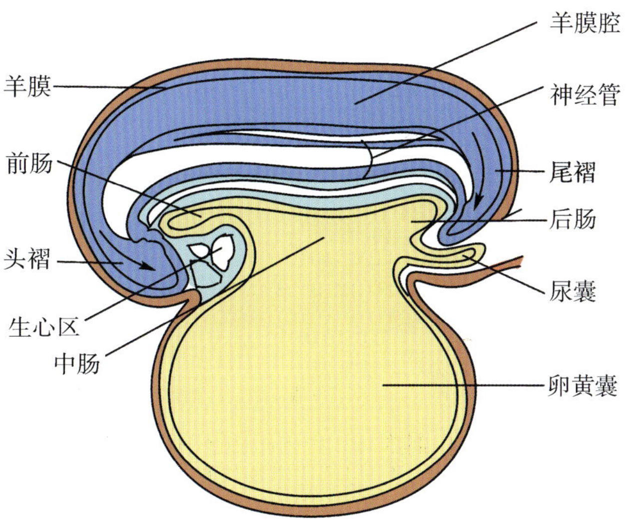

图 11-14　内胚层的分化示意图

链　接

胚　胎　龄

胚胎龄有月经龄和受精龄两种计算方法。①受精龄是从受精卵形成算起，至胎儿发育成熟并出生经历 38 周（约 266 天）。受精龄表达了胚胎发育的确切时间，多用于胚胎学研究。②月经龄是从孕妇末次月经的第 1 天算起，至胎儿发育成熟并出生经历 40 周（约 280 天）。排卵通常在月经周期的第 14 天，266 天（受精龄）+ 14 天＝280 天（月经龄），以 28 天为 1 个妊娠月，故有十月怀胎之说。月经龄多用于妇产科临床研究，包括预产期的推算。

第 2 节　胎膜和胎盘

案例 11-2

患者，女，26 岁。阴道出血 1 小时。查体：子宫质软，无压痛，妊娠 29 周大小。B 超显示胎体位置高于胎盘，胎盘完全覆盖子宫颈内口。临床诊断：前置胎盘。

问题： 1. 简述胎盘的结构和功能。

2. 简述胎盘的血液循环。

胎膜和胎盘不参与胚胎本体的形成，是对胚胎起保护、营养、呼吸、排泄等作用的附属结构。胎儿娩出后，胎膜、胎盘即与子宫壁分离，并被排出体外，总称胞衣。

一、胎　　膜

胎膜包括绒毛膜、羊膜、卵黄囊、尿囊和脐带（图 11-15）。其中，卵黄囊和尿囊都是早期胚的一过性结构，在胚胎发育过程中先后退化。

（一）绒毛膜

绒毛膜是由滋养层等发育而成（图 11-15）。胚胎第 2 周时，滋养层的细胞迅速增生形成一些细小的突起，称绒毛，此时滋养层改称绒毛膜。随着胚胎的发育，绒毛的中轴部出现血管，血管内含有胎儿的血液。起初整个绒毛膜表面的绒毛均匀分布。之后，底蜕膜侧的绒毛因血供充足而反复发分支，生长茂密，形成丛密绒毛膜（图 11-16）。包蜕膜侧的绒毛因血供不足而逐渐退化、消失，形成表面无绒毛的平滑绒毛膜。

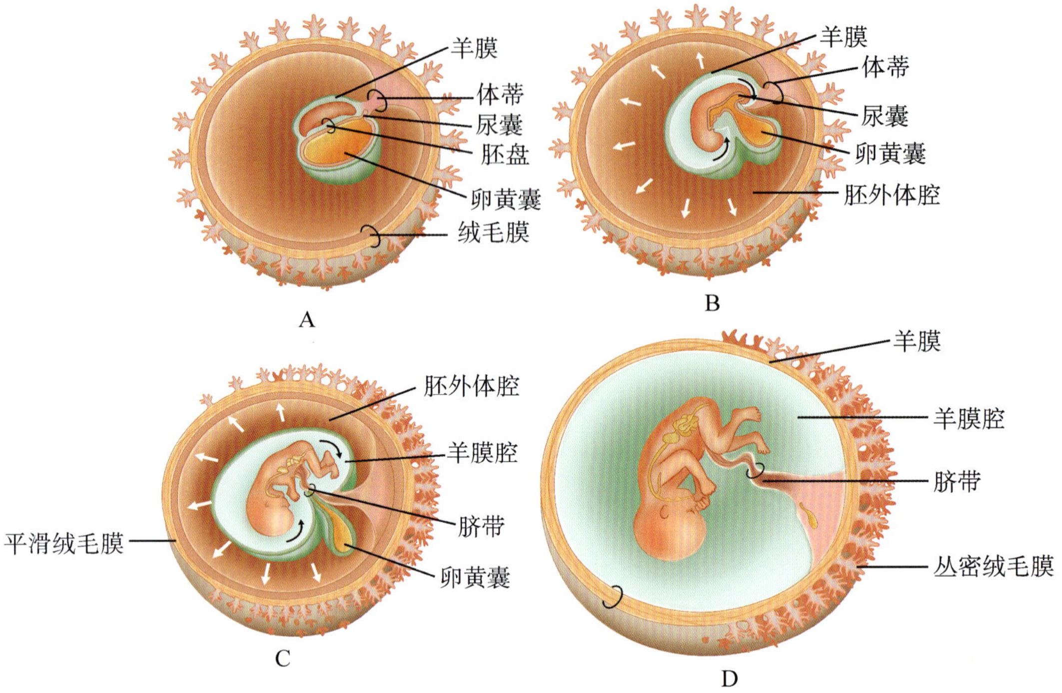

图 11-15　胎膜演变示意图

A. 第 3 周；B. 第 5 周；C. 第 10 周；D. 第 20 周

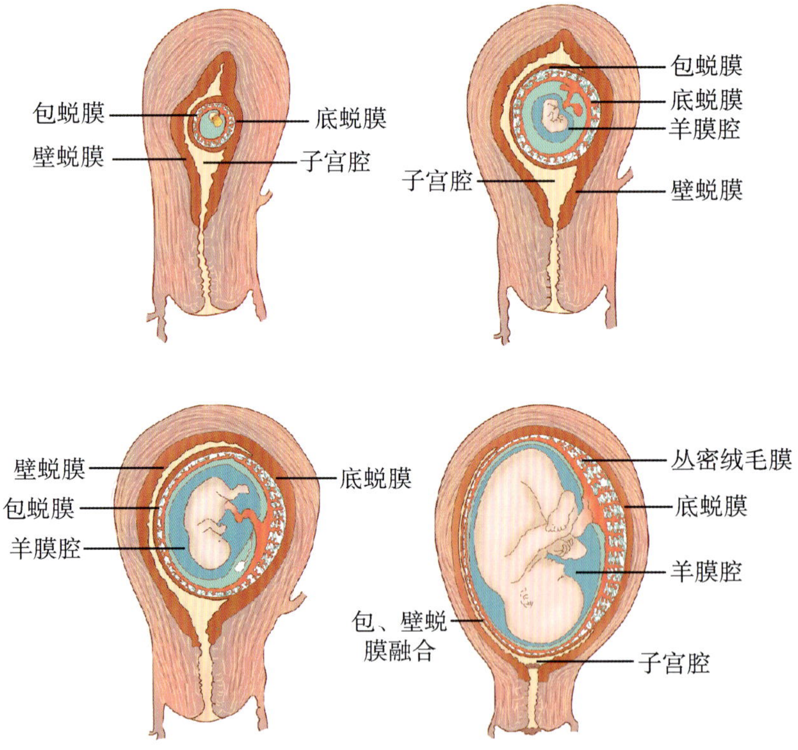

图 11-16　胎膜、蜕膜及胎盘的形成示意图

绒毛膜的主要功能是从母体的子宫吸收营养物质，供给胚胎生长发育，并排出胚胎的代谢产物。

（二）羊膜

羊膜是一层无血管的半透明的薄膜。羊膜腔内充满羊水，胚胎浸泡在羊水中生长发育（图 11-15，图 11-16）。

妊娠早期的羊水无色透明，由羊膜不断分泌和吸收。妊娠中期以后，胎儿开始吞咽羊水，其消化、泌尿系统的排泄物及脱落的上皮细胞也进入羊水，羊水变得浑浊。随着胚胎长大，羊水也相应增多，足月分娩时有 1000 ～ 1500ml。羊水过少（500ml 以下）常见于胎儿无肾或尿道闭锁等；羊水过多（2000ml 以上）常见于无脑畸形或消化管闭锁等。穿刺抽取羊水，进行细胞染色体等检查可早期诊断某些先天性异常。

羊膜和羊水对胚胎的发育起着重要的保护作用。胚胎在羊水中较自由地活动，有利于骨骼和肌肉的发育。羊水具有保护胚胎免受外力损伤，防止与周围组织粘连的作用。分娩时，羊水还有扩张子宫颈、冲洗和润滑产道的作用。

（三）脐带

脐带是连于胚胎脐部与胎盘之间的一条索状结构（图 11-15）。脐带外覆羊膜，内含 2 条脐动脉、1 条脐静脉及结缔组织等结构。

胎儿出生时，脐带长 40 ～ 60cm。脐带过短，胎儿娩出时易引起胎盘过早剥离；脐带过长，易缠绕胎儿颈部或四肢，可致局部发育不良。

二、胎　　盘

（一）胎盘的结构

胎盘是由胎儿的丛密绒毛膜和母体子宫的底蜕膜共同组成的圆盘状结构（图 11-17）。足月胎儿的胎盘约 500g，直径为 15 ～ 20cm。胎盘的胎儿面表面光滑，覆有羊膜，脐带附于中央或近中央处。胎盘的母体面粗糙，为剥离后的底蜕膜，可见 15 ～ 30 个由浅沟分隔的胎盘小叶。胎盘小叶之间有底蜕膜所形成的胎盘隔。绒毛之间的间隙为绒毛间隙，其内充满母体的血液，绒毛浸于母体血液中，便于物质交换（图 11-18）。

（二）胎盘的血液循环和胎盘膜

1. 胎盘的血液循环　胎盘内有胎儿和母体两套血液循环系统。胎儿的血液和母体的血液在各自封闭的管道内循环，互不相混。胎儿静脉性质的血经脐动脉及其分支流入绒毛毛细血管，继而经胎盘膜与绒毛间隙内的母体血液进行物质交换，从而成为动脉性质的血，最后经脐静脉流回到胎儿体内（图 11-18）。母体动脉血从子宫螺旋动脉流入绒毛间隙，经胎盘膜与绒毛毛细血管内的胎儿血液进行物质交换，最后经子宫静脉流回母体。

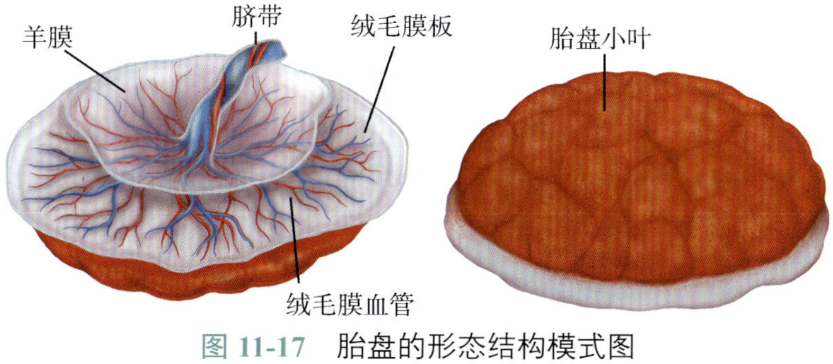

图 11-17　胎盘的形态结构模式图

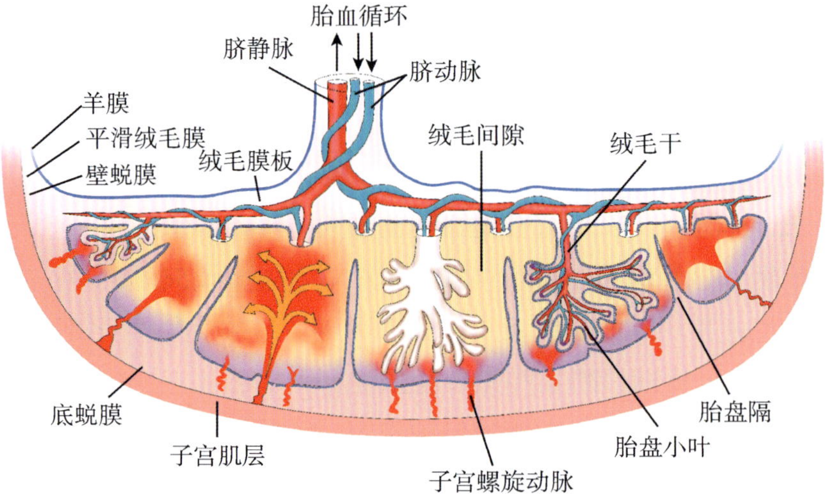

图 11-18 胎盘的结构与血液循环模式图

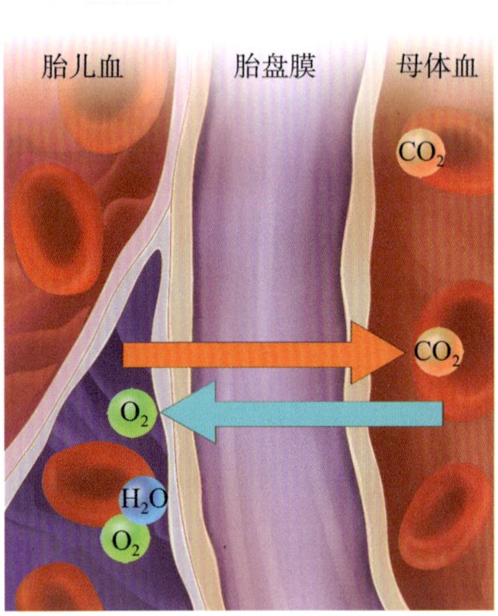

图 11-19 胎盘膜模式图

2. 胎盘膜　流经绒毛毛细血管的胎儿血液与流经绒毛间隙的母体血液在胎盘内进行物质交换所通过的结构，称胎盘膜，又称胎盘屏障（图 11-19）。胎盘膜由绒毛内毛细血管内皮及其基膜、滋养层上皮及其基膜，以及两基膜之间的少量结缔组织等构成。胎盘膜可以阻挡母体血液中某些有害物质进入胎儿血液循环，对胎儿有一定保护作用。但某些药物、病毒、激素等可以通过胎盘膜，从而影响胎儿发育。

（三）胎盘的功能

1. 物质交换　胎儿与母体之间的物质交换是通过胎盘膜完成的。胎儿通过胎盘从母体血液中获得营养物质和 O_2，排出代谢产物和 CO_2。

2. 内分泌功能　胎盘能分泌人绒毛膜促性腺激素、人胎盘催乳素、雌激素和孕激素等多种激素，对维持妊娠、保证胎儿正常发育等方面起着重要的作用。其中，人绒毛膜促性腺激素（HCG）在胚泡植入 1 天后可自母体血清中测出，妊娠 8 ～ 10 周达高峰，以后迅速下降，产后 2 周内消失。人绒毛膜促性腺激素可经孕妇尿液检出，因此可用来检测早孕。

考点 胎盘的结构及功能

第 3 节　双胎和多胎

一、双　　胎

一次妊娠产出的两个胎儿，称双胎，又称孪生，包括单卵双胎和双卵双胎。双胎的发生率约占新生儿的 1%。

（一）单卵双胎

由一个受精卵发育成两个胎儿，称单卵双胎，又称真孪生（图 11-20）。这种孪生儿的遗传基因完全一样，性别一致，相貌等也极相似。单卵双胎可以是：①从受精卵发育出两个胚泡，他们分别植入，两个胎儿有各自的羊膜腔和胎盘。②一个胚泡内出现两个内细胞群，各发育成一个胚胎，他们有各自的羊膜腔，共享一个胎盘。③一个胚盘上出现两个原条与脊索，形成两个神经管，发育为两个胚胎，他们位于同一个羊膜腔内，共享一个胎盘。

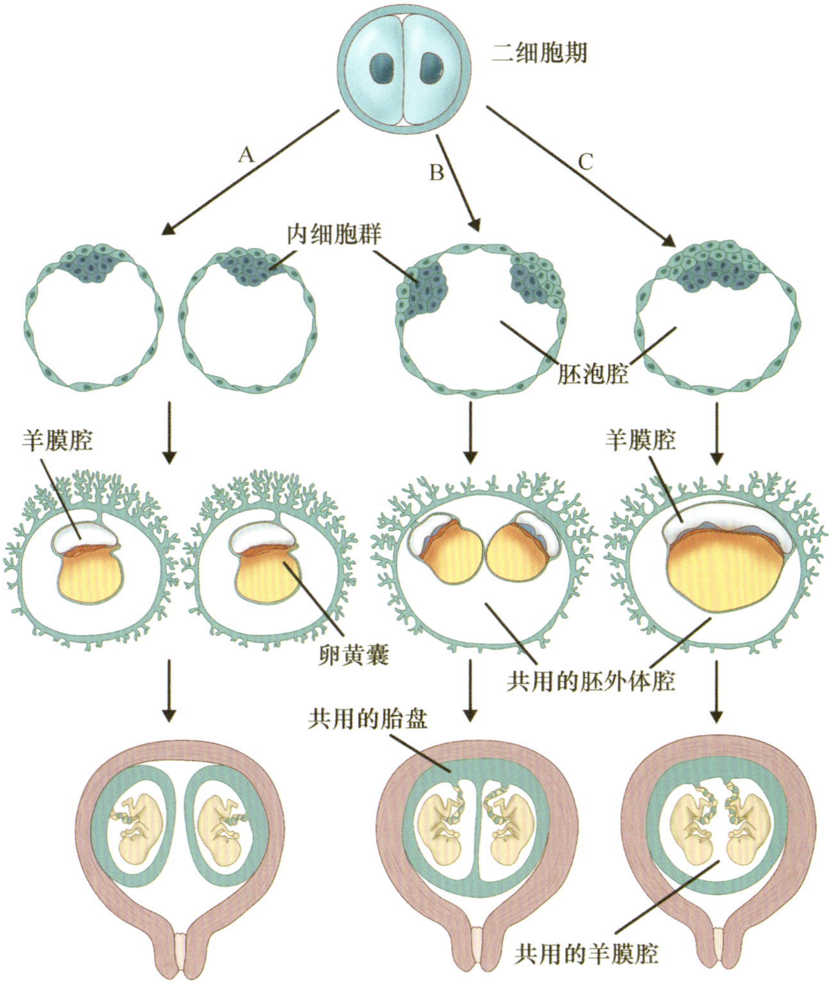

图 11-20　单卵双胎形成机制示意图

A. 形成两个胚泡；B. 形成两个内细胞群；C. 形成两个原条与脊索

两个单卵双胎在发育过程中未能完全分离，躯体的某一部分仍然连在一起的双胎，称连体双胎（图 11-21）。

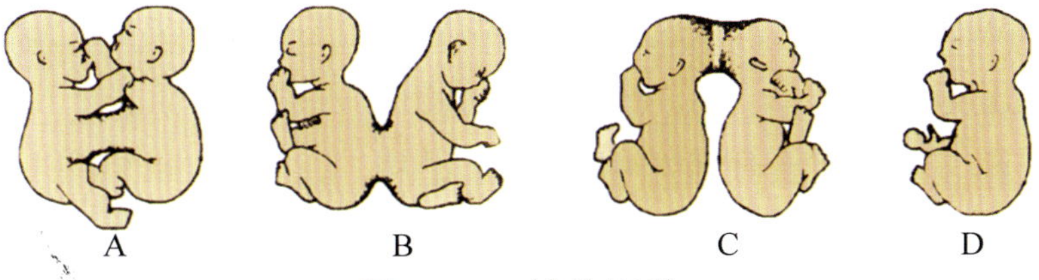

图 11-21　连体双胎

A. 胸腹连胎；B. 臀连胎；C. 头连胎；D. 寄生胎

（二）双卵双胎

来自两个受精卵的两个孪生胎儿，称双卵双胎，占双胎的大多数。他们有各自的胎膜与胎盘，性别相同或不同，相貌和生理特性的差异如同一般兄弟姐妹，仅是同龄而已。

二、多　胎

一次妊娠分娩出 3 个及 3 个以上的胎儿，称多胎。多胎的发生率极低，死亡率较高。多胎形成原因可能是单卵多胎、多卵多胎或混合性多胎。

第 4 节　先 天 畸 形

胚胎发育紊乱引起的形态结构异常称先天畸形，出生时即已存在，是出生缺陷的一种。出生缺陷还包括功能、代谢和行为等方面的先天性异常。临床上常见的严重胎儿畸形有无脑儿、脊柱裂、脑积水等。

一、先天畸形发生原因

先天畸形发生原因包括遗传因素、环境因素，以及遗传因素与环境因素在致畸中的相互作用等。

（一）遗传因素

1. 染色体畸变　包括染色体数目的变化和染色体结构的改变。这类改变可由生殖细胞的异常发育引起，也可由亲代遗传。如唐氏综合征、猫叫综合征等。

2. 基因突变　指 DNA 分子碱基组成或排列顺序的改变，其染色体外形未见异常。主要引起微观结构或功能方面的遗传性疾病，如软骨发育不全、小头畸形等。

（二）环境因素

能诱发先天畸形的物理、化学和生物等方面的环境因素称致畸因子。

1. 物理性致畸因子　各种射线、机械性压迫和损伤等对人类胚胎有致畸作用。如大剂量射线可引起腭裂、脊柱裂等。

2. 化学性致畸因子　抗肿瘤、抗生素等类的致畸化学药物，以及农药、食品添加剂和防腐剂等致畸化学物质对人类胚胎都有致畸作用。如抗肿瘤药甲氨蝶呤可引起无脑畸形、小头畸形及四肢畸形等。

3. 生物性致畸因子　风疹病毒、巨细胞病毒、单纯疱疹病毒、弓形虫、梅毒螺旋体等对人类胚胎有致畸作用。如风疹病毒可引起心脏畸形、先天性耳聋等。

另外，吸烟、酗酒、缺氧、严重营养不良均有致畸作用。如孕妇过量饮酒可引起胎儿多种畸形，表现为胎儿发育迟缓、小头、小眼等，称胎儿酒精综合征。

（三）遗传因素与环境因素在致畸中的相互作用

一方面，环境因素可通过引起胎儿染色体畸变、基因突变而导致先天畸形；另一方面，胚胎的遗传特性影响着胚胎对致畸因子的易感程度。如同样被风疹病毒感染的不同孕妇，其新生儿有的出现畸形，有的完全正常，这就是由于胚胎对于风疹病毒的易感程度不同。

二、致畸敏感期

对致畸因子的作用最敏感、最易发生畸形的胚胎发育时期称致畸敏感期，这一时期的孕期保健尤为重要。受精后的第 3 ～ 8 周是致畸敏感期，该时期胚胎细胞增生、分化活跃，器官原基正在发生，最易受致畸因子干扰而发生畸形。由于胚胎各器官的发生与分化时间不同，各器官的致畸敏感期也不同。受精后的前 2 周，若致畸因子作用弱，少数细胞受损死亡，其他细胞可代偿调整，胚胎较少发生畸形；若致畸因子作用强，胚胎死亡。受精后的第 9 周至出生，胎儿生长发育快，各器官进行组织分化和功能分化，受致畸因子作用后，可发生畸形，但一般不出现器官形态畸形。

考点 致畸敏感期的概念

自 测 题

一、单项选择题

A_1 型题

1. 人胚初具雏形的时间是（　　）
   A. 第 12 周　B. 第 20 周　C. 第 8 周
   D. 第 16 周　E. 第 4 周
2. 临床上做早孕检测时，通常是检测孕妇尿中的（　　）
   A. 人绒毛膜促乳腺生长激素
   B. 孕激素
   C. 雌激素
   D. 人绒毛膜促性腺激素
   E. 黄体生成素
3. 胎儿娩出后剪断脐带，从脐带流出的物质是（　　）
   A. 胎儿血液
   B. 胎儿血浆和母体血液
   C. 胎儿血液和母体血液
   D. 母体血液
   E. 胎儿血液和母体血浆
4. 关于单卵双胎结果的描述，哪一项不可能（　　）
   A. 可能发生寄生胎　B. 均为女性
   C. 性别各异　D. 均为男性
   E. 可能发生连体畸形
5. 参与形成胎盘的结构是（　　）
   A. 包蜕膜　B. 羊膜
   C. 壁蜕膜　D. 平滑绒毛膜
   E. 底蜕膜

A_2 型题

6. 孕妇，29 岁，G_1P_0，妊娠 38 周，待产，来医院产科检查。B 超报告羊水过少。足月分娩时羊水量通常是（　　）
   A. 1000 ～ 1500ml　B. 500 ～ 2500ml
   C. 大于 2000ml　D. 1000 ～ 2500ml
   E. 少于 500ml

二、填空题

1. 受精后的第 3 天，形成了由 12 ～ 16 个卵裂球构成的实心胚，称________。
2. 根据蜕膜与胚的位置关系，蜕膜可分为________、________、________3 部分。
3. 胎膜包括________、________、________、________和________。

三、名词解释

1. 胚泡
2. 植入
3. 致畸敏感期

四、简答题

1. 简述受精的概念、时间及意义。
2. 简述胎盘的结构和功能。

（任茂华　赵董后）

参考文献

丁文龙，刘学政，2018. 系统解剖学 . 9 版 . 北京：人民卫生出版社 .
胡小和，范光忠，2023. 人体解剖学与组织胚胎学 . 3 版 . 北京：科学出版社 .
李继承，曾园山，2018. 组织学与胚胎学 . 9 版 . 北京：人民卫生出版社 .
李雪甫，徐红涛，2020. 正常人体结构 . 2 版 . 北京：人民卫生出版社 .
刘启雄，冯丽，李卫东，2018. 人体解剖与组织胚胎学 . 长沙：中南大学出版社 .
刘晓梅，张敏平，陈尚，2021. 正常人体结构 . 2 版 . 北京：高等教育出版社 .
覃庆河，王海鑫，2021. 解剖生理学基础 . 3 版 . 北京：科学出版社 .
谭毅，2021. 人体解剖学与组织胚胎学 . 3 版 . 北京：科学出版社 .
王庭槐，2018. 生理学 . 9 版 . 北京：人民卫生出版社 .
王之一，2021. 解剖学基础 . 3 版 . 北京：科学出版社 .

自测题选择题参考答案

绪论

1. A　2. B　3. B　4. E　5. E　6. C

第 1 章　细胞与基本组织

1. B　2. C　3. A　4. E　5. D

第 2 章　运动系统

1. C　2. B　3. D　4. B　5. E　6. D

第 3 章　消化系统

1. B　2. D　3. B　4. D　5. E　6. C

第 4 章　呼吸系统

1. C　2. D　3. C　4. C　5. C　6. C

第 5 章　泌尿系统

1. E　2. D　3. A　4. D　5. E　6. B

第 6 章　生殖系统

1. C　2. E　3. B　4. C　5. E　6. D

第 7 章　脉管系统

1. B　2. B　3. D　4. D　5. A　6. D

第 8 章　感觉器

1. B　2. B　3. C　4. B　5. A　6. C

第 9 章　神经系统

1. C　2. B　3. A　4. B　5. E　6. A

第 10 章　内分泌系统

1. E　2. A　3. D　4. E　5. A　6. C

第 11 章　胚胎学概要

1. C　2. D　3. A　4. C　5. E　6. A